FALANDO COM OS MORTOS

Barbara Weisberg

Falando com os Mortos

As irmãs americanas e o surgimento do espiritismo

Tradução
Luciana Persice

Agir

Título original
Talking to the Dead — Kate and Maggie Fox and the Rise of Spiritualism

Editora Nova Fronteira S.A.
Rua Nova Jerusalém, 345 – Bonsucesso – 21042-235
Rio de Janeiro – RJ – Brasil
Tel.: (21) 3882-8200 – Fax: (21)3882-8212/8313
www.novafronteira.com.br
sac@novafronteira.com.br

Texto estabelecido segundo o Acordo Ortográfico da Língua Portuguesa de 1990, em vigor no Brasil desde 2009.

CIP-Brasil. Catalogação na fonte
Sindicato Nacional dos Editores de Livros, RJ

W452f Weisberg, Barbara
Falando com os mortos : as irmãs americanas e o surgimento do espiritismo / Barbara Weisberg ; tradução Luciana Persice. - Rio de Janeiro : Agir, 2011.

Tradução de: Talking to the dead : Kate and Maggie Fox and the rise of spiritualism
ISBN 978-85-220-1193-3

1. Fox, Margaret, 1833-1893. 2. Jencken, Catherine Fox, 1836-1892. 3. Espíritas - Estados Unidos - Biografia. 4. Espiritismo - Estados Unidos - História - Século XIX. I. Título.

11-2981. CDD: 920.913391
CDU: 929:133.9

Para David

Sumário

Prefácio

Uma das coisas mais interessantes sobre o passado é que ele pode ser redescoberto todos os dias. Parece uma frase de efeito, mas novidades científicas e pesquisas antropológicas provam que não. Biógrafos e historiadores também contribuem vasculhando os labirintos do tempo, jogando novas luzes em fatos e personagens. Este livro é uma prova disso. Reapresenta as americanas Kate e Maggie Fox (e Leah, a irmã mais velha, praticamente desconhecida por aqui), narrando suas impressionantes trajetórias desde a tenra adolescência até seus últimos dias — e depois deles —, sempre vivendo no turbilhão da fronteira entre a vida e a morte.

Ao mesmo tempo, este livro também cumpre uma função: recolocá-las com a importância devida no contexto histórico dos tempos que reacenderam de forma inexorável o interesse do mundo ocidental pelos assuntos espirituais. De certa maneira, não é exagero afirmar que esta narrativa ajuda a reescrever a história do espiritismo/ espiritualismo modernos.

Certamente não são elas as precursoras da chamada capacidade de se comunicar com os espíritos ou de ser um meio pelo qual eles falam conosco. Há relatos desse intercâmbio com o sobrenatural desde nossos ancestrais, passando por oráculos e pitonisas, profetas e videntes, até os dias atuais. Hoje, vê-se que o século XIX iluminou não só questões científicas e racionais, revolucionando o modo de vida e retirando o mundo de trevas seculares, mas também acendeu suas luzes nas buscas espirituais.

Por mais que houvesse "médiuns famosos" (Andrew Jackson e Davis Emanuel Swedenborg, para citar apenas dois), é a partir de Kate e Maggie que aconteceu outro fenômeno, social, que atravessou as barreiras das religiões e os oceanos, ganhou amplitude mundial e contribuiu para o quebra-cabeças que se completou na França, com o trabalho do francês cujo pseudônimo é Allan Kardec.

Falo em suposições para manter fidelidade ao trabalho da autora — embora ela própria seja uma grande interessada nos temas da espiritualidade, mas cuja imparcialidade histórica da narrativa é admirável —; afinal, os fatos, quando bem postos, "falam" por si. Aqui, portanto, crenças pessoais são de menor importância.

No quesito "fenômenos", todas as pessoas que os provocavam eram culpadas até que provassem suas inocências. Acreditar ou não era talvez a única e grande questão daqueles primeiros anos em que duas simplórias adolescentes provocavam tantas dúvidas e assombro numa sala escura.

Ingenuidade e curiosidade, porém, logo deram lugar a uma dura e importante constatação: suas vidas estariam diretamente ligadas aos fenômenos e a seus poderes. Melhor dizendo, a história daquela família inteira estaria entrelaçada inequivocadamente ao movimento batizado de "espiritualismo moderno". Ou, como chamou um jornalista da época, ao "telégrafo de Deus", referindo-se ao modo como as primeiras comunicações aconteciam.

Ao percorrer o país com as chamadas "sessões de comunicação", Kate e Maggie seriam guindadas imediatamente à posição de celebridades; foi justamente o limiar da época que inaugurou essa cultura, o prazer de "ver e ser visto" — e foram elas as que primeiro frequentaram as capas dos jornais. E as festas da alta sociedade. E os gabinetes dos políticos. E os teatros em diversas cidades. O preço do sucesso já era alto, no entanto. Tentativas de assassinato, humilhações públicas e, ainda, a fúria de religiosos ortodoxos, sob acusações de blasfêmias e heresias, também fariam parte de suas viagens.

Apaixonantes e apaixonadas, singelas e fortes, simples e contraditórias, bonitas e santificadas, as meninas de Hydesville não controlaram as rédeas de seus arbítrios com tantos paradoxos convivendo ao mesmo tempo em suas vidas. Ou, de certa forma, aceitaram as tormentas e nelas mergulharam de corpo e alma, navegando em mares poucas vezes atravessados. No fundo, pode-se concluir que eram apenas meninas do interior arrastadas por fenômenos dos quais não conheciam as causas e muito menos a filosofia que deles nasceria.

Foram ajudadas, sim, como veremos. Segundo os relatos, por espíritos nobres, como Benjamin Franklin, e por muitos do mundo dos vivos que — estivessem assustados com a força dos acontecimentos ou mesmo tocados pelas mensagens que se construíam conforme as comunicações ganhavam mais elaboração e ideias completas — compuseram um grande grupo que se alternou na condução e na ajuda ao trabalho das jovens.

É nesse momento que emergem do passado personalidades complexas cujas conclusões são transcendentes, atemporais e cheias de novos ensinamentos e ponderações. Além das minúcias dos fatos, talvez seja esse o aspecto que mais chama a atenção nesta obra. Fossem personagens de ficção, dir-se-ia da incrível profundidade de seus conflitos — dos pessoais, com sonhos românticos e anseios por "uma vida comum", passando pelos sociais, buscando o entendimento do que acontecia ao redor delas e, mais tarde, sorvendo dos prazeres que aquela posição lhes oferecia. Tudo isso marcado por um pano de fundo absolutamente *sui generis*, por conta do aspecto mais presente de suas histórias — o mundo dos mortos convivendo com o mundo dos vivos.

Aqui reside um dilema que parece ser comum aos que moram na tal "fronteira transcendental". Tais capacidades extraordinárias, verdadeiras ou não (ainda mantendo a dúvida que acompanhou-as por toda a vida), faziam-nas ser questionadas e acusadas, pesquisadas e investigadas, ao mesmo tempo que eram requisitadas por reis e rainhas, pobres e ricos, gente de toda espécie, independentemente de cor, raça e credo. Todos na expectativa de uma prova de eternidade que lhes acalmasse os corações.

Quisessem ou não, a mediunidade era o ar que Kate e Maggie — e Leah, de certa forma — respiravam. Afinal, era impossível "fugir" dos espíritos. Ou lutar contra eles. E, principalmente, deixar de ser um "meio", um elo entre entre eles e nós. Pioneirismo também pede resignação e renúncia. E elas corresponderam em grande dose. Numa sociedade em mutação fervente, impulsionada pelas caldeiras industriais, pelas rotativas ansiosas, pelas discussões filosóficas acaloradas, mas também pela alta taxa de mortalidade infantil e pelas guerras civis, as duas jovens se transformaram, para muitos, numa tábua de salvação e consolo com a qual era possível "vencer" a morte.

É fato que parece haver um certo desgosto-desconforto-desconfiança-desconhecimento pelo tema entre os americanos em geral. Numa pesquisa informal em cidades como Nova York, Miami e Los Angeles, quando questionados se conheciam a história das irmãs Fox, apenas um deles respondeu positivamente. As outras dezenas de pessoas sequer levantaram as sobrancelhas quando ouviram os nomes das jovens.

Por que foram quase apagadas da história? Ou, ainda, quando ouvem parte de suas narrativas, por que ainda "dão de ombros" e até repetem críticas de dois séculos atrás, dizendo que tudo a respeito desse tema não passa de fraude e mistificação? Para ser mais otimista, onde está aquela fé na busca por respostas filosóficas para questões espirituais ou a curiosidade científica para simplesmente descobrir “o que acontecia” naquelas sessões?

Em lugar algum, diriam. Talvez faça sentido. Este não é um tratado sobre a sociedade americana, embora demonstre suas contradições acerca do tema da espiritualidade. A explosão das famosas “reuniões com mesas girantes” e a exploração das capacidades paranormais e extrassensoriais à luz de uma democracia — e sem riscos de fogueiras — também encontraram o conhecido paradoxo humano sobre a forma de encarar novidades e descobertas. Muitos as usam com virtude e correção. Outros preferem as vantagens à custa da mentira e do engodo. O que era verdade nas sessões pagas de mediunidade e o que era mentira nas sessões pagas de ilusionismo? Ou ainda: como “provar” que uma não se valia da outra, confundindo a cabeça das pessoas pelo preço de um dólar?

Todo este contexto social, somado às complexidades de suas vidas pessoais, criou uma trajetória impressionante. Seja nos desentendimentos entre elas, culminando nas brigas da maturidade, nas acusações mútuas, nas condutas pessoais, ou nos vícios e nas fraquezas, nos sonhos e vaidades, Kate e Maggie (e Leah) demonstram, antes de tudo, que eram tão somente seres humanos expostos às agruras da vida — mesmo que fossem vidas nada ordinárias. Seja na Terra ou no mundo espiritual, certamente ninguém está livre de seus atos e das consequências deles.

Sem julgamentos, achamos um ponto convergente entre a subida vertiginosa na escala social e a descida ao ostracismo depois de tantos e tantos anos à frente de candelabros e olhos arregalados. Afinal, para as pessoas que se acotovelavam nos salões, não importavam as carências afetivas de Maggie, que vivia um romance proibido com o explorador Elisha Kane, ou a insegurança de Kate, sendo tratada como “um passarinho raro”, incapaz até de cuidar dos próprios filhos.

O público queria mesmo era ver luzes materializadas e mesas levitando, ouvir batidas nas portas-tetos-paredes-chão (*rappings*, termo que nasceu e foi absorvido pela língua inglesa a partir daquelas reuniões), instrumentos gerando música sem a intervenção humana, sentir perfumes e ainda curtir as respostas tolas às quais submetiam os espíritos na tentativa de provar fraudes. Nada além disso. Desde então, o lema americano já prevalecia, e o show era o mais importante. Menos para quem, depois das sessões, deixava de chorar a perda de entes queridos, tomados de certeza de que eles estariam vivos em outra dimensão.

Talvez esta seja mesmo a hora certa para relembrar mulheres que, apesar de suas vidas cheias de contradições e idiossincrasias, construíram uma ponte espiritual entre Estados Unidos e Europa e cujas águas vieram desembocar aqui, ao sul do equador, num Brasil ecumênico, espiritualizado, cheio de manifestações de fé.

Talvez seja hora de fazer justiça às suas histórias, com mais propriedades e conhecimentos dos fatos — até mesmo além dos livros. E, quem sabe, também, seja a hora de trocar a interrogação com que elas quase sempre foram recebidas pela exclamação — afinal, são histórias dignas de serem partes da História.

Ou, então, esquecer tudo e apenas ouvir as batidas que indicavam a resposta afirmativa quando se perguntava se havia espíritos ao redor das irmãs.

Toc, toc, toc.

Wagner de Assis
Cineasta e jornalista
Diretor-roteirista do filme *Nosso lar*

Litografia cedida pelo Departamento de Livros Raros e Coleções Especiais da Biblioteca da Universidade de Rochester

Perguntei àqueles espíritos se eu os estava vendo ou se eu estava vendo o que havia dentro de minha própria mente. Eles responderam: "Ambos."

Eileen Garrett
médium do século XX[1]

[1] A frase de Eileen Garret foi extraída das "Notes on New Insight in Psychic Research", manuscrito que se encontra na Fundação de Parapsicologia de Nova York, citada por Lawrence LeShan em *The Medium, the Mystic, and the Physicist: Toward a General Theory of the Paranormal* (Nova York, 1960), p.73. Nascida na Irlanda, em 1893, Garrett ficou conhecida como médium por canalizar espíritos e também por ser clarividente, tendo predito a queda de um dirigível britânico em 1930. Seus poderes foram investigados pela Universidade Johns Hopkins, em Baltimore, e pelo Hospital Roosevelt, em Nova York. Tornou-se cidadã americana em 1947 e criou a Fundação de Parapsicologia em 1951. O site da fundação, em 29 de setembro de 2003, é: http://www.parapsychology.org.

Introdução

No final do mês de março de 1848, duas jovens irmãs abordaram, afoitas, uma vizinha, ansiosas para contar sobre os sons estranhos que vinham ouvindo em casa, quase todas as noites, por volta da hora de dormir. Os ruídos, confidenciaram elas a Mary Redfield, pareciam inexplicáveis. Seu pai não conseguia descobrir a origem das batidas. Sua mãe estava exausta de tanta preocupação e por não conseguir dormir.

Fantasmas, pensou Mary Redfield com ironia. Como mais tarde confessou ao repórter de um jornal, ela na verdade suspeitou que se tratasse de uma brincadeira de criança.

Mary não conhecia bem as meninas. Elas tinham acabado de se mudar com os pais, em dezembro, para Hydesville, um pequeno e tranquilo conglomerado de fazendas e campos a oeste do estado de Nova York. Margaretta, apelidada de Maggie, mas às vezes chamada de Margaret, como a mãe, era uma jovem de 14 anos bonita e vistosa. Catherine, de 11, chamada de Cathie ou Kate, era pálida, de cabelos negros, com uma aparência mais delicada do que a da irmã. As duas eram extrovertidas, bem-educadas e amigáveis e estavam quase sempre juntas.

No dia 31 de março, por volta das oito da noite, Mary e o marido, Charles, ouviram uma batida forte — provocada por uma pessoa — na porta da frente da própria casa. John Fox, o pai das meninas, estava parado sobre a neve e tinha uma história bizarra para contar. Batidas cada vez mais altas começaram a ser ouvidas na casa dele, e sua esposa, Margaret, havia concluído que eram causadas pelo espírito de um homem assassinado, cujos restos mortais estavam enterrados no porão.

Será que os Redfield poderiam vir imediatamente? Margaret queria a opinião deles com a maior urgência.

Charles Redfield se recusou, mas Mary concordou em ir, brincando com ele ao dizer que teria "uma conversa animada, caso se tratasse de um fantasma". O bom humor, porém, não fazia parte das principais qualidades de John. De cara amarrada, o homem levou Mary até sua casa — uma construção de estrutura retangular e simples, em meio a um terreno rodeado por uma cerca bem-feita — e dirigiu-se diretamente até o quarto que ele e Margaret ocupavam com as meninas. Margaret Fox, mulher abundantemente roliça e em geral alegre, embora agora bastante agitada, foi ao encontro de Mary à porta.[2]

Dando uma olhada no interior do quarto, iluminado por uma única vela, Mary identificou imediatamente a seriedade da situação. Com medo, Kate e Maggie estavam emboladas na cama, abraçadas uma à outra.

Margaret puxou Mary para a outra cama do quarto e, então, começou a falar para algo que parecia um interlocutor invisível. "Agora, conte até cinco...", ordenou Margaret Fox. Cinco batidas se seguiram, parecendo indicar uma presença inteligente. Ela mandou novamente: "Conte até quinze."

O fazedor de ruídos invisível obedeceu. Então, ela lhe pediu para dizer a idade de Mary Redfield. Mais tarde, Mary

---

[2] A reação de Mary Mayfield à notícia dos sons e as citações de Margaret Fox, Mary Redfield e de uma das irmãs encontram-se em E.E. Lewis, *A Report of the Mysterious Noises Heard in the House of Mr. John D. Fox, in Hydesville, Arcadia, Wayne County, Authenticated by the Certificates, and Confirmed by the Statements of the Citizens of That Place and Vicinity* (Canandaigua, NY: E.E. Lewis, 1848), pp. 29-31.

lembrou-se, assombrada, de que "ele bateu 33 vezes, e todos nós ouvimos".

"Se você for um espírito sofredor" continuou Margaret, "manifeste-se com três batidas."

"Toc."

"Toc."

"Toc."

Não havia sinal de que alguém dentro do quarto estivesse fazendo os ruídos.

"Àquela altura", confessou Mary Redfield com franqueza, "fiquei muito interessada..."

Ela quis que o marido, Charles, analisasse a situação por si mesmo, mas, antes de deixar a casa dos Fox, ficou consolando Kate e Maggie. Mary tentou assegurá-las de que, caso houvesse mesmo um espírito presente, ele não tinha qualquer intenção de machucá-las.

Uma das meninas — como a maioria das pessoas, Mary tinha o hábito de referir-se às irmãs como se fossem intercambiáveis — respondeu emocionada:

— Nós somos inocentes... Como é bom ter a consciência tranquila.

Quarenta anos mais tarde, numa noite de outono de 1888, subiu ao palco da Academia de Música da cidade de Nova York uma Maggie Fox de óculos, chapéu vermelho florido e vestido preto, ao som de uma cacofonia de assovios, ovações e vaias. Parada diante do teatro lotado, ela olhou nervosa para o discurso que tinha preparado e começou a falar com a voz alterada. Maggie estava prestes a fazer uma estarrecedora — e para alguns dos membros de sua ruidosa audiência, devastadora — declaração.

Nas quatro décadas que se seguiram às primeiras batidas ouvidas em Hydesville, ela e Kate tinham se tornado mundialmente famosas. Com a continuação dos sons misteriosos, correu o boato de que eles eram produzidos por espíritos e de que as meninas falavam com os mortos. Logo, Kate e Maggie estavam transmitindo mensagens do além a amigos, a desconhecidos e, depois, a grandes públicos. Debates sobre a autenticidade das comunicações com os espíritos haviam abalado a nação.

Em pouco tempo, outros mortais descobriram que também eles podiam servir de intermediários entre este e o outro mundo. Em meados da década de 1850, dezenas de milhares de norte-americanos — curiosos, céticos e convertidos, indistintamente — afluíam como enxames às sessões de contato com os falecidos. Um jornalista chamou esse movimento de espiritualismo moderno, o qual rapidamente adquiriu seguidores por todo o mundo.

E era o espiritualismo moderno, cujo fervor Maggie ajudara a criar, que, naquele instante, visivelmente trêmula diante das luzes do palco, ela estava decidida a destruir: Maggie tinha vindo anunciar à imensa multidão da Academia de Música que os espíritos dos mortos jamais retornam para se comunicar com os vivos. As batidas que tinham feito com que Mary Redfield corresse para junto do marido naquela distante noite de 1848 eram uma farsa, assim como tantas outras supostas manifestações dos espíritos ao longo dos anos.

Manchetes com a notícia da confissão de Maggie estamparam os jornais: ela havia dado um golpe mortal no espiritualismo, escreveram os repórteres.

Porém, como se verificou mais adiante, os jornais tinham se precipitado. A história das irmãs Fox não estava acabada e o movimento espiritualista não havia sido destruído. Um ano depois, Maggie voltou atrás em sua declaração de fraude. Afirmando ter feito uma falsa confissão sob influência dos inimigos do movimento e de fortes pressões financeiras, ela reafirmou categoricamente sua fé nos espíritos. Assim, o espiritualismo moderno, força religiosa e social que influenciou profundamente nossas ideias sobre a imortalidade, permanece muito vivo nos dias de hoje.

A fé no poder de espíritos bons e maus é antiga, embora as teorias sobre a natureza dessas entidades difiram de uma cultura para outra. O princípio central do espiritualismo moderno era — e é — o de que a morte não existe. O estado comumente chamado de morte é apenas uma transição, uma mudança de corpo, e os espíritos dos indivíduos não somente sobrevivem no além-túmulo, mas também comunicam-se de onde estão. Uma crença relacionada afirma que os médiuns, os homens e as mulheres capazes de receber e transmitir mensagens de espíritos podem ajudar outros mortais, menos sintonizados, a estabelecer contato em sessões. A palavra *session*, que em inglês significa "sessão", tem origem no francês *séance*, vocábulo usado quase exclusivamente para as reuniões em que se pretende comungar com os espíritos.

Formado sob muitas influências diferentes, o espiritualismo moderno enquanto movimento popular começou com as batidas de Hydesville. Desafiando os teólogos judaico-cristãos que argumentavam que as supostas visitações de espíritos eram manifestações demoníacas ou ilusões, os norte-americanos, em fins do século XIX, lotavam as sessões espiritualistas em busca de sabedoria e de consolo no que acreditavam ser uma evidência tangível da imortalidade. Muitos dos que partilhavam desse pensamento eram homens e mulheres que lutavam para conciliar religião e ciência, num tempo em que os geólogos questionavam a própria idade e a origem da Terra e de suas criaturas. Fosse por desígnio dos espíritos ou por inadvertência, Kate e Maggie Fox serviram de catálise para o que aqueles que acreditavam na comunicação com os espíritos chamavam de o raiar de uma nova era.

O interesse apaixonado existente em meados do século XIX é, em verdade, espelho do nosso. Desde que comecei minha pesquisa sobre a família Fox, livros sobre a vida após a morte escritos por médiuns e videntes vêm aparecendo de maneira consistente nas listas dos mais vendidos do *New York Times*, e vários dos autores tornaram-se celebridades da televisão, tão procurados nos dias de hoje como eram Kate e Maggie em sua época. Em filmes e novelas, indivíduos cujos espíritos sobrevivem à morte voltam rotineiramente para ajudar os vivos a resolver seus problemas.

As opiniões sobre Kate e Maggie variam, claro (assim como variam quanto aos médiuns de hoje). Há desmistificadores — dentre os quais alguns, não todos, são mágicos e historiadores — que se encantam com ou abominam as irmãs como mais um exemplo de charlatanice numa sociedade tão impregnada dela. Décadas após a morte de Kate e Maggie, dois antagonistas particularmente memoráveis contribuíram para o debate acerca do espiritualismo: o mágico Houdini e o escritor Arthur Conan Doyle, criador do célebre detetive Sherlock Holmes. Nos anos 1920, Houdini tentou convencer Conan Doyle de que o espiritualismo era uma fraude, desmascarando falsos médiuns, mas Doyle persistiu em se agarrar firmemente às crenças espiritualistas.

As controvérsias em torno das irmãs Fox explicam-se em parte pela frequente alteração de sua história ao longo dos anos: há muitas possibilidades e versões. Para os espiritualistas, a saga tem a ressonância de uma história sagrada, que ajuda a iluminar as origens ou, ao menos, um aspecto de sua duradoura fé. Outros consideram a história das irmãs curiosa porque pode ser lida como uma história de fantasmas clássica, ou porque ela desencadeou um questionamento tão vasto da natureza da vida após a morte. Outros, ainda, interessam-se por descobrir como as meninas poderiam ter enganado a todos com falsas manifestações de espíritos.

A primeira vez em que encontrei Kate e Maggie Fox foi em um livro sobre místicos e médiuns, *Madame Blavatsky's Baboon*, [traduzido para o português como *O babuíno de mada-*

me Blavatsky], de Peter Washington. As irmãs Fox saltaram da página do livro e me agarraram com a força invisível de um fantasma. Fiquei curiosíssima, querendo saber mais sobre essas jovens do século XIX. O que aconteceu, de fato, naquela noite de março em Hydesville? Elas teriam pregado uma peça bem-engendrada, engodo que teria começado de maneira inocente? Se foi esse o caso, como elas teriam conseguido dar prosseguimento à farsa durante quarenta anos? Ou, então, estariam elas sob o domínio de alguma ilusão poderosa, partilhada? Ou ainda, como sugerem alguns teóricos acerca dos adolescentes em geral e dos que desencadeiam algum fenômeno estranho em particular, teriam as ansiedades da puberdade liberado forças inconscientes, energias sexuais capazes de transformar até o lar mais comum em uma casa de horrores?

Ou seriam Kate e Maggie médiuns, como tantas pessoas respeitáveis acreditam?

Comecei minhas investigações sobre a vida das irmãs enfocando a paranormalidade e o mundo sobrenatural. Minha curiosidade levou-me não somente a livrarias e bibliotecas, mas também a Hydesville, por ocasião do 150° aniversário do espiritualismo moderno, em 1998, e a Lily Dale, cidadezinha vitoriana perto de Buffalo, Nova York, hoje habitada quase que exclusivamente por médiuns e outros espiritualistas.

Em determinado momento de minha trajetória — e para minha grande surpresa — meu interesse por Kate e Maggie desviou-se do paranormal para o normal ou, ao menos, para os aspectos sociais e culturais da vida no século XIX. Preocupei-me menos com a questão de as irmãs Fox terem ou não inventado os espíritos e fiquei mais curiosa acerca de quem elas eram e do tipo de mundo em que viviam. Que fatores familiares e culturais ajudaram a formar essas duas jovens espantosamente originais? Encaradas com deboche e escárnio, forçadas a terem seus poderem submetidos a investigações, por que Kate e Maggie continuaram a promover suas sessões espiritualistas?

E, numa época em que quase ninguém alcançava a condição de celebridade tão facilmente obtida hoje pelos atletas, pelas estrelas de cinema e pelos médiuns, como foi que essas duas meninas desconhecidas do interior conseguiram fomentar a imaginação do público de uma forma tão impressionante?

Ao longo das três últimas décadas, historiadores vêm produzindo um substancioso manancial de obras que investigam o espiritualismo tanto como reflexo quanto como expressão das tensões inerentes aos Estados Unidos do século XIX. Seguindo o seu rastro, fiquei particularmente interessada nessa família específica do século XIX — John Fox, sua esposa Margaret e suas filhas —, navegando com persistência e criatividade, mas nem sempre com sucesso, por uma cultura que se transforma rapidamente.

Os norte-americanos comuns do século XIX tinham muitas oportunidades de crescer social, econômica e geograficamente. Eles enfrentaram uma série de questões que talvez possam ser resumidas numa única pergunta, a qual, no passado, poucas vezes fora tão aflitiva: "Aonde estamos indo?"

Será que devemos empacotar nossos pertences mundanos e seguir nossa jornada rumo ao oeste? Ou deveríamos deixar a fazenda para trás e rumar para a cidade grande?

Estarão nossos esforços nos elevando na pirâmide social, ou terão nossos riscos nos afundado um pouco mais?

Nossa sociedade está avançando para uma perfeição utópica? Ou, sob a pressão de novas tendências, como a urbanização, está desembocando no caos?

Quanto às mulheres, nós vamos ficar placidamente em casa ou vamos para as ruas, integrando a população ativa e a vida pública?

Quanto aos escravizados, continuaremos atados ou marcharemos para a liberdade?

Para muitos norte-americanos daquela época, cada pergunta vinha seguida de outra, mais antiga e profundamente pessoal: eu irei para o Céu ou para o Inferno?

Assim também, todas essas perguntas vinham sob a égide de uma preocupação geral: que controle nós temos sobre nossos destinos?

Quanto mais eu pensava nas irmãs Fox, mais me parecia que Kate e Maggie não só anunciavam um movimento, mas que suas vidas condensavam os conflitos e as necessidades prementes que o ajudaram a crescer. Deixando de lado a questão do mundo do além, o atrativo das meninas encontrava raízes, em parte, na maneira como personificavam — e intuíam — as ansiedades e ambições de sua cultura.

Isso não quer dizer que elas possam ser vistas apenas como emblemáticas de seu tempo. Inegavelmente carismáticas, elas eram muito diferentes uma da outra, como costuma acontecer com a maioria dos irmãos. Ambas foram muitas vezes tratadas como uma unidade, sendo descritas de forma simplista tanto como fraudulentas quanto como mártires.

Abordei Kate e Maggie sobretudo a partir de narrativas escritas por seus contemporâneos. Poucas cartas não publicadas das duas médiuns sobreviveram, embora as que se encontram aqui incluídas permitam um vislumbre íntimo, frequentemente oblíquo, da vida emocional de cada uma. Porém, não faltam livros, panfletos e cartas em que os frequentadores das sessões que as duas promoviam registram opiniões totalmente diversas sobre elas.[3]

Não é de surpreender que exista pouca documentação sobre o período que precede a ascensão à fama de Kate e Maggie. Leah Fox Fish Brown Underhill, sua irmã mais velha, três vezes casada, escreveu um livro de memórias útil, mas em geral pouco confiável e autovalorizante, que precisa ser lido com cuidado. Para quem se interessa pelas irmãs Fox, ainda há muitas descobertas a serem feitas.

[3] Mantive certas características gráficas da maioria das cartas e outros documentos, mas, de forma geral, padronizei a pontuação e o uso de maiúsculas.

Kate e Maggie são as protagonistas dessa história verdadeira, mas outros personagens de peso também aparecem. Leah, mulher formidável, com imensa influência sobre as irmãs caçulas e sobre o espiritualismo moderno, tornou-se a empresária das duas e, também ela, médium. A atenção atraída pelas irmãs, vinda tanto de crédulos como de incrédulos, agiu como uma força coletiva que ajudou a definir e a difundir os conceitos e as práticas do espiritualismo. E, sendo eles invenções das médiuns ou visitantes imortais, os próprios espíritos eram figuras convincentes.

Depois de terminar o que tinha a dizer, porém, retorno ao impulso que me levou a Kate e Maggie. A história das irmãs Fox — de espíritos e conjuradores, céticos e convertidos — permanece como um quebra-cabeça, um labirinto. Espero que os leitores vivenciem a história como eu, como um teatro cheio de emoção e surpresa, que também provoca perguntas de uma maneira extraordinariamente vívida e concreta sobre como *sabemos* o que sabemos, e sobre quão seguros somos de nosso conhecimento.

Ao ler relatos contraditórios sobre o século XIX, ainda sinto que estou quase na mesma situação dos participantes das sessões promovidas pelas irmãs 150 anos atrás, fazendo as mesmas perguntas, vendo as mesas levitarem e lutando para compreender sons inexplicáveis.

E.E. Lewis, escritor que entrevistou a família Fox nos anos 1840, terminou sua apresentação com um convite que estendo a vocês: "Que eles se apresentem e resolvam esse mistério, se puderem."[4]

---

[4] E.E. Lewis, *Mysterious Noises*, p. 4.

Parte I
A Terra e o mundo dos espíritos
1789-1849

Um

Uma comunidade ampla, inteligente e franca

Duas semanas antes do Natal de 1847, um ferreiro chamado John David Fox, acompanhado da mulher Margaret e das duas filhas Kate e Maggie, mudou-se para a comunidade rural de Hydesville, em Nova York. Um dos piores invernos dos últimos tempos se abatia sobre a região — uma planície ventosa e fértil no extremo noroeste do estado.[5]

"O mau tempo quase incomparável que temos visto desde que esse terrível mês de dezembro começou", reclamou o jornal local *Western Argus*, "quase nos distraiu do fato de que o Natal está chegando". O escritor lamentou que os moradores estivessem recolhidos em suas casas ao lado da lareira, em vez de se aventurarem porta afora, para as costumeiras visitas de fim de ano, em suas carroças ou trenós.[6]

O clima não só abalou a alegria espontânea, mas também paralisou a construção da nova residência que John e Margaret

[5] O título da parte 1, "A Terra e o mundo dos espíritos", provém do subtítulo do livro da historiadora espiritualista Emma Hardinge, *Modern American Spiritualism: A Twenty Year's Record of the Communion Between Earth and the World of Spirits* (1869; reimpr., New Hyde Park, NY: University Books, 1970). O título do capítulo 1, "Uma comunidade ampla, inteligente e franca", provém de E.E. Lewis, *A Report of the Mysterious Noises Heard in the House of Mr. John D.Fox* (Canandaigua, NY: E.E. Lewis, 1848), p. 4.

[6] *Wester Argus* (Lyons, NY), 22 de dezembro de 1847 e 5 de janeiro de 1848.

erguiam a uns quatro quilômetros de Hydesville, ao lado da fazenda de seu filho, David. Como o trabalho não seria retomado antes da primavera, o casal havia alugado um modesto sobrado meia-água, de madeira, para esperar o final do inverno.

Hoje, Hydesville praticamente só é encontrado nos mapas mais detalhados, mas era — e ainda é — parte da municipalidade de Arcadia, no condado de Wayne, em Nova York. Casas de fazenda, celeiros e povoações ao redor de igrejas salpicam a área rural; aqui e acolá há montes aplainados que se elevam como túmulos arcaicos. O limite setentrional do condado é o lago Ontario, que separa o oeste de Nova York do Canadá. Em agosto, campos de hortelã, um dos principais cultivos do estado, florescem com botões cor-de-rosa, que exalam um odor leve e delicioso, mas invernos como os de 1847 trazem meses a fio de céu cinzento e neve.

Delicada porém vigorosa, aos 14 anos Maggie era uma garota agitada do interior, com seus cabelos sedosos e escuros, rosto largo e olhos castanhos e francos. Kate, de cabelos negros e jeito de menina, era magra e sensível, e, aos dez anos, ostentava olhos impressionantes que pareciam ser, para algumas pessoas, violeta-escuro e, para outras, negros ou cinza.[7] As mais jovens de uma prole de seis e as duas únicas ainda a morar com os pais, as meninas estavam sempre procurando a companhia uma da outra. Seus quatro irmãos, Leah, Elizabeth, Maria e David, já eram adultos e possuíam suas próprias famílias.

O pai das meninas, John, era um homem magricelo que espiava o mundo com olhos melancólicos, através de óculos que se equilibravam sobre um nariz adunco. Por vezes considerado desagradável, a não ser por seus filhos, era intenso

[7] A idade das meninas na época da mudança para Hydesville é motivo de controvérsia. Diferentes autores citam diferentes idades para servir a seus propósitos. Optei por trabalhar com as datas inscritas nas lápides geminadas das irmãs, localizadas no cemitério de Cypress Hills, no Brooklyn, Nova York, para tentar lidar com as discordâncias à medida que a história progride.

e reservado, um metodista moderado que se ajoelhava para rezar todas as manhãs e todas as noites.

Sua esposa, cujo nome de solteira era Margaret Smith, mostrava-se, em quase tudo, o seu oposto. Matrona bondosa, de seios fartos e queixo duplo, era tão falante e sociável quanto o seu marido era retraído. Na opinião ácida de um vizinho de Hydesville, Margaret, de rosto doce, era superior a John "em peso e boa aparência" e, quanto à sua personalidade, "era o melhor cavalo numa manada de pangarés".[8]

Já beirando os cinquenta anos e tendo suportado com exaustão revezes econômicos e crises matrimoniais, John e Margaret sem dúvida esperavam que, quando pronta, aquela casa fosse a última: um lugar permanente e confortável onde completariam a tarefa de educar os filhos. Eles devem ter contado, inclusive, com a ajuda dos filhos crescidos que viviam nas redondezas. Criar duas meninas era uma responsabilidade que deve ter pesado de maneira crescente ao longo dos anos. O que aconteceria se eles ficassem doentes? Ou se morressem? O que seria de Kate e Maggie, e quem cuidaria delas?

O casal havia acumulado pouco em termos de terras ou dinheiro, e meninas que cresciam sem um ou outro acabavam precisando de um marido dedicado ou de um meio de sustento decente. Dar aulas era uma das alternativas existentes para as

---

[8] Robert L. Hoeltzel, *Hometown History: Village of Newark, Town of Arcadia* (Newark, NY: Gene McClellah for Arcadia Historical Society, 2000), p. 72. Devo muito a Robert Hoeltzel, historiador da cidade de Arcadia, por compartilhar seus conhecimentos acerca da comunidade local e suas ideias sobre o espiritualismo moderno. Sua série de cinco artigos sobre as origens do movimento, "Arcadia Earns a Place on the Map", foi primeiramente publicada no *Courier Gazette* (Newark, NY) em 1998, para coincidir com o 150° aniversário do espiritualismo. Mais tarde, ele compilou muitos de seus artigos sobre o movimento e outros temas em seu fascinante livro *Hometown History*, que pode ser encomendado pela Arcadia Historical Society, PO Box 289, Newark, NY 14513.
Duas outras fontes da Wayne County Historical Society forneceram valiosas informações sobre a história local do condado de Wayne: George W. Cowles (org.), *Landmarks of Wayne County, New York, Illustrated* (Syracuse, NY: D.Mason, 1895), e um folheto de Irma Gallup Stroup, *Around the Town in By-Gone Days* (Newark, NY: Newark Courier Gazette, 1957).

jovens; a outra era a rudeza do trabalho nas fábricas. Era possível tanto subir quanto descer na escada da oportunidade social.

Uma família bem unida, porém, poderia oferecer refúgio em tempos difíceis, e, apesar de um histórico de deslocamentos geográficos e de separações, os seis filhos de John e Margaret permaneciam admiravelmente ligados uns aos outros. Com exceção de Elizabeth, que vivia no Canadá com o marido, todos moravam a distâncias relativamente curtas, formando o que Maggie chamava de "laços de ternura" com o oeste de Nova York.

David Smith Fox, de 27 anos, era fazendeiro em Arcadia e vivia com a mulher e os três filhos na casa que pertencera ao seu tio materno, John J. Smith. Cercada de campos de hortelã, a fazenda vivia cheia de boa prosa e de livros bastante usados, sendo um local onde amigos e familiares gostavam de se reunir.[9] Maria, que vivia a poucos quilômetros do irmão, fizera a sua parte para solidificar os laços de família ao se casar com um primo, Stephen Smith.

Leah, a mais velha da prole dos Fox, tinha ido morar mais longe, a uns 55 quilômetros de Arcadia, na eletrizante e jovem cidade de Rochester, também em Nova York. Ainda assim, ela conservava laços estreitos com a família. Sua filha adolescente, Lizzie, passava quase tanto tempo em Hydesville com as jovens tias, Kate e Maggie, quanto com a mãe, em Rochester.

Constando oficialmente como uma aldeia dentro dos limites de Arcadia, Hydesville era mais um amontoado de fazendas e de construções úteis para os fazendeiros: uma serraria, uma moenda (ambas movidas por moinhos), um armazém e umas poucas oficinas e lojas de artesãos, como a do sapateiro. O lugarejo recebera o nome de Henry Hyde, médico que chegou a Arcadia numa carroça em 1810, época em que médicos não precisavam nem de licença, nem de treinamento formal.

---

[9] Essa descrição foi tirada de uma carta de Joseph Post a Amy e Isaac Post, datada de 15 de agosto de 1852 e arquivada no Departamento de Livros Raros e Coleções Especiais da Bilbioteca da Universidade de Rochester, Rochester, NY.

A morte estava sempre presente. Ela atacava com fogo, inundações, tifo, malária, febre amarela e toda sorte de outras doenças; com acidentes que variavam do leve traumatismo causado pelo coice de um cavalo à infecção lenta e gangrenosa gerada por um corte no dedo; com suicídios e assassinatos. Mais de um quinto das crianças que nasciam morriam antes de comemorar o primeiro aniversário; a expectativa de vida não passava muito dos quarenta anos.[10] Na melhor das hipóteses, a medicina podia oferecer pouca ajuda aos pacientes e, na pior, uma morte certa, pela prática de excruciantes sangramentos e vesicatórios, e de purgações com poções como láudano — uma mistura de ópio com álcool.

O dr. Henry Hyde descobriu um tônico que, se não funcionava para os doentes, funcionava para ele; abriu uma taverna num entroncamento de estradas, onde migrantes que se dirigiam para o oeste faziam uma pausa para jogar, beber e apostar nos cavalos. A Hydes Tavern tornou-se o núcleo de um novo povoado, fazendo dele um homem rico.

Dez ou vinte anos depois da chegada do médico, casas de estrutura de madeira tinham substituído cabanas feitas de toras; logo, vários residentes mais ricos construíram boas casas de alvenaria. Em 1847, a Hydes Tavern tinha desaparecido e o proprietário, morrido. Seu filho, entretanto, continuava sendo um próspero dono de terras, e foi de Artemus Hyde que John Fox alugou a pequena casa de estrutura de madeira para a sua família de quatro pessoas.

A construção fora ocupada por uma série de inquilinos. Embora Hydesville se orgulhasse de abrigar duas ou três

[10] Os números baseiam-se nos de Robert V. Wells, *Facing the "King of Terrors": Death and Society in an American Community, 1750-1990* (Cambridge: Cambridge University Press, 2000), pp. 39; 291. Os números de Wells referem-se especificamente a Schenectady, comunidade ao oeste de Nova York, entre os anos 1883 e 1886. O autor ressalta que não havia evidências confiáveis antes disso, mas que a expectativa de vida no início dos anos 1880 "não era muito melhor, sendo possivelmente pior, do que deve ter sido um século antes".

gerações das mesmas famílias, tal como em outras comunidades do oeste de Nova York, a maioria de seus habitantes vinha de outros lugares — de condados adjacentes, da costa leste, de outros países. Possíveis moradores vinham em busca de novas oportunidades, e muitas famílias precisavam de residências temporárias até que se assentassem definitivamente ou seguissem adiante.

Mesmo não sendo grande, a casa era jeitosa, com várias janelas e dois fogões. A porta principal abria diretamente para uma entrada ampla, que dava para o sul. A cozinha ficava retraída, a noroeste, ostentando uma porta que conduzia ao quintal. No lado leste, uma despensa — às vezes usada como segundo quarto — ligada à cozinha e o quarto principal, que culminava na entrada. Uma escada embutida entre a despensa e o quarto principal levava até um sótão amplo, enquanto outra escada descia para um porão com chão de terra batida. Nos fundos da casa passava o rio Ganargua, conhecido como Riacho de Lama, local popular pela pesca noturna.

A casa ficava numa esquina movimentada, entre as estradas Hydesville e Parker, localização que oferecia a Margaret tudo o que ela poderia querer para a família. Havia uma igreja metodista a uma pequena distância, perto de uma escola pública onde Kate provavelmente aprendeu a ler e escrever, além do básico em aritmética e geografia. Maggie, que já era alfabetizada, tinha passado da idade para a qual a escola ainda era considerada necessária. Em cartas a amigos, ambas as meninas expressavam habilmente seus pensamentos e sentimentos, e, se a ortografia e a pontuação eram erráticas, esta era uma falha comum até às pessoas mais letradas da época.

As meninas eram espertas e divertidas. Um antigo colega de escola de Kate lembrou-se delas como boas mímicas.[11]

---

[11] Herbert Jackson Jr., *The Spirit Rappers* (Nova York: Doubleday, 1972), p. 20. Nessa excelente biografia, Jackson, jornalista que residia havia muito tempo no condado de Wayne, fez um retrato vívido das irmãs Fox e reuniu uma vivaz

Porém, as duas nem sempre eram enérgicas, pois também sofriam, vez por outra, de fortes dores de cabeça, que as deixavam enfraquecidas e deprimidas.

No final do inverno, Kate e Maggie se reuniam com as outras crianças para a extração do bordo e, provavelmente, sua mãe as deixava ocupadas com as tarefas de casa, como lavar a roupa, costurar, bordar, cozinhar, preparar conservas e arrumar a casa. Os jornais locais daqueles dias instavam as jovens a controlarem suas paixões — raiva e agitação poderiam estragar a pele — e praticar a razão, a prudência e a virtude por meio da devoção à educação e aos afazeres domésticos. Um especialista em educação alertava os pais para que a "primeira manifestação de teimosia" das filhas fosse instantaneamente "identificada e reprimida". O resultado da disciplina imediata, prometia ele, seriam "temperamentos dóceis e plácidos".[12]

Emoções fortes eram geradoras em potencial de outra ameaça, mais séria do que uma pele ruim: histeria. Os médicos diagnosticavam-na como uma doença feminina, e acreditava-se que provinha do útero e que provava a fragilidade e a falibilidade das mulheres. Segundo a preocupação dos médicos, as meninas perto da puberdade eram particularmente suscetíveis aos ataques e achaques que a histeria poderia provocar. Era, portanto, muito importante para uma jovem exercitar o autocontrole e permanecer dentro de uma área limitada: o lar.

John Fox era um homem à parte; sua mente se concentrava no pecado e na redenção, em preocupações financeiras e coisas práticas, e não tanto em questões mais sutis, relativas ao

---

coleção de artigos sobre elas, particularmente da imprensa oficial. Ele tende a defender a teoria que foi chamada de "meninos ou meninas travessos" sobre a origem do espiritualismo, ponto de vista comumente associado a Frank Podmore, historiador do espiritualismo cuja obra em dois volumes *Modern Spiritualism: A History and a Criticism* (Nova York: Charles Scribner's Sons, 1902), reimpressa sob o título *Mediums of the Nineteenth Century* (New Hyde Park, NY: University Books, 1963), ajudou a moldar atitudes ulteriores acerca do espiritualismo.

[12] *Western Argus*, 17 de novembro de 1847.

comportamento das filhas. Além disso, Margaret Fox provavelmente era uma mãe mais tolerante do que as demais. Filha de fazendeiro, ela tinha crescido antes que as mulheres fossem reduzidas a uma esfera tão limitada e doméstica. Entretanto, na década de 1820, Margaret e John haviam feito a perigosa jornada rumo ao oeste, atravessando o estado de Nova York para construir uma vida nova. Com suas próprias aventuras pessoais como recordação e distraída por preocupações atuais, Margaret pode ter, por vezes, ignorado quando suas filhas vivas e vivazes encontravam meios para fugir da chatice e do confinamento ditado pelo pensamento da época. Da mesma forma, ela pode não ter percebido quais eram as distrações que suas filhas haviam descoberto, ou quais os problemas (ou visões) que as assombravam (ou inspiravam), ocultados sob o padrão de suas vidas visíveis e rotineiras.

Em março de 1848, uma tempestade de relâmpagos fora de época estourou nos céus de Hydesville, seguida de uma nevasca. Tirando isso, a vida seguia seu rumo corriqueiro. O partido dos Whigs lutava contra o dos Democratas. As mulheres assavam biscoitos para um festival local. Um fazendeiro dava queixa do sumiço de uma vaca. Um incêndio deixava uma família desabrigada. O décimo primeiro aniversário de Kate foi celebrado, se é que houve registro disso, no dia 27.

Nos jornais, acontecimentos nacionais e internacionais eram devidamente reportados: o fim da guerra contra o México que deu a Califórnia aos norte-americanos; a abdicação de Luís Filipe, rei da França, queda que prefigurou a ascensão de movimentos democráticos que atravessaram a Europa ao longo do ano. As notícias, porém, tinham que brigar por espaço com anúncios comerciais, muitos de patentes de medicamentos — como a Salsaparrilha Sand e o Bálsamo Pulmonar Índio Brant —, colunas de conselhos religiosos, anedotas engraçadas, poemas sentimentais e histórias edificantes ou chocantes. Um escritor relatou um caso de casa mal-assombrada: o retorno fantasmagórico de uma jovem de 16 anos, moradora de Baltimore, assassinada pelo pai despótico, que estivera perseguindo seu pretendente pobre mas honesto.

"Hoje em dia", dizia-se aos leitores, "os vizinhos veem a jovem ocasionalmente, caindo ao chão, com a faísca do disparo iluminando a escuridão e revelando suas mãos levantadas ao alto, seu rosto radiante e seus cabelos em desalinho..." O escritor acrescentou, com um lamento, que nem a filosofia nem a razão haviam sido capazes de dissipar a crença dos habitantes locais no "fantasma da mártir do amor e da fidelidade".[13]

Durante os meses frios do ano, as casas em Hydesville costumavam gemer e ranger com os ventos rudes. Galhos de árvores quebravam com o peso do gelo. Tábuas soltas batiam contra as laterais das casas. Pequenos animais se refugiavam nas cozinhas, enfurnando-se atrás de fogões e lareiras em busca de calor, raspando paredes e móveis à cata de comida. Ruídos desse tipo eram familiares. Porém, nas duas últimas semanas de março de 1848, a casa que os Fox alugaram começou a ressoar com batidas misteriosas durante a noite: golpes fortes e surdos no teto, pancadas sonoras nas portas e nas paredes, às vezes baques violentos o suficiente para sacolejar cabeceiras e mesas.

Em abril, membros da família e amigos descreveram os novos e aparentemente inexplicáveis ruídos que irromperam no lar dos Fox a um ousado jornalista chamado E.E. Lewis. Logo em seguida, Lewis publicou essas entrevistas num livreto intitulado *A Report of the Mysterious Noises Heard in the House of Mr. John D. Fox, in Hydesville, Arcadia, Wayne County, Authenticated by Certificates and Confirmed by the Statements of the Citizens of That Place and Vicinity* ["Relatório dos ruídos misteriosos ouvidos na casa do sr. John D. Fox, em Hydesville, Arcadia, condado

[13] *Western Argus*, 18 de março de 1848.

de Wayne, autenticado por certificados e confirmado por declarações de cidadãos daquela localidade e vizinhança"]. As vozes dos Fox e de seus vizinhos saltam da página como ecos fantasmagóricos. "Soava como alguém dando batidas no chão do quarto ao oeste da casa", disse Margaret a Lewis. Ela acrescentou que era como "se a cadeira se mexesse sobre o chão, sendo impossível entender o que havia".[14]

As batidas sempre começavam de noite, logo depois que a família ia se deitar. "A família toda dormia junta naquele quarto, e todos ouviam o barulho", afirmou Margaret, dizendo também que eles eram quatro pessoas, "às vezes cinco".

A quinta pessoa — mais provavelmente a filha de Leah, Lizzie — deve ter visitado os avós naquele mês de março, mas Margaret não foi clara. "Na primeira noite em que ouvimos as batidas", prosseguiu ela, "todos nos levantamos e acendemos uma vela; então vasculhamos a casa toda".

Enquanto procuravam, o som permaneceu no mesmo lugar. "Não era muito forte", ressaltou ela, "mas fazia com que as cabeceiras e os assentos chacoalhassem, e podíamos sentir aquilo colocando as mãos na cadeira ou deitando na cama. Era a sensação de um tremor, mais do que um sacolejo brusco".

As batidas continuaram noites a fio.

Na sexta-feira, dia 31 de março, uma nevasca cobriu os campos quando todos já começavam a se preparar para a primavera. Abrindo caminho com sua carroça, David Fox conseguiu, apesar do tempo, fazer uma visita à casa dos pais e das irmãs. De temperamento dócil e prático, David tentou sossegá-los quanto às batidas com uma dose de bom senso. "Eu disse a

[14] Os comentários de Margaret citados ao longo deste capítulo são extraídos de "Certificate of Mrs. Margaret Fox", em Lewis, *Mysterious Noises*, pp. 5-9. Outros comentários feitos por outras pessoas podem ser encontrados, quando não houver referências específicas, nas seguintes partes do folheto de Lewis: "Statement of David Fox", pp. 27-29; "Statement of Wm. Duesler", pp. 10-16; "Statement of Mrs. Elizabeth Fox", pp. 22-24; "Statement of Mrs. Mary Redfield", pp. 29-31; "Statement of John D.Fox", pp. 9-10; "Statement of Mrs. Jane C.Lape", pp.35; "Statement of Miss Lucretia Pulver", pp. 35-36.

eles que, na minha opinião, se procurassem, eles acabariam descobrindo a causa, já que tinha que ser algo ligado à casa."

Mais tarde, ele declarou a E.E. Lewis que a casa tinha ficado silenciosa, como todas devem ser, e se comportado direito durante a tarde toda.

Naquela noite, véspera de 1° de abril, Margaret resolveu que as batidas não mais governariam a vida da família. Ela decidiu que "se elas acontecessem, nós tentaríamos não pensar nelas e procuraríamos ter uma boa noite de sono". O céu mal havia escurecido quando ela mandou as meninas para a cama — talvez Lizzie também. "Fomos para a cama cedo assim porque havia muito tempo que não descansávamos. Eu estava quase doente", disse ela.

Embora John ainda não estivesse deitado, Margaret foi para a cama. As batidas "começaram, como de hábito", mas o que se seguiu jamais tinha acontecido. Ela explicou: "As meninas, que dormiam em outra cama no quarto, ouviram um barulho e tentaram imitá-lo, estalando dos dedos. A mais nova tem uns 12 anos, e foi ela quem começou com isso. Assim que ela fez o barulho com as mãos ou os dedos, o som foi reproduzido no quarto... fazendo o mesmo número de barulhos que a menina tinha feito."

Quando Kate parou, o barulho parou. Porém, a estranha brincadeira teve prosseguimento. "Em seguida", continuou Margaret, sem especificar nomes, "a outra menina, que tem 15 anos, falou brincando: 'Agora, quero que você me imite. Conte um, dois, três, quatro etc. batendo palmas lentamente.' O som das palmas foi reproduzido. Pareciam estar respondendo a ela, repetindo cada palma que ela bateu".

Era a vez de Maggie ficar — ou parecer — surpresa. "Ela só fez isso uma vez, e então começou a ficar assustada", lembrou-se Margaret.

Em vez de parar para pensar ou acalmar as meninas, porém, Margaret se precipitou e pediu ao ruído que contasse até dez: "Ele então deu dez golpes ou ruídos."

Quais eram as idades das meninas? Quando as batidas responderam corretamente, Margaret logo concluiu que uma inteligência invisível estava por trás disso, e resolveu confirmar sua natureza. "Então", continuou, "eu perguntei se era um ser humano que estava fazendo aqueles ruídos, e, se fosse, pedi que se manifestasse com o mesmo ruído. Não houve som. Perguntei se era um espírito e pedi que, caso fosse, se manifestasse com dois ruídos. Ouvi dois ruídos assim que terminei de pronunicar essas palavras. Então, pedi que, se ele fosse um espírito em sofrimento, fizesse um barulho, e eu ouvi nitidamente as batidas. Perguntei se o sofrimento tinha sido causado naquela casa, e ele manifestou que sim com pancadas. Questionei, em seguida, se a pessoa que causara o sofrimento estava viva, e obtive a mesma resposta. Então, fiquei sabendo, pelo mesmo método, que seus restos mortais estavam enterrados debaixo da casa, assim como soube a sua idade.

O espírito continuaria a bater se Margaret chamasse os vizinhos? Ele bateu afirmativamente.

A essa altura, segundo Margaret, as meninas estavam abraçadas, aterrorizadas. Ela parece nem ter pensado na possibilidade, rapidamente alardeada pelos jornais locais, de suas filhas estarem lhe pregando uma peça, como uma piada de 1° de abril. Nesse caso, as meninas podem ter ficado amedrontadas não por uma presença invisível, mas pelo sucesso inesperado de sua brincadeira.

Porém, Margaret permanecia segura de que seu instinto estava certo naquela noite. "Eu estava calma, acho", garantiu ela a Lewis. "Assim como estou agora."

Seguindo uma ordem de Margaret, em torno das oito horas daquela noite de março, John correu em busca da vizinha, Mary Redfield. Lá, ele soube que as meninas já tinham lhe falado sobre as batidas, vários dias antes. Depois de ouvi-las por si mesma, Mary deixou a casa dos Fox e retornou quase que imediatamente para contar ao marido. "Então, o sr. Redfield foi até a casa dos Duesler e de vários outros", lembrou-se Margaret. "Muitas perguntas foram feitas repetidamente, e as mesmas respostas foram dadas, como antes. O sr. Duesler, então, foi chamar os Hyde, que vieram, assim como os Jewell."

Os homens que praticavam pesca noturna no rio Ganargua ouviram o burburinho e chegaram para investigar. Lá pelas nove da noite, mais de uma dúzia de curiosos enchiam a casa.

William Duesler, homem agressivo e atlético que deixara um condado vizinho para morar na região, alugara a casa de Hydesville sete anos antes, por pouco tempo. Depois de descartar a assombração como puro disparate, ele assumiu a liderança nos questionamentos, extraindo o restante da história trágica do espírito.

Com alguma admiração, Margaret relatou que Duesler concluiu que "ele fora assassinado no quarto principal havia uns cinco anos e que a morte tinha sido cometida por um tal de sr. [Bell] numa noite de terça-feira, à meia-noite; que ele fora morto tendo a garganta cortada com uma faca grande; que o corpo [...] fora levado para o porão; e que só fora enterrado na noite seguinte [...] a três metros do nível do chão".

O ruído afirmou ser o espírito de um mascate brutalmente assassinado pela pequena fortuna que trazia consigo: quinhentos dólares, mais do que o ganho de um ano inteiro de um trabalhador do campo. Em resposta a uma litania de nomes de vizinhos passados e atuais recitada por Duesler, os sons também identificaram o suposto assassino: John Bell, antigo morador que, desde então, havia se mudado para uma cidade próxima.[15]

A história do mascate era fascinante, mas as testemunhas talvez estivessem mais intrigadas com o conhecimento detalhado do espírito a respeito deles e de sua comunidade.

[15] Como Jackson ressalta em *Spirit Rappers*, fosse por tato ou por medo de ser processado, Lewis deixou uma lacuna no lugar do nome de Bell no corpo do texto do panfleto, mencionando-o somente ao final, no contexto de uma petição assinada por amigos e simpatizantes de Bell.

"Perguntei o número de crianças que moravam nas diferentes famílias da vizinhança", disse Duesler, "e ele deu o número da maneira habitual, batendo. Pedi também o número de mortes que tinham ocorrido nessas famílias, e ele respondeu corretamente".

Em uma comunidade em constante evolução, a onisciência fofoqueira do espírito deve ter parecido não apenas sobrenatural, mas também íntima. As pessoas não eram desconhecidas a *esse* espírito; ele as conhecia. Até o final da noite, depois de terem se amontoado e ouvido o espírito responder às perguntas sobre suas vidas, eles certamenente também sabiam mais uns sobre os outros. Enquanto o longo e frio inverno (em que até os moinhos, locais onde as pessoas tradicionalmente se reuniam, estavam fechados) amainava, o mascate aproximava os vizinhos uns dos outros.

Ao longo da noite, o espírito respondeu, sobretudo por meio de batidas, a perguntas de tipo sim ou não, com uma batida para sim e silêncio para não. Porém, a certa altura, por um processo laborioso, evocando as letras do alfabeto, Duesler pediu ao espírito que batesse ao som de suas iniciais, e descobriu que eram C e B.

Na posse de uma vela, Charles Redfield, marido de Mary, desceu em meio à escuridão do porão em busca da cova escondida do homem assassinado. A voz de Duesler era ouvida de cima, e batidas vindas de uma localização inespecífica orientaram Redfield para que retornasse, insistentemente, ao mesmo ponto suspeito no chão de terra.

Em torno da meia-noite, Margaret e as filhas, exaustas, deixaram a casa. Ela foi para a residência de Mary Redfield, mas acrescentou vagamente que "minhas filhas ficaram com outros vizinhos". John Fox e Charles Redfield ficaram de guarda na casa durante toda a noite.

Quando Duesler retornou às sete da noite seguinte, o sábado que coincidira com o dia 1° de abril, as batidas recomeçaram, e várias centenas de pessoas — metade da população de Arcadia — estavam reunidas para ouvi-las com perplexidade, lotando o interior da casa e andando a esmo à frente dela. Comitês tinham determinado diferentes áreas a serem vigiadas, mas a ação primordial continuava centralizada no quarto principal. Duesler entrou, mas pediram-lhe logo que se retirasse. "Algumas pessoas que estavam dentro do quarto queriam que eu saísse e deixasse que outra pessoa fizesse as perguntas", admitiu ele. "Foi o que eu fiz, e fui para casa."

David Fox e a mulher, Elizabeth, também estiveram no local naquela noite. "Só fiquei no quarto uns poucos minutos", ressaltou Elizabeth. "Tinha tanta gente que as pessoas saíam logo, para que todos tivessem a oportunidade de ouvir o barulho."

Quando a multidão se dispersou, David levou um pequeno grupo de homens até o porão, onde cavaram o chão de terra em busca do túmulo do mascate. Eles tinham atingido a profundidade de uns três metros quando deram com uma nascente, o que os forçou a parar.

Os próximos dias foram agitados em Hydesville. A escavação recomeçava e parava, o esforço sempre atrapalhado pela água que surgia. As multidões e as batidas persistiram, o mascate e as pessoas ansiando por atenção.

Algumas perguntas dirigidas ao espírito tocavam questões de teor teológico e filosófico. Duesler perguntou se a doutrina universalista era verdade, mas não houve batida em resposta. Depois de perguntar o mesmo sobre a doutrina metodista, ele ouviu batidas — o que convinha, pois estava sendo recebido em um lar metodista.

Mary Redfield fez as perguntas mais urgentes de todas, as quais prenunciavam um interesse ulterior na comunicação com os espíritos. "Entrei no quarto com outras pessoas", disse ela, "me ajoelhei ao lado da cama e perguntei se o Paraíso existia. Então, ouvi três batidas. Minha filha Mary está no Paraíso?

Ouvi batidas. Fiz essas e outras perguntas numa atitude de oração ao Ser Supremo, para que esses sons misteriosos me fizessem uma revelação. Outra senhora que estava dentro do quarto falou que estava com medo. Eu disse a ela que Deus a protegeria e, nesse momento, ouvimos várias batidas nítidas... Perguntei se era um espírito de Deus, e ele bateu. Os espíritos dos nossos amigos falecidos estão aqui, agora, entre nós? Ouvimos batidas".

Parecia que o espírito estava se comportando de maneira contida e digna, mais do que da forma vingativa que sua história triste poderia ter justificado.

Nem todos se comportaram com a mesma cordialidade. Nas semanas seguintes, muitos moradores do condado de Wayne foram testemunhar algum milagre, e outros foram condenar os Fox por fraude ou blasfêmia. John Fox, nervoso ao extremo, jurava que não fazia ideia do que causava as batidas. "Procuramos por todos os cantos e recantos, dentro e fora da casa, a horas diferentes, para tentar descobrir se tinha alguém escondido por lá, capaz de fazer os barulhos", informou ele, tenso, a Lewis. "Mas nunca conseguimos descobrir nada que explicasse o mistério."

O jornal local se deleitava com a situação.

Em 12 de abril, o *Western Argus* publicou: "Ficamos sabendo que os nobres habitantes de Arcadia estão numa grande ebulição, em decorrência da descoberta de um *fantasma* 'subterrâneo' ou de um ruído não identificado. [...] Pás e picaretas foram logo requisitadas e, após três metros de escavação, uma fonte de água pura jorrou e encheu o buraco do 'fantasma'."

Alguns curiosos foram embora embasbacados. Outros partiam como tinham chegado: na dúvida. Mais de setenta anos mais tarde, Andrew Soverhill, advogado aposentado, na época vizinho dos Fox, descreveu um agrupamento de pessoas que ele testemunhara quando menino: "Nós [...] encontramos a casa bem lotada de gente", escreveu ele no *Syracuse Herald*.

"Havia umas 15 ou vinte pessoas nos cômodos. [...] Depois de já estarmos lá por algum tempo, a sra. Fox entrou no quarto principal e se sentou numa cadeira perto da cabeceira da cama. Eu a segui até lá com uma curiosidade infantil, para ver tudo o que poderia acontecer, e me sentei ao seu lado.

"As meninas, Margaret e Catherine, estavam sentadas na cama. Elas me chamaram para sentar com elas, e aceitei. Não tinha nenhuma luz no quarto, mas o lume de uma vela acesa na sala de estar iluminava-o suficientemente para que fosse possível distinguir uma pessoa da outra."

Aquela pequenina vela era forte demais para Margaret, a mãe das meninas, que temia que a luz espantasse o espírito. Com a porta fechada, os procedimentos continuaram. "Para algumas perguntas", recordou Soverhill, "havia respostas sob forma de batidas. Para outras, não. Eu não consegui entender de onde vinham as batidas."[16]

A filha do médico da família Fox, a sra. Henry P. Knowles, lembra-se de como o pai fora chamado às pressas até a casa para ver Kate, que tinha "ficado doente". O médico dissera que havia encontrado "uma grande comoção no quarto da paciente, estalos e rangidos ao redor da cama, [...] e assim que ele mudava de posição, as batidas faziam o mesmo". Ele disse à filha que não conseguia explicar os sons, mas que achava que Kate estava, "de alguma maneira, manipulando as juntas ou os músculos dos dedos das mãos e dos pés, assim como os joelhos".[17]

O próprio E.E. Lewis tentou defender os intrigados moradores de Hydesville nos jornais, mas outros repórteres o acusaram instantaneamente de exploração comercial.

"Sabendo que, caso o alvoroço diminuísse ou as pessoas de fora soubessem que a história era um embuste (como qualquer pessoa inteligente a consideraria, claro), haveria danos

---

[16] Andrew Soverhill é citado por Hoelzel, *Hometown History*, pp. 80-81.

[17] O médico é citado por Jackson, *Spirit Rappers*, p. 20.

materiais à venda do seu trabalho tão notável, ele adotou a linha de ação acima descrita...", alfinetou o *Newark Herald*.[18]

A família Weekman, que tinha morado na casa um ano antes dos Fox, pronunciou-se. Segundo disseram a Lewis, também eles tinham ficado aterrorizados com batidas e ruídos. Jane C. Lape, que morava com eles e trabalhava na casa meio expediente, foi além. Em sua declaração, ela alega que viu um homem que "usava calças cinza, fraque preto e capa preta".

Ela tinha certeza de que se tratava de um espectro.

Lucretia Pulver, de 19 anos, completou a história. Muitos anos antes, confidenciou ela, quando trabalhara para o acusado, John Bell, um mascate tinha chegado à casa a pé. "Ele carregava um baú e uma cesta, acho, com frascos de essências", disse. "Usava um fraque preto e calças de cor clara."

Os Bell tinham mandado Lucretia passar uns dias fora. Quando retornou, segundo ela, não havia qualquer sinal do mascate, mas o sr. Bell lhe pediu que remendasse dois casacos que estavam, suspeitamente, cheios de rasgões. Embora Lucretia nunca mais tenha visto o mascate, a sra. Bell dizia que ele ainda voltava lá. De vez em quando, ela mostrava à jovem dedais de prata e outros itens como os que se encontram, tipicamente, em baús de mascateagem.

Perguntas como as feitas por Mary Redfield ao mascate assassinado de Hydesville — sobre a capacidade de proteção (ou punição) dos seres divinos, sobre a sobrevivência do espírito do indivíduo mortal após a morte, sobre a natureza da vida no além — têm sido comuns à maioria das culturas. Assim como os esforços para compreender, e vez por outra adestrar, forças sobrenaturais.

Independentemente de sua religião ou classe social, os norte-americanos dos anos 1840 não desconheciam os espíritos,

---

[18] *Newark Herald*, 4 de maio de 1848, citado por Jackson, *Spirit Rappers*, p. 17.

tanto os assustadores quanto os benéficos. Alguns eram concebidos como entidades independentes; outros, como a manifestação de uma pessoa que tivesse morrido. Embora a maioria dos jovens dos Estados Unidos se orgulhasse de sua racionalidade e se vangloriasse de viver em tempos de progresso material, na verdade, uma riqueza de crenças acerca do sobrenatural, derivadas de tradições cristãs e não cristãs, permeava o bojo da religião, do folclore e da cultura popular.[19]

Havendo ou não um andarilho desafortunado enterrado debaixo do porão da família Fox, os mascates não eram apenas figuras populares do estado de Nova York, mas também fantasmas conhecidos do folclore local. De carroça ou a pé, esses vendedores itinerantes eram estrangeiros perenes e, portanto, candidatos ideais para contos sobre chegadas inesperadas e partidas misteriosas, sobre cobiça e gratidão. Em muitas vezes, os mascates tentavam ludibriar compradores para, logo em seguida, receberem o castigo merecido. Em outras, eles próprios eram as vítimas inocentes. Uma história lamentava o destino de um mascate em certo albergue de uma cidadezinha: "Às três da manhã, meia dúzia de farristas arrastaram o

---

[19] Várias fontes secundárias foram particularmente úteis ao tema que o historiador Jon Butler denomina "The Antebellum Spiritual House" ["A casa espiritual do pré-guerra"] e, especificamente, ao contexto histórico no qual o espiritualismo evoluiu. Essas fontes, que forneceram informações a muitos dos capítulos deste livro, incluem, de Butler, *Awash in a Sea of Faith* (Cambridge, MA: Harvard University Press, 1990); Sydney E. Ahlstrom, *A Religious History of the American People* (New Haven: CT: Yale University Press, 1972); Ann Braude, *Radical Spirits: Spiritualism and Women's Rights in Nineteenth-Century America* (Boston: Beacon Press, 1989); Bret E. Carroll, *Spiritualism in Antebellum America* (Bloomington: Indiana University Press, 1997); Whitney R.Cross, *The Burned-over District: The Social and Intellectual History of Enthusiastic Religion in Western New York, 1800-1850* (Ithaca, NY: Cornell University Press, 1950); Ernest Isaacs, "The Fox Sisters and American Spiritualism", in *The Occult in America: New Historical Perspectives*, organizado por Howard Kerr e Charles L. Crow (Chicago: University of Illinois Press, 1983); R. Laurence Moore, *In Search of White Crows: Spiritualism, Parapsychology, and American Culture* (Nova York: Oxford University Press, 1977); Leo P. Ribuffo, "The Complexity of American Religious Prejudice", in *Right Center Left: Essays in American History* (New Brunswick, NJ: Rutgers University Press, 1992); e Ann Taves, *Fits, Traces, and Visions: Experiencing Religion and Explaining Experience from Wesley to James* (Princeton, NJ: Princeton University Press, 1999).

mascate até um poço no porão, mataram-no e atiraram o seu corpo ao fundo."[20]

Desde então, o fantasma do mascate passou a rondar o local.

Fantasmas e *poltergeists* — palavra que signfica "fantasma barulhento" em alemão — viajaram por todo o país, criados menos por seus poderes amedrontadores do que pelos boatos e jornais, que se inspiravam mutuamente. John Bell mesmo não foi o único homem com esse nome, aliás muito comum, a ter problemas com o sobrenatural. No Tennessee do início do século XIX, falou-se de uma bruxa que teria levado outro John Bell à morte. Seus feitos, que começaram com sons de batidas, podem ter sido conhecidos, no norte, na década de 1840.

John Wesley, fundador do metodismo, lidou com a questão da bruxaria, e sua própria família vivenciou o que pode ter sido uma aparição sobrenatural. Em 1726, Wesley escreveu que o lar de seu pai fora assolado por sons de batidas, passos, gemidos e estrondos. O comportamento era característico de um *poltergeist*, um espírito que se distingue por sua malignidade das aparições mais lúgubres e passivas. Os pais de Wesley e suas irmãs denominaram o encrenqueiro invisível de "Velho Jeffrey".

Esse episódio foi relatado em *Memoirs of the Wesley Family*, livro editado em 1823 e reimpresso muitas vezes. Nos anos 1840, uma nova edição foi resenhada pela crítica Margaret Fuller no *New York Tribune*, e deve ter provocado discussões acirradas em círculos e festejos metodistas.

As ideias e práticas de Anton Mesmer, curandeiro austríaco do século XVIII, tinham se espalhado pelos Estados Unidos e, na década de 1840, deixaram o país em polvorosa. De acordo com uma de suas teorias, tudo no universo, inclusive o corpo humano, era composto de fluido eletromagnético. Propondo que um desequilíbrio dessa substância essencial causava

[20] Harold Thompson, *New York State Folktales, Legends, and Ballads* (Nova York: Dover, 1939), p. 432.

doenças, Mesmer alegou que curava pessoas ao reajustar o fluxo de eletromagnetismo da parte doente ou ferida do corpo.

Adaptando os seus métodos, curandeiros conhecidos como mesmeristas realizavam o seu trabalho colocando a pessoa em transe, no chamado sono magnético, enquanto balançavam suas mãos suavemente acima do corpo do indivíduo em questão. Independentemente da cura ser atingida, dizia-se que a pessoa tinha sido mesmerizada ou magnetizada em um processo hoje encarado como precursor da hipnose.

Em meados do século XIX, o mesmerismo havia evoluído para uma forma de diversão, assim como de cura. Em salões e festas, mesmeristas amadores exibiam suas técnicas em voluntários para divertir os outros convidados. Mesmeristas profissionais e seus pacientes também faziam demonstrações públicas para audiências curiosas — e pagantes. Em alguns casos, quando uma paciente ficava totalmente subjugada pelo controle do mesmerista, a situação ressoava com tensões eróticas. Quem fora mesmerizado costumava acordar acreditando ter tido visões de espíritos ou obtido poderes de clarividência.

As ideias do filósofo e místico sueco Emanuel Swedenborg, do século XVIII, que escreveu extensivamente sobre suas conversas com Deus, Jesus, espíritos e anjos, também tinham atravessado o Atlântico. Seus seguidores tinham fundado a Igreja de Nova Jerusalém, mas certos aspectos de seus escritos atraíam igualmente outros grupos.

Swedenborg vislumbrava uma existência após a morte que consistia em três paraísos, três infernos e um lugar intermediário — o mundo dos espíritos —, para onde todos iam diretamente após a morte. Aqueles que haviam aceitado o amor de Deus quando em vida eram atraídos para junto de outras almas com mentes semelhantes, e, com o tempo, acabavam se tornando anjos em um dos três paraísos. Aqueles que só haviam amado a si mesmos ou coisas mundanas durante a vida mortal descobriam companheiros compatíveis em um dos três infernos.

Os relatos de Swedenborg sobre sua comunhão com seres sobrenaturais e sua descrição do Paraíso eram complexas, mas vívidas. Para quem habitava os paraísos, havia cidades com avenidas largas e belos prédios, palácios luzentes de ouro e pedrarias, parques com ramagens floridas, árvores frutíferas e alamedas agradáveis. Como os mortais, os espíritos e a maioria dos anjos vestiam roupas, comiam, apaixonavam-se e casavam. Crianças, inocentes e boas por natureza, jamais iam para o Inferno.

O clarividente nova-iorquino Andrew Jackson, do século XIX, alegava ter visões de Swedenborg quando em transe mesmérico, reunindo, assim, seus dois predecessores de uma maneira que poderia ter surpreendido a ambos, caso estivessem vivos. Davis era um autodidata, jovem, bonito, com barba farta e olhos penetrantes, conhecido por ter o dom clarividente de diagnosticar doenças. Porém, quando em estado de transe, ele também elaborava e modificava as ideias de Swedenborg acerca da vida após a morte.

As primeiras palestras de Davis foram publicadas em meados da década de 1840, quando ele passou a ser conhecido como o Vidente de Poughkeepsie — a cidadezinha do norte do estado de Nova York onde ele crescera. Claro, seria difícil para os ouvintes julgar se os espíritos que conversavam com os místicos e profetas tinham, de fato, substância, ou se simplesmente refletiam a imaginação fértil do vidente ou a sua aptidão para a fraude.

A poucos quilômetros de Poughkeepsie, o grupo religioso popularmente conhecido como os *shakers* [chacoalhadores], devido às explosões de tremores físicos em sinal de fé experimentadas por seus membros, vivenciaram um impressionante episódio de frenesi espiritual no final dos anos 1830. A Sociedade Shaker tinha sido fundada nos Estados Unidos uns sessenta anos antes pela Mãe Ann Lee, cujos seguidores lhe atribuíam a personificação do lado feminino de um deus de natureza dual — assim como Jesus fora a personificação de seu aspecto masculino. Eram sobretudo as meninas e as moças da comunidade que sentiam os fortes tremores. Dizendo-se tomadas por espíritos, elas dançavam freneticamente, cantavam, falavam em línguas desconhecidas, balançavam o corpo e desmaiavam. Essas manifestações desapareceram em meados dos anos 1840, mas, tempos depois, os mais velhos da comunidade as veriam como antecessoras do período em que duas outras jovens, as irmãs Fox, falariam de estranhas batidas.

Magos e conjuradores também desempenharam seus papéis no que diz respeito a batidas, aparições e outras manifestações supostamente espirituais, a um só tempo jogando com e distanciando-se de tais crenças. Já em 1810, um mago chamado John Rannie anunciou uma campanha contra os que se diziam capazes de ressuscitar os mortos. Ele prometia ilusões óticas que poderiam "permitir ao observador atento formar uma ideia correta dos artifícios pelos quais eles enganavam os crédulos e superticiosos destes tempos e de tempos pregressos...".[21]

Magos do século XIX com boas técnicas de ventriloquismo, prestidigitação e conjuramento costumavam descrever seu trabalho como sendo de natureza científica e analítica, demonstrando sua proficiência no campo da ilusão, da ótica, da acústica, da química, da pneumática e da eletricidade. Porém, a magia, que tinha começado a ganhar um público popular, nem sempre era tão complexa. Livros como *Hocus Pocus, or the Whole Art of Conjuring Made Easy for Young Persons* ["Abracadabra, ou a arte completa de conjurar facilitada para os jovens"], publicado em 1846, ensinavam truques de salão. Tampouco

[21] Dr. Charles J. Pecor, *The Magician on the American Stage, 1752-1874* (n. ed.1977), cópia nº 368, p. 85.

eram complicados os manuais rudimentares que ensinavam as crianças a se divertirem pregando peças.

"Eu me interessava bastante [por mágica] quando muito criança", relatou um estudante universitário em 1834, "e já tinha descoberto, antes dos dez anos, que era fácil impressionar os meus amigos fazendo o que eles consideravam incrível". Conforme recordou, a primeira oportunidade se deu quando assustou um primo ao produzir estranhas batidas.[22]

Originário de Canandaigua, cidadezinha de um condado vizinho, E.E. Lewis, que laboriosamente coletou depoimentos de uns vinte moradores de Hydesville, era um advogado que optara pela profissão de repórter. Declarando não ter qualquer intenção de se aproveitar dos supersticiosos apenas para lucrar com uma boa história, ele insistiu que esperava apenas descobrir a verdade sobre os rumores de assombração.

Os acontecimentos bizarros que ocorreram, admirou-se ele, eram produtos não de tempos obscurantistas, mas do esclarecido século XIX. Ele distinguiu os seus entrevistados tanto dos espertalhões e das fraudes urbanas que parecem ter se espalhado pelas ruas das cidades quanto dos trouxas, suas supostas vítimas; Lewis descreveu suas testemunhas como sendo parte de uma "comunidade ampla, inteligente e franca" de respeitáveis cidadãos americanos, declarando também que esses homens e mulheres não eram facilmente enganados.

"Centenas devem ter estado aqui", escreveu, céticos que partiram do princípio de que rapidamente descobririam o truque. Primeiro, "eles examinaram as premissas; estiveram em presença dos fantasmas, ainda incrédulos e dispostos a tratar o assunto com leviandade; conversaram com o desconhecido até que suores frios escorressem por todos os seus poros e se

[22] *Ventriloquism Explained: And Juggler's Tricks, or Legerdemain Exposed* (Amherst, MA: J.S. & C. Adams, 1834), p. 30.

vissem obrigados a reconhecer que se sentiram diante de um habitante da terra dos espíritos".

Depois de negarem crenças prévias no sobrenatural, todas as testemunhas cujos depoimentos foram publicados por Lewis contaram a mesma história, descrevendo batidas que davam calafrios e que infestaram a casa dos Fox. Em sua maioria, elas se mostraram ignorantes quanto à origem dos sons, jurando ter procurado por toda parte.

Lewis não somente ouviu suas histórias como também acrescentou o seu próprio quinhão acerca do que vinha acontecendo: "Se o espírito de Swedenborg pudesse [...] revelar os eventos futuros, por que os espíritos dos mortos não poderiam voltar e revelar o que, de outra forma, permaneceria desconhecido?"

No final de seu pequeno livro, ele incluiu uma petição assinada por mais de quarenta pessoas que defendiam Bell, alegando que o suposto assassino era um homem de caráter honesto. Muitos assinantes também tinham testemunhado as batidas. Mesmo não conseguindo explicar os ruídos, eles se recusavam a aceitar a informação — a culpa de Bell — que contrariava o que defendiam.

O livreto de Lewis e artigos de jornais contemporâneos constituem os relatos mais antigos dos acontecimentos de Hydesville. Por mais minucioso que tenha sido, porém, Lewis cometeu um erro que frustraria céticos, crentes e curiosos de gerações futuras: ele não conseguiu obter declarações de Kate e Maggie. Talvez as meninas tenham se esquivado à oportunidade, ou seus pais tenham desencorajado sua participação. Talvez ninguém tenha pensado em entrevistar pessoas tão jovens.

Em meio ao clamor de vozes, barulhos e multidões emergentes, Kate e Maggie permaneceram em silêncio.

Dois

Alguns antecedentes familiares

No dia 4 de janeiro de 1851, Horace Greeley, editor do *New York Tribune,* pasmou-se diante do caminho que a nação percorrera, literal e simbolicamente, desde o início do século XIX.

"Há cinquenta anos", entoou em sua coluna, "George Washington acabava de ser enterrado. [...] Thomas Jefferson acabara de ser nomeado o próximo presidente. [...] A população de nosso país passava de 5,3 milhões, consideravelmente menor do que um quarto do número atual. [...] O nosso próprio Estado quase não tinha habitantes brancos a oeste das nascentes do Mohawk e do Susquehanna. Buffalo e Rochester eram florestas. [...] O canal Erie mal havia sido idealizado pelo mais louco construtor de castelos".

O pai de Kate e Maggie, John David Fox, nasceu no final da década de 1780, quando a Revolução Americana ainda habitava a memória recente e os colonos brancos ainda não tinham acorrido em massa pelas montanhas que dividem a costa leste do interior do continente.[23] Descendente de alemães palatinos

[23] A data de nascimento de John é citada por Mariam Buckner Pond, *Time Is Kind: The Story of the Unfortunate Fox Family* (Nova York: Centennial, 1947), p. 6, como sendo em 1797. Pond era casada com um dos sobrinhos-netos de Kate e Maggie. Outras fontes da família hoje afirmam que John nasceu em 1789, em Nova York. Porém, seus irmãos mais novos nasceram em Ramapo, condado de Rockland, o que sugere que John fora criado lá também.

que tinham anglicizado o nome Voss para Fox, ele cresceu no condado de Rockland, Nova York, um triângulo rural de vales estreitos e penhascos rochosos na parte inferior do sudeste do estado.

Seu pai era David Fox, ferreiro por profissão. David escreveu seu testamento em março de 1800, com 45 anos, quando John ainda era um menino. Ele morreu naquele mês de abril, deixando suas terras para a esposa, Catherine, com uma cláusula determinando que seus filhos deveriam receber uma parte delas quando se casassem.[24] Ela deu à luz o seu filho mais jovem em maio, apenas um mês após a morte do marido.

John deve ter recebido sua herança uns doze anos depois, quando, no dia 7 de março de 1812, se casou com Margaret Smith, uma moça de 16 anos do condado de Rockland. Ela nascera em outubro de 1796, filha de Jacob I. Smith e Maria Rutan, que carinhosamente apelidou a filha de Peggy.[25]

Pelo lado do pai, a ascendência de Margaret é fácil de ser traçada. Seu avô paterno, John C. Smith, era um fazendeiro bem-sucedido, líder de sua comunidade; ele e a mulher, cujo nome de solteira era Elizabeth Blauvelt, vieram de famílias

---

[24] Testamentos A:30, *Rockland County Surrogate Court Records*, Tribunal do condado de Rockland, New City, NY.

[25] Para o apelido de Margaret, ver o testamento de John C. Smith: Testamentos B:120, *Rockland County Surrogate Court Records*, Tribunal do Condado de Rockland, New City, NY. A data de nascimento de Margaret está em "Kakiat or West New Hemsptead Records", trad. Nicholas Gentzlinger Blauvelt (1933), Coleção Genealógica da Associação dos Descendentes Blauvelt, Spring Valley, New York, ABD.05 Casamentos, p. 79, a partir daqui citada como "Registros Kakiat". Embora hoje alguns descendentes da família afirmem que o ano de nascimento de Margaret seja 1797 e que o local de nascimento seja o Canadá, parece muito mais provável que ela seja a "Peggy" nomeada no testamento de John C. Smith. A data de seu casamento com John David Fox está nos "Registros Kakiat", 17. Ralph e Frances Blauvelt, da Associação dos Descendentes Blauvelt, foram uma preciosa fonte de testamentos, títulos, registros de igreja e árvores genealógicas do condado de Rockland. O site da associação é www.blauvelt.org (acessado em 20 de novembro de 2003). Celeste Oliver, descendente da família Fox, generosamente forneceu uma árvore genealógica alternativa, um valioso acervo de anedotas sobre o passado e informações úteis sobre o presente — todos transmitidos pela família de David, o irmão de Kate e Maggie.

holandesas muito industriosas, instaladas na região havia muito tempo.[26] Os antecedentes do avô materno de Margaret, por sua vez, são mais misteriosos. Talvez isso se dê de forma intencional, principalmente se o sobrenome Rutan for uma variante de Ruttan. Descendentes de huguenotes franceses, alguns membros dessa influente família local tinham trocado de lado na Revolução Americana, deixando os patriotas e aliando-se aos lealistas. Depois, como suas terras nos Estados Unidos haviam sido confiscadas, instalaram-se no lado canadense do lago Ontario, onde foram recompensados pela coroa com novas terras em seu novo país adotivo.[27]

Se o avô Rutan de Margaret Fox era uma figura fugidia, as histórias sobre sua esposa, Margaret, eram um tesouro de família. A vovó Rutan pertencia a uma longa linhagem de parentes famosos por serem abençoados, ou amaldiçoados, com o dom da vidência. De acordo com as lendas familiares, ela levantava, sonhadoramente e em transe, entre meia-noite e duas da madrugada, em busca de funerais imaginários no cemitério perto de casa, e seu preocupado marido a seguia para garantir sua segurança. No café da manhã do dia seguinte, vovó Rutan contava detalhes vívidos de sua aventura: de quem tinha sido o enterro, quem estava chorando o morto, quais os cavalos de amigos ou vizinhos que haviam puxado o caixão e encabeçado a procissão — acontecimentos bastante invisíveis para os

---

[26] Leah, a filha mais velha de John e Margaret Fox, discute os ancestrais da família em A. Leah Underhill, *The Missing Link in Modern Spiritualism* (Nova York: Thomas R. Knox, 1885), pp. 74-76, de onde foi extraído o título do capítulo 2. Embora Leah diga que John C. Smith seja descendente de ingleses, também ele, segundo infomação fornecida pela Associação da Família Blauvelt, descendia de holandeses. Os Blauvelt citam como fonte a "Genealogy of the Smidt, or Smith Family", de George Budke (1912), Coleção Genealógica da Associação dos Descendentes Blauvelt, condado de Rockland, Nova York, ABD.34, n°60.

[27] Para informações sobre os Ruttan e os colonos lealistas do Alto Canadá, ver *Pioneer Life on the Bay of Quinte, Including Genealogies of Old Families and Biographical Sketches of Representative Citizens* (Toronto: Ralph e Clark, 190-?). Ver também James J. Keegan, *A Rutan Family Index* (Bowie, MD: Heritage Books, 1996).

olhos do marido. Todos à mesa ficavam "muito deprimidos" com suas histórias, pois as lamentáveis cenas que vovó Rutan supostamente presenciava sempre ocorriam, da mesma forma que ela as tinha visto, poucas semanas depois.

A irmã de Margaret Fox, Elizabeth Smith, também era conhecida por ter o dom da vidência ou da clarividência, a habilidade de ver o que o olho não pode devido à distância no tempo ou no espaço, e anteviu até a sua própria morte. Aos 19 anos — ao menos assim foi relatado —, Elizabeth disse aos pais: "Sonhei que estava andando sozinha num país novo quando, de repente, me deparei com um cemitério e caminhei até uma das maiores lápides, lendo a inscrição..."

Ela confidenciou ter lido o próprio nome na lápide, a inicial do nome do marido, H, e a informação de que tinha morrido aos 27 anos.[28]

Qualquer que tenha sido a veia lúgubre ou clarividente que marcou o lado Rutan-Smith da família, não há indicação de que Margaret Fox tenha predito problemas em sua vida. Embora tivesse gerado um filho que morreu ainda bebê, ela e John tiveram quatro crianças saudáveis em um espaço de tempo relativamente curto. Leah foi batizada Ann Leah em 8 de abril de 1813, na Igreja Reformada Kakiat, em West New Hempstead, no condado de Rockland. Maria e Elizabeth vieram em seguida. O filho do casal, David, nasceu em 1820.[29]

Algum tempo depois do nascimento de Leah, John e Margaret mudaram-se para a cidade de Nova York, mas mantiveram laços estreitos com o condado de Rockland. Em 1816, John e seu sogro, Jacob, compraram juntos um lote de terra lá por quinhentos dólares, vendendo-o em 1820 pelo dobro do preço.

---

[28] Leah discute a clarividência da família em seu *Missing Link*, pp. 74-84.

[29] A data do batismo de Leah está nos "Registros Kakiat", p. 78. A data de nascimento de David está em sua lápide no Newark Main Street Cemetery, Arcadia.

Depois de 1820, é difícil rastrear John e Margaret por meio dos registros públicos. Sua história nos próximos vinte anos tem de ser construída sobretudo a partir de dicas encontradas em *The Missing Link in Modern Spiritualism* ["O elo perdido do espiritualismo moderno"], autobiografia escrita nos anos 1880 pela mais velha das irmãs Fox, Leah, na qual ela explora "alguns antecedentes familiares".[30] Suas anedotas sugerem que, no início da década de 1820, a família Fox voltou a se mudar para a parte oeste do estado de Nova York, juntamente com os pais de Margaret, Jacob e Maria Smith, e seus três irmãos: John J., Catherine e Elizabeth — a qual tinha previsto o seu próprio e triste futuro.

A decisão da família Fox, como a de milhares de outros norte-americanos, foi sem dúvida inspirada por uma abundância de terras a oeste e pela promessa do canal Erie. Defendido pelo governador do estado, DeWitt Clinton, e inicialmente apelidado de "o Grande Buraco", a construção do canal iniciou-se em 1817 e levou oito anos para ser completada. Em sua inauguração oficial, houve salvas de canhões e ovação popular: um caminho aquático contínuo finalmente ligava a região costeira do leste aos Grandes Lagos.

Viajando a uns sete quilômetros por hora, abarrotado de passageiros nas cabines e no convés, o humilde paquebote puxado por mulas incrementou a população entre Albany e Buffalo ao encurtar a viagem terrestre de duas semanas para apenas uns poucos dias. Carregamentos também poderiam

---

30 Underhill, *Missing Link*, p. 74. Leah preferiu chamar o seu livro de obra sobre o espiritualismo, mais do que uma autobiografia, mas inclui muitas informações sobre si mesma e sua família. Ela foi criticada por sua tendência para embelezar fenômenos materiais, particularmente ocorridos durante suas sessões, em que não há testemunhos que possam corroborá-los; e suas datas de eventos costumam ser imprecisas e confusas. Isto posto, ela oferece uma riqueza de anedotas e uma seleção de cartas que, por vezes, parecem evidenciar uma candura supreendente ou uma boa intuição emocional. A não ser quando há informações que contradizem diretamente suas histórias, ou as colocam em dúvida, usei suas notas para fornecer indícios a eventos reais e aos sentimentos atribuíveis às circunstâncias.

ser transportados com mais eficiência pelo canal. Barcaças carregavam a produção das fazendas e os produtos manufaturados na região, como a farinha, para o leste, em direção a Nova York, retornando com têxteis e outros insumos que facilitavam a vida na fazenda. Os custos de transporte caíram drasticamente, e a renda auferida com o pedágio aumentou. A passagem da economia de subsistência para a de mercado foi acelerada, enriquecendo negócios e executivos ao longo do caminho.

Cidades floresceram perto do canal, assim como em outras áreas. Corre a lenda de que, quando o projeto de construção do canal Erie o fazia passar paralelo à estrada principal de Hydesville, por exemplo, os habitantes locais protestaram veementemente. Alguns declararam que prefeririam morrer a ver os barcos do canal flutuando por suas fazendas. Outros temiam que o Grande Buraco viesse a feder a lixo e água parada.[31] Finalmente, o canal Erie foi escavado atravessando a cidadezinha de Newark, no condado de Wayne, a vários quilômetros de distância. Newark teve uma explosão de progresso e Hydesville começou um processo longo e lento de declínio.

A 55 quilômetros a oeste, a já próspera cidadezinha de Rochester — construída próxima às quedas do rio Genessee, estrondosa fonte d'água para os moinhos — cresceu e transformou-se no "Jovem Leão do Oeste". Centro manufatureiro mais conhecido por sua farinha, era uma cidade à beira do canal que rugia com vitalidade comercial e se enriquecia no que alguns chamavam de atividade baderneira e pecadora. Trabalhadores das docas e viajantes alugavam todos os quartos disponíveis na cidade e enchiam as tavernas. Circos, bares e teatros atraíam multidões, cujas folias noturnas transbordavam para as ruas até o amanhecer.

---

[31] A lenda de Hydesville e do canal Erie é contada por Robert Hoeltzel, *Hometown History: Village of Newark, Town of Arcadia* (Newark, NY: Gene McClellan for Arcadia Town Historical Society, 2000), p. 24.

Assim que se mudaram para o oeste, os pais de Margaret, seu irmão e sua irmã Elizabeth concentraram-se na área que, em 1823, foi oficialmente denominada condado de Wayne. De acordo com a autobiografia de Leah, logo depois de se instalar por lá e casar-se com um homem cuja inicial do último nome era H, Charles Higgins, Elizabeth morreu aos 27 anos, idade que predissera em seu sonho profético.

No início da década de 1820, John e Margaret Fox, pais de quatro crianças, separaram-se. Ele acabou por se tornar o que um conhecido mais tarde chamou de "cavalheiro esportivo", com predileção por álcool, jogos de azar, carteado e corrida de cavalos.[32] Tendo ou não cedido a essas tentações antes de se mudar para lá, a verdade é que, nas cidadezinhas à beira do canal naquela época, regadas a álcool e arruaça, ele não era nem de perto o único homem a terminar a tarde ou começar a manhã com uma garrafa de rum numa mão e um leque de cartas na outra. Porém, o fato de os outros partilharem desses seus hábitos não serviam de consolo a Margaret.

Ela provavelmente sobreviveu com o dinheiro herdado de seu avô paterno, John C. Smith, que expressou o ódio que sentia por John Fox em seu testamento. Smith deixou uma parte de suas terras a cada um dos netos, mas mandou que seus executantes conseguissem que a oitava parte que cabia à Peggy, "durante o tempo que minha dita neta estiver sob estado matrimonial com seu presente marido, John Fox, o dito John Fox jamais aufira dele qualquer controle ou lucro [...]". Os executantes do testamento também foram instruídos a fornecer tudo o que sua "neta Peggy puder precisar [...] e, depois da morte ou separação legal do dito John Fox, aos seus herdeiros para sempre, exceto o que estiver estipulado em contrário". Essas medidas eram incomuns na época e, talvez, sequer realizáveis sem a cooperação de John Fox. Segundo a lei da maioria

[32] Declaração de Titus Merritt a James Hyslop, 7 de fevereiro de 1908, Arquivos da Sociedade Americana para Pesquisas Psíquicas, Nova York, NY.

dos estados, as mulheres casadas deviam ceder o controle de todas as suas propriedades aos maridos.[33]

Leah tinha uns dez anos em 1823, quando seu avô John C. Smith morreu. Mais tarde ela o chamou de "o homem mais nobre e sublime que já conheci". Leah se recordava com carinho das visitas à confortável fazenda dos bisavós no condado de Rockland, talvez pela lembrança de um mundo que, para uma menina, oferecia uma sensação de segurança maior do que a que poderia obter nas cidadezinhas florescentes da década de 1820. As dificuldades vivenciadas em sua puberdade deixaram em Leah uma alta tolerância ao risco, até mesmo quando ela ansiava por estabilidade.

Agora, Margaret Fox morava com Catherine Smith, sua irmã solteira, na rua Clinton, em Rochester, num dos sobrados de estrutura amadeirada que surgiram por toda a parte para acomodar a fervilhante população da cidade. Como Leah mais tarde escreveria, seu pai "estava ausente de casa a maior parte do tempo".[34] Eufemismo para a separação dos pais, a frase também sugere que ele não tinha desaparecido por completo da vida dos filhos.

Por volta de 1827, com quase 15 anos, Leah deixou a casa da mãe e passou a viver com um homem chamado Bowman Fish. Mesmo não se caracterizando como uma atitude ajuizada, na época aquele não era um ato tão escandaloso como se tornaria em meados do século. A média de idade com que as mulheres se casavam era entre 18 e 20, mas, nas fazendas e nas cidadezinhas truculentas que rodeavam o canal, como Newark e Rochester, as jovens chegavam a casar ainda mais cedo.[35] Ainda assim, o comportamento de Leah deve ter deixado Margaret

---

[33] Testamento de John C. Smith (ver nota 25).

[34] Underhill, *Missing Link*, p. 85.

[35] Sobre a idade para casar, ver Thomas Hine, *The Rise and Fall of the American Teenager* (Nova York: Bard, 1999), p. 93.

arrasada, pois ela mesma iniciara seu relacionamento instável e infeliz aos 16 anos.

O relato de Leah sobre sua vida com Fish foi breve. Ela escreveu que seu marido "descobriu tarde demais que tinha se casado com uma criança. [...] Ele deixou Rochester sob o pretexto de partir a negócios no oeste". Sem saber nem mesmo a data de seu último contato com Fish, ela não deu maior relevância à ocasião, e ainda acrescentou secamente: "A última vez que ouvi falar dele foi quando casou com uma viúva rica no estado de Illinois."[36]

Leah não faz qualquer menção a um divórcio legalizado, possivelmente porque sua separação não precisava de sanção legal. Nos anos 1820, sobretudo nas cidades mais jovens e em áreas de fronteira, as comunidades costumavam aceitar um casamento *de facto* como legítimo, contanto que marido e mulher se vissem como casados em consentimento mútuo. E, mesmo no contexto de um matrimônio legal, o abandono era frequentemente visto como um método pragmático, mesmo que não ideal, de divórcio.[37]

Leah e Fish ficaram juntos tempo suficiente para terem uma filha, Lizzie, que nasceu em algum momento entre 1827 e 1830. Se os dois tiveram outros filhos não está claro, já que Leah mais tarde se referiria a alguns de seus sobrinhos e sobrinhas como se fossem filhos seus, vangloriando-se de que a chamavam de "mamãe". Cuidar dos filhos dos outros tornou-se, de fato, um dos hábitos duradouros de Leah, que deve ter desejado salvar os seus protegidos de algumas das agruras que ela mesma sofrera quando menina.

---

[36] Underhill, *Missing Link*, pp. 30-31. Quanto a Lizzie, Maggie dirá mais tarde que sua sobrinha era sete anos mais velha que ela. Porém, outras descrições dão a entender que elas tinham uma diferença de idade menor.

[37] Para informações sobre casamento e divórcio, ver Nancy Cott, *Public Vows: A History of Marriage and the Nation* (Cambridge: Harvard University Press, 2000), pp. 30-40.

No início da década de 1830, John Fox deixou de ser o "cavalheiro esportivo" que fora nos anos anteriores para se transformar em um homem sério e sóbrio. Ele se tornou um metodista praticante que acabou figurando como líder de um dos grupos em sua igreja, com sua metamorfose provavelmente influenciada pelos grandes movimentos religiosos e reformistas de sua época.[38] No oeste do estado de Nova York, o fogo do entusiasmo religioso ardeu com tanto brilho que a região ficou conhecida como o Distrito Incendiado.

Desde o início do século, a localidade passara por renovações evangélicas periódicas. Homens e mulheres que rumavam para o oeste, abandonando as comunidades assentadas de sua juventude, ansiavam por uma fé que combinasse com seu fervor e oferecesse consolo para as dificuldades e doenças que eles enfrentavam. A rígida predestinação do calvinismo ortodoxo, que negava ao indivíduo qualquer papel na obtenção da salvação pessoal, já não mais satisfazia as necessidades das pessoas tão ativamente engajadas na busca da felicidade e de outros objetivos mundanos. De igual modo, as ideias racionalistas corporificadas no deísmo, assim como sua sugestão de que um ser divino colocou o mundo em movimento e depois se retirou, dificilmente serviria como proteção em tempos de adversidade.

Nos encontros metodistas improvisados, entretanto, pregadores juravam que os seres humanos poderiam moldar o próprio destino. A responsabilidade por alcançar a salvação passou a pesar apenas sobre os ombros e sobre o coração de cada indivíduo. Batistas do Livre Arbítrio, metodistas e presbiterianos, indiferentemente, instavam os fiéis não somente a aceitar Deus, mas também a demonstrar sua conversão por meio de um modo de vida elevado.

---

[38] Sobre o alcoolismo e a subsequente sobriedade de John, ver Pond, *Time is Kind*, pp. 7-8. Ver também W.G. Langworthy Taylor, *Katie Fox, Epochmaking Medium and the Making of the Fox-Taylor Record* (Nova York: G.P. Putnam's Sons, 1933), p. 98.

Expressões entusiásticas de conversão abundavam no Distrito Incendiado e, dependendo da religião, eram encorajadas e esperadas. Encontros de renovação e revivalismo religioso, em que os ministros exortavam os pecadores a se converter e a mudar de comportamento, tornaram-se palco de gritos e murmúrios, tremores e arrepios, palmas e cantorias, fala em línguas desconhecidas e desmaios em transe. As mulheres uniam-se aos homens em orações exuberantes.

Grupos religiosos menores, incluindo os *shakers* e a Comunidade dos Amigos Públicos Universais, também estabeleceram locais para seus membros no oeste de Nova York; Jemima Wilkinson, mulher conhecida como Amiga Pública Universal, era tida por seus seguidores como a corporificação do Espírito Divino, tal qual a Mãe Ann Lee dos *shakers*.

De significância maior do que a Amiga, nos anos 1820 nasceu uma religião inteiramente nova em Palmyra, Nova York, cidadezinha a apenas 18 quilômetros de Hydesville. Nela, o jovem visionário Joseph Smith alegou ter descoberto duas tábuas de ouro no topo de uma colina próxima à sua casa. Ele relatou que o anjo Moroni as enviara e que nelas havia novas revelações. Embora ninguém além de Smith tenha visto essas tábuas, suas afirmações e ensinamentos levaram à formação da Igreja de Jesus Cristo dos Santos dos Últimos Dias, cujos membros hoje são popularmente conhecidos como mórmons.

O revivalismo e o milenialismo — crença de que o dia do Juízo Final se aproxima — ajudaram, com o tempo, a transformar aquela paisagem política e social. O movimento de temperança foi uma das ramificações mais antigas e influentes desse revivalismo. Desde encontros improvisados a salões de temperança, pregadores denunciavam os males da bebida. A conversão não evitava a reincidência, mas a mensagem da abstinência se espalhou.

Alguns pregadores revivalistas, como o carismático ministro presbiteriano Charles Grandison Finney, que frequentemente provocava conversões extáticas, enfatizava, acima de tudo, viver fazendo o bem. Que melhor maneira de demonstrar bondade do que melhorar não somente a si mesmo, mas os seus vizinhos e o resto da sociedade? Em 1830, Josiah Bissell, um zeloso diácono e próspero homem de negócios, convidou o reverendo Finney para ir a Rochester infundir virtudes beatas em seus cidadãos. Iniciada no inverno entre 1830 e 1831, uma sessão de revivalismo durou seis meses e obteve milhares de novos convertidos. Àquela altura, a reforma do movimento de temperança também se tornara uma cruzada.

Colocando fim a um afastamento que perdurara mais de uma década, Margaret Fox voltou a se unir com seu marido devoto e sóbrio, e o casal de meia-idade veio a ter o que parecia uma segunda família. Suas duas filhas mais novas, Margaretta e Catherine, nasceram no Canadá, à margem do lago Ontário oposta ao oeste do estado de Nova York.

É tão pouco o que se sabe ao certo sobre a tenra infância das meninas que elas podem até ter surgido do éter, como espíritos. Há controvérsias, inclusive, acerca da data de seus nascimentos. Porém, uma livreira chamada Titus Merritt, amiga que Maggie fizera quando adulta, insistiu que ela nascera em 7 de outubro de 1833 e que Kate viera ao mundo três anos e meio depois, em 27 de março de 1837.[39]

[39] As datas de nascimento de Kate e Maggie encontram-se em uma carta de Titus Merritt para a sra. Mary T. Longley, secretária da Associação Espiritualista Nacional, de 14 de fevereiro de 1903, Arquivo da Associação Espiritualista Nacional das Igrejas, Lily Dale, Nova York. Como mencionado anteriormente, há controvérsias sobre a data de nascimento das meninas. A primeira menção de Margaret refere-se a Kate como tendo "uns 12" e Maggie, "15 anos". As datas de Merritt, que são as inscritas na lápide das irmãs, indicam que Kate teria acabado de fazer 11 em 31 de março de 1848. Outras estimativas, inclusive a apresentada por Maggie em 1888, atribuem às meninas as idades de seis e oito anos em 1848. As datas de Merritt têm ao menos o mérito de alguma especificidade e coincidem, grosso modo, com algumas das descrições mais antigas sobre as jovens.

Kate e Maggie foram criadas no vilarejo de Consecon, ou perto dele, no condado de Prince Edward, Ontario, onde há quem diga que John possuía uma fazenda. Até fins dos anos 1870, a população local consistia em apenas quatrocentas pessoas, mas Consecon ficava bem em frente à mais populosa Belleville, onde alguns dos membros da família Ruttan tinham se instalado, do outro lado da linda baía de Quinte. É possível que John e Margaret tenham se mudado para o Canadá a pedido dos Ruttan, que, a essa altura, eram membros do Império Unido dos Lealistas — aristocracia oficiosa composta de antigos colonos que tinham deixado os Estados Unidos para lutar ao lado dos britânicos durante a Revolução Americana.[40]

Nos anos 1830, muitos outros norte-americanos estavam se dirigindo para o Canadá, tanto em busca de oportunidades quanto para fugir da depressão econômica de seu próprio país. Porém, a vida de um fazendeiro no Canadá era dura, talvez ainda mais do que no oeste de Nova York. Segundo avisou Susann Moodie, uma colona britânica que escreveu sobre a vida canadense nos anos 1830, uma pessoa não acostumada ao trabalho físico exaustivo enfrentava obstáculos avassaladores.

"A tarefa é nova para ele [...]", afirmou ela ao descrever as provações dos filhos dos aristocratas ingleses sem preparação, num comentário que certamente era relevante para ferreiros alcoólatras reformados. "As dificuldades aumentam, as dívidas

[40] Sobre onde Kate e Maggie cresceram, ver Pond, *Time is Kind*, p. 8. O fato de seu pai possuir uma fazenda no condado de Prince Edward é confirmado em carta de John Moodie ao professor Gregory, de 22 de junho de 1857, em Susanna Moodie, *Letters of Love and Duty: The Correspondence of Susanna and John Moodie*, organizado por Carl Ballstadt, Elizabeth Hopkins e Michel Peterman (Toronto: University of Toronto Press, 1993), p. 228. A região é descrita por Nick e Helma Mika, *The Settlement of Prince Edward County* (Belleville, Ontario: Mika, 1984), p. 154. Para informações sobre a vida no Canadá naquela época, ver J. M. Bumsted (org.). *Interpreting Canada's Past*, v. 1, *Preconfederation*, 2ª ed. (Toronto: Oxford University Press, 1993).

o assoberbam, ele luta em vão para se livrar e, finalmente, vê sua família afundar em uma ruína sem volta."[41]

Para as crianças, o isolamento deve ter sido a regra geral. A educação era intermitente, dependendo da proximidade de uma escola e da ferocidade do clima. O marido de Moodie escreveu uma anedota engraçada que descrevia a primeira noite fria que sua própria família enfrentara, terminando com a frase: "Faz zero grau lá fora, e estamos congelando aqui dentro."

Talvez a fazenda tenha ido à falência ou os elos de família e novas oportunidades tenham chamado John e Margaret de volta aos Estados Unidos, pois, na década de 1840, eles retornaram a Rochester, deixando uma filha em sua terra adotiva: Elizabeth, que se casara com um canadense de sobrenome Osterhout.

O nome da família Fox reaparece nos registros públicos em 1841, quando John e seu sogro, Jacob, compraram por cinco dólares um vasto jazigo no novo e lindo cemitério de Rochester, Mount Hope, a fim de garantir um lugar seguro em um dos setores mais pitorescos. Em 1842, o irmão de Margaret, John J. Smith, legou terras no condado de Wayne ao sobrinho David Fox.[42]

A família continuou em trânsito e mudanças. Em 1844, o nome de John foi incluído na lista de endereços de Rochester como ferreiro residente na "rua South Sophia, perto de Clarissa". Naquele ano, Maria Smith, mãe de Margaret, morreu e foi enterrada no jazigo comprado por John e Jacob em Mount Hope.[43]

---

[41] Esta e a próxima citação de Susanna Moodie são de *Roughing It in the Bush or Life in Canada*, com nova introdução por Margaret Atwood (1852; reimpr., Boston: Beacon Press, 1987), pp. 515; 501.

[42] A compra do jazigo feita por John está registrada em *Mt. Hope Cemetery Internment Index*, v. 1, *1837-1860* (Rochester: Rochester Genealogical Society, 1996). O registro da escritura das terras de John J. Smith aparece no Registro Rural, Cartório do Condado de Wayne, Lyons, Nova York, livro 30, p. 414.

[43] Sobre os catálogos de endereços de Rochester, ver Jackson, *Spirit Rappers*, p. 23. Para as mortes de Maria e Jacob Smith, ver *Mt. Hope Cemetery Internment Index*.

No ano seguinte, o nome de John desapareceu da listagem, mas foi substituído pelo de David, no mesmo local. Um jovem baleiro chamado Calvin Brown, que ao perder os pais foi adotado informalmente como segundo filho pela família Fox, vivia com David. Jacob Smith deve ter residido lá também até sua morte, em 1846; então, foi enterrado com a esposa.

Na década de 1840, Rochester era um lugar muito diferente da cidadezinha desvairada à margem do canal que Leah conhecera na infância. Doses regulares de piedade, legado do revivalismo do início da década de 1830 e das sessões ministradas pelo reverendo Finney, tinham-na purificado, e os frutos do comércio e da indústria a haviam enriquecido. Com o sucesso do canal e a ascensão da linha férrea, eram tantos os novos residentes que os construtores lutavam para acompanhar o ritmo, substituindo casas mais antigas por uma nova geração de sobrados de madeira — construção padrão de Rochester — e erigindo uma formidável abundância de igrejas.[44]

Casas modestas, entretanto, erguiam-se agora ao lado de elegantes mansões de tijolo e de enfeitados chalés, pois os mais prósperos estavam aproveitando o que o dinheiro podia lhes proporcionar. Artesãos qualificados talhavam mesas e mesinhas ornadas para os salões. As lojas anunciavam bens caros importados da costa leste e da Europa: chapéus, peles, mantilhas, rendas, luvas, perucas e tecidos luxuosos. Proprietários de fábricas, donos de lojas, artesãos e trabalhadores especializados enriqueciam.[45]

---

[44] Sobre o impacto de Charles Finney sobre Rochester, ver Paul E. Johnson, *A Shopkeeper's Millennium: Society and Revivals in Rochester, New York, 1815-1837* (Nova York: Hill and Wang, 1978).

[45] Para informações sobre Rochester, além de Johnson, *A Shopkeeper's Millennium*, ver Blake McKelvey, *Rochester: The Water-Power City, 1812-1854* (Cambridge: Harvard University Press, 1945), e Nancy A. Hewitt, *Women's Activism and Social Change: Rochester, New York, 1822-1872* (Ithaca, NY: Cornell University Press, 1984), que fornecem descrições esclarecedoras de Rochester na primeira metade do século XIX. Dados adicionais podem ser encontrados no diário *Rochester History*, publicado pela Biblioteca Pública de Rochester: ver Martha Montague Ash, "The Social and Domestic Scene in

Sobretudo entre os mais prósperos, também ocorreram mudanças nos padrões da vida familiar. Como em todo o resto do país, havia uma divisão crescente entre os sexos. No passado, com os campos das fazendas e as lojas de artesãos ao lado das residências, maridos e esposas passavam os dias muito próximos uns dos outros. Porém, com a ascensão da economia de mercado, os homens saíam cada vez mais para fazer negócios, enquanto as mulheres — se seus maridos e pais pudessem se permitir esse luxo — ficavam para trás, símbolos da pureza feminina e guardiãs da esfera doméstica, com suas correspondentes virtudes religiosas e morais.

A família burguesa, com suas esferas separadas para homens e mulheres, emergira como um ideal influente, um modelo para a prática de uma conduta de respeitabilidade e o fomento de laços sentimentais e emocões pessoais. Até o enfoque no cortejo romântico e no casamento, com o início do romantismo, tinha passado de ligações econômicas a elos emocionais. As crianças também estavam sendo menos vistas como um bem econômico — ou como um possível investimento futuro — do que como um tesouro a ser amado. Nas famílias com dinheiro, os jovens se casavam mais tarde, sendo protegidos por mais tempo contra as vicissitudes do mundo.

Claro, nem todos partilhavam igualmente da abundância da cidade nem se aninhavam no calor de um lar burguês. Como em toda parte, a industrialização de Rochester estava criando divisões sociais. O lugar que de início atraíra fazendeiros, comerciantes, artesãos e lojistas tinha agora a sua dose de moinhos, curtumes, fundições, cervejarias, fábricas de móveis e de roupas. Mulheres migrantes, bem como as filhas de fazendeiros que deixaram os campos, encontravam trabalho,

---

Rochester, 1840-1860" (abril de 1956), pp. 1-17; W. Stephen Thomas e Ruth Rosenberg-Naparsteck, "Sleepers' City: The Sesquicentennial History of Mt. Hope Cemetery" (outubro de 1988), pp. 2-23; Dorothy S. Truesdale, "The Younger Generation: Their Opinions, Pastimes, and Enterprises 1830-1850" (abril de 1939), pp. 1-21.

via de regra, como empregadas domésticas ou nas confecções de roupas ou sapatos. Às vezes, elas integravam as massas trabalhadoras das fábricas, mas, outras vezes, realizavam o trabalho em casa durante muitas horas e por pouco dinheiro. Em 1851, Horace Greeley calculou, no *New York Tribune*, que, numa área urbana, uma família de cinco pessoas precisava de uma renda semanal de 10,37 dólares para cobrir alimentação, aluguel, roupas e combustível. Com as mulheres que trabalhavam no setor têxtil ganhando uns US$3,00 por semana e os homens ganhando o dobro disso, famílias inteiras, inclusive as crianças, geralmente trabalhavam apenas para obter os meios de subsistência.[46] Trabalhadores, homens ou mulheres, viam-se cada vez mais segregados em bairros abarrotados, onde condições sanitárias precárias exacerbavam os problemas de saúde e o risco de epidemias que se alastravam rapidamente, como o cólera.

Se Rochester tinha se tornado uma cidade mais cordial, ao menos em alguns segmentos da sociedade, o Distrito Incendiado, região circunvizinha que outrora fora palco do revivalismo, continuava fervilhando tanto de entusiasmo religioso quanto político. Um pregador de Vermont, William Miller, profetizando que Cristo voltaria em algum momento entre março de 1843 e março de 1844, conquistou discípulos entre os habitantes do oeste de Nova York, até que as datas vieram e deixaram o mundo inalterado. Enclaves chamados de *falanges*, experiências de vida comunal baseadas em ideias do filósofo francês Charles Fourier flamejaram, ardendo com brilho e, na maior parte dos casos, rapidez. A comunidade religiosa de Oneida, fundada sobre os princípios de um ex-estudante de teologia chamado John

---

46 Os proventos dos trabalhadores constam em Harriet Sigerman, "An Unfinished Battle", in *No Small Courage: A History of Women in the United States*, organizado por Nancy Cott (Oxford: Oxford University Press, 2000), p. 270.

Humphrey Noyes, defendia o "casamento complexo", sistema pelo qual todos os membros da comunidade eram casados entre si. No oeste de Nova York, toda hora era hora de uma nova filosofia, teoria, controvérsia ou utopia.

A própria Rochester explodia de energia intelectual. A ênfase no autoaperfeiçoamento conhecida por todo o país, em parte decorrente de revivalismos anteriores, motivava jovens e velhos, indiferentemente, a ir a palestras e programas de arte, música, história e literatura. Em uma era tecnológica que parecia produzir novas maravilhas científicas a cada dia, multidões acorriam a demonstrações de invenções modernosas — dentre as quais, o telégrafo.

Jornais e conferencistas anunciavam teorias novas e promissoras, como a frenologia, que pregava que a personalidade do indivíduo poderia ser identificada pela forma física de sua cabeça. Cada área do cérebro, segundo seus adeptos, não apenas produzia uma bossa específica no crânio, mas também correspondia a uma característica específica do caráter. Especialistas na área desenhavam diagramas segmentados para ilustrar seus argumentos e procuravam por bossas reveladoras na cabeça de voluntários.

Em meio à fermentação de ideias, Rochester também tinha se tornado um pouco vital para a reforma política e social, por ser lar de uma rede informal de homens e mulheres avidamente devotados à abolição e ao sufrágio feminino. Frederick Douglass, ex-escravo que se tornara um autor respeitado e um conferencista abolicionista, fundou o seu jornal em Rochester. Nomeou-o *North Star* [Estrela do Norte] em homenagem à luz celestial que ajudara a guiar escravos para o norte e para a liberdade. Como em outras áreas do norte, estações da Ferrovia Subterrânea estavam proliferando. O zelo que havia permeado revivalismos religiosos, os quais visavam a uma sociedade e a um indivíduo perfeitos, traduziu-se facilmente em uma política apaixonada.

Kate e Maggie foram expostas a essa ebulição, pois elas e seus pais viveram, durante certo tempo, na casa dos *quakers* ativistas Amy e Isaac Post, em Cornhill, Rochester. Independentemente de a família Fox ter vivido com eles ou apenas ter alugado uma casa que lhes pertencia, Amy e Isaac conheciam as meninas o suficiente para usufruir do que Isaac chamou de "bom relacionamento" com elas.

Os Post eram uns cinco anos mais jovens do que John e Margaret. O rosto de Amy era sério e seu corpo, esguio; de forma geral, sua aparência era tão angular quanto a de Margaret era redonda. Isaac, proprietário de uma drogaria, tinha um rosto vincado atenuado por uma expressão quase beatamente doce.[47]

Amy e Isaac devem ter sido pessoas instigantes para Kate e Maggie. Eles estavam entre os reformistas mais dedicados e intrépidos da cidade — e do país. Os *quakers* acreditavam que cada indivíduo possui uma luz interior, ou fagulha do Divino. Os Post, numa versão extremista dessa fé, apoiavam ativismos políticos e sociais radicais, de acordo com os ditames da consciência pessoal. Seu lar — tanto a casa de Cornhill quanto o endereço para o qual se mudaram depois de 1846 — serviu de ímã para abolicionistas, defensores do sufrágio das mulheres, radicais religiosos e visionários utopistas.

Quando Kate e Maggie encontraram os espíritos em março de 1848, elas já estavam familiarizadas com o que significava abarcar e transitar entre mundos diferentes. Elas eram canadenses e eram americanas. Alguns de seus antigos amigos do outro lado do lago Ontario, no condado de Prince Edward,

---

[47] Para um retrato vívido da família Post, uma análise de suas crenças e um exame de sua relação com a ascensão do espiritualismo, ver Ann Braude, *Radical Spirits: Spiritualism and Women's Rights in Nineteenth-Century America* (Boston: Beacon Press, 1989). Seu livro também me revelou a existência dos Documentos da Família Isaac e Amy Post, Departamento de Livros Raros e Coleções Especiais, Universidade de Rochester.

provavelmente pensavam que a Revolução Americana jamais valesse o esforço da luta.

Elas tinham vivido numa fazenda e, depois numa cidade, quando então voltaram à vida rural. Eram profundamente ligadas tanto a John quanto a Margaret, mas sem dúvida sentiram as tensões entre os pais, quem sabe se tornando, inclusive, intermediárias e conciliadoras.

As meninas tinham parentes, como o tio John J. Smith, que haviam alcançado um nicho burguês no decorrer dos anos, mas o status financeiro e social dos parentes mais próximos permaneceu instável e cambiante. As aspirações de seu pai tinham dado em nada. O sucesso o ludibriara tanto como fazendeiro quanto como ferreiro.

Kate e Maggie conheciam algumas mulheres fortes e expansivas: Leah, por exemplo, tinha conseguido, sendo mãe solteira, criar uma filha em condições nada ortodoxas, ao mesmo tempo que a surpreendente Amy Post estava transformando a sociedade.

Porém, elas também estavam crescendo em tempos em que gente direita, de respeito, valorizava a passividade e a graça doméstica de suas filhas.

Kate e Maggie já tinham sido expostas a um *pot-pourri* de ideias estranhas e emocionantes. Sobre os joelhos da mãe, tinham tremido de medo com relatos de vidência; tinham testemunhado a intensidade da fé metodista do pai e suas orações diárias; e, quando moraram em Rochester, todos os jornais, salões e esquinas transbordavam com histórias sobre mesmerismo e frenologia, abolição e sufrágio.

Se por vezes o mundo exterior parecia composto de realidades múltiplas, o mesmo ocorria com o mundo interior das duas irmãs. Embora saudáveis, elas também sofriam de fortes dores de cabeça, as quais — como muitos acometidos pela enxaqueca — podem criar a sensação de sair do próprio corpo, de que não se é si mesmo, mas outra pessoa.

Aos 11 e 14 anos, Kate e Maggie também estavam na idade em que a infância se funde à vida adulta, período que os românticos tinham descrito como o limite entre a inocência e a experiência, tempos em que medos e fantasias infantis coexistem com a realidade da menstruação e de sensações sexuais. Maggie tinha quase a mesma idade que Leah ao ficar grávida de Lizzie, mas ela também estava crescendo em um ambiente diferente. A sociedade de respeito de meados do século XIX encorajava as meninas a permanecerem crianças por muito mais tempo do que no passado, e, ao menos na superfície, era mais pudica quanto aos assuntos referentes ao sexo.

Embora muitos críticos tenham reduzido as duas irmãs a embusteiras espertas, meninas levadas e imaginativas que se enredaram numa fraude que durou toda uma vida, é improvável que a verdade seja tão simples. Kate e Maggie, contendo mundos dentro de si e experimentando mundos de fora, estavam indubitavelmente sob o poder de impulsos poderosos e conflitantes. Como acontecimentos ulteriores demonstrariam, elas também detinham abertura e sensibilidade extraordinárias, fosse às mensagens dos espíritos ou aos desejos confessos ou inconfessos de outros mortais.

Três

Mundos visíveis e invisíveis

Naquela primavera em que o mascate retornou, Leah Fox estava com 35 anos e morava no número 11 da praça Mechanics, em Rochester. Aparentemente, ficou quase um mês sem ouvir falar nas agruras pelas quais sua família vinha passando. Como já fazia havia algum tempo, ela sustentava a si e à filha Lizzie dando aulas de piano. Leah era uma mulher robusta e atraente, que ostentava um queixo quadrado e mãos amplas e hábeis, e sua personalidade sociável completava o seu considerável talento musical. O status de "mulher sem marido", entretanto, que já durava havia quase vinte anos, sem dúvida devia suscitar reprovação entre os membros dos círculos abastados e consolidados de Rochester. Provavelmente, Leah angariava seus alunos entre famílias com mentes mais abertas e rendas mais modestas.

Sua opção de trabalho refletia o tino para os negócios e seu bom ouvido para a música. Algumas décadas antes, pianos eram um símbolo raro de status, mas o modelo vertical se tornara, em curto período de tempo, uma necessidade em todos os salões da burguesia. Tocar um instrumento musical era um requisito obrigatório para as jovens, e dar aulas de música era uma ocupação aceitavelmente honrosa para uma mulher.

A ocupação de Leah também era considerada um desafio; manuais da época atentavam para o fato de que professores de música carregavam sobre os ombros uma importante responsabilidade. Aclamada como "uma das ciências", a música também era tida como "meio de sentimento sagrado e de aclamação reverente, [...] a criada da Religião, a professora da Verdade e a inspiradora da Devoção". Professores como Leah eram aconselhados a reconhecer o impacto emocional do som e da melodia, a fim de o exercitar com um máximo de cuidado: devido aos seus poderes únicos, a música poderia ser usada tanto pelo demônio, para estimular excitação carnal, como por anjos, para convidar a pensamentos celestiais.[48]

Não é de surpreender que pensamentos celestiais se voltassem frequentemente para a mortalidade do indivíduo. O repertório padrão da época, espelho dos valores e preocupações comuns, incluía canções patrióticas como "Hail Columbia"; peças clássicas denominadas genericamente de "sinfonias"; canções alpinas, que tinham a reputação de gerar boa saúde; e uma abundância de canções sobre a morte. Nem as criancinhas eram poupadas da presença constante da lúgubre ceifadora. O livro de partituras usado nas escolas começava com uma música chamada "A criança do Paraíso", e os jovens cantores comportadamente entoavam a letra edificante e tristonha: "Quantas belas rosas/ Abrirão para murchar/ E muitas crianças santas/ Morrerão quando o dia raiar."[49]

Parece que foi a mãe de uma das alunas de piano de Leah quem, em fins do mês de abril, ouviu sobre as aventuras da família Fox em Hydesville e lhe contou a notícia. Mais tarde,

---

[48] Sobre as atitudes no ensino da música, ver Asa Fitz, introdução ao *American School Songbook Improved* (Boston: William B. Fowle and N. Capen, 1844); Maxmilian Hall, introdução ao *The American Preceptor for the Piano Forte, Containing the Elementary Principles of Music, and an Introduction to the Art of Playing on the Above Instrument* (Boston: Henry Prentiss, 1839); William B. Bradbury, introdução a *Musical Gems for School and Home: A Rich Collection of Music for the Young, Original and Arranged; with Choice Selections from the Schools of Germany and Switzerland, Together with a New, Easy, and Progressive Course of Elementary Instructions and Exercises, Constituting a Complete Musical Manual for Teachers and Students* (Nova York: Newman and Ivison, 1849).

[49] Fitz, *American School Songbook*, 11.

Leah fez questão de dizer que não sabia de nada até então, pois seus pais não queriam preocupá-la por meio de cartas.

Ansiosa com o bem-estar da família e curiosa para descobrir o que estava acontecendo, Leah rapidamente convocou duas amigas, as senhoras Lyman Granger e Elihu Grover, para ter apoio moral, e as três então pegaram um barco noturno no canal Erie em direção ao oeste, para o condado de Wayne. A filha de Leah, Lizzie — pessoa pouco notada em meio à confusão turbilhante das semanas precedentes —, pode ter viajado com elas, ou talvez já estivesse em Hydesville.[50]

Em Newark, elas alugaram uma carruagem até Hydesville e encontraram a "casa assombrada", como os repórteres a apelidaram, completamente deserta. A carruagem continuou até a fazenda do David, onde Leah encontrou os pais, Kate e Maggie sob a proteção do irmão e de sua família. Margaret parecia envelhecida devido ao estresse das últimas semanas; seu cabelo grisalho, para Leah, parecia ter ficado todo branco. Também sucumbindo à depressão, John trabalhava estoicamente com um carpinteiro para terminar a nova casa ao lado da de David.

A mudança de endereço não chegara a afetar a afluência das multidões. Os curiosos, embora em menor número, estacionavam suas carroças na estrada, pisoteavam os campos de hortelã enlameados e espiavam pelas janelas da casa. A mudança também não conseguira deter o persistente espírito, que se recusou a partir, e sobre o qual se fizeram novas descobertas. Evocando as letras do alfabeto e pedindo ao espírito que batesse a cada letra almejada, David chegara ao nome completo do mascate: Charles B. Rosna (ou Rosma).

Enquanto isso, Margaret chegara a uma conclusão arrepiante, partilhada pelos amigos e vizinhos. As batidas não

[50] Leah falou de sua reação à notícia e de sua viagem a Hydesville em A. Leah Underhill, *The Missing Link in Modern Spiritualism* (Nova York: Thomas R. Knox, 1885), pp. 31-33.

eram errantes; elas seguiam suas duas filhas mais novas, sobretudo Kate.

Depois de refletir sobre a teoria de Margaret, Leah organizou uma estratégia. Ela decidiu que levaria Kate consigo quando retornassse a Rochester, para ver "se ao separar as duas jovens (Maggie e Katie) [...] nós poderíamos colocar um fim à perturbação".

Porém, o esforço de silenciar o espírito do mascate separando Kate e Maggie provou ser tão inútil quanto o de mudar para a casa de David. "Nós não tínhamos descido muitos quilômetros pelo canal", escreveu Leah, "[...] quando nos demos conta de que as batidas estavam nos acompanhando".

De volta à fazenda de David, outros espíritos se juntaram ao alarido no local em que o mascate deixara — batendo forte, batendo fraco, rangendo, estalando —, aparentemente insensíveis à ausência de Kate e ansiosos por se comunicarem por Maggie. Separar as meninas não apenas demonstrou que havia muitos espíritos esperando para ser ouvidos, mas também que eles, diferentemente dos fantasmas sofredores do Velho Mundo, não se prestavam a ficar para sempre em uma assustadora casa mal-assombrada. Esses seres invisíveis gostavam de seguir e visitar seus amigos mortais norte-americanos.[51]

Não há nenhum testemunho independente para corroborar a descrição feita por Leah do que aconteceu em seguida, mas está claro que as primeiras semanas de Kate em Rochester foram caóticas. Os espíritos ficaram extremamente inquietos e fora de controle. Por um lado, seu comportamento lembrava o de um *poltergeist*, como o "Velho Jeffrey", o fantasma que morava com a família Wesley. Por outro, as peças que eles pregavam também se pareciam com a de jovens agitados e arruaceiros.

---

[51] Devo a intuição do contraste entre a mobilidade dos espíritos e as preferências do fantasma doméstico do Velho Mundo a Susanna Black.

Em sua primeira noite juntas na casa da praça Mechanics, Leah, Kate e Lizzie foram cedo para a cama.

"Assim que apaguei a vela", recordou-se Leah, "as crianças gritaram, e Lizzie disse que sentiu uma mão fria passando sobre seu rosto e outra sobre seu ombro, descendo pelas costas. Ela gritou aterrorizada, e fiquei com medo de que tivesse convulsões. Katie também estava muito assustada".[52]

As perturbações continuaram até quase o amanhecer, quando as meninas e Leah finalmente adormeceram. No entanto, a noite seguinte trouxe mais alvoroço.

"As mesas e tudo o mais no cômodo abaixo estavam se mexendo", relatou Leah. "As portas se abriam e fechavam, fazendo enormes estrondos. *Então, eles subiram as escadas* e entraram no aposento ao lado do nosso (nosso quarto era um anexo aberto deste cômodo). Parecia haver muitos atores envolvidos nessa encenação e uma grande plateia presente. [...] Ouvimos um espírito dançar *como se estivesse usando tamancos,* o que durou uns dez minutos."

Leah resolveu deixar o local imediatamente, pois era uma casa mais velha e podia estar mal-assombrada, como a de Hydesville. Ela também pode ter tido outra razão para sair: depois de duas noites de uma performance tão divertida quanto a de uma trupe de teatro, ela deve ter entendido que esses espíritos indomáveis não estavam dispostos a partir, que eram tremendamente espertos e que atrairiam visitantes interessados.

Em poucas semanas, Leah tinha alugado outra casa, de estrutura geminada, na rua Prospect. A residência tinha uma fachada alegre e acolhedora, uma cozinha e uma despensa no térreo, salas de estar e de jantar no segundo andar e um único e amplo cômodo no terceiro. Leah dividiu esse cômodo com cortinas, colocando três camas na área mais espaçosa e deixando um dos cantos para servir como despensa.

[52] O relato de Leah sobre as primeiras visitas dos espíritos em Rochester está em Underhill, *The Missing Link*, pp. 33-43.

A primeira noite na nova casa foi calma, e Margaret e Maggie chegaram no dia seguinte à mudança para uma longa estada, como planejado. Aparentemente, os espíritos apreciaram as novas acomodações tanto quanto as antigas. Com a família reunida, eles voltaram com força total. Leah lembrou-se de que:

"Estava tudo calmo até quase meia-noite, quando ouvimos nitidamente o som de passos subindo as escadas, andando no pequeno quarto que eu tinha dividido com as cortinas. Dava para ouvi-los mexendo nas coisas, rindo baixinho e murmurando. [...] Por fim, eles vinham até nossas camas e as chacoalhavam com violência, levantando-as (e a nós) totalmente do chão, quase até o teto, deixando-nos então cair com um estrondo; em seguida, davam-nos tapinhas com mãos."

Na manhã seguinte, Margaret pediu ajuda a Calvin Brown, o jovem que ela passara a proteger quando menino. Ela o convidou a morar com elas na casa da rua Prospect, desempenhando a dupla função de colocatário e protetor; sua cama foi colocada na sala de estar, no segundo andar.

Com a alegria sincera que distingue partes das memórias de Leah dos trabalhos geralmente mais honestos de outros defensores da comunicação com os espíritos, ela escreveu em *The Missing Link* que, naquela noite, tudo "parecia em comoção", mas que ela se sentia mais confiante com a presença de Calvin. Quando ouviu um espírito andando pelo quarto do terceiro andar, ela começou a fazer perguntas ao ser oculto, que respondeu batendo no chão com seus pés invisíveis.

"Achei aquilo engraçado", admitiu, "embora estivesse com medo. Ele parecia tão receptivo às minhas perguntas que não consegui resistir à tentação de lhe falar enquanto ele caminhava ao redor da minha cama. Eu falei: '*Pé chato*, você sabe dançar sapateado irlandês?' Acho que ele adorou. Cantei a música para ele, e ele dançou admiravelmente".

Horrorizada, Margaret repreendeu a filha mais velha por encorajar o demônio. E os espíritos, de fato, se aproveitaram da intimidade fácil de Leah. Eles fizeram uma arruaça tão terrível — rindo, arrastando os pés, gemendo, encenando cenas de assassinato e, de muitas maneiras, agindo como adolescentes turbulentos — que Margaret gritou para que Calvin subisse até lá. Quando ele entrou no quarto ordenando que as diabruras acabassem, os espíritos responderam às suas palavras de comando na mesma medida: jogando sobre ele chinelos, um candelabro de latão e novelos de tecido para tapetes.

A hostilidade dos *poltergeists* continuou na noite seguinte. No escuro, os espíritos passaram a bater em suas vítimas humanas: Calvin, Margaret, Leah, Kate, Maggie e Lizzie, todos sentiram bofetadas vindas de espíritos.

De repente, Kate gritou:

— Olhem!

"Todos vimos o que parecia ser a forma de um homem grande estendido no chão", escreveu Leah, "aos pés da cama, respirando de maneira irregular e, aparentemente, em agonia (Ele estava enrolado em um lençol bem-dobrado ao redor do pescoço.)".

Nesse momento, Kate levou um segundo tapa e caiu, "ao que tudo indicava, sem vida", tornando-se imediatamente o foco do terror e do desespero de todos.

Margaret estava prestes a chamar alguém de fora para ajudar quando Kate gemeu profundamente, indicando ainda ter vida — mesmo que fosse apenas por um fio. "Seguramos suas mãos, mas não sentíamos o menor sinal de pulso", enfatizou Leah. "Depois de ficar inconsciente por algum tempo, ela gemeu mais uma vez, triste, levantou a mão e apontou para algo que estava vendo, o que nos foi explicado mais tarde. Fizemos muitas perguntas, às quais ela respondeu apertando nossas mãos."

Ao recobrar a consciência, Kate contou que tinha testemunhado terríveis acontecimentos em Hydesville, e chorou desconsolada. Depois, de acordo com Leah, a menina de 11 anos recitou "vinte ou trinta" versos de poesia, terminando com a frase: "Estar com Cristo é muito melhor."

No escuro, a cena que precedeu imediatamente o desmaio de Kate deve ter funcionado como a brincadeira de cabra-cega, só que todos eram perseguidos e perseguidores. Além disso, a conversa sobre demônios deve ter elevado a atmosfera de brincadeira a um terror apavorante. Kate pode ter ficado meio sem consciência devido ao tapa deste ou do outro mundo, desmaiado por causa do excesso de agitação ou entrado em transe, como ocorre com as pessoas em sessões de revivalismo evangélico, em função dos assustadores acontecimentos da noite. Da mesma forma, ela pode apenas ter sido uma esplêndida atriz dramática, como as meninas às vezes são. Ou, quem sabe, fora possuída por espíritos decididos a demonstrar seu poder para mortais desrespeitosos, como Calvin.

Um dos primeiros relatos independentes sobre as atividades dos espíritos em Rochester foi escrito por Lemuel Clark, ministro congregacional de Westford, Nova York. Ele estava em uma viagem de negócios em junho de 1848 e parou em Rochester para visitar dois de seus amigos mais próximos, o casal Lyman Granger. Metodistas, os Granger também eram conhecidos dos Fox; a sra. Lyman tinha sido uma das duas mulheres a acompanhar Leah até Hydesville no início de maio.[53]

Clark achou seus anfitriões cordiais, mas surpreendentemente tensos. Depois do jantar, Granger o convidou a dormir com ele naquela noite — prática platônica não rara e sinal, que Clark entendeu, de que seu amigo queria conversar em particular.

[53] Os relatos das sessões feitos pelo reverendo Clark e o título deste capítulo encontram-se em Robert Sieber, Kathy Peterson e Marjorie Searle (org.). "Fox Sisters in Action", *New York History*, julho de 1974, pp. 304-318, e Wheaton Phillips Webb, "The Peddler's Protest", *New York History*, abril de 1943, pp. 242-247.

Os dois homens se acomodaram confortavelmente debaixo das cobertas antes que Granger revelasse, não sem hesitação, suas novidades: sua filha mais velha, Harriet, entrara em contato com a família. Como o atônito Clark bem sabia, Harriet fora envenenada vários anos antes. Seu marido, um médico, tinha ido a julgamento pelo crime, mas foi considerado inocente por um júri notoriamente comprado.

O espírito de Harriet, segundo Granger, vinha se comunicando com eles por meio de estranhos sons ouvidos na presença de uma menina, cujos parentes vinham sendo incomodados por ruídos semelhantes — "como os de uma pessoa batendo com as juntas dos dedos na madeira" — desde março e que havia se mudado fazia pouco tempo para Rochester, a fim de morar com a irmã mais velha. Evidentemente, a menina a quem Granger se referia era Kate.

Pelo relato de Granger, a família Fox havia pedido que toda essa estrondosa história fosse mantida em segredo. Porém, a discrição acabou se mostrando impossível. Para ele, "como um segredo de mulher que se espalha, ela também se espalhou e foi parar no ouvido de amigos muito discretos, que os ajudariam a manter o segredo...".

Indignado com o que considerou uma fraude flagrante, Clark resolveu investigar as batidas por si mesmo, de imediato. Pretendia livrar seu amigo Lyman do "deboche do demônio" — demônio que, o ministro não tinha a menor dúvida, acabaria se revelando bem humano.

Sua primeira oportunidade investigativa se deu às cinco horas de uma tarde ensolarada de junho — segundo a descrição de Clark em uma carta ao irmão, escrita vários meses depois —, quando nove pessoas se juntaram a ele no salão dos Granger: Granger, sua mulher, Adelaide, e Elizabeth, a filha de 14 anos; Kate e Margaret Fox; Leah e Lizzie Fish, que Granger imaginava ter uns 15 anos, mas que devia estar mais perto dos vinte; Calvin Brown; e a sra. Elihu H. Grover, a outra mulher que fora a Hydesville com Leah. A presença de Maggie não foi mencionada, embora ela devesse estar em Rochester à ocasião.

Com uns sete metros quadrados, o espaçoso salão era modestamente mobiliado, com cortinas simples nas quatro e amplas janelas — em vez dos costumeiros tecidos drapeados tão em voga — e, no chão, um tapete rústico feito de tiras de pano. Assuntos mundanos e espirituais estreitaram a união do grupo. Todos sentaram ao redor de uma mesa de seis pés feita de cerejeira, à qual os Granger serviram chá.

As batidas começaram quase que imediatamente, interrompendo a rápida bênção ao redor da comida posta à mesa. "Eu me senti insultado", escreveu ele, "por quem eu pensei estar pregando uma peça, e deduzi que ele ou ela, fosse como fosse, tinha subestimado, e muito, a minha capacidade inquisitiva".

Depois de dar graças, o grupo fez perguntas, algumas para o espírito da filha dos Granger, Harriet, e outras para o mascate assassinado de Hydesville, Charles B. Rosna.

— É o espírito de Harriet? — perguntou alguém.

— É o Charles... Tu [*sic*] foi morto com raiva ou malícia?

Batidas suaves. Harriet. Charles. Batidas, apesar de todas as mãos mortais estarem lidando com facas, bolos e xícaras de chá.

Uma avalanche de novas perguntas foi feita, incluindo as do reverendo Clark, que tinha indagações de natureza filosófica acerca do mundo espiritual. Quando ele perguntou se Deus tinha enviado os espíritos e se Ele tinha um propósito importante ao fazê-lo, o bom ministro ficou satisfeito com a resposta em forma de batidas "fortes e rápidas, como se feitas com ambas as mãos...".

— O reverendo Clark gostaria de ver a mesa se mexer? — perguntou um membro do grupo.

— Gostaria, sim — admitiu ele.

O membro ordenou aos participantes que recuassem os assentos uns trinta centímetros, colocassem os pés sobre as hastes que ligavam as pernas das cadeiras e levantassem as mãos bem para o alto, para que ficassem visíveis para todos. Todos obedeceram. Sem esforço humano, até onde Clark pôde observar ao estudar o semblante sereno dos demais naquele salão, a mesa deslizou em sua direção sobre o tapete irregular, como se estivesse sendo "empurrada pela força de um homem". Numa segunda experiência, Clark puxou a pesada mesa para perto de si; ao seu comando, ela deslizou rapidamente de volta à posição inicial.

Clark não soube dizer se as cortinas do salão estavam puxadas durante a maior parte da tarde, mas ele examinou a mesa cuidadosamente à luz do sol, que se enfraquecia. Não tendo encontrado rodinhas, mecanismos ou fios escondidos, e sem conseguir explicar os acontecimentos, Clark concordou em vir a um segundo encontro no dia seguinte.

A segunda sessão, realizada com o mesmo grupo, mas dessa vez em outro horário, depois do chá na casa de Leah, começou com um incômodo momento de silêncio.

— O que será que houve? — perguntou alguém na sala.

— Eu sei — respondeu Leah amargamente.

Então, para a grande surpresa de Clark, ela teve uma explosão de raiva com a filha. Em carta ao irmão, Clark lembrou as palavras duras de Leah, as lamúrias de Lizzie e o papel do espírito na briga.

— Você é a causa desse silêncio — disse Leah, acusando Lizzie. — Você tem sido uma menina muito má... Você magoou o espírito.

Houve uma batida confirmando.

— É isso! — gritaram juntas duas ou três outras pessoas. — Espírito, Elizabeth lhe fez algum mal?

Outra batida.

— Não posso fazer nada — soluçou Lizzie. — Eu só falei o que achava, nao posso fazer nada se tenho culpa.

— Pode, sim — insistiu Leah. — Você tem que se arrepender e pedir perdão.

Uma terceira batida ecoou pelo cômodo.

— Ela tem que se arrepender, espírito, e pedir perdão? Você responderá às nossas perguntas direitinho se ela fizer isso?

Tremendo e prestes a chorar, Lizzie interrompeu a mãe:

— Não tenho como me arrepender. Eu agi mal, mas fui sincera, não sei como me arrepender.

Estarrecido com a crueldade de Leah, Clark pediu para saber qual teria sido a terrível ofensa de Lizzie. Em resposta, Leah relatou mais um episódio de contato com os espíritos, tão assustador quanto o incidente do tapa, e terminando da mesma maneira: Kate tendo um ataque, seu rosto contorcido em uma expressão medonha e os lábios se movendo, falando em silêncio. Ao acordar, Kate murmurou algo sobre estar em contato com os espíritos, mas recusou-se a dizer mais. Depois, Leah explicou a Clark que Lizzie clamou fervorosamente para que os espíritos fossem embora, pois estava com medo de alguém se machucar, ou de que sua mãe ou suas jovens tias fossem acusadas de fraude. Então, Lizzie afirmou de forma muito clara que esperava jamais passar por uma cena como a de Kate.

Leah concluiu, dizendo a Clark que a atitude de Lizzie ofendera não somente os espíritos, mas também toda a família Fox. Em seguida, para espanto do ministro, teve início uma nova série de ataques a Lizzie. Os espíritos, mais uma vez, deram batidas em protesto contra a moça, e os mortais à mesa continuaram gritando para que ela se arrependesse do que dissera. Finalmente, depois de uma horrível luta interior, Lizzie caiu ajoelhada no chão e pediu perdão, aos prantos. Porém, os espíritos não estavam dispostos a dar a noite por encerrada, e o ministro presenciou novas manifestações naquela noite de verão. "O grupo achou que teria uma recompensa se pudesse *sentir* as batidas, assim como ouvi-las", disse. Então, quando ele colocou as mãos sobre a mesa, "a batida forte foi sentida com distinção [...] do outro lado da superfície de madeira".

Clark também ouviu um barulho típico de construção — nada surpreendente em uma casa ainda em obras —, mas aquilo lhe parecia de outro mundo, um som "como o de alguém serrando uma tábua". Clark afirmou com gravidade: "Alguém disse: 'Ele está fazendo um caixão.'" Em seguida, o espírito invisível tocou várias pessoas, dando puxões nas suas roupas e pés.

Na noite seguinte, a última de sua visita, Clark pediu a Leah que tocasse piano para ele — o que, de acordo com o que soubera, ela praticava muito bem. Habituada a fazer música e treinada para identificar as emoções que evoca — com a ajuda dos espíritos, como ela mesma disse —, ela tocou e cantou com uma voz "doce como a própria melodia", acompanhada de batidas suaves. Então, quando o primeiro verso acabou, ela convidou os espíritos a continuar sozinhos.

"Um toque delicado o bastante para sacudir a mesa começou a sinfonia", escreveu Clark, "e a continuou com sublime maestria. O som do instrumento e da voz voltou a elevar-se e, com ele, o meu espírito subiu em êxtase, e não acordei desse aparente transe até a conclusão da peça, quando descobri que, dissolvido pela doçura da música, eu tinha permitido à minha mente supor que os mundos visível e invisível tinham se encontrado...".

Mais tarde naquela noite, o reverendo Clark e Lyman Granger ajoelharam-se na sala da casa dos Granger e rezaram juntos. Durante o tempo todo, batidas suaves, aparentemente do lado de fora das quatro grandes janelas do salão, marcavam o ritmo às suas palavras solenes, embora os dois homens orassem tão baixinho que Clark não conseguia imaginar "como uma pessoa em vida poderia saber o que nós estávamos fazendo".

Depois das primeiras semanas de estada da família Fox em Rochester, tanto espíritos quanto mortais pareciam reconhecer que seus encontros ficavam, com excessiva frequência, turbulentos, até mesmo perigosos. Os espíritos se acalmaram, a não ser quando alguém tentava “contrariar seus desejos”. Calvin era um alvo constante de sua animosidade.

Leah escreveu que “certa vez, ele se levantou da cadeira e esticou o braço sobre a mesa para pegar uma jarra d’água pesada quando, então, a cadeira foi deslocada de repente e ele sentou no chão, derramando a água sobre si”.

Muitas pessoas tiveram suas vidas mudadas. A filha de 14 anos dos Granger, Elizabeth, descobriu que os espíritos às vezes a visitavam até na ausência das amigas Kate e Maggie. Lizzie foi banida e mandada para a casa de parentes, provavelmente a do pai, em Illinois.

As reuniões ou sessões, que logo passaram a ser conhecidas como *círculos de espíritos* ou *séances*, já estavam assumindo uma forma reconhecível. Os encontros de que o reverendo Clark participou ocorriam em um ambiente doméstico, na sala de estar, com um número limitado de pessoas atraídas por um motivo similar, mas não idêntico: os Granger, para contatar os espíritos; Clark, para detectar uma possível fraude nas manifestações. Como um quebra-cabeça provocador, as batidas misteriosas e as mesas balançantes haviam estimulado a euforia e a curiosidade de todos; o processo de questionamento ganhara uma função participativa; e a música inspirava um sentido de reverência religiosa.

Com exceção do momento de oração partilhado por Granger e Clark, Kate estava presente como médium — indivíduo sublimemente sensível por meio do qual diz-se que os espíritos se comunicam. Essa era uma função que, sendo ou não propiciada pelos espíritos, Kate e Maggie realizariam de maneira memorável, e com uma originalidade singular, ao longo dos próximos anos, atraindo um público internacional, inspirando outros a explorar a própria mediunidade e satisfazendo a fome de muitos americanos do século XIX, tanto por algo que os guiasse nas tumultuadas vidas diárias quanto por conhecimento acerca do destino imortal de seus entes queridos.

Nos Estados Unidos de meados do século XIX, a preocupação com a morte tinha raízes na realidade, no número de homens, mulheres e crianças que morriam prematuramente devido a acidentes ou a doenças, sem remédios que os curassem e, com frequência, depois de grande sofrimento. O medo da morte, porém, também estava profundamente fincado na imaginação, como produto da incerteza sobre a natureza de uma vida no além.[54]

Cem anos antes, o teólogo protestante Jonathan Edwards evocara de maneira dramática os agudos horrores do Inferno em seu sermão "Pecadores nas mãos de um Deus irado", e, para muito fiéis praticantes, a danação eterna continuava sendo uma perspectiva muito real e aterrorizante. Até ministros evangélicos que, diferentemente de Edwards, rejeitavam a noção de predestinação se serviam da ameaça do fogo e do enxofre para convencer pecadores a se converterem; imaginava-se que ter o poder de moldar o próprio destino não garantia, necessariamente, que se fariam as escolhas certas a fim de conquistar a entrada no Paraíso. Entretanto, quando os teólogos liberais redirecionaram a ênfase da ira de Deus para a Sua benevolência, novas perguntas foram suscitadas, camuflando a questão sobre o que havia no além. Será que o Inferno aguardava até o mais bem-intencionado dos infiéis, ou Deus o perdoaria? Que destino aguardava as criancinhas, tão inocentes apesar do fardo — havia tanto tempo presumido — do pecado original? Incertezas assombravam até o número crescente de fiéis que acreditavam em uma divindade benévola.

---

[54] Para informações sobre morte e luto, ver Ann Braude, *Radical Spirits: Spiritualism and Women's Rights in Nineteenth-Century America* (Boston: Beacon Press, 1989), e Robert V. Wells, *Facing the "King of Terrors": Death and Society in an American Community, 1750-1990* (Cambridge: Cambridge University Press, 2000). Sobre rituais ingleses, ver Pat Jalland, *Death in the Victorian Family* (Oxford: Oxford University Press, 1996), sobretudo os capítulos 14 e 15. Para informações sobre cemitérios, ver Garry Wills, *Lincoln at Gettysburg: the Words That Remade America* (Nova York: Touchstone, 1992), pp. 64; 74. O livro de Wills, com sua ênfase na liminaridade da infância, teve forte influência sobre minhas ideias a respeito de Kate e Maggie Fox.

Outros, desiludidos com a religião e com os debates que ela engendrava, voltaram-se para a ciência em busca de respostas. Encontraram pouca ajuda nesse campo, entretanto, pois a ciência colocava em xeque a própria imortalidade. Na ausência de uma evidência que pudesse ser verificada pelos sentidos — prova material —, havia quem argumentasse que a única base para a fé na vida após a morte era a própria fé. E a fé, como as pessoas bem o sabiam, podia falhar.

Também no passado, homens e mulheres tinham se ancorado em comunidades coesivas por meio de laços — como os do pertencimento a uma igreja e os de uma longa lista de parentes. Porém, à medida que os homens e as mulheres do século XIX viam-se cada vez mais em processos de deslocamento, procurando uma vida nova em cidades estranhas ou territórios desconhecidos, eles também se viam mais isolados quando confrontados com a morte de pessoas amadas. Sendo a morte onipresente e diante da incapacidade de a religião e a ciência oferecerem muito consolo, os que sofriam com a perda de um ente querido encontravam conforto nos familiares mais próximos, em ritos sentimentais e lembranças, assim como em outras expressões pessoais de comoção.

A classe média abastada, que dava valor a cada membro vivo, também cultuava os entes que partiram e demonstrava devoção a eles de novas formas. Os adereços dos funerais e as vestimentas dos enlutados tornaram-se mais elaborados, com tradições importadas da Inglaterra, onde camadas mais ricas da classe média imitavam a ostentação praticada por seus modelos da realeza. Retratos memoriais dos falecidos — fossem em seus últimos dias ou dentro do caixão — passaram a ser colocados com proeminência dentro das casas, e amigos enviavam poemas e cartas transbordando de emoção para consolar os parentes enlutados. Um cacho de cabelos do falecido, amarrado por uma fita, costumava ser guardado em medalhões, que eram pendurados no pescoço ou presos à corrente de um relógio de bolso. Às vezes, em um canto da sala ou do quarto, montava-se um pequeno nicho com os objetos preferidos e artigos de recordação.

O cristianismo encorajara durante muito tempo a aceitação da morte ao prometer uma vida eterna paradisíaca para alguns, mas não para todos. Agora, porém, o enfoque crescente do caráter especial de cada pessoa parecia tornar cada vez mais difícil aceitar a partida de um ente querido. A ascensão de magníficos cemitérios rurais na década de 1830 foi um dos exemplos mais gritantes dessa mudança de atitude. A palavra "cemitério", vinda do grego, começava a ser usada e significava, literalmente, "local de dormir". Os terrenos onde se enterravam os mortos, outrora áreas modestas atrás de igrejas, foram expandidos para parques com belas paisagens e jardins, não muito distintos da visão do Paraíso descrita pelo filósofo Emanuel Swedenborg. Ao registrar um desses cemitérios, a Suprema Corte de Justiça descreveu seu ambiente luxuriante "como situado na fronteira entre dois mundos". Famílias perambulavam em meio a esses belos cemitérios não só para visitar os falecidos, mas também por um prazer melancólico, e não chega a supreender o fato de que uma das primeiras atitudes de John Fox ao retornar para Rochester tenha sido comprar um lote para a sua família em Mount Hope.

Encorajadas culturalmente a lidar com os próprios sentimentos, as pessoas se valiam de poemas, prosa, arte e arquitetura para expressar seu sofrimento e sua esperança. Essas obras abundavam em imagens reconfortantes dos entes queridos no Paraíso, mas também tinham um efeito paradoxal: elas transformavam o luto em uma forma de vida que permeava tudo, das caminhadas dominicais entre tumbas de cemitérios a canções entoadas em aulas de música.

Logo depois da visita do reverendo Clark a Rochester, em 1848, os Granger e alguns poucos amigos acompanharam

Kate, Maggie e Leah de volta a Hydesville, com o objetivo de encontrar a ossada de Charles Rosna. O espírito do mascate previra que seus restos mortais seriam encontrados naquele mês.

Os homens, junto com David Fox e o marido de Maria, Stephen Smith, desceram até o porão da casa, que agora estava abandonada. Novamente, eles cavaram até serem forçados a parar, mas dessa vez tiveram mais sucesso do que em abril. Foram desenterrados cacos de cerâmica, fios de cabelo e fragmentos de ossos.

Para os mais propensos a acreditar em espíritos, a descoberta confirmou que as batidas tinham, de fato, origem espiritual. O espírito batedor de Hydesville, segundo essa linha de raciocínio, não apenas descrevera uma série de eventos obscuros, mas também levara, com exatidão, às evidências — ossos e potes quebrados que provavam que sua triste história era verdadeira. O fato de nenhum mortal ter sido pego fazendo os ruídos parecia reforçar o caráter não humano do batedor.

As implicações de tal conclusão foram enormes, pois, se as batidas emanavam de um espírito, elas poderiam prover aquilo pelo que se esperara tanto tempo: a evidência da imortalidade e o conhecimento sobre os segredos do outro mundo.

Céticos não convencidos da importância dos artefatos desenterrados debocharam dos escavadores e alegaram que os ossos pertenciam a algum animal de fazenda — um porco ou um cavalo. Outros — fossem eles amigos do suposto assassino, John Bell, ou entusiastas religiosos que temiam que o demônio tivesse sido invocado do chão de terra do porão — reagiram de maneira mais hostil. Cerca de sete dias depois da descoberta dos ossos, uma turba raivosa de agitadores, alguns empunhando armas de fogo, reuniram-se do lado de fora da fazenda de David.[55]

---

[55] Relatos sobre essa multidão foram extraídos de Underhill, *The Missing Link*, pp. 20-27; ver também Webb, "Peddler's Protest", pp. 248-250.

A violência era iminente. Pelas crenças radicais que anunciava e praticava, Joseph Smith, o profeta mórmon, tinha sido assassinado por uma turba semelhante em Illinois, no ano de 1844. Embora Kate e Maggie ainda não tivessem apresentado uma ameaça comparável à religião e à moral preponderantes, a possibilidade de elas conversarem com os mortos era incendiária. Num passado não tão distante assim — os julgamentos de Salem nos anos 1690 estão entre os exemplos mais famosos —, mulheres tinham sido tachadas de bruxas e condenadas à morte por muito menos. Embora o século XIX abjurasse esta superstição, o medo tinha uma perseverança insidiosa.

O gentil David, irmão de Kate e de Maggie, dissipou o perigo ao mostrar o bom senso e a coragem costumeira. Em vez de correr em busca de armas e de proteção, ele convidou a multidão a entrar e a vasculhar a casa. Ao reconhecerem David, um homem gritou: "Meu Deus, Dave Fox, é de VOCÊ que andam falando tanto? Não, não vamos entrar. Vamos para casa e voltaremos noutra hora, de forma adequada, como convém." Então, a multidão se dispersou.

Na semana seguinte, Leah, Maggie e Kate foram a Rochester, mas acabaram voltando às pressas para o condado de Wayne em setembro, para chorar a morte inesperada de David e de Ella, a filha de dois anos que tivera com Elizabeth.[56] Kate e Maggie, como o restante da família e da comunidade local, sentiram dolorosamente a perda e o luto, e as meninas devem ter se perguntado qual seria a sensação de morrer, e se a imortalidade de fato existia.

---

[56] Underhill, *The Missing Link*, p. 46; ver também *Wayne County Vital Statistics, 1847-1850*, Arquivo Histórico do Condado de Wayne, Lyons, Nova York.

Quatro

"Parece que está se espalhando rápido"

Isaac Post, o vizinho *quaker* da família Fox em Rochester, não era supersticioso, e quando ouviu falar sobre o espírito batedor de Hydesville "não deu muita bola", como teria feito com a história dos julgamentos das velhas bruxas de Salem. Como a maior parte dos norte-americanos do século XIX, ele creditou aquela mácula na alma da nação a dias de obscurantismo, antes que a ciência e a razão brilhassem forte. Era fácil para um homem sensato descartar por completo o assunto dos espíritos.[57]

Então, por intermédio de Leah ou de amigos em comum, Isaac ficou sabendo da identidade das crianças assombradas e se deu conta de que as conhecia bem. O vínculo que havia formado com os Fox quando eles moraram em sua velha casa em Cornhill, assim como sua crença na honestidade e na integridade da família, prevaleceu sobre seu desinteresse inicial.

Logo depois de se reunirem com Leah em Rochester, Kate e Maggie visitaram os Post na nova casa do casal, localizada na rua North Sophia. As meninas não davam a entender — ao menos para Isaac — que as batidas fossem um assunto potencialmente devastador. Muito pelo contrário: Kate e Maggie

[57] Os comentários de Isaac Post estão em uma carta dele para o "irmão e irmã", escrita em 23 de novembro de 1848, Biblioteca Histórica dos Amigos da Faculdade de Swarthmore.

pareciam ávidas por agradar a seus amigos adultos; segundo Isaac, as duas pareciam "muito ansiosas para que nós gostássemos do que elas faziam".

No entanto, os Post só ouviram as batidas vários dias depois, quando Kate voltou sozinha para uma segunda visita. Após o jantar, ela chamou Amy e os amigos do casal, Abigail e Henry Bush, para outro cômodo. Poucos minutos mais tarde, Isaac também foi convocado, e ele admitiu: "Fui tão incrédulo quanto Tomé ao ser apresentado a Jesus depois de Sua ascensão."

Porém, sua atitude mudou rapidamente quando espiou pela porta "com uma atitude muito dubidativa" e viu os Bush "parecendo estar diante do trono do Juízo Final...". Em seguida, ele sentiu-se constrangido por seu ceticismo inicial.

A partir de então, todos na família de Isaac ficaram absortos no esforço de se comunicar com o outro mundo. Ele e Amy, assim como seus dois filhos mais velhos, Jacob e Joseph, falavam frequentemente com os espíritos. Willie, de apenas um ano e meio, adorava "encostar o ouvido na mesa" para ouvir as batidas. Até mesmo a empregada holandesa dos Post fazia suas próprias perguntas.

Isso não significa que a comunicação com os espíritos acontecesse com facilidade. Isaac se deu conta de que sua família nunca obtinha respostas "sem que uma das irmãs estivesse presente, e, mesmo assim, isso nem sempre ocorria, pois estive em grupos numerosos, em que tudo continuava em silêncio. É natural supor que é difícil conversar quando as respostas não passam de batidas ocas".

Foi Isaac quem reempregou um método de comunicação previamente usado por David Fox e pelo vizinho da família, William Duesler. Ele sugeriu que quando alguém entoasse o alfabeto, os espíritos poderiam soletrar seus nomes, batendo ao som das letras certas e, assim, dando respostas mais significativas do que sim ou não.

Quando os seres invisíveis pudessem se comunicar melhor, Isaac tinha esperanças de que se comportariam de maneira menos irrequieta e seriam menos provocados pela burrice mortal. Na primeira vez em que ele e as irmãs Fox tentaram essa tática, foram recompensados com o nome de Jacob Smith — o avô das meninas.

Lentamente, ao longo do verão de 1848, métodos de comunicação entre mortais e espíritos foram refinados e codificados, embora, em sua maioria, voltassem a ser modificados com o tempo. Três batidas significavam sim e cinco indicavam o pedido do uso do alfabeto. Silêncio ou uma única batida queria dizer não.

Esses métodos tiveram seu primeiro grande teste quando, naquele verão, o primo dos Post, George Willets, visitou Rochester a trabalho. Ele estava lá para se encontrar com um morador local que queria vender um terreno em Michigan — propriedade que Willets vira havia pouco e que estava interessado em comprar. Porém, a mudança prevista retiraria sua família de sua terra natal, Waterloo, no estado de Nova York, e a levaria para o que ele chamava de "as terras selvagens do oeste", território indomado tão pródigo em perigos quanto rico em oportunidades.

Os Post, claro, estavam animadíssimos com as notícias de batidas misteriosas, as quais, para eles, "demonstravam inteligência e pareciam ser feitas por 'espíritos' ou pessoas invisíveis".[58] Cético, mas curioso, como Lemuel Clark, Willets foi a uma reunião para conversar com os seres ocultos e ficou pasmo com o que aconteceu.

As batidas responderam a várias perguntas dos outros participantes e comunicaram a solicitação de que "três pessoas

[58] Declaração publicada por George Willets e citada por E.W. Capron, *Modern Spiritualism: Its Facts and Fanaticisms, Its Consistencies and Contradictions; with an Appendix* (Boston: Bela Marsh, 1855; reimpr., Nova York: Arno Press, 1976), pp. 69-72.

fossem magnetizadas, duas presentes". A terceira pessoa a ser magnetizada — palavra usada com frequência como equivalente de *mesmerizada* — foi chamada, segundo testemunho de Willets em afirmação escrita e publicada mais tarde, "em uma família da vizinhança". Willets não mencionou nomes, mas o trio deve ter incluído Kate e Maggie, que eram centrais no esforço de conversar com os espíritos, e Leah, que parecia estar em pleno processo de exploração de suas próprias capacidades de clarividência — legado lendário do lado materno de sua família.

Embora Willets tenha insistido no fato de que, com exceção de Isaac, ninguém na sala o conhecia, as "clarividentes", ou o trio, como ele as chamou, demonstraram um estranho conhecimento de seu dilema e de seus projetos. Falaram ao mesmo tempo: "Nós temos que ir para Michigan." E, em seguida, começaram a descrever com detalhes os lugares e as coisas que ele tinha visto em sua recente viagem ao oeste, até que, segundo o relato, "elas chegaram a um pedaço de terra que disseram ser o lugar que tinham vindo olhar. Então, elas descreveram o terreno que eu fora comprar em Rochester com tanta precisão, que comecei a me perguntar quem lhes teria contado".

A mensagem que ele recebeu não foi encorajadora. "Em uníssono, elas disseram: 'Mas ele não deve ir para lá. Seu pai diz que é melhor ele não ir.'"

Uma hoste de batidas, cada qual com um timbre diferente, parecia indicar-lhe a presença de seu pai, sua mãe e sua irmã, todos concordando de maneira bem sonora que ele não deveria comprar a terra. Transpirando de ansiedade, Willets ousou ir além.

— Como você diz conhecer meu pai e sua opinião sobre mim, talvez possa me dizer o nome dele.

Batidas fortes e precisas ressoaram debaixo dos pés de George Willets; então, as clarividentes soletraram William Willets, o nome certo.

Mais tarde, George Willets e os Post se reuniram sozinhos com Kate durante três horas. Nesse segundo encontro, William continuou a bater o seu conselho paterno, enquanto a jovem ajudava a transmitir o desejo do espírito: George deveria ficar no leste. Ele não gostaria de uma região nova como o Michigan e também poderia colocar sua saúde em risco.

O que ele deveria fazer então?, perguntou George.

Mudar-se para Rochester em vez de para Michigan.

Mas sem emprego?

Ele teria um, caso se mudasse.

E onde moraria?

O espírito falou-lhe de um lote de terra à venda e, então, especificou a hora e o lugar em que deveria encontrar o vendedor, assim como o preço exato que ele poderia esperar pela terra.

George Willets tentou entrar em contato com o proprietário poucas horas antes do aconselhado, mas não teve sucesso. Da hora do encontro, dez da manhã, à descoberta do preço da terra, tudo lhe pareceu acontecer exatamente como o espírito previra.

Embora só tenha escrito com relutância para publicação, as cartas pessoais de Willets também revelam seu estado de indecisão e confusão. Voltando para sua casa, em Waterloo, ele ficou preocupado. A ideia de mudar-se para Rochester lhe agradava, mas ele não tinha nenhum emprego em vista ali e hesitava em seguir cegamente as instruções dos espíritos.

Com medo de que os outros considerassem sua mudança um ato inconsequente, ele confidenciou a Isaac: "O que atrapalha nossa vinda imediata é a possibilidade de eu me mudar para cá e não conseguir um emprego, tornando-me infeliz e dando aos que nos ridicularizam mais razões para dizer que nós fomos atrás de um fogo-fátuo."[59]

---

[59] De Georges Willets para Isaac Post, 1848, Departamento de Livros Raros e Coleções Especiais, Biblioteca da Universidade de Rochester.

Apesar das dúvidas, no Natal de 1848, Willets e Ann, sua esposa, já estavam instalados em Rochester. Ele ainda não estava empregado, embora Isaac tenha atentado para oportunidades desde o verão.

O casal morava no novo lar havia uns poucos dias quando Kate apareceu para uma visita, trazendo duas mensagens de espíritos: em quatro dias, Willets saberia qual seria o seu trabalho. "Enquanto isso", aconselhou Kate em nome dos espíritos, "os antiescravagistas estarão fazendo o que lhes cabe; não seria certo de vossa parte ajudá-los?"[60]

Vários dias depois, ela retornou para dizer que os espíritos queriam que ele se candidatasse a um emprego na ferrovia de Auburn e Rochester. Willets fez isso, mas ficou decepcionado. William Wiley, superintendente da ferrovia, garantiu-lhe que todos os postos estavam ocupados e que não havia perspectivas de abertura. Acabrunhado, Willets foi ter novamente com Kate. Firmes como um oráculo, as batidas o consolaram: "Vós tereis um lugar nos vagões e tereis conhecimento disso antes que finde a semana."

Naquela semana, como fora previsto, Wiley mudou de ideia e contratou Willets. "Um mês depois de estar trabalhando nos vagões", declarou Willets, maravilhado, "descobri que a pessoa que eu substituía fizera coisas que lhe renderam uma demissão *antes* que eu fosse orientado a me candidatar, mas que só foram comunicadas ao sr. Wiley *no dia em que estava agendada minha entrevista*".

Foi um momento triunfante para os espíritos. Independentemente de terem obtido a informação por meios mortais ou imortais, eles demonstraram o que parecia um saber impressionante com relação aos acontecimentos, exercendo uma influência extraordinária sobre Willets. Ao fazê-lo, mostraram

[60] Declaração publicada por George Willets e citada em Capron, *Modern Spiritualism*, pp. 72-74.

que haviam mudado de comportamento; tinham abandonado o hábito de provocar as pessoas e passaram a ajudá-las.

Ao dar assistência a Willets, os espíritos também revelaram uma informação de valor. Eles o tinham mantido por perto em Nova York, próximo aos Post e a outros amigos que se importavam com ele. O conselho dado sugere que eles valorizavam laços familiares afetuosos, como os de Kate e Maggie, e que desencorajavam o tipo de precariedade que as meninas Fox tinham vivenciado ao mudar de uma casa para a outra.

Julho de 1848 testemunhou um acontecimento que ajudou a moldar o futuro dos Estados Unidos: a convenção de Seneca Falls, primeira assembleia pelos direitos das mulheres organizada no país. O encontro deu-se no Distrito Incendiado, num local a cerca de 75 quilômetros de Rochester e a menos de quarenta de Hydesville.

A dupla luta pela abolição da escravatura e pelos direitos das mulheres se entrelaçou mais estreitamente entre 1840 e 1850, embora divergências tenham acabado por irromper devido às diferentes prioridades. Muitos abolicionistas também eram feministas. A dura situação das mulheres, qualquer que fosse sua raça, era comparada — em forma, se não em severidade — às amarras impostas aos escravos: as mulheres também eram consideradas inferiores e tratadas como subordinadas pela cultura branca e masculina dominante; da mesma forma, a elas eram negados o direito ao voto, oportunidades de trabalho e de instrução e, se fossem casadas, o direito de controlar seus próprios proventos e propriedades, de assinar contratos e de proteger seus corpos contra os avanços indesejados dos maridos. As mulheres forçadas à escravidão, claro, suportavam coisas muito piores, algumas pelas mãos de suas irmãs brancas. Além disso, mulheres negras livres no norte do país também continuavam sujeitas a injustiças específicas, geradas por preconceitos e discriminações raciais. Ainda assim, a convenção de Seneca Falls representava o início de uma formidável revolução na vida feminina.

Amy Post e sua boa companheira Abigail Bush estavam ambas presentes, assim como várias de suas amigas. Muitos participantes, como Frederick Douglass, o aclamado abolicionista e escritor, e Elizabeth Cady Stanton, líder emergente do movimento pelos direitos das mulheres, já tinham ouvido falar da possibilidade de comunicação com os espíritos por seus conhecidos em Rochester, e logo outros ficaram sabendo. Há quem diga que batidas foram sentidas até na mesa em que Stanton e sua colega Lucretia Mott redigiram as resoluções da convenção.[61]

Algumas pessoas acharam que também poderiam se tornar médiuns — transmissores — para os espíritos que desejassem conversar com os mortais. Uma delas era George Willets, que começou a ouvir batidas frequentes e leves na área de seu pescoço e da gola do casaco. Porém, para sua tristeza, ele ainda não era capaz de conversar com eles nem de interpretar as mensagens endereçadas a outrem.

"Dessa forma", escreveu a Isaac, "não sei o que ele é ou se um dia serei capaz de falar-lhe, mas espero vir a saber. O pessoal do Thomas McClintock tem [...] certeza de que ouviu a mesma coisa. Também a Elisabeth Stanton — filha do Gerrit Smith — estava visitando E. Stanton, quando ouviu falar sobre o assunto. Ela foi para casa e contou à mãe, que acreditou piamente em tudo, e então a filha escreveu para E. Stanton um ou dois dias depois dizendo que sua mãe tinha ouvido [as batidas] várias vezes. Por isso, se for lorota, parece que está se espalhando rápido".[62]

---

[61] Sobre a relação entre política radical e espiritualismo, assim como sobre os antecedentes dos Post descritos mais adiante neste capítulo, ver Ann Braude, *Radical Spirits: Spiritualism and Women's Rights in Nineteenth-Century America* (Boston: Beacon Press, 1989), pp .11-16; 57-61.

[62] Os comentários de Willets e o título do capítulo 4 são de carta de George Willets a Isaac Post, 1848, Departamento de Livros Raros e Coleções Especiais, Biblioteca da Universidade de Rochester.

À medida que o interesse e a curiosidade dos que participaram da convenção crescia, o mascate de Hydesville e suas acusações tétricas foram abafadas e relegadas a segundo plano. Os espíritos de parentes e amigos acorreram abundantemente às sessões para trazer conselhos e consolos afetuosos. Amy e Isaac não foram exceção à regra: como muitos logo acreditaram na comunicação com os espíritos, eles tiveram sua cota de tragédia pessoal. Poucos anos antes, em meados da década de 1840, morrera sua filhinha Matilda. Se a preocupação com a vida após a morte nutriu o interesse pela comunicação com os espíritos, a ânsia por se conectar com os mortos também.

"Acredito que [os espíritos] sempre falam em ver Matilda", escreveu Isaac, com emoção. "[Eles] dizem que ela está feliz [e] perto de nós." Kate interpretou outras batidas como sendo mensagens de suas irmãs falecidas, Phebe e Lydia.[63]

Reformadores radicais da sociedade, os Post estavam tão dispostos a investigar a sabedoria religiosa convencional quanto a questionar as leis estaduais e federais. Embora o cristianismo geralmente ensinasse que visitações de espíritos nos tempos de hoje fossem ilusões humanas ou manifestações demoníacas, Amy, Isaac e outros membros de seu círculo se recusavam a descartar a possibilidade de que os espíritos fossem quem e o que as batidas alegavam ser.

Depois de encontrar uma das irmãs Fox, Sarah Fish, amiga e colega de ativismo dos Post, lamentou "não ter ouvido aquela menininha até o fim, em vez de tê-la interrompido". Ela prometeu ser mais paciente no futuro. Naquela noite, deitada na cama e pensando sobre "os misteriosos caminhos da Providência", Sarah chegou à conclusão de que, "ao não levar a sério o que aquela menina falou", havia "resistido e afastado o Espírito Divino em meu próprio coração". Naquele

[63] De Isaac Post, carta ao "irmão e irmã" de 23 de novembro de 1848, Biblioteca Histórica dos Amigos da Faculdade de Swarthmore.

instante, ela ouviu batidas emanando sob o travesseiro, sinal que tomou como afirmação da "verdade de que nossos amigos falecidos estão conosco, empenhando-se pelo nosso bem [...]". Esse entendimento a acalmou, diminuindo seu medo da morte.[64]

Os espíritos também acalmaram Isaac, pois, quando ele perguntou se a vida no além estaria "de acordo com nossas vidas aqui", ele recebeu "uma resposta em alto e bom som".[65] Parece que homens e mulheres bem-intencionados poderiam se sentir mais confiantes em seu futuro imortal.

Quakers como Amy e Isaac, entretanto, tendiam a simpatizar com a comunicação com os espíritos tanto pela natureza de sua fé quanto por sua rejeição da ortodoxia. O casal já tinha deixado organizações *quakers* duas vezes, depois de brigar por causa da ampla autoridade da instituição sobre o indivíduo; nos anos 1840, eles e outros *quakers* com o mesmo ponto de vista fundaram uma nova extensão de sua fé, conhecida como Amigos Congregacionais. A inabalável devoção de seus membros no conceito de uma luz interior — algo mais profundo que a consciência individual, mas próximo dela — não somente sustentava seu ativismo político como também reforçava a noção de que homens e mulheres comuns poderiam forjar uma conexão íntima com um reino espiritual transcendente. A fé em uma luz interior conferia um potencial radiante até a jovens como Kate e Maggie, fazendo a inspiração no mundo do além parecer uma possibilidade menos herética.

Isso não significa que o que os espíritos tinham a dizer era sempre inspirador. Um dia, por exemplo, Kate foi tomar chá com os Post e outros amigos, um acontecimento que se

---

[64] De Sarah Fish para Amy Post, 19 de setembro de 1848, Departamento de Livros Raros e Coleções Especiais, Biblioteca da Universidade de Rochester.

[65] De Isaac Post para Amy Post, 22 de maio de 1849, Departamento de Livros Raros e Coleções Especiais, Biblioteca da Universidade de Rochester.

mostrava bastante banal — até um dos adultos objetar contra a enorme quantidade de melado que Joseph Post, menino da mesma idade que Maggie, despejava feliz sobre seu pudim. Uma imediata saraivada de batidas pediu o alfabeto, e os mortais laboriosamente decodificaram uma mensagem cara ao coração de qualquer jovem: “Coloquem todo o melaço que ele desejar”, aconselhou o indulgente espírito.[66]

Isaac registrou muitos aspectos das sessões com os espíritos. Ele escreveu que, em certas ocasiões, Kate e Maggie ficavam magnetizadas quando as batidas aconteciam. Anotou também que muitas vezes as meninas falavam junto com os sons e que, uma vez, as batidas trouxeram à baila assuntos que não tinham sido pedidos ou pensados. Este pensamento independente era relevante, pois implicava que as meninas não eram simples leitoras de mentes — o que já seria um feito incrível —, mas que elas também falavam em nome dos espíritos.

Até o final do outono de 1848, segundo escreveu Isaac, os barulhos misteriosos tinham sido investigados “por muitos”, sem que se descobrissem truques; para ele, “todas as pessoas sinceras admitem que as meninas não os fazem”.[67]

No entanto, nem todas as “pessoas sinceras” concordavam com ele. Outros que ouviram as batidas continuavam cheios de dúvidas. Quem fazia, de fato, os ruídos? Que mente inteligente os informava? Seriam as meninas Fox as responsáveis, ou seriam os espíritos ou alguma outra força, como a eletricidade ou o mesmerismo?

Chegar a uma resposta definitiva parecia, para o cético e para o esperançoso, depender das investigações que buscavam provar a existência ou a ausência de fraude. O desafiador trabalho investigativo, sem sombra de dúvida, excitou alguns

---

[66] De Isaac Post, carta ao "irmão e irmã" de 23 de novembro de 1848, Biblioteca Histórica dos Amigos da Faculdade de Swarthmore.

[67] Capron, *Modern Spiritualism*, p. 75.

curiosos, assim como a própria ideia da comunicação com os espíritos o fizera.

Juntamente com buscas físicas por aparatos mecânicos e o questionamento meticuloso das meninas, as *perguntas de teste*, como foram chamadas, tornaram-se uma ferramenta investigatória essencial. Nenhuma pergunta era trivial demais, pois a especificidade da informação testava a autenticidade do espírito. De quem era o espírito que estava falando? Qual fora a sua ocupação profissional? Sua cor preferida? Seu local de nascimento? A causa — acidente, assassinato, doença, velhice — que o levara para o mundo dos espíritos?

Como os Post, Eliab W. Capron, um dos primeiros investigadores, era um Amigo Congregacional dedicado a causas radicais. Embora ele e a esposa, Rebecca, morassem em Auburn, Nova York, Capron era oriundo de Rhode Island, onde um parente, dr. George Capron, tornara-se conhecido por suas pesquisas sobre o mesmerismo. Igualmente interessado nesses assuntos, além de ser um jornalista jovem e ambicioso, Eliab Capron viajou até Rochester em novembro, a fim de encontrar Kate, Maggie e os espíritos cada vez mais merecedores da atenção dos jornais.

Em sua primeira visita, ficou atônito com os espíritos, que não só responderam corretamente às perguntas que ele fez em voz alta como também às que ele escreveu ou apenas mentalizou. Em sua segunda visita, ele desafiou as irmãs com um jogo de conchas. "Tentei a experiência de contar da seguinte maneira", escreveu ele. "Peguei várias conchinhas de uma cesta que estava sobre a mesa (pequenas conchas do lago), fechei a mão e as deixei fora de vista. Então, pedi que houvesse tantas batidas quantas eram as conchas. O número estava certo. Como eu sabia quantas conchinhas estavam na minha mão, resolvi testar de outra forma, para ver se havia a possibilidade de a minha *mente* estar exercendo qualquer influência. Peguei em seguida um punhado de conchas, sem saber quantas eram. Ainda assim, a resposta estava certa."[68]

Às vezes as batidas respondiam corretamente, identificando um espírito e satisfazendo o investigador. Outras respostas, porém, eram disparatadas. Cansados ou entediados, os espíritos não hesitavam em anunciar um basta quando queriam parar.

Certa feita, de acordo com Leah, "a palavra 'chega' foi soletrada".[69]

Sem desanimar, o grupo de investigadores continuou insistindo por respostas até que uma série de batidas irritadas soletraram: "Por que raios vocês fazem perguntas mesmo depois de dizermos que basta?"

Para Leah, aquilo foi "um terrível banho de água fria para nós todos".

Ela explicou que esses momentos de rudeza, assim como respostas desnorteantes, confundiam os médiuns e os investigadores, mas que esses episódios demonstravam sobretudo a natureza falha de alguns espíritos.

"Quando as manifestações e as comunicações eram consistentes", disse Leah, "nós acreditávamos que elas vinham de espíritos bons; mas quando em contrário, nós os condenávamos como maus".

Não é de surpreender que as autoridades cristãs encarassem os visitantes da família Fox como emissários do demônio ou fantasias da imaginação febril das irmãs, ou então como produto de engodo ou fraude. Um jovem clérigo metodista que visitou Margaret ofereceu-se para conduzir uma sessão de exorcismo na casa. Ela o autorizou a fazê-lo, mas, quando ele entrou, andando pelos cômodos, batidas seguiram cada um

[68] A. Leah Underhill, *The Missing Link in Modern Spiritualism* (Nova York: Thomas R. Knox, 1885), p. 54.

[69] De Isaac Post para Amy Post, 15 de maio de 1849, Departamento de Livros Raros e Coleções Especiais, Biblioteca da Universidade de Rochester.

de seus passos. Tendo falhado em livrar a casa dos espíritos, o clérigo partiu dizendo palavras duras sobre a família Fox — experiência que, para Margaret, colocou um ponto final às suas idas à igreja.

Menos de um ano depois da primeira visita do mascate a Hydesville, a própria Leah estava transmitindo mensagens de espíritos, embora apenas para alguns poucos amigos próximos. Ao contrário do que acontecia com suas irmãs mais novas, os seres invisíveis não davam batidas em sua presença, mas apareciam-lhe quando estava em sono magnético. Como suas irmãs, ela sofria de graves dores de cabeça, e Isaac, em sua função amadora de mesmerista — e, talvez, em sua função profissional de dono de farmácia —, estava sempre por perto para ajudá-la. "Subi para ver Leah na noite passada, depois de ouvir que ela não estava bem", escreveu Isaac a Amy na primavera de 1849, quando ela esteve fora da cidade. "Perguntei se poderia colocá-la para dormir e talvez oferecer-lhe alívio. Ela estava bastante disposta a isso [...]."[70]

Seguindo a prática dos mesmeristas, Isaac passou a mão gentilmente sobre o lado mais dolorido da cabeça de Leah e, ao fazê-lo, ela começou a falar.

O leque de assuntos, de Leah ou do espírito, foi vasto. Primeiro, ela ofereceu doces palavras de consolo, confortando Isaac com uma visão de sua primeira esposa e de sua pequenina filha Matilda — ambas espíritos que agora habitavam um reino melhor. Então, ela passou à sugestão de que Amy visitasse William Fishbough. Fishbough e Samuel B. Brittan, seu colega, eram antigos sócios do místico Andrew Jackson Davis e editores de um jornal que existiu por pouco tempo, mas que fora muito influente, o *The Univercoelum and Spiritual*

[70] Para uma discussão sobre as contribuições feitas por Fishbough e Brittan para a ascensão do espiritualismo, ver R. Laurence Moore, *In Search of White Crows: Spiritualism, Parapsychology, and American Culture* (Nova York: Oxford University Press, 1977), pp. 11-13.

Philosopher. Os dois eram ex-ministros universalistas em busca de uma "filosofia interior e espiritual" e acreditavam na comunicação com os espíritos; porém, o seu foco filosófico atraíra pouca atenção popular, sobretudo em contraste com a excitação gerada pelas batidas e pelos ruídos teatrais. Gentilmente, a magnetizada Leah, ou um espírito político, dava a entender que a estimada Amy Post poderia ajudar a forjar uma aliança entre esses homens admiráveis e as irmãs Fox.[71]

Depois de prever que o perseverante jornal de Frederick Douglass, o abolicionista *North Star*, tinha boas chances de ir adiante, ela concluiu com uma pitada saborosa de fofoca clarividente. Confidenciou que o dr. John Hardenbrook, homem acusado de um assassinato alardeado em todos os jornais, na verdade tentara envenenar sua vítima, marido de sua amante, duas vezes antes de ter sucesso. E mais: segundo revelou Leah, a amante do "bom" médico tinha sido sua cúmplice no crime, no qual fora utilizado arsênico, e não estricnina. No final das contas, essa informação era tão secreta, ou tão errada, que ela nunca veio à tona no julgamento dele.[72]

Em julho de 1849, John S. Clackner, amigo de Isaac, escreveu-lhe de Ohio perguntando se os espíritos, como se dizia, tinham expressado o desejo de ditar um livro a Leah, que o escreveria com o auxílio de outra amiga de Rochester, a sra. John Kedzie.

"Como Leah e o espírito estão se virando com o futuro manuscrito?", perguntou Clackner. A irmã mais velha de Kate e Maggie tinha agora direitos próprios sobre os espíritos.

---

[71] D.M. Dewey, que viria a escrever em breve um dos primeiros e mais conhecidos panfletos sobre a comunicação com os espíritos, também lançou um panfleto sobre o julgamento de Hardenbrook, com o interminável título *Trial of Dr. John K. Hardenbrook: Indicted for the Murder of Thos. Nott, by Administering Strychnine to Him in Sufficient Quantity to Produce Death, on the 5th of February, 1849, at Rochester, N.Y. Tried at the May Term of Oyer and Terminer, 1849, Hon. Judge Marvin, Presiding* (Rochester, NY: D.M. Dewey, 1849).

[72] De John S. Clackner para Isaac Post, 7 de julho de 1849, Departamento de Livros Raros e Coleções Especiais, Biblioteca da Universidade de Rochester.

O mundo dos espíritos, naquele verão, parecia repleto de uma promessa que refletia as mudanças do mundo material. Ao final da guerra, em 1848, os mexicanos cederam terras aos Estados Unidos, as quais se tornariam os estados da Califórnia, Nevada, Utah, Arizona e partes do Colorado e do Novo México. Mais cedo, naquele mesmo ano, tinha-se descoberto ouro na Califórnia. Até o verão de 1849, as notícias dessa novidade inesperada tinham se espalhado por todo o continente, e mais pessoas iam para o oeste do que em toda a breve história da nação. A expressão "destino manifesto", cunhada por um jornalista, justificava a expansão como algo divinamente ordenado.

Entretanto, a expansão exacerbava conflitos seccionais. Com o equilíbrio do poder entre o sul agrário e o norte em vias de industrialização dependendo, em parte, de os novos estados admitidos na União serem escravagistas ou livres, a organização de cada um dos novos territórios e a admissão de cada estado se tornaram uma batalha. Em 1820, o Compromisso do Missouri estabelecera uma fronteira a partir da qual a escravidão seria banida ao norte, mas os sulistas argumentavam que os colonos de cada futuro estado deveriam ter o direito de decidir por si mesmos. A Califórnia ganhou a condição de estado livre, mas a decisão sobre os demais territórios adquiridos com a guerra foi adiada.

Se o destino manifesto encontrava eco no expansivo mundo dos espíritos, e se a abolição da escravatura era um elo comum entre muitos dos que acreditavam nele, o cólera criou as condições necessárias para que um movimento que prometia a imortalidade pudesse crescer. Em 1849, houve uma epidemia na Europa, e os jornais acompanhavam a doença enquanto ela avançava pelo Canadá e pelos Estados Unidos. Embora seu impacto em Rochester tenha sido menos severo do que o esperado, naquele verão houve cinquenta mortes em uma semana em Albany, e em Cincinnati foram tantos os mortos que carroças empilhadas de cadáveres chacoalhavam pelas ruas diariamente.[73]

Fosse em busca de um porto seguro contra o cólera ou apenas para fazer uma visita familiar, Kate, Maggie e Leah voltaram para o condado de Wayne naquele mês de agosto, ficando, provavelmente, na casa de seu pai, nas terras da fazenda de David. Também é possível que as irmãs tenham ficado algum tempo sem casa em Rochester, pois o gentil vizinho de Leah na rua Prospect, que tolerara *poltergeists* com bastante imparcialidade, falecera. O novo proprietário culpou as ventríloquas, mais do que os espíritos, pelo tumulto à porta ao lado, fazendo questão de que Leah fosse embora.

Segundo o que Maggie escreveu a Amy Post, as três semanas de estada no condado de Wayne mais pareceram três meses: "Prometi escrever, e já o teria feito antes se minha saúde estivesse melhor", desculpou-se. "Minha saúde ficou muito ruim nos últimos dias." O médico lhe havia dado alguns remédios, pois suspeitava de que ela sofresse de uma febre intermitente.[74]

Chovera a manhã toda, o que transformou os campos em rios de lama e afogou Maggie em melancolia. Aparentemente, ao menos durante algumas horas, ela ficou sozinha em casa, pois a quietude dos arredores a perturbou. "Como hoje tudo está quieto e silencioso aqui", lamuriou-se.

É possível que ela estivesse pensando em sua sobrinha de dois anos, Ella, que morrera no verão anterior. Sem sombra de dúvida, Maggie se sentia "saudosa" da mãe, apesar de entender, como disse a Amy, que Margaret não podia estar sempre com ela. Maggie não disse onde Margaret estava nem mencionou o pai.

---

[73] A epidemia de cólera de 1849 é discutida em Robert V. Wells, *Facing the "King of Terrors": Death and Society in an American Community, 1750-1990* (Cambridge: Cambridge University Press, 2000), e em Joan D. Hendrick, *Harriet Beecher Stowe: A Life* (Nova York: Oxford University Press, 1994), p. 189.

[74] De Maggie Fox para Amy Post, 21 de agosto de 1849, Departamento de Livros Raros e Coleções Especiais, Biblioteca da Universidade de Rochester.

Fora as reclamações, Maggie escreveu bastante sobre um período supreendentemente sociável. No dia anterior, ela e Leah tinham ido a Newark só por diversão. "Nós nos divertimos a valer", escreveu a menina, que confidenciou que as duas ficaram por lá "até quase dez da noite". Assim que a chuva diminuísse, ela iria se encontrar com amigos em Palmyra.

Porém, Newark e Palmyra eram ofuscadas quando comparadas à lembrança de Rochester, que ela chamava de "lar tão amado". "Estou ansiosa para voltar a Rochester", confessou, explicando, algumas frases adiante, o porquê: "Adoro o barulho e a confusão da cidade..."

Para provar o que estava dizendo, ou talvez para alertar a amiga mais velha e madura contra o que parecia ser uma paixão perigosa, Maggie, aos 15 anos, prosseguiu e contou uma história: ela se comparou a uma mulher que tinha se acostumado tanto ao ronco do marido que não conseguia dormir sem ele.

"Depois de certo tempo", escreveu, "o marido foi chamado à corte, a algumas centenas de quilômetros de distância. Na primeira noite depois de sua partida, ela não conseguiu pegar no sono. Passou a segunda igualmente sem dormir. Ela estava começando a ficar adoentada e era muito provável que morresse se não fosse por uma engenhosidade criada". Com esperteza, continuou Maggie, essa criada levou um moedor de café ao quarto de sua ama e "moeu para que ela dormisse na hora".

"É assim comigo", admitiu Maggie. "Estou tão acostumada com o chacoalhar das carroças e com o tocar de sinos que estou com medo de ter que arranjar um moedor de café para me ludibriar e ninar."

É como se, para Maggie, os sons estivessem associados a conforto, companheirismo e animação. Barulho certamente significava prazer, mas também pode ter servido como distração ao enfado, à depressão e a pensamentos que — na falta dos sinos da cidade grande e de moedores de café — se demoravam pesarosamente sobre a separação e a solidão.

Cinco

Uma grande variedade de sons sobrenaturais

Os tediosos dias de verão no campo terminaram. Depois de retornar do condado de Wayne em setembro de 1849, Leah levou a família para uma nova casa na esquina da rua Troup, à beira do elegante bairro de Third Ward, em Rochester. A casa era modesta, mas seu entorno resplandescia com belas casas e mansões, algumas construídas em estilo neoclássico ou no pomposo estilo da rainha Ana, outras adornadas com frontões e cornijas neogóticas ou rendilhados vitorianos. A mudança, que foi a segunda de Leah em pouco mais de um ano, continuou sua ascensão para residências cada vez mais desejáveis.

A essa altura, a reputação de suas irmãs como mensageiras dos espíritos já começara a se espalhar por países próximos, e as visitas à casa de Leah iam de evangélicos a reformadores radicais, de pais enlutados a céticos. O interesse pelos barulhos, porém, concentrava-se sobretudo a oeste de Nova York. O contingente de visitantes consistia principalmente em amigos, ou amigos de amigos, que tinham ouvido falar sobre as batidas.

Kate ficou apenas pouco tempo em Rochester. A convite do jornalista Eliab Capron e de sua esposa, Rebecca, ela foi a Auburn, Nova York, e hospedou-se na mesma casa onde eles alugavam um quarto. Capron, que considerava Kate a médium mais impressionante da família Fox, queria testar seus poderes isolando-a de sua família.

A estada deve ter sido, em certos momentos, uma aventura e tanto para a menina de 12 anos, assim como o era, sem a menor dúvida, para a família do senhorio de Capron, que observou: "A médium foi testada de todas as maneiras imagináveis. Ela dormiu com as senhoras da casa — senhoras diferentes a cada vez — e foi testada por elas, vestida ou não."[75]

Capron garantiu que as manifestações dos espíritos que seguiram Kate até Auburn estarreceram os seus conhecidos. Mais tarde, ele publicou um relato sobre sua visita, o qual, segundo alega, fora em grande parte composto a partir de anotações do diário que manteve durante a estada dela, em 1849.

De acordo com ele, sons ricocheteavam por aquela e por outras casas, onde investigadores curiosos se encontravam. Os espíritos tinham batidas características, e ouvintes atentos conseguiam identificar cada um deles pelo som — oco ou ressoante, pesado ou leve.

Todos os tipos de teste, insistiu ele, foram organizados para desafiar os espíritos. Em salas de diferentes inquilinos, com tudo escuro, mesas eram viradas de lado e, depois, desviradas rapidamente. Pequenas cadeiras pregavam-se sozinhas ao chão e não saíam do lugar. Pentes voavam do cabelo despenteado de algumas senhoras e grudavam no coque de outras.

Os mortos voltavam à vida por meio do som, do toque, de batidas e puxões. O silêncio da eternidade, ao que tudo indicava, acabava por ser bastante barulhento, derrotado pela excitação sensorial das reuniões e pelo conteúdo de algumas mensagens.

A música continuava a ocupar um lugar crucial. De acordo com Capron, dedos invisíveis tocavam violão "de forma tão

[75] A descrição das sessões de Auburn foi extraída de E.W. Capron, *Modern Spiritualism: Its Facts and Fanaticisms, Its Consistencies and Contradictions; with an Appendix* (Boston: Bela Marsh, 1855; reimpr., Nova York: Arno Press, 1976), pp. 100-112.

sublime [...] que mais parecia uma música distante tocada para alguém que acabara de despertar de um descanso noturno do que a música de um instrumento a poucos metros de distância de nós".

No escuro, uma mão oculta poderia bater no braço de alguém, enchendo o local com uma sensação de eletricidade. A mão de um espírito parecia a de "uma pessoa que está em sono magnético, só que mais gelada [...] e tendo sobre ela uma umidade, como uma transpiração fria [...]".

Entretanto, quando solicitada, essa mão podia mudar tanto a sua temperatura quanto sua textura. "Num instante", escreveu Capron, "ela parece fria como o gelo, e então, torna-se morna como uma mão comum, feita de carne". Um participante pediu para ver a mão de um espírito. Um instante depois, sua silhueta flutuava diante da janela iluminada pelo luar.

Os jornais locais chamaram as reuniões de palhaçada. Um repórter do *Auburn Daily Advertiser* relembrou a história de que o pai de Kate e de Maggie, John Fox, teria sido o primeiro a instigar a sandice, criando "uma grande variedade de sons sobrenaturais" e imagens maravilhosas, como "a locomoção de cadeiras, mesas, livros e outros objetos do dia a dia". Porém, assim que o dito espírito de Hydesville foi desmascarado, brincou o repórter, "ele partiu desgostoso, e tem estado ausente até a atual visita a Auburn".[76]

O jornal, claro, estava errado. Os espíritos estiveram continuamente ativos durante um ano e meio, em Rochester. E na maior parte do tempo John, que havia muito renunciara aos seus dias de jogatina e arruaça, ficara em sua nova casa, em Arcadia, orando com a esperança de reunir a família minguando à medida que as atividades dos espíritos proliferavam.

---

[76] Os comentários e o título deste capítulo são do *Auburn Daily Adviser*, citado por Herbert Jackson Jr., *The Spirit Rappers* (Nova York: Doubleday, 1972), p. 45.

No outono de 1849, os próprios seres invisíveis tornaram-se insistentes quanto a certas exigências, tentando convencer as pessoas que acreditavam neles a proclamarem a verdade da imortalidade aos quatro cantos do mundo. No entanto, a família Fox parecia hesitante. Maggie e Leah alegavam preocupação não apenas por se expor ao ridículo com suas crenças, mas também por fazer aparições públicas fora de casa — ato considerado, à época, impróprio para mulheres respeitáveis. Até homens como Isaac Post e George Willets, que corajosamente defendiam causas como a abolição e os direitos das mulheres, pediam discrição na questão dos espíritos. Isaac tinha uma farmácia a manter e Willets, um emprego, e nenhum dos dois estava animado para aumentar as controvérsias.

Porém, com Kate em Auburn naquele outono e Margaret visitando John em Arcadia, a situação em Rochester mudou de maneira ab-rupta. Certa tarde, durante uma reunião que incluía Isaac Post, George Willets, Maggie, Leah e vários outros amigos, as batidas, parecendo mais e mais impacientes com aquela covardia mortal, soletraram de forma inesperada uma mensagem supreendente: "Nós agora nos despediremos."

A médium e escritora Emma Hardinge evocou depois o impacto dessa afirmação em sua substanciosa história do movimento, intitulada *modern american spiritualism* [Espiritualismo moderno americano], para a qual realizou entrevistas com os que tinham vivenciado aquele silêncio repentino. "Um silêncio pesaroso encheu o apartamento que, poucos minutos antes, vinha sendo ocupado por anjos, transmitindo suas queridas mensagens de afeição imortal, conselhos ternos, instruções sábias e avisos prescientes", escreveu Hardinge. "*Os espíritos de fato tinham partido.* Seguiram-se um enorme vazio no espaço e uma sombra onipresente, mas a luz dos espíritos não voltou a penetrar e a iluminar aquela densa escuridão."[77]

No início, Maggie e Leah pareciam aliviadas com a partida dos espíritos, mas os Post e os demais ficaram arrasados com essa perda — sentida como se não fosse a primeira — da comunicação com amigos e parentes mortos. As irmãs logo se juntaram às expressões de lamento. Ainda assim, não surgiram mais batidas animadoras.

Silêncio.

Quase duas semanas depois, quando George Willets e Eliab Capron, que visitava Rochester com frequência, estiveram no apartamento, Maggie e Leah acolheram os dois homens com a triste notícia da ausência dos espíritos. "Nós respondemos", disse Capron, "que, se não o faziam para elas, talvez [os espíritos] batessem para nós". Sua influência sobre o outro mundo deve ter sido poderosa, pois, quando os quatro entraram no saguão da frente, batidas repentinas trovejaram boas-vindas pelas paredes, teto e chão.

"Se um amigo há muito desaparecido tivesse voltado subitamente, as duas irmãs não poderiam ter ficado mais contentes", lembrou-se Capron.

Não importa se os espíritos, ou as médiuns, quiseram de fato se ausentar ou se estavam somente testando seus poderes de persuasão; agora, os caminhos futuros estavam traçados. "Todos vocês têm um dever a cumprir", reiteraram as batidas. "Nós queremos que vocês tornem essa questão mais pública." Dessa vez, os mortais ouviram e agiram.

Os espíritos deram instruções extremamente precisas, colocando Willets como encarregado dos negócios e dando a Capron a responsabilidade de redigir uma palestra sobre a

---

[77] Emma Hardinge, *Modern American Spiritualism: A Twenty Year's Record of the Communion Between Earth and the World of Spirits*, com nova introdução de E.J. Dingwall (1869; reimpr., New Hyde Park, NY: University Books, 1970), p. 41-42; ver também Capron, *Modern Spiritualism*, p. 87-91.

comunicação com o além. Seriam necessários muitos preparativos, reforçaram eles, antes que alguém aparecesse em público.

Durante o mês seguinte, sessões práticas foram realizadas em diferentes casas de Rochester, cada qual com uns vinte convidados. As perguntas teste foram banidas. O principal objetivo dos encontros era determinar se os sons eram altos o suficiente para que fossem ouvidos em diferentes lugares e em meio a uma grande multidão. Entretanto, R.D. Jones, editor de um jornal e defensor da comunicação com os espíritos, ofereceu uma razão adicional para as reuniões. Houvera "perguntas referentes ao objetivo dos encontros e ao porquê de se convidarem estranhos a essas manifestações", explicou ele tempos depois.[78]

"A resposta foi: 'Nós queríamos que pessoas proeminentes ouvissem os sons e soubessem que não se tratava do resultado de truques ou engodos, devido à influência que eles podem exercer em reuniões públicas; e, acima de tudo, para dar a amigos confiança em nossa capacidade de reproduzir os sons em encontros públicos.'"

Depois de uma série de ensaios bem-sucedidos, os espíritos ordenaram a Capron e a Willets que alugassem o maior teatro de Rochester, o Corinthian Hall, na noite de 14 de novembro de 1849.[79] Construído poucos meses antes, o Corinthian Hall simbolizava o apetite voraz da cidade por informação, cultura, autoaperfeiçoamento e performances de todo tipo, às vezes trazidas em misturas espantosas. Pugilistas e humoristas, apresentações de ginástica e leituras de Shakespeare, assim como

---

[78] R.D. Jones, "The Rochester Rappings"; William F. Peck, *The Semi-Centennial History of the City of Rochester* (Syracuse, NY: D.D. Mason, 1884), pp. 508-518.

[79] As informações neste e no próximo capítulo sobre o Corinthian Hall e sobre o lado cultural e social da vida em Rochester vêm de Martha Montague Ash, "The Social and Domestic Scene in Rochester, 1840-1860", *Rochester History*, abril de 1956; e também de George Ellwood, *Some Earlier Public Amusements of Rochester, Read Before the Rochester Historical Society, 1894* (Rochester, NY: Democrat and Chronicle, 1894), pp. 44-48.

palestras sobre mesmerismo, frenologia e as maravilhas do telégrafo — divertimentos seculares que antes eram malvistos pelos líderes religiosos da cidade —, disputavam as atenções do público. Proibidos durante anos, circos visitaram Rochester, dentre os quais os espetáculos de B.T. Barnum. Prometendo oferecer o que o público desejava ardentemente, os anúncios de Barnum alardeavam apresentações que combinavam "intrução e diversão".[80]

Localizado bem no centro da cidade, atrás das lojas populares do prédio comercial mais importante de Rochester, Reynold Arcade, o Corinthian Hall podia acolher algo em torno de 1.100 a 1.200 pessoas em seu teatro, além de abrigar, no andar superior, uma biblioteca de direito, salas de leitura públicas e escritórios. Esse novo teatro era tão impressionante que Horace Greeley, do *New York Tribune*, elogiou seu "teto luxuoso, iluminação admirável, ventilação de ar e minuciosa adaptação à oratória e à audição".[81] Apenas o saguão de entrada o desapontara; ele achou-o estreito demais para acumular as possíveis multidões.

No dia 13 de novembro de 1849, uma terça-feira, o *Daily Adviser* estampou um anúncio pago que comunicava a primeira apresentação pública das irmãs Fox: "As portas se abrirão às sete horas. A palestra terá início às sete e meia. Entrada: 25 centavos; 50 centavos garantem um cavalheiro e duas acompanhantes."[82] No dia seguinte, o jornal acrescentou algo por conta própria: "Esta noite, o Corinthian Hall será palco de acontecimentos muito novos e surpreendentes ou da revelação de uma das imposturas mais engenhosas e antigas praticadas nesta ou em qualquer outra comunidade."[83]

---

[80] *Western Argus* (Lyons, NY), 23 de agosto de 1848.

[81] *New York Weekly Tribune*, 19 de janeiro de 1850.

[82] Citado por Jackson, *Spirit Rappers*, p. 48.

[83] Jackson, *Spirit Rappers*, p. 48; ver também Capron, *Modern Spiritualism*, p. 385.

Seis

Três dias da mais rigorosa investigação

Naquela noite, quatrocentas pessoas se espremeram pela única porta de entrada do Corinthian Hall, invadiram o corredor que cobria toda a extensão do prédio e viraram à esquerda ou à direita para subir os degraus que levavam ao teatro, no segundo andar. Em seguida, entraram por uma das duas portas que ladeavam o palco e ficaram, assim, de frente para uma área ampla, onde os assentos tinham sido dispostos em fileiras ascendentes, com outras seis fileiras de cadeiras adicionais nos fundos da sala. Depois de tomarem seus lugares, os membros da plateia olharam fixamente para o tablado do palco e para a alcova ao fundo, formada pelas duas colunas coríntias que haviam dado nome ao teatro.[84]

Alguns defensores das irmãs Fox — dentre os quais Amy Post e Lyman Granger — sentaram-se no palco como observadores silenciosos, conferindo peso moral aos procedimentos, e também como gentis protetores, prontos a interceder em favor das irmãs, caso a multidão agitada ficasse raivosa. As plateias daquela época eram conhecidas por sua impetuosidade; dada a natureza controversa do evento, esse grupo poderia ser ainda mais agressivo do que de costume.

---

[84] A descrição do Corinthian Hall provém de George Ellwood, *Some Earlier Public Amusements of Rochester, Read Before the Rochester Historical Society, 1894* (Rochester, NY: Democrat and Chronicle, 1894), pp. 44-45.

Alguns presentes estavam decididos a revelar alguma fraude; outros, a descobrir bruxarias. Um sentimento mais ameno, a curiosidade, movia outros. A noite prometia oferecer tudo o que as audiências da época gostavam de ver, fosse em circos ou em peças teatrais: um espetáculo ao mesmo tempo interessante, instrutivo e divertido.

Devia haver, em meio ao público, quem tivesse a esperança de ouvir notícias dos entes queridos; quem esperasse reforçar a própria fé ou receber algum sinal de uma pessoa amada; quem experimentasse, de bom grado, alívio do pesar que aqueles tempos impunham aos enlutados, pois a comunicação com os espíritos, como transmitida pelas irmãs Fox, era o oposto do luto lúgubre, sentimental. Era vivaz — e vivo.

Parece que Maggie entrou no palco aquela noite com os cabelos escuros contrastando com seu delicado vestido azul, e a imagem é evocativa. Ela deve ter parecido, até aos membros mais hostis da plateia, uma figura ao mesmo tempo atraente e discreta. Ela não era nem uma filósofa do Divino, como Emanuel Swedenborg, nem uma mística, como Andrew Jackson Davis, que falava de suas visões pessoais. Ao contrário. Como todos os presentes bem sabiam, os sons que a seguiam — confusos e instigantes — eram tão acessíveis quanto ela era abordável. Se houvesse batidas a serem ouvidas, os homens e mulheres curiosos da plateia esperavam ouvi-las para julgar, por si mesmos, seu sentido.[85]

Kate não estava lá; aparentemente havia permanecido em Auburn com amigos. De maneira surpreendente, pois até

---

[85] Há muitos relatos do século XIX acerca dos eventos do Corinthian Hall, inclusive os de Emma Hardinge, *Modern American Spiritualism: A Twenty Year's Record of the Communion Between Earth and the World of Spirits* (1869; reimpr., New Hyde Park, NY: University Books, 1970), e E.W. Capron, *Modern Spiritualism: Its Facts and Fanaticisms, Its Consistencies and Contradictions; with an Appendix* (Boston: Bela Marsh, 1855; reimpr., Nova York: Arno Press, 1976). Uma excelente fonte secundária que detalha alguns dos relatos mais céticos publicados em jornais da época é Herbert Jackson Jr., *The Spirit Rappers* (Nova York: Doubleday, 1972), capítulo 5, "Wonderful Phenomena at Corinthian Hall", pp. 47-57.

aquele momento Leah ainda negava em público os seus poderes, Kate se juntou a Maggie no palco, participou de cada apresentação pública no Corinthian Hall e se submeteu a todos os escrutínios que se seguiram.

Naquela noite, Capron deu uma palestra sobre "toda a história da ascensão e progresso dessas estranhas manifestações", enquanto batidas — que alguns disseram abafadas — foram ouvidas por toda a sala. Um repórter do *Auburn Daily Advertiser* expressou uma cômica ambiguidade em relação à palestra em si, comentando secamente que a audiência "ouviu uma longa explicação de E.W. Capron, advogado radicado em Auburn, que continha muita verdade abstrata, mas que pouco tinha a ver com o tema que reuniu a plateia". Por outro lado, o escritor exprimiu uma admiração relutante por Maggie, Leah e os espíritos.[86]

"Porém", ressaltou ele, "o 'fantasma', muito mais observador do que os seus porta-vozes, deu início às suas manifestações imediatamente após as jovens, com quem está sempre, entrarem no teatro. Sim, as 'batidas' começaram neste momento e continuaram por toda a noite, para grande espanto dos que foram até lá, de ouvidos bem abertos, para captar os sons misteriosos".

Na verdade, todos com "ouvidos bem abertos" ouviram as batidas, e a noite deve ter sido mesmo muito instigante, atraindo a atenção das pessoas e envolvendo-as não apenas como observadoras de um evento, mas como participantes. Provocados por sons incorpóreos, os membros da plateia tinham três opções: eles poderiam partilhar de uma sensação de encantamento ativo e alegre, ou imaginar-se como alguém que os espíritos desejassem contatar, ou ainda projetar-se no papel triunfal de investigador. Ao menos naquele instante, o duplo ato de ouvir e decifrar transformou os espectadores em um grupo de iguais diante de um mistério — o impressionante

[86] Citado em Jackson, *Spirit Rappers*, p. 51.

efeito colateral de uma noite já atiçada com a expectativa de visitas sobrenaturais.[87]

Ao final da palestra e da demonstração da primeira noite, os audientes delegaram — provavelmente por um processo de nominações improvisadas, aceitas ou não de imediato — um comitê de cinco homens para maiores investigações acerca da comunicação com os espíritos. O jornal *Rochester Daily Democrat* havia preparado antecipadamente um artigo demolidor sobre a noite, mas baixou o tom quando os acontecimentos se mostraram clementes com os espíritos.

Sem qualquer aviso a Leah e Maggie, o comitê decidiu, no início do dia 15 de novembro, quinta-feira, realizar investigações naquela mesma manhã no interior do prédio do Sons of Temperance Hall e, à tarde, na casa dos Post. À noite, um público ainda maior do que o da véspera foi até o Corinthian Hall para saber dos resultados.

Eliab Capron e George Willets escreveram o relato mais detalhado e influente — se não totalmente preciso — dos acontecimentos do Corinthian Hall. Sua versão, publicada a 8 de dezembro de 1989 no *New York Tribune* de Horace Greeley, alcançou leitores que adoravam notícias temperadas com nuances mais sensacionalistas.

De acordo com seu artigo, o primeiro comitê anunciou, "em suma", o seguinte: durante as primeiras horas da manhã, no Temperance Hall, os membros ouviram batidas nas paredes e no chão e fizeram perguntas que foram respondidas "nem totalmente certas nem totalmente erradas". Depois de

---

[87] Duas excelentes abordagens da sessão (estou incluindo performances públicas como a do Corinthian Hall) e da importância do som e do mistério para a experiência são David Chapin, "The Fox Sisters and the Performance of Mystery", in *New York History*, abril de 2000, pp. 157-188, e Steven Connor, "The Machine in the Ghost: Spiritualism, Technology, and the 'Direct Voice'", in *Ghosts: Deconstruction, Psychoanalysis, History*, organizado por Peter Buse e Andrew Stott (Nova York: St. Martin's Press, 1999), pp. 203-225. Outra fonte de informação geral sobre a vida das irmãs Fox está em David Chaplin, "Exploring Other Worlds: Margaret Fox, Elisha Kent Kane, and the Culture of Curiosity" (Tese de doutorado, Universidade de New Hampshire, 2000).

se deslocarem até a casa dos Post, à tarde, eles ouviram mais batidas e também conduziram uma variedade de experiências com Leah e Maggie.

"Uma pessoa do comitê", escreveram Capron e Willets, "colocou uma das mãos sobre os pés das senhoras e a outra sobre o chão, e, embora os pés não tivessem se mexido, houve um nítido ruído no chão".

Os membros do comitê repararam em um som característico: "No *chão* e no *assoalho,* o mesmo som foi ouvido — uma espécie de batida dupla bem nítida, como se fosse uma pancada com um ricochete. Quando as senhoras foram separadas por uma grande distância, nenhum som foi ouvido; mas quando uma terceira pessoa foi interposta entre elas, os ruídos voltaram."

Em resumo, Capron e Willets relataram que "todos concordaram que os sons eram ouvidos, *mas não conseguiram descobrir por que meios eles poderiam ser feitos*".

Com exceção dos que acreditavam, a plateia ficou estupefata quando o primeiro comitê leu seu relatório no Corinthian Hall. Como era possível que cinco homens de respeito, depois de um dia inteiro de testes, não tivessem conseguido expor duas mulheres presumivelmente charlatãs e descobrir como elas realizaram sua fraude?

Para confirmar as conclusões, a multidão insistiu em escolher outro comitê de cinco homens, um grupo impressionante que incluía o vice-chanceler do estado de Nova York, Frederick Whittlesey, nomeado presidente do comitê. Esse grupo encontrou-se com Leah e Maggie no escritório de Whittlesey no dia 16 de novembro, sexta-feira, mas discordâncias e um quê de escândalo quase azedaram imediatamente os procedimentos, quando Whittlesey foi acusado de "passar para o lado inimigo". Na mesma noite de sua indicação para chefe das investigações, ele fora visto acompanhando as irmãs Fox até o Corinthian Hall. Diante da suspeita, o chanceler retirou-se do comitê; mais tarde, Leah admitiria que ele havia, de fato, manifestado amizade.

Ela disse: "Ele me falou: 'Não fiquem assustadas. [...] Eu já li as Revelações de [Andrew Jackson] Davis, e acredito mesmo que os espíritos podem se comunicar. Vocês vão ter uma investigação justa.'" As palavras do chanceler pareceram-lhe particularmente consoladoras depois que outro membro do comitê, um médico chamado H.H. Langworthy, comportou-se de uma forma que ela considerou "muito insultosa e até mesmo violenta".[88]

A investigação foi minuciosa, podendo, inclusive, ter sido concebida para ser humilhante e dura. As irmãs foram colocadas sobre uma mesa, a fim de que o comitê composto somente de homens tocasse, segurasse e observasse melhor os seus pés. Os cavalheiros também amarraram cordas ao redor dos vestidos das duas irmãs em um ponto que correspondia, segundo a referência oblíqua de Langworthy, a "algo inominável para cavalheiros". Mais tarde, ele mudou sua expressão para "tornozelos" — ainda uma parte do corpo pouco discutida entre pessoas distintas daquela época. Langworthy enfatizou que o comitê não ouviu nenhuma batida durante esses testes específicos, embora tenha admitido que os tenha ouvido em outros momentos dos exames.

Capron e Willets não entraram em polêmica em seu artigo para o *Tribune*. Eles preferiram ressaltar que Langworthy dera um voto de aprovação a Maggie e Leah, apontando especificamente para o fato de que o doutor "fez observações com o estetoscópio para determinar se havia algum movimento dos pulmões, não encontrando qualquer diferença quando os sons eram realizados; que não havia a menor probabilidade ou possibilidade de que fossem feitos por ventriloquismo, como

[88] A. Leah Underhill, *The Missing Link in Modern Spiritualism* (Nova York: Thomas R. Knox, 1885), p. 67.

algumas pessoas haviam suposto; e que eles não poderiam ter sido feitos por um maquinário".

O que quer que o litigante segundo comitê tenha de fato relatado à plateia na noite de 16 de novembro, sexta-feira, seus membros acabaram no mesmo impasse do primeiro comitê diante dos sons misteriosos. A multidão irrequieta e cada vez mais descontente do Corinthian Hall procedeu à escolha de um terceiro grupo, este ainda mais cético e determinado do que os dois anteriores. Um dos homens jurou que destruiria seu chapéu de pele de castor preferido se não conseguisse ser mais esperto do que as irmãs; outro anunciou que se atiraria das Cataratas de Genesee.[89]

Os espíritos devem ter previsto uma audiência agitada e um bom retorno financeiro, pois George Willets já havia reservado o Corinthian Hall para uma quarta noite consecutiva. O terceiro comitê prometeu conduzir suas investigações e relatar suas conclusões no sábado, dia 17 de novembro.

Pelo bem dos espíritos, no dia seguinte, Maggie e Leah deixaram-se ser tocadas, atadas, manipuladas e manuseadas como antes, mas também sofreram uma nova indignidade. Com o consentimento relutante das irmãs, um comitê subsidiário de mulheres levou-as a um cômodo à parte, tirou suas roupas e fez buscas, examinando "seus corpos e roupas" à cata de instrumentos que fizessem ruídos, como bolinhas de chumbo. Mortificadas, as irmãs choraram durante boa parte de suas provações, até seus soluços alcançarem um volume tão alto que Amy Post irrompeu quarto adentro e colocou um fim à investigação.

No final, as boas senhoras de Rochester não conseguiram encontrar qualquer evidência de fraude. Um certificado produzido pelo Comitê de Senhoras não mencionou as partes mais delicadas do exame, focando-se nos testes que visavam

[89] Underhill, *Missing Link*, pp. 67-68.

provar que as batidas não eram provocadas por eletricidade. Quando as irmãs "estavam de pé sobre travesseiros", lê-se no certificado, "com um lenço amarrado à barra de seus vestidos, apertados nos tornozelos, todas ouvimos nitidamente as batidas na parede e no chão". Maggie e Leah também foram forçadas a ficar de pé sobre vidro, já que ele não conduz eletricidade.[90]

Na tarde de sábado, porém, rumores de sérios problemas já estavam circulando. Alguns cidadãos honorários de Rochester, indignados com os acontecimentos, afirmaram que os três comitês não foram nem um pouco objetivos e que estavam lotados de simpatizantes dos espíritos. O líder do grupo era Josiah Bissel, filho do empresário fervorosamente religioso que, nos anos 1830, convidara o reverendo Charles Finney para realizar sessões revivalistas em Rochester. O pai de Bissel fora não só um devoto, mas também um industrioso, legando uma grande fortuna terrena. Josiah Bissel, o filho, nasceu em uma das famílias mais ricas e tradicionais de Rochester.

Bissel pode ter se enfurecido durante as investigações do Corinthian Hall pelo que considerava uma blasfêmia e se indignado contra mulheres que estavam dispostas a desafiar a moralidade convencional. Em tempos que a privacidade da classe média e a pureza feminina eram valorizadas, e expressões públicas de sexualidade, condenadas, as irmãs Fox haviam ofendido a moralidade ao ousarem aparecer sobre um palco e ao se permitirem ser manuseadas fisicamente, de uma maneira considerada inconveniente ao extremo — além do fato de os procedimentos terem sido discutidos em um fórum totalmente aberto. Sem dúvida, Bissel também havia decidido *a priori* que as irmãs eram uma fraude e que Rochester se tornaria conhecida como um lugar mal-assombrado não

[90] Hardinge, *Modern American Spiritualism*, p. 45.

por fantasmas, mas por crédulos tolos, enganados por duas jovens atraentes.

Maggie e Leah, conscientes das ameaças que pairavam sobre elas, recolhera-se na residência dos Post, em busca de proteção. Amedrontadas com os rumores e exaustas devido às implacáveis investigações, Maggie se recusou a ir até o teatro naquela última noite. Amy previra ir de qualquer forma e sentar-se no palco, em um gesto simbólico de apoio às amigas e aos espíritos. Leah, que estivera indecisa, decidiu: "Amy, se você for, eu vou com você, mesmo que eu vá para a fogueira." No instante em que as duas estavam saindo, Maggie cedeu e disse: "Não posso deixar vocês irem sem mim. Tenho que ir, mesmo achando que vou ser morta."[91]

Naquela noite, de acordo com Capron e Willets, o último comitê, o terceiro, fez o seu relatório, afirmando que, apesar de suas precauções, os sons foram ouvidos e que várias perguntas feitas para os espíritos foram respondidas, em geral corretamente. O homem que jurou que destruiria seu chapéu e seu amigo que prometera jogar-se nas quedas-d'água preferiram não se pronunciar quanto a seus juramentos.

Assim, concluem Capron e Willets, depois de "três dias da mais rigorosa investigação, por meio de inteligência, sinceridade e ciência, as pessoas em cuja presença os sons são ouvidos foram absolvidas da acusação de fraude".[92]

Os dois autores evitaram mencionar a questão da unanimidade do segundo comitê, e foram, no mínimo, otimistas ao dizer que os investigadores absolveram Maggie e Leah de fraude deliberada. Entretanto, era absolutamente verdadeiro que ninguém provara de maneira cabal se — ou como — as irmãs produziam o som de batidas. Depois de "três dias da mais rigorosa investigação", elas obtiveram uma vitória excepcional.

---

[91] Citado em *Banner of Light*, abril de 1868.

[92] Os comentários e o título do capítulo 6 vêm do *New York Weekly Tribune*, 8 de dezembro de 1849.

Porém, aquela foi uma vitória que não impressionou Josiah Bissel e seus adeptos, que se comportaram de forma nada cavalheiresca: eles acenderam fogos de artifício e bombardearam a sala. Em sua história sobre o espiritualismo, Emma Hardinge ressaltou a natureza sexual dos ataques, afirmando que "Josiah Bissel, que se apresentava como 'nobre' e 'cavalheiro', começou a distribuir torpedos entre 'os rapazes', e de todos os lados a explosão desses barulhentos mecanismos de tortura distraíram os ouvidos e estimularam piadas grosseiras entre a turba contra 'as batedoras'".[93]

Então, Bissel e outros que se consideravam "líderes da opinião pública" subiram ao palco, ainda segundo Hardinge, "e convidaram os 'brigões' para uma 'investigação', até que a polícia, percebendo os rumos pouco fidalgos que os procedimentos estavam tomando, instaram as mulheres e suas amigas a se retirarem". Mortificadas, aterrorizadas e inseguras, Leah e Maggie foram escoltadas para fora do Corinthian Hall sob a proteção do chefe de polícia.

No final das contas, os esforços de Bissel voltaram contra si próprio. Emma Hardinge escreveu: "A causa que a *elite* dos cidadãos de Rochester tentou desgraçar ascendeu triunfalmente das ruínas que ela tanto tentou criar. O objetivo da publicidade tão difundida foi atingido."

Os acontecimentos do Corinthian Hall — assim como o artigo de Capron e Willets no *Tribune* — estimularam o interesse pela comunicação com os espíritos que transcendeu os confins do oeste de Nova York. No entanto, Maggie e Leah pagaram um preço alto por seu sucesso, submetendo-se a humilhações e abusos. Mesmo que sua fé nos espíritos fosse verdadeira, elas aguentaram tudo aquilo por uma causa importante. Quaisquer que fossem os seus motivos, o certo é que o acontecimento que as duas tentaram moldar,

---

[93] Hardinge, *Modern American Spiritualism*, p. 46.

ensaiando e angariando aliados, crescera numa espiral que fugiu completamente do seu controle.

Elas alcançaram a fama, mas também a má reputação. E as críticas não cessaram. H.H. Langworthy saiu do seu comitê e continuou elaborando um sério ataque às irmãs Fox em um artigo publicado no *New York Tribune* e em outros jornais. Ele fez questão de escrever que, "ao colocar as meninas sobre uma mesa e nossas mãos em seus pés, as batidas pararam. Ao amarrarmos seus vestidos ao redor de seus tornoselos [*sic*] com cordas, elas também pararam. [...] Quando havia batidas nas portas e nas mesas [...], as meninas estavam, em ambos os casos, tocando esses objetos com o dorso das mãos [...]". Langworthy concluiu que "essa 'bateção misteriosa' estava tão ligada à pessoa das meninas que, se elas tivessem sido examinadas *sem calçolas,* isso ficaria evidente. Mas eles eram *homens* e, como as meninas estavam acuadas e muito amedrontadas, eles deixaram tudo como estava [...]".[94]

Eliab Capron respondeu raivosamente que Maggie e Leah tinham, de fato, sido examinadas "sem calçolas", ou quase isso, pelo diligente "Comitê de Senhoras". Sua declaração pode não ter evitado que o dr. Langworthy e outros investigadores do sexo masculino apreciassem — e se deliciassem com — a ideia de que, se *eles* tivessem retirado a calçola das meninas, o resultado poderia ter sido diferente.

As demonstrações do Corinthian Hall incitaram confusão até entre os que apoiavam as irmãs. Em uma carta a parentes, um membro da família Post — talvez o próprio Isaac — ponderou sobre as contradições que o inquietavam: "Se os espíritos dos nossos amigos falecidos estão nos protegendo, e parecem dispostos a se comunicar conosco, parece-nos estranho que

[94] *New York Weekly Tribune*, 9 de fevereiro de 1850. Há certa confusão quanto a *qual* Langworthy teria de fato escrito a carta. Leah dá a entender que foi H.H., mas o *Tribune* afirma que foi W.A. Langworthy, embora ele sequer fosse membro de um comitê. Além de H.H., um E.P. Langworthy também participou do comitê.

seja nessessário [*sic*] se servirem de duas ou três meninas para que as batidas sejam explicadas."[95]

Outros permaneceram firmes ao lado das irmãs, embora preocupados com o que aconteceria no futuro. O abolicionista William Cooper Nell, ex-sócio de Frederick Douglass no *North Star*, visitou várias vezes o Town and Country Club de Boston, lugar frequentado por luminares como Ralph Waldo Emerson e A. Bronson Alcott.

"Nós nos encontramos aqui e discutimos sobre muitas coisas *celestiais* e *terrenas*", escreveu Nell a Amy Post.[96]

Nell dedicou grande parte de sua carta a temas celestiais, "assuntos espirituais que, até agora, animaram muitos círculos, para além do oeste de Nova York". William Lloyd Garrison, segundo Nell, estava pensando em publicar partes do artigo do *Tribune*, de Capron, no *Liberator*. Garrison não se mostrava completamente certo quanto ao que pensava sobre "as batidas misteriosas", mas era, ainda assim, alguém que buscava uma luz. Quanto ao *Tribune*, outro artigo sobre os ruídos já tinha sido editado, explicando-os como "um fato similar aos [...] da história de Swedenborg e A. Jackson Davis".

Nell lembrou a Amy que ele considerava Kate, Maggie e Leah "inteiramente honestas nessa história toda, e, com tais premissas, o *espanto* e o *mistério* aumentavam. Posso imaginar as provações a que você e elas foram expostas durante as investigações. [...] Os seus motivos são celestiais e sua satisfação será ampla", garantiu ele à amiga, mas acrescentou, claramente preocupado, que isso aconteceria "mesmo que o resultado venha a ser diferente, no que se refere às meninas, do que você e outros amigos imaginam [...]".

---

[95] De Joseph ou Isaac (?) Post para parentes, 8 de fevererio de 1850, Departamento de Livros Raros e Coleções Especiais, Bilbioteca da Universidade de Rochester, Rochester.

[96] De William Cooper Nell para Amy Post, 12 de dezembro de 1849, Departamento de Livros Raros e Coleções Especiais, Bilbioteca da Universidade de Rochester, Rochester.

Nell estava certo ao se preocupar. Por mais radical que fosse em suas ações e opiniões políticas e religiosas, Amy Post era uma mulher casada, madura e de classe média, conhecida e respeitada nos círculos que frequentava. Kate, Maggie e Leah, relativamente novas na arena pública, não tinham sedimentada a mesma reputação de sabedoria e integridade. Além do mais, elas eram jovens e solteiras; Leah não tinha marido que lhe oferecesse uma camada de respeitabilidade convencional. John Fox tinha se ausentado da vida de seus filhos, e Margaret raramente objetava ao que as jovens faziam. A não ser por um pequeno grupo de amigos, as irmãs não possuíam quem as protegesse das exigências dos espíritos, de seus próprios desejos ou das mãos tateadoras, dos olhos curiosos e das palavras debochadas de seus contemporâneos.

Parte II
O progresso do espiritualismo moderno 1849-1852

Sete

"O telégrafo de Deus superou completamente o de Morse"

Sobre o palco do Corinthian Hall, em novembro de 1849, Maggie e Leah se juntaram, por pouco tempo, às legiões de norte-americanos que transmitiam novas teorias científicas, sociais, políticas, religiosas e médicas em palanques por todo o país: frenologistas que mostravam suas tabelas de crânios marcados; mesmeristas que magnetizavam pessoas nas plateias; oradores inspiracionais, como Andrew Jackson Davis, que expunham suas pródigas visões da vida após a morte; reformistas sociais e políticos; curandeiros, médicos e loucos alardeando suas curas.

Alguns desses palestrantes e demonstradores acreditavam no que pregavam; outros, não. Mas, pelo bem dos empreendimentos comerciais, com raras exceções, tanto os sinceros quanto os insinceros esperavam difundir suas ideias enquanto ganhassem dinheiro com suas performances e livros.

Em meio a essa exuberante disputa de teorias, quem poderia ter certeza do que era verdade ou não? Os avanços da ciência e da tecnologia tinham ajudado a suscitar essa pergunta. As investigações racionais e científicas pareciam capazes de prover as respostas.

Na década de 1840, a própria palavra "cientista" passou a fazer parte do vocabulário popular, à medida que o estudo científico se fragmentava por campos profissionais discretos, como a química e a física. O que ajudou a unir essas disciplinas díspares, argumentava-se, era o método: o processo dos cientistas de desenvolver verdades gerais a partir de fatos cuidadosamente observados.[97]

Ao longo do século XIX, novas descobertas desafiaram velhas ideias e atraíram a atenção do público. O inimaginável acabou por se revelar possível; mistérios se mostraram penetráveis. Além disso, os cientistas não eram tímidos ao alardear seus feitos em museus, exibições e livros magnificamente ilustrados. Nos anos 1830, o cientista inglês Michael Faraday fazia experiências com o eletromagnetismo e dava palestras, todas as sextas-feiras à noite, em que descrevia seu próprio trabalho e o de outros cientistas. Sua descoberta sobre a indução eletromagnética, importante tanto teórica quanto praticamente, também estimulou o fascínio pela desconcertante força da eletricidade.

A partir da observação de rochas e fósseis, geólogos postularam que a Terra e suas variadas espécies tinham evoluído ao longo de milhões de anos. No início do século XIX, os ossos fossilizados de enormes criaturas parecidas com dragões mitológicos começaram a ser coletados para estudos sistemáticos. Em 1841, o anatomista e zoólogo inglês Richard Owen deu a esses répteis pré-históricos um nome: "dinossauro", que quer dizer "lagarto terrível".[98]

---

[97] Para uma discussão sobre o termo, ver o *Oxford English Dictionary*, sob *scientist*; Patrick Brantlinger, "Introduction: Zadia's Method Revisited", in *Energy and Entropy: Science and Culture in Victorian Britain: Essays from Victorian Studies*, organizado por Patrick Brantlinger (Bloomington: Indiana University Press, 1989), pp. xi-xii; e Iwan Rhys Morus, *Frankenstein's Children: Electricity, Exhibition, and Experiment in Early-Nineteenth-Century London* (Princeton, NJ: Princeton University Press, 1998), p. 3.
Para uma análise da relação entre ciência, empirismo e a ascenção do espiritualismo, ver R. Laurence Moore, *In Search of White Crows: Spiritualism, Parapsychology, and American Culture* (Nova York: Oxford University Press, 1977).

[98] Para informações sobre dinossauros e uma discussão sobre seu aspecto aterrorizante, ver Martin Rudnick, "Domesticating the Monsters", cap. 5, in *Scenes from Deep Time: Early Representations of the Prehistoric World* (Chicago: University of Chicago Press, 1992), pp. 140-160.

Acontecimentos formidáveis poderiam parecer teatrais, artificiais ou mesmo aterrorizantes. Em 1854, as primeiras reconstruções de dinossauros em tamanho real foram expostas em Londres, no interior do Palácio de Cristal. Mulheres e crianças gritaram e desmaiaram ao verem aqueles monstros apavorantes.

Naturalistas viajavam por todas as partes do mundo e faziam relatos igualmente surpreendentes acerca de espécies vivas, da fauna e da flora: no Amazonas, um explorador intrépido observou uma aranha que comia pássaros, tão grande que crianças podiam amarrar uma corda ao redor de seu corpo e puxá-la como se fosse um cachorro.[99]

Quem poderia duvidar de que os céus escondiam maravilhas que rivalizavam com as da Terra? Andrew Jackson Davis, o místico americano conhecido como o "Vidente de Poughkeepsie", expressava com toda a confiança a sua crença em seres extraterrestres, sugerindo que o contato com espíritos, quando viesse a se tornar lugar-comum, assemelharia-se ao que "conhecem, no momento, os habitantes de Marte, Júpiter e Saturno, devido ao seu refinamento superior".[100] Embora aparentemente desabitado por extraterrestres, Netuno foi descoberto em 1846, sendo o primeiro planeta importante a vir à tona com base em cálculos matemáticos, e não por observações diretas pelo olho humano e por telescópios.

Tudo parecia possível, mas certas coisas eram apenas embustes. Nos anos 1840, Barnum exibiu uma sereia — uma cabeça de macaco preservada e acoplada a um rabo de peixe — no seu Museu Americano. O público do século XIX era prático

---

99 Clare Lloyd, *The Traveling Naturalists* (Londres: Croom Helm, 1986), pp. 66-67.

100 Eliab Capron e Henry D. Barron, *Singular Revelations: Explanation and History of the Mysterious Communion with Spirits, Comprehending the Rise and Progress of the Mysterious Noises in Western New York*, 2ª ed. (Auburn, NY: Capron and Barron, 1850), p. 35.

e aberto a qualquer novidade, mas não se convencia de nada até que tivesse alguma prova empírica, material.[101]

Os avanços nas ditas ciências puras eram equiparados por saltos tecnológicos. A proliferação de máquinas a vapor aumentava a produtividade. A revolução nos transportes dera origem ao barco a vapor, ao canal Erie e às ferrovias. O telégrafo, ainda uma novidade nos anos 1840, parecia ser uma maravilha por si só, capaz de comunicar mensagens quase instantaneamente por grandes distâncias. Métodos de prensa aperfeiçoados, juntamente com o telégrafo, haviam criado uma imprensa vivaz e polêmica.

Claro, nem todos aplaudiam incondicionalmente cada passo adiante. *Things are in the saddle/ And ride mankind* ["As coisas estão sobre a sela/ e cavalgam a humanidade"], alertou Ralph Waldo Emerson em 1847.[102] Em "Celestial Railroad" ["Ferrovia celestial"], conto de Nathaniel Hawthorne, passageiros viajavam diretamente para o Inferno em uma locomotiva barulhenta, fumegante. Críticos temiam que as evidências materiais exigidas pela ciência, juntamente com a prosperidade material prometida pela tecnologia, diminuísse ou obscurecesse a dimensão espiritual da vida.

A superabundância de descobertas costumava contradizer a religião ortodoxa, dilema tão difícil de resolver naquela época quanto hoje. Com a autoridade da Bíblia solapada, enfraquecida por explicações históricas, explorações geológicas e teólogos liberais que enfatizavam a bondade humana em detrimento do pecado original, os frequentadores das igrejas

[101] Sobre a sereia de Barnum, ver A. H. Saxon, *P.T. Barnum: The Legend and the Man* (Nova York: Columbia University Press, 1989), pp. 119-124. Sobre a busca ávida por conhecimento e informação que caracterizou o período e, em particular, a relação entre essa inquisitividade e o espiritualismo, ver também David Chapin, "The Fox Sisters and the Performance of Mystery", *New York History*, abril de 2000, pp. 157-188.

[102] Ralph Waldo Emerson, "Ode Inscribed to W.H. Channing", in *Ralph Waldo Emerson: Collected Poems and Translations*, organizado por Harold Bloom e Paul Kane (Nova York: New American Library, 1994), p. 63.

sentiam, por vezes, que sua fé residia sobre bases instáveis. Ainda assim, tanto a ciência quanto a teologia liberal prometiam que a humanidade progrediria sempre para o alto e para a frente, avançando em conhecimento e marchando rumo à perfeição.

Em fevereiro de 1850, Eliab Capron, em colaboração com um amigo de Auburn, Henry D. Barron, publicou um panfleto que apresentava o surpreendente argumento de que a comunicação com os espíritos devia ser vista não como um fenômeno *sobrenatural*, mas como um fenômeno *natural*, produzido por causas naturais. O pequeno livro, primeiro realmente substancioso desde que E.E. Lewis publicara o seu em 1848, tinha o seguinte título: *Singular Revelations: Explanation and History of the Mysterious Communion with Spirits, Comprehending the Rise and Progress of the Mysterious Noises in Western New York Generally Received as Spiritual Communications* ["Revelações singulares: explicação e história da comunhão misteriosa com os espíritos, incluindo a ascensão e o progresso dos ruídos misteriosos no oeste do estado de Nova York geralmente recebidos como comunicações espirituais"]. Seu intuito específico era o de retirar os espíritos do domínio sombrio da superstição e colocá-los diretamente no campo ensolarado da razão científica.

"Por razões naturais", explicaram Capron e Barron, "não queremos dizer que a causa é conhecida ao homem nos dias de hoje ou que ela é produzida por conluio ou máquinas de qualquer tipo. *Nós sabemos que não é esse o caso*". Ao contrário, a comunicação entre "inteligências superiores e inferiores" fazia parte de um grande arcabouço, cujas leis subjacentes ainda não tinham sido descobertas. Quando os cientistas entendessem melhor os seus princípios, ela seria corretamente vista como mais uma maravilha científica em sua era de espantos científicos.[103]

"O porquê de ela acontecer justo agora, ou a razão pela qual não foi mais conhecida antes", escreveram os dois, "não temos condições de saber, assim como não sabemos por que tantas grandes descobertas da ciência não foram do conhecimento da humanidade desde sempre".

A ênfase dos autores — extensão da fascinação, sua e de todo o país, pela ciência e pela investigação empírica — era mais próxima do racionalismo do Iluminismo do que de algum entusiasmo religioso, e tratava-se de uma abordagem que continha um atrativo em potencial para um público vasto. Capron e Barron esperavam atrair quem buscasse reconciliar fé e ciência, assim como homens e mulheres que, de outra forma, considerariam os espíritos bobagens sobrenaturais.

O material e o espiritual, para eles, estavam intimamente ligados, embora esse vínculo não fosse entendido por completo. Na teoria, "o fato de que [os espíritos] não são visíveis não é prova de que não estão entre nós, assim como a eletricidade ou as numerosas criaturinhas que constantemente comemos, bebemos e respiramos, embora não vistas, não deixariam de existir pela mesma razão".

Em um nível prático, os céticos — como os cientistas — poderiam criar, sob rigorosas condições de teste, experiências para investigar as batidas, chegando então a conclusões baseadas em provas empíricas.

Singular Revelations, embora pequeno em tamanho, tinha um escopo muito ambicioso. Os autores estabeleceram não apenas uma lógica científica para os espíritos, mas uma linhagem histórica, descrevendo a intrusão do "Velho Jeffrey", o *poltergeist* invasor da casa de John Wesley. O livreto, como os manuais ou livros de referência, sintetizava para leitores

[103] Esta e as próximas citações foram extraídas de Capron e Barron, *Singular Revelations*, pp. 30; 7; 31.

pasmados e curiosos muitas teorias sobre a comunicação com os espíritos que vinham circulando desde Hydesville.

Os autores louvaram a honestidade e a coragem das irmãs Fox, mas também ressaltaram que as visitas dos espíritos não eram, de maneira alguma, exclusividade de sua família. Um antigo decano de uma igreja localizada em Greece, uma cidadezinha próxima, tinha ouvido batidas muito antes de saber quem eram Kate e Maggie. Os sons mais altos de que se tinha conhecimento até aquela data seguiam John Beaver, de 12 anos, outro morador do estado de Nova York. Maravilhosos feitos de espíritos poderiam ser vivenciados diariamente, segundo os autores, na presença de Sarah Tamill, médium que a própria Auburn vira nascer e que se tornara ativa depois de conhecer Kate.

O enfoque do livro na quantidade crescente de atividades espirituais defendia a instrumentalidade histórica de Kate e Maggie: quando Kate presumiu que o espírito batedor de Hydesville tinha inteligência e estalou os dedos... quando Maggie pediu-lhe que contasse até quatro... naquele momento, declararam os autores, a estreita relação entre os mundos fora estabelecida. Com outras demonstrações ocorrendo por todo o estado, Kate e Maggie poderiam, com toda certeza, ser absolvidas da acusação de má-fé e trapaça.

Para explicar a presença de tais espíritos comunicativos e semelhantes aos seres humanos, Capron e Barron basearam-se sobretudo nas ideias de seu contemporâneo, Andrew Jackson Davis, que, por sua vez, as obtinha do filósofo do século XVIII Emanuel Swedenborg — ou de conversas, segundo alegação de Davis, com o espírito do filósofo. Davis já produzira um impressionante conjunto de palestras e livros que desenvolviam o que ele veio chamar de "filosofia harmonial", pela qual os semelhantes se atraem. Para Davis, eram tão grandes as semelhanças e afinidades entre os seres de ambos os mundos que aqueles falecidos havia pouco tempo chegavam a não entender que estavam mortos. Naturalmente, eles sentiam um apego profundo aos mortais que haviam deixado para trás.[104]

Capron e Barron também se apoiaram no trabalho de Davis para tentar explicar a existência de espíritos travessos ou maus, do tipo que puxavam cabelos ou mentiam de propósito em perguntas de teste. Os autores lidaram com esse problema persistente adaptando teorias de Davis sobre a estrutura do outro mundo.

Havia sete esferas que os espíritos deveriam atravessar, disseram os autores, propondo a expressão "esferas mais altas e mais baixas", substitutos perfeitos para o Paraíso e o Inferno. Embora os espíritos imortais inicialmente tivessem formas e falhas semelhantes às de seu estado mortal, todos passavam para uma condição superior logo após a morte. Quanto mais tempo um espírito habitasse o Céu, mais longe ele progrediria pelas sete esferas, avançando em virtude etérea.[105]

Os autores foram hábeis em se esquivar da questão do Inferno e da danação eterna que tanto perturbara os Post e outros. Almas imortais, como os norte-americanos ambiciosos do século XIX, tinham esperança no autoaperfeiçoamento.

O que aconteceria se um mortal fosse contatado por um residente de uma esfera inferior? Os autores aconselharam seus leitores a confiarem em si mesmos e em seus instintos. Os espíritos bons diziam a verdade. Espíritos que ainda não tivessem progredido provocavam ou mentiam. Homens e mulheres sensatos, segundo eles, saberiam distinguir a diferença.

A resenha do *Singular Revelations* que Horace Greeley escreveu para o *New York Tribune* conseguiu equilibrar um interesse sério pelo assunto com um ceticismo bem irônico quanto a

---

[104] Sobre a afinidade dos espíritos com os mortais, ver Andrew Jackson Davis, como citado em Capron e Barron, *Singular Revelations*, p. 35.

[105] Capron e Barron, *Singular Revelations*, pp. 65-66.

certas afirmações. Ele escreveu: "Nenhuma teoria, conluio, mistificação, ventriloquismo ou alucinação bastaria para nos fazer entender as pancadas, os sons ou as 'batidas' que têm sido ouvidas por centenas dos cidadãos mais respeitáveis e pacatos do oeste do estado de Nova York."[106]

Ainda assim, Greenley achou que certas partes do livro eram irresistivelmente divertidas. "Dessa forma", comentou, "um homem que deseje sair do Inferno só precisa cortar a própria garganta, o que a maioria das pessoas pensaria ser uma maneira muito mais provável de *entrar* nele".

Ele terminou sua resenha com um alerta sensato: "Não queremos deixar subentendido aqui que as afirmações contidas neste livro são *necessariamente* falsas ou inacreditáveis, mas apenas que elas têm uma natureza que requer, para sustentá-las, uma grande quantidade de evidências incontestas."

Cartas sobre espíritos agora apareciam quase que diariamente no *Tribune*, denúncias iradas alternavam-se com defesas apaixonadas e outras publicações sobre o assunto rapidamente se seguiram ao *Singular Revelations*. Com um título que superou o de Capron em comprimento, *History of the Strange Sounds or Rappings, Heard in Rochester and Western New York, and Usually Called the Mysterious Noises! Which Are Supposed by Many to Be Communications from the Spirit World, Together with All the Explanation That Can Yet Be Given of the Matter* ["História dos estranhos sons ou batidas ouvidos em Rochester e no oeste de Nova York, geralmente denominados Barulhos Misteriosos! que muitos supõem ser comunicações do mundo dos espíritos, juntamente com toda a explicação que ainda pode ser dada sobre o assunto"] foi lançado em março de 1850. A obra teve autoria e publicação de D.M. Dewey que, como Capron e Barron, reimprimiu cartas, testemunhos e colunas de jornais, exprimindo também simpatia pela ideia da comunicação

[106] *New York Weekly Tribune*, 26 de janeiro de 1850.

com os espíritos. Ele enfatizou, entretanto, que cabia "a cada homem decidir por si mesmo. [...] Ninguém deveria acreditar sem evidências".

Com a publicação do livro de Dewey e dos demais que se seguiram, a história de Kate e Maggie evoluiu para um conto de muitos autores. Opiniões conflitantes sobre os espíritos influenciaram diferentes versões; erros factuais, distorções deliberadas, omissões e embelezamentos conscientes ou inconscientes acrescentaram mais confusão ao longo dos anos. Dewey, por exemplo, afirmou erroneamente que Maggie, e não Kate, acompanhara Leah, a princípio, até Rochester, afirmação muitas vezes repetida. Relatos sobre um famoso comentário atribuído a Kate, em seu primeiro encontro com o mascate — "Olha aqui, seu Pé Rachado, faz que nem eu!" —, podem até ser verdadeiros, mas só apareceram por escrito vários anos depois do ocorrido. Ao final da vida das irmãs, também, a idade que supostamente tinham na época das batidas de Hydesville variam de relato para relato, com alguns autores dizendo que Kate e Maggie tinham apenas seis e oito anos quando o mascate assassinado deu sua primeira pancada.

No inverno entre 1849 e 1850, as irmãs Fox se retiraram da arena pública que era o palco — e que se mostrara um fórum perigoso — para uma arena privada, onde as mulheres daquela época costumavam exercer poder e exercitar autoridade espiritual: a sala de estar. Ali, elas realizavam as atividades mais tipicamente masculinas de ganhar dinheiro e de se sustentar.[107]

Quando Kate retornou de Auburn, as três irmãs começaram a fazer grandes reuniões para o público geral na casa de Leah, localizada na rua Troup. Em resposta à recente publicidade,

[107] Para uma discussão sobre a importância de uma ambientação doméstica à prática espiritualista, ver Ann Braude, *Radical Spirits: Spiritualism and Women's Rights in Nineteenth-Century America* (Boston: Beacon Press, 1989), p. 24.

visitantes abarrotavam cada cômodo dos dois andares, sentando nas escadas quando preciso. Embora a palavra ainda não fosse usada de maneira ampla até a Guerra Civil Americana, estavam nascendo as *sessões* espiritualistas como hoje as conhecemos.

As irmãs Fox agora se apresentavam publicamente como um trio. Apesar das versões diferirem, tudo indica que, nesse momento, Leah não era agraciada com as batidas nem se denominava médium; ela guiava as comunicações com perguntas ao mesmo tempo amistosas e determinantes. "Espírito, você conhece esta pessoa?", perguntava com frequência, de forma a apresentar um novo visitante.

Durante o inverno, as irmãs também começaram a aceitar pagamentos informais por suas sessões, possivelmente após a sugestão preocupada de Amy Post. Elas nunca haviam precisado de apoio financeiro, escreveu Leah, virando-se com a comida que David mandava da fazenda e com as quantias que ganhava como professora de piano. Porém, acabadas as economias e sem tempo para dar aulas, ela recebia de bom grado doações monetárias "oferecidas com gentileza e boa-fé".[108]

Uma riqueza de anedotas e reminiscências fornecem um panorama de como foram os primeiros meses de 1850 para as irmãs Fox e para quem as visitou. Enquanto esse material oferece pouca compreensão do que Kate, Maggie e Leah estavam pensando e sentindo, ele ilustra como elas e os espíritos se comportaram diante de seu público e o que desconhecidos e amigos, indiferentemente, vivenciaram na presença das irmãs. A passagem do tempo, a tendência individual de um escritor a acreditar ou não e a inclinação a exagerar acontecimentos visando a uma publicação com certeza coloriram o que foi dito. Entretanto, as observações acumuladas das testemunhas ajudam a criar um retrato vívido.

---

[108] A. Leah Underhill, *The Missing Link in Modern Spiritualism* (Nova York: Thomas R. Knox, 1885), p. 103.

Nem sempre era possível contar com os espíritos, ao menos os das esferas inferiores, ou com sua confiabilidade. Em uma reunião, o escritor e abolicionista Frederick Douglass ficou tão furioso com a incapacidade de os espíritos responderem que se desculpou mais tarde com Amy Post por seu comportamento.

"A senhora me interpretou mal supondo que eu tivesse dirigido o termo *atroz* ao grupo", explicou ele com sinceridade. "Usei-o para me referir às *batidas*, no momento em que se recusaram a *responder* à pergunta [...] quando aquela era a única pergunta ali que poderia *testar* a inteligência do agente que provocava as batidas."[109]

Como Augustus H. Strong percebeu, participantes de uma mesma sessão poderiam vivenciar coisas muito diferentes e, portanto, sair com opiniões opostas sobre o que havia acontecido. Strong, filho de um decano batista chamado Alvah Strong, tivera um encontro com os espíritos quando era um jovem de 14 anos, em 1850. Adulto, ele se lembrou da ocasião, iniciada por dois convidados de seu pai que tinham vindo de fora da cidade. O casal, "um homem alto e imponente, ancião presbiteriano", e sua mulher, pediu para ser apresentado à família Fox, pedido que o desaprovativo diácono Strong era educado demais para negligenciar.[110]

Quando o diácono e seus convidados visitaram a casa na rua Troup, Margaret informou-os de que não havia mais lugar naquele dia. Será que as irmãs aceitariam agendar um encontro futuro? Margaret desceu os degraus da escada da frente com vivacidade, foi até a calçada de tijolos, seguida de Kate, e fez a pergunta aos espíritos. Em uma demonstração espontânea ao

---

[109] De Frederick Douglass para Amy Post, março de 1850, Departamento de Livros Raros e Coleções Especiais, Biblioteca da Universidade de Rochester.

[110] As experiências de Augustus Strong são descritas por Adelbert Cronise, "The Beginnings of Modern Spiritualism in the Near Rochester", lido diante da Sociedade Histórica de Rochester, 29 de outubro de 1925, *Rochester Historical Publication Fund Series*, 1926, pp. 12-14.

ar livre, os visitantes logo receberam uma enxurrada de batidas, o que certamente os surpreendeu.

Quando e onde o encontro poderia ocorrer? As batidas anunciaram, para estarrecimento do diácono Strong, que eles o encontrariam em sua própria casa, naquela mesma noite. O diácono novamente permitiu que a etiqueta predominasse e concordou com o encontro.

A noite foi memorável para o jovem Augustus Strong. Ele lembra que "tudo começou muito solenemente, com uma pesada mesa de centro de mogno sendo empurrada até o meio da sala de estar. Então, o grupo se reuniu, tremendo, ao redor da mesa e formou um círculo fechado, segurando sua borda com firmeza. Em seguida, esperamos em silêncio. Kate Fox estava bem à minha frente, do outro lado da mesa. Pensei ter visto um leve sorriso em seu rosto. Eu era menos cuidadoso com minhas obrigações sociais naquela época do que sou hoje, e ousei, infelizmente, piscar para Kate Fox. E eu achei que ela tinha feito algo parecido com uma piscada em retribuição. Ela era uma menina bonita, e por que não deveria? Mas logo ela se recompôs. A sessão procedeu de forma solene até o fim. Mas, para mim, não tinha mais solenidade ou mistério. Todo o resto da performance pareceu uma farsa".

Embora Strong tenha ouvido batidas altas e claras, ele sentiu que as respostas às suas perguntas eram "ambíguas, lugares-comuns". As visitas do pai, porém, discordaram, e o cortês presbiteriano pôs-se de quatro no chão para examinar a parte de baixo da mesa. Ao se levantar, declarou-se satisfeito com o fato de que as médiuns estivessem acima de qualquer suspeita. Ele e a mulher logo se converteram à crença nos espíritos, enquanto o diácono Strong, de acordo com o filho, "jamais se perdoou por levar aquelas duas pessoas inocentes à tentação".

Augustus Strong também relatou uma reunião em que esteve presente a srta. Mary B. Allen, preceptora "da melhor escola de Rochester para moças" e, possivelmente, uma das antigas professoras de Kate. Ao ouvir as batidas, atribuídas a sua avó, a srta. Allen imediatamente pediu à parenta invisível que soletrasse *tesoura*.

— *T-e-z-o-u-r-a* — bateu o obediente espírito.

— Ah — teria pronunciado com júbilo a professora —, é exatamente assim que Kate Fox escrevia "tesoura" quando era aluna da minha escola.

Independentemente de Kate ter de fato ido à escola da srta. Allen, que só abriu em 1847, os erros de ortografia dos espíritos preocupavam outras pessoas. Um defensor das irmãs Fox, chamado apenas de "P", comentou sobre os erros de ortografia dos espíritos: "Recebi, em várias ocasiões, comunicações em que as palavras eram soletradas de maneira errada", escreveu ele, "e pessoas sentadas à mesa fizeram a seguinte observação: 'Bom, eu não acredito em espíritos que não sabem escrever direito.' Essa observação teve lá sua importância, e, certa vez, solicitou-se o uso do alfabeto pelo sinal habitual e a frase foi se formando: 'Não precisa rir dele. Ele nunca aprendeu a escrever.'"[111]

Outras testemunhas mencionaram rixas entre mortais e espíritos. Uma noite, os seres invisíveis se recusaram a responder às perguntas de um amigo de Isaac Post que havia testado as irmãs uma série de vezes. Afinal, Leah desobedeceu aos espíritos, que, por alguma razão, queriam ardorosamente que o visitante fosse embora, e pediu que ele ficasse. Os espíritos, segundo a testemunha, "solicitaram na hora o alfabeto e soletraram: 'Leah está errada... Ele tem que partir'".[112]

---

[111] D. M. Dewey, *History of the Strange Sounds or Rappings, Heard in Rochester and Western New York, and Usually Called the Mysterious Noises! Which Are Supposed by Many to Be Communications from the Spirit World, Together with All the Explanation That Can Yet Be Given of the Matter* (Rochester, NY: D.M. Dewey, 1850), p. 36.

[112] Esta e as próximas citações são de Capron e Barron, *Singular Revelations*, pp. 84; 90.

Momentos de leviandade, brigas raras, erros de ortografia, respostas incorretas, idas e vindas erráticas de um cômodo para outro e o hábito de pedir a desconhecidos que partissem e voltassem no dia seguinte: esses aspectos constituem um padrão das primeiras e confusas sessões ministradas pelas irmãs Fox. Assim como momentos que homens e mulheres sensatos consideraram inexplicáveis, emocionais, milagrosos, situações que lhes pareceram desafiar a capacidade humana.

William McDonald, editor de uma publicação chamada *Excelsior*, jurou ter usado o máximo de sua engenhosidade para resolver o mistério, sem conseguir. Embora continuasse a evitar um julgamento definitivo, McDonald admitiu: "Nós vimos e ouvimos coisas que nos pareceram maravilhosas e inenarráveis."

Charles Hammond, ministro universalista, esteve presente a uma reunião de umas vinte pessoas na casa da rua Troup, em janeiro de 1850. Ele relatou que as três irmãs lhe pareceram mais alegres do que o esperado; ele imaginava se deparar com algo solene, já que elas mantinham longas conversas com "os espíritos dos reverenciados mortos".[113]

Os espíritos respondiam com batidas a algumas perguntas dos participantes, mas, para sua decepção, recusaram-se a responder à sua. Eles prometeram responder, porém, se ele voltasse no dia seguinte. E, quando ele voltou, os espíritos pareciam tão familiarizados com cada detalhe de sua vida que Hammond descartou qualquer ideia de fraude. A possibilidade de que as irmãs tivessem usado o tempo decorrido para pesquisar sobre ele parece não lhe ter ocorrido. Ele estava mais disposto a creditar as respostas que recebeu não aos espíritos, mas aos poderes de clarividência das irmãs ou à elevada sensibilidade que atribuía ao mesmerismo. Os seres imortais prometeram mais demonstrações que sanariam suas dúvidas.

[113] Esta e as próximas citações sobre a experiência de Hammond são de Dewey, *History of the Strange Sounds*, pp. 27-32.

Em sua terceira visita, Hammond sentou-se sozinho com "as 'três irmãs' e sua envelhecida mãe" à mesa, onde havia uma vela acesa. Margaret e Kate estavam à sua direita, Leah e Maggie, à sua esquerda. Depois de uma cacofonia de batidas altas e violentas, a mesa pareceu flutuar e, então, ficou "fora do nosso alcance — a dois metros de distância de mim e um pouco menos da pessoa mais perto dela". Ele jurou que "sequer um fiapo" ligava as irmãs à mobília levitante e que, quando elas pediram à mesa que voltasse ao seu lugar, "lá veio ela, como se estivesse sendo carregada sobre a cabeça de alguém, sem estar perfeitamente posicionada, com o equilíbrio falhando e a mesa pendendo às vezes para um lado e, então, para o outro".

Outras manifestações se seguiram, algumas fazendo parte agora de um repertório familiar. Enquanto a família cantava, os espíritos marcavam o ritmo batendo na mesa; uma mão transparente passava sobre o rosto de Hammond; dedos puxavam seus cabelos do lado esquerdo da cabeça; sua perna direita era puxada debaixo da mesa.

Então, o mais impressionante: a sala ficou toda viva, como em um pesadelo de casa mal-assombrada: uma cortina da janela se enrolava e desenrolava, o sofá sacudia com violência, gavetas de escrivaninha abriam e fechavam ruidosamente e "uma roca de fiar, bem comum, parecia se mover, e o fuso fazia seu barulho característico. Um carretel articulava os fios ao seu redor, enquanto o som de um berço balançando indicava o zelo de uma mãe pelo sono de seu bebê". Muitos que procuraram a família Fox ao longo dos anos seguintes repetiriam em eco a conclusão de Hammond: "Que uma das pessoas do grupo pudesse ter realizado essas coisas, nas circunstâncias em que ocorreram, requeriria, de minha parte, uma credulidade muito maior do que para acreditar que foram obra dos espíritos."

Embora os espíritos pudessem ser brincalhões, eles também podiam ser sensíveis e astutos. John E. Robinson, tabelião de

Rochester, lembrou-se de uma noite em que uma mãe recebeu a mensagem do espírito de seu filho. "Aquela mãe deixou a sala em prantos", escreveu ele, "mas não com lágrimas de tristeza. A alegria (disse ela) inundava seu coração pela primeira vez desde que ela colocara seu querido filho — o primeiro — para dormir no colo de sua mãe mais velha, a terra".[114]

Solteiro, com uns trinta anos, Robinson tornara-se amigo da família Fox e defendia fervorosamente a honra e a respeitabilidade das irmãs. O mesmo acontecia com muitas outras testemunhas que participavam das reuniões. Em alguns casos, a habilidade de Leah estava por trás disso, pois ela esculpia com delicadeza uma imagem irrepreensível de si mesma.

"A irmã mais velha, a sra. Fish, é viúva", comentou William McDonald, do *Excelsior*.[115] Na verdade, não está claro se o marido que a havia abandonado, Bowman Fish, tinha viajado para além de Illinois, para o mundo dos espíritos. Mas, sem sombra de dúvida, soava muito melhor para Leah declarar-se viúva do que admitir abandono ou divórcio.

Esforçando-se para situar as irmãs em um contexto cavalheiresco, Robinson reforçou o fato de que elas jamais se comportaram de maneira inadequada, perseguindo os espíritos ou "alegando falsamente que elas, em particular, [...] têm uma missão divina nesse mundo".

"Elas são *meramente* o *meio passivo* pelo qual essas comunicações conosco são realizadas, a partir do mundo dos espíritos." Sua ênfase na expressão *meio passivo* pode ter pretendido proteger as irmãs da imputação de que elas eram assertivas demais para serem mulheres respeitáveis.

Embora aceitassem em princípio a teoria da mediunidade passiva, outros participantes admitiam que Kate e Maggie pareciam exercer maior controle sobre as circunstâncias do que

[114] Os comentários de John Robinson são citados em Dewey, *History of Strange Sounds*, pp. 42; 44.

[115] Capron e Barron, *Singular Revelations*, p. 87.

pessoas em transe mesmérico. Na realidade, Kate e Maggie estavam começando a rivalizar, em atenção, com os espíritos. Um participante das sessões, editor do *Merchant's Day Book*, referia-se a elas separadamente, e não como se fossem apenas "as meninas", "uma das meninas", "a mais nova" ou "a mais velha". Para ele, elas não eram somente médiuns para os espíritos, mas indivíduos independentes.

"Uma delas tem só 12 anos, e evidentemente compreende as batidas tanto quanto um pequeno canário", anotou ele, retratando Kate como uma menina ingênua. Como alguns observadores subsequentes, ele acrescentou um ou dois anos à idade de Maggie, comentando sobre sua postura e atitude francas: "A outra é uma moça, aparentemente com 17 ou 18 anos; seus modos são afáveis e, mesmo que não chegue a ser uma beldade, tem uma expressão suave e doce, assim como um semblante que não indica qualquer ardileza ou astúcia superior, e sim — como qualquer pessoa conhecedora da natureza humana diria —, sem artimanhas e inocente".[116]

Com olhos afiados para os detalhes, o editor relatou uma anedota sobre Kate que evidenciou certas características que lhe eram constantes: sua expressão infantil e verborrágica, seu desejo de agradar aos outros e seu sofrimento quando não conseguia fazê-lo. "A mais nova parecia livre até da mais remota dúvida de que ela poderia ter alguma responsabilidade sobre tudo aquilo", observou ele, "e, com a simplicidade franca tão típica das crianças, expressou o desejo de que *ele fizesse* alguma coisa, só para que eu soubesse como ele às vezes podia agir de forma estranha; então, começou a contar como ele tirava livros de cima da mesa e os empilhava no seu colo, como ele abria o piano e tocava música etc. [...]".

Aos 12, se a história de sua piscadela para o jovem Augustus Strong for crível, Kate era bonita e provocante, comportando-se

[116] Dewey, *History of the Strange Sounds*, pp. 55-58.

como se estivesse totalmente envolvida com os espíritos — fossem eles fabricados ou reais —, cujos feitos ela garantia serem notáveis e cujas falhas ela encarava como ofensa. Maggie, já com 16, parecia ser mais compenetrada; haveria quem comentasse, nos anos seguintes, o seu ar docemente reservado quando em público. Sua conduta sugere uma tremenda força de vontade, pois, dado o seu amor pelo "chacoalhar das carroças e o tocar de sinos", sua compostura muito provavelmente deve ter ocultado uma reação animada aos acontecimentos tumultuosos de que fazia parte.

Como Leah, ambas as meninas continuaram a sofrer de fortes dores de cabeça. Uma, ou todas as irmãs, e outras pessoas daquela época podem ter buscado alívio para a dor não apenas no mesmerismo, mas também em remédios legalmente feitos à base de álcool ou de morfina, substâncias conhecidas por confundirem a linha entre o real e o imaginário.

O desejo de estabelecer provas da comunicação com os espíritos encontrou um símbolo de esperança em um grande feito tecnológico daqueles tempos: o telégrafo. Um dos primeiros a fazer a analogia foi o reverendo Ashahel H. Jervis, maquinista e ministro metodista que subira ao palco com as irmãs Fox durante a apresentação no Corinthian Hall. Certa tarde, um homem chamado Pickard, hóspede de Jervis que viera de fora da cidade, estava visitando outros amigos na região; eles tentavam iniciar uma comunicação com os espíritos quando as batidas transmitiram uma notícia trágica: o filho de Pickard tinha morrido de repente poucas horas antes. O pai desesperado correu para pegar a primeira carruagem de volta para casa.

Naquela noite, chegou um telegrama para Pickard na casa de Jervis. Quando o abriu, Jervis leu a mesma notícia relatada antes, no mesmo dia, pelos espíritos. Fazendo um paralelo entre o avanço revolucionário da comunicação humana e o fenômeno pouco compreendido do contato com os espíritos, Jervis anunciou à esposa: "O telégrafo de Deus superou totalmente o de Morse."[117]

Outro incidente reforçou a analogia. Em carta de fevereiro de 1850 ao *Rochester Daily Magnet*, Nathaniel Draper, fazendeiro e pioneiro de Rochester, descreveu o que aconteceu quando ele magnetizou sua esposa Rachel, supostamente clarividente. Para surpresa do casal, ela não foi contatada por amigos nem parentes, mas pelo espírito de Benjamin Franklin, que lhe apareceu em uma visão.[118]

Quando lhe perguntaram por que viera, um dos pais fundadores da nação norte-americana disse à Rachel que ele estava estabelecendo uma nova linha de comunicação, com o termo "linha" fazendo referência ao telégrafo. Franklin, então, pediu aos Draper que convidassem Kate, Maggie e alguns outros para uma experiência que determinasse a possibilidade de se realizar "comunicações entre dois pontos distantes por meio dessas batidas".

Compreensivelmente hesitante, Nathaniel Draper pediu a Franklin que lhe enviasse um sinal para confirmar sua identidade. Franklin, um dos primeiros promotores da eletricidade, produziu um choque elétrico que acordou a magnetizada Rachel, a qual garantiu ao marido preocupado que a descarga só a ajudara a clarear as ideias.

Os Draper obedientemente reuniram uma dezena de pessoas, incluindo Kate e Maggie. Franklin apareceu para Rachel Draper logo depois de ela entrar em estado magnético e, por seu intermédio, ordenou que o grupo se dividissse em dois, enviando metade dos participantes para um quarto no

---

[117] A experiência de Jervis e o título do cap. 7 vêm de Capron e Barron, *Singular Revelations*, p. 39.

[118] As experiências dos Draper e as citações seguintes são de Capron e Barron, *Singular Revelations*, pp. 91-95.

extremo oposto da casa. Em ambos os lugares, as pessoas ficaram espantadas ao ouvir batidas tão altas. Franklin estava "testando as baterias", comentou Rachel Draper. Porém, aparentemente desapontado com o resultado, o espírito agendou outra sessão para o dia seguinte, dessa vez também com a presença de Leah.

Nesse segundo encontro, Franklin voltou a dividir as pessoas, dizendo a Maggie e aos Draper que ficassem com o grupo da sala e, a Kate e Leah, que ficassem com os demais, na extremidade oposta da casa. O misterioso telégrafo recomeçou suas batidas fortes, emitindo sons tão estranhos que Maggie parece ter ficado assustada e se perguntado em voz alta: "O que significa isso?" Rachel Draper, com o rosto radiante em seu estado magnético, explicou que Franklin, como antes, estava testando as baterias. Nesse momento, as batidas solicitaram o alfabeto, e o espírito de Franklin soletrou devagar uma mensagem, letra por letra: "Agora, meus amigos, estou pronto. Haverá grandes mudanças no século XIX. Coisas que hoje parecem sombrias e misteriosas para vocês serão esclarecidas diante de seus olhos. Assino meu nome Benjamin Franklin." O espírito concluiu de forma um pouco mais prosaica: "Não entrem no outro cômodo."

Depois de aguardarem alguns minutos respeitosos, os convidados deslumbrados dos Draper se reuniram na sala, a fim de comparar anotações. Que maior garantia os mortais atordoados com as batidas poderiam esperar? Os dois grupos concordaram que cada qual tinha ouvido a mesma mensagem auspiciosa, transmitida por meio do toc-toc do inefável telégrafo, em dois lugares diferentes, ao mesmo tempo.

Oito

Os espíritos batedores estão mesmo na cidade

Eliab Capron pode ter sido sincero em suas crenças, mas ele também era um jornalista de olho em uma oportunidade única. Logo depois de publicar *Singular Revelations*, em 1850, ele tentou fazer com que Margaret permitisse que suas filhas fossem à cidade de Nova York e a criticou por hesitar. Uma demora, avisou, poderia ofender pessoas que "estão entre as maiores da nação em termos de ciência e influência".[119] Ele lhe garantiu que o apoio de poderosos colocaria fim aos rumores sobre a charlatanice das meninas. Da mesma forma, insistiu que, sensível e ansiosa, a pequenina Kate, irmã que ele levara consigo para Auburn, "poderia convencer algumas das melhores mentes na nação".

Capron apelou para a bajulação: "Agora eu gostaria que a senhora respondesse e dissesse que Cathy pode ir. [...] Ora, a senhora quase nem perceberia a sua ausência, pois iríamos a Nova York e voltaríamos *muito rápido*." Ele também recorreu à própria menina. "Você quer ir, não quer, Cathy? Seria uma viagem formidável."

Consciente de que a voluntariosa Leah era a chave para qualquer decisão familiar, ele pediu à Margaret para defender sua causa junto à filha mais velha. "Acho que ela vai me dizer [sim]", adiantou-se ele. E, com um aparte irônico bastante

---

[119] De E.W. Capron para M. Fox, 10 de fevereiro de 1850, Departamento de Livros Raros e Coleções Especiais, Biblioteca da Universidade de Rochester.

inapropriado para um defensor dos direitos das mulheres, acrescentou: "Tente. Se ela disser não, será a primeira dama a me negar alguma coisa... *em assuntos sérios*!"

Terminando com uma piada, ele admitiu que nomes eminentes da ciência se ofereceram para pagar mais do que apenas pelas despesas, e lembrou à Margaret que algumas pessoas estavam dispostas a dar presentes às meninas. "Além disso, o dinheiro nem sempre é a *maior* vantagem a se obter num bom negócio."

Margaret Fox mostrou-se irredutível durante alguns meses, mantendo as filhas mais perto de casa. Em abril de 1850, um intervalo longo o suficiente já havia transcorrido para que as meninas ousassem retornar ao Corinthian Hall, dessa vez sob a proteção do ex-ministro universalista R.P. Ambler, que assumiu o lugar de Capron como palestrante. "A opinião pública havia mudado desde as primeiras conferências sobre o assunto", escreveu Leah. Mesmo que alguns membros do público tenham permanecido hostis, os novos amigos das irmãs correram até o palco e as parabenizaram pela apresentação bem-sucedida.[120]

Agora as irmãs Fox estavam partindo em sua primeira turnê profissional para semear a boa-nova dos espíritos. Enquanto John, como sempre, permanecia no condado de Wayne, Calvin Brown acompanhou Margaret e as filhas ao seu próximo compromisso, agendado em Albany, Nova York, com Ambler novamente fazendo sua palestra. A presença das irmãs era exigida não só para eventos de grande público no Van Vechten Hall de Albany, mas também para sessões realizadas em seu hotel. Suas despesas chegaram a 150 dólares por semana, mas, cobrando um dólar por pessoa em cada sessão coletiva e cinco dólares por sessões particulares, elas cobriram facilmente o seu orçamento. A apresentação

[120] Leah Underhill, *The Missing Link in Modern Spiritualism* (Nova York: Thomas R. Knox, 1885), p. 116.

em Albany, para Leah, foi a "primeira etapa de realização da nossa missão".[121]

As irmãs Fox prosseguiram para Troy, no estado de Nova York. "Os espíritos 'batedores' estão mesmo na cidade", anunciou o *Troy Daily Whig* em 1º de maio de 1850, "e eles vão 'bater' no Apollo Hall por mais uma ou duas noites. As palestras do professor podem até ser boas, mas são os 'espíritos' que vão arrastar multidões".

As irmãs foram rodeadas por convertidos e curiosos, mas novos problemas surgiram. "Começou a circular um boato entre as 'mulheres' cuja conduta para conosco, em Troy, foi cruel e pouco cristã", escreveu Leah. "Elas insinuaram que, se as médiuns fossem homens, seus maridos não se interessariam tanto por esse assunto impopular e, aparentemente, esquisito. [...] Uma senhora se destacou de maneira particular por suas bravatas intelectuais e pela maneira de proceder (seu marido era muito mais jovem, bonito e próspero que ela)."

Apesar das reclamações de esposas ciumentas e do escárnio da imprensa, multidões de simpatizantes saudaram as irmãs ao partirem de Troy. Fortalecidas pelos triunfos em cidades menores, Margaret e as filhas fizeram outra parada em Albany e, então, pegaram o barco noturno em direção ao sul, pelo rio Hudson, rumo à cidade de Nova York.

Na primeira semana de 1850, as irmãs Fox já estavam instaladas em uma suíte do Hotel Barnum, propriedade na esquina da Broadway com a Maiden Laine que pertencia a um primo do famoso empresário.[122] Ao caminhar pela Broadway,

---

[121] As citações de Leah sobre Albany e Troy são de Underhill, *The Missing Link*, pp. 116-120.

[122] Alguns biógrafos das irmãs Fox, inclusive Earl Wesley Fornell, em seu capítulo "Gotham Spirits", in *The Unhappy Medium: Spiritualism and the Life of Margaret Fox* (Austin: University of Texas Press, 1964), sugeriram, com base na leitura de P.T. Barnum, *The Humbugs of the World: An Account of Humbugs, Delusions, Impositions, Quackeries, Deceits and Deceivers Generally, in All Ages*

Maggie, que se arrepiava com o barulho e a confusão de Rochester, deve ter ficado atordoada com o assalto sensorial de Nova York: carruagens chacoalhantes e alarmes de incêndio estrondosos; coros de vozes em sotaques e línguas diferentes; slogans colados sobre muros de tijolo e anúncios dependurados em vitrines e postes de iluminação; ruas enlameadas e prédios de mármore; odores de lixo e de estrume; brisas de vento marinho e elegantes perfumes de mulher. "Rostos e casacos de todos os tipos, olhos brilhantes, bigodes e costeletas, óculos, chapéus, bonés, toucas, todos passando apressados no que parece ser a mais inextricável confusão. Dá até impressão de ser um grande desfile", escreveu um contemporâneo admirado.[123]

Explodindo em população, tamanho e riqueza, Nova York emergera como a principal metrópole do país. Imitando

---

(Nova York: Carleton, 1866), que a confusão surgira porque as irmãs ficaram no Hotel Barnum, propriedade de um primo de P.T. Barnum, e que elas não tinham qualquer relação profissional com o empresário.

[123] Edwin G. Burrows e Mike Wallace, *Gotham: A History of New York City to 1889* (Nova York: Oxford University Press, 1999), p. 692. Quanto às minhas informações sobre a cidade de Nova York e os nova-iorquinos em meados do século XIX, sou particularmente grata a esse e outros livros: David Black, *The King of Fifth Avenue: The Fortunes of August Belmont* (Nova York: Dial Press, 1981); Karen Halttunen, *Confidence Men and Painted Women: A Study of Middle-Class Culture in America, 1830-1870* (New Haven, CT: Yale University Press, 1982); e Catherine Hoover Voorsanger e John K. Howat (org.), *Art and the Empire City: New York 1825-1861* (New Haven, CT: Yale University Press, 2000). O trabalho de Halttunen teve uma influência maior no meu livro, como alguns leitores podem constatar. Seu trato dos significados da respeitabilidade e da insinceridade na cultura norte-americana serviu como base para a minha análise das irmãs Fox e de seu mundo. De maneira mais específica, os temas da liminaridade e da transição (pp. 29-32) pareceram-me oferecer uma perspectiva rica para abordar as irmãs sob um novo ângulo, independentemente da velha controvérsia sobre elas serem falsárias, charlatãs ou santas. De fato, a noção de liminaridade pode ser aplicada à vida das irmãs, não importando como se encare a natureza de seu poder.
Outros livros que me ajudaram a desenvolver essa ideia incluem Lewis Hyde, *Trickster Makes This World: Mischief, Myth, and Art* (Nova York: Farrar, Straus and Giroux, 1998); Robert Jay Lifton, *The Protean Self: Human Resilience in an Age of Fragmentation* (Chicago: University of Chicago Press, 1989); e Garry Wills, *Lincoln at Gettysburg: The Words That Remade America* (Nova York: Touchstone, 1992), sobretudo o cap. 2, "Gettysburg and the Cult of Death", pp. 63-89.

August Belmont, banqueiro e conspícuo lançador de tendências, os ricos estavam mudando para o norte do distrito comercial, chegando à Quinta Avenida e à Union Square, construindo mansões de mármore e circulando pela cidade em carruagens folheadas a ouro, algumas puxadas por até quatro lustrosos cavalos. Hotéis de luxo — 19 seriam construídos entre 1850 e 1854 — apresentavam saguões de entrada ornados com sofás rechonchudos, papéis de parede vermelhos e aveludados e candelabros reluzentes. A loja de departamentos A.T. Stewart, construída nos moldes de um palácio italiano, atraía seus clientes não apenas com seus produtos de luxo, mas com 15 vitrines de placas inteiriças de vidro, paredes abarrotadas de quadros e espelhos parisienses de corpo inteiro, nos quais os clientes podiam ver seu mais novo produto: eles mesmos.

Assim nasceu a era da exposição pública: era esplêndido olhar, ver, admirar e ser visto. Os nova-iorquinos — tanto os ricos quanto os operários — ambicionavam estar na moda, objetivo que rivalizava com aspirações mais antigas, como a respeitabilidade e o refinamento.

Na capital comercial e manufatureira do país, imigrantes recém-chegados se uniam a nativos locais em busca de meios para ganhar a vida ou, melhor ainda, fazer fortuna. Às vezes, a população da cidade parecia toda composta por indivíduos isolados, sem amigos nem família, sem passado ou comunidade. Sem pontos de referência, quem poderia saber se as pessoas eram o que diziam ser?

Um incidente amplamente difundido ilustrava o perigo — real e imaginário — de ser enganado em algum ambiente. Em 1849, um charlatão chamado William Thompson saudou um desconhecido como se ele fosse um velho amigo e perguntou ao ingênuo cavalheiro se ele tinha "confiança" suficiente para emprestar-lhe seu relógio. Com o relógio na mão, Thompson desapareceu. Um jornalista o chamou de "homem de confiança", e a expressão *confidence man*, ou *con man*, passou para o léxico da língua inglesa,[124] com o significado de "vigarista".

À medida que alguns empresários ficavam ricos, surgiram os extremos da riqueza e da pobreza, mas a maioria dos nova-iorquinos se incluía dentro dos limites da grande classe média — alguns confortavelmente entrincheirados, outros ascendendo ou decaindo em status, dependendo de suas atividades e sorte naquela semana ou naquele ano. Mesmo que os mais pobres se sujeitassem a habitações lotadas e imundas, sua sorte na vida podia mudar, e nova-iorquinos com um pouco de dinheiro no bolso tinham mais opções. Alguns se instalavam em construções geminadas feitas de tijolo. Os mais ricos compravam uma das novas casas de pedra que se alinhavam simetricamente ao longo de ruas secundárias.

Tanto os profissionais assalariados quantos os empreendedores, sem importar seus gostos e finanças, gostavam de andar pela cidade, ir a restaurantes, bares especializados em ostras, teatros, salões de dança, jardins urbanos, concertos, palestras ou óperas. Nova York era conhecida por ter mais teatros do que qualquer outra cidade do mesmo tamanho em todo o mundo, embora a presença de prostitutas nos balcões costumasse impedir que mulheres de respeito os frequentassem.

Homens de todas as classes sociais iam a casas de prostituição. Segundo alegavam os maridos, eles o faziam para poupar suas esposas virtuosas do fardo oneroso do sexo.

Nova York também era a capital jornalística da nação. Com quase 90% da população de adultos brancos alfabetizada, o acesso à informação impressa era um denominador comum entre os habitantes locais.[125] Inovações na forma de impressão significavam que mais jornais do que nunca poderiam ser ven-

---

[124] Halttunen, *Confidence Men and Painted Women*, p. 6. Ver também Burrows e Wallace, *Gotham*, p. 694.

[125] Burrows e Wallace, *Gotham*, p. 681.

didos, e a preço baixo. Os editores corriam para se antecipar aos concorrentes, e o cidadão comum era iludido diariamente com fofocas torpes, anedotas sentimentais e notícias vitais sobre a cidade, a nação e o mundo.

Horace Greeley, o editor iconoclasta do *New York Tribune,* era uma das vozes mais influentes da nação e seu cruzado, mais incansável. Sob sua condução, o *Tribune* cobria da literatura às notícias, defendia a classe trabalhadora, os direitos das mulheres e a abolição; ele dava apoio moral a muitos movimentos utópicos de seu tempo.

O interesse de Greeley pela comunicação com os espíritos não era inteiramente objetivo; sua curiosidade, como a de muitos outros investigadores, tinha origens intelectuais e emocionais. Ele e a esposa, Mary, haviam perdido quatro dos cinco filhos que tiveram, tendo o último menino partido menos de um ano antes da visita das irmãs Fox a Nova York. Em 1849, Pickie, seu filho de cabelos dourados, o predileto dos pais, a luz de suas vidas, morrera de repente aos cinco anos, com cólera.

"O único raio de alegria que iluminou meu árido caminho partiu [...]", confessou Greeley a uma boa amiga, a escritora Margaret Fuller. Depois da morte de Pickie, Mary Greeley pediu ao marido que aprendesse mais sobre a comunicação com os espíritos.[126]

Ainda assim, ele não foi o primeiro visitante a entrar na suíte das irmãs Fox. "Elas já foram procuradas por inúmeras pessoas", relatou Greeley em 5 de junho de 1850, "e todas ficaram espantadas com o que ouviram, algumas mais, outras menos

[126] William Harlan Hale, *Horace Greeley: Voice of the People* (Nova York: Harper and Bros., 1950), p. 122. Para uma discussão acerca do impacto da morte das crianças sobre as crenças e esperanças espiritualistas, ver Ann Braude, *Radical Spirits: Spiritualism and Women's Rights in Nineteenth-Century America* (Boston: Beacon Press, 1989), pp. 49-55. Para um olhar esclarecedor sobre o sofrimento de Mary Greeley antes de seu envolvimento com o espiritualismo, ver Barbara Goldsmith, *Other Powers: The Age of Suffrage, Spiritualism, and the Scandalous Victoria Woodhull* (Nova York: Knopf, 1998), pp. 55-62.

convencidas da origem sobrenatural do que foi transmitido". Ele descreveu Leah como uma dama de uns 25 anos — elogio não proposital que deve tê-la encantado, pois ela não só irradiava uma vivacidade juvenil como também tinha a reputação, entre os membros de sua família, de ser vaidosa. Greeley também observou a sua "agradável e inteligente reserva". Para ele, todas as irmãs pareciam refinadas e seu comportamento, apropriado. Sua pele era quase transparente de tão pálida, como a das pessoas sujeitas à influência mesmérica.

Greeley ouviu as batidas, sentiu as vibrações e recebeu respostas corretas às suas perguntas, mas deixou o quarto das irmãs Fox tão confuso e curioso quanto estava ao entrar. Ele fora até lá com um amigo, que recebeu apenas uma resposta certa dentre as seis perguntas diferentes. Ele concluiu que toda aquela "história curiosa e instigante" poderia ser "totalmente desprovida de interesse sobrenatural" e, ainda assim, merecer novas investigações.

Geralmente acompanhadas por Margaret, bastião de cabelo grisalho contra liberdades insolentes, Kate, Maggie e Leah conduziam suas sessões em um dos salões do hotel, reunindo os convidados ao redor de uma grande mesa, onde cabiam até trinta pessoas. Havia sessões às dez da manhã, cinco da tarde e oito da noite, com encaixes de reuniões particulares entre as coletivas. As irmãs iam dormir exaustas todas as noites, mas, durante suas longas jornadas de trabalho, costumavam receber as multidões com cortesia.

Jornalistas, políticos, homens de negócios, médicos, advogados e ministros — os que tinham condições de pagar — lotavam as sessões. Uma amostragem significativa dos norte-americanos batia à sua porta, assim definida pelo *Tribune*: "Dos roceiros do oeste, queimados de sol, à aristocracia nova-iorquina coberta de joias."[127] Essas sessões eram tão populares que uma can-

[127] Citado por Ernest Isaacs, "The Fox Sisters and American Spiritualism", in *The Occult in America: New Historical Perspectives*, organizado por Howard

tora conhecida incorporou uma nova canção, "The Rochester Knockings at Barnum's Hotel" ["As batidas de Rochester no Hotel Barnum"], à sua apresentação na Broadway.[128]

Muitos investigadores saíram do hotel tão impressionados quanto Greeley. "A produção dos sons é difícil de explicar", pasmou-se o advogado George Templeton Strong, "e o mais estranho é a precisão com que os fantasmas adivinham em quem se está pensando — sua idade, endereço, preferências e coisas assim". Depois de ponderar cautelosamente as diferentes possibilidades, como a habilidade de as irmãs decifrarem expressões faciais ou de agirem como prestidigitadoras, ele descartou a ideia de truques e ilusionismo. Ele preferia crer que uma causa misteriosa, mas natural, estava em ação, "algo da ordem do magnético, do elétrico ou do mesmérico" que conferia às jovens médiuns um poder que nem elas mesmas sabiam explicar.[129]

Strong pode ter desconsiderado a prestidigitação não somente por não ter visto qualquer evidência nesse sentido, mas também por duvidar da capacidade das irmãs. Mágicos profissionais, no século XIX, costumavam comparar suas performances a exibições científicas. Era um trabalho masculino que envolvia experimentos em ótica e química, de natureza analítica e racional. Ao contrário, as mulheres — por muito tempo consideradas detentoras de poderes sobrenaturais ou espirituais, podendo ser santas, feiticeiras e bruxas — eram vistas como seres espirituais até em seu papel doméstico. Deve ter sido mais fácil para alguns visitantes conceberem as irmãs Fox

---

Kerr e Charles L. Crow (Urbana: University of Illinois Press, 1983), p. 90.

[128] Titus Merritt, "Chronology of the Fox Family: Interesting Details of the History of the Celebrated Fox Family", in M.E. Cadwallader, *Hydesville in History* (Chicago: Progressive Thinker Publishing, 1917; distribuído pela Associação Espiritualista Nacional de Igrejas, 1992).

[129] Citado por Isaacs, "Fox Sisters and the American Spiritualism"; ver também Allan Nevins e Milton Halsey Thomas (orgs.), *The Diary of George Templeton Strong: The Turbulent Fifties 1850-1859* (Nova York: Macmillan, 1952), pp. 15-16.

como instrumentos ou domínio do mesmerismo do que aceitar a possibilidade de elas serem conjuradoras de talento inato, basicamente autodidatas.

A mais famosa sessão conduzida pelas irmãs Fox em Nova York aconteceu na casa do proeminente escritor e ministro Rufus Griswold, com a presença de membros da elite intelectual do país. Entre outros, Griswold convidou James Fenimore Cooper, autor de *Leatherstocking Tales* ["Contos dos caçadores de peles"]; George Ripley, crítico literário do *Tribune* e fundador da Fazenda Brook — experiência de vida comunal recentemente encerrada; George Bancroft, ex-secretário na marinha, historiador e homem de Estado; o poeta William Cullen Bryant; e N.P. Willis, editor do *Home Journal*, revista destinada a manter as pessoas na moda com o que era "novo, encantador ou instrutivo no brilhante círculo da vida urbana".[130]

O grupo das Fox estava composto por Margaret, a quem Ripley chamou de "uma senhora idosa, mãe das que veem fantasmas"; Leah, a quem se referiu como "uma mulher casada", e não "viúva" — condição a que ela devia aspirar, pois ressuscitara Bowman Fish para isto, tendo o matado poucos meses antes; Kate e Maggie; e "dois cavalheiros de Rochester, cujos nomes não ficamos sabendo".

Calvin, agora acompanhante constante das irmãs Fox, era com certeza um dos cavalheiros sem nome; o outro permanece um mistério. O fracasso de Ripley em determinar fatos tão básicos é intrigante. Isso sugere que os literatos não se importavam com os que julgavam estar abaixo deles em classe ou intelecto, exceto quando eram uma curiosidade ou quando propiciavam entretenimento. Da mesma forma, isso levanta a possibilidade de que os investigadores não fossem detetives tão argutos quanto pensavam ser.

[130] Sobre o *Home Journal*, ver Burrows e Wallace, *Gotham*, p. 724.

"Durante algum tempo", escreveu Ripley na edição de 8 de junho do *Tribune*, "talvez um pouco mais de meia hora depois da chegada das senhoras, nenhum som foi ouvido, e o grupo deu sinais óbvios de impaciência. Então, as pessoas foram solicitadas a se aproximar da mesa, que estava na frente das senhoras, e a formar um círculo compacto. Logo depois, sons muito baixos começaram a ser ouvidos sob o chão, ao redor da mesa e em diferentes partes do quarto. Eles aumentaram em volume e ritmo, tornando-se tão claros e nítidos que ninguém poderia negar sua presença nem relacioná-los a quaisquer causas visíveis".

James Fenimore Cooper foi uma das pessoas convidadas a "entrar na esfera supramundana". Ele passou a interrogar os espíritos, segundo Ripley, "com o mais imperturbável autocontrole e objetividade.

"Depois de várias perguntas disparatadas que não obtiveram respostas satisfatórias, o sr. Cooper começou uma nova série de perguntas:

"— A pessoa sobre a qual estou perguntando é um parente?

"— Sim — indicaram imediatamente as batidas."

Cooper, como depois foi revelado, estava pensando na irmã. Havia quantos anos ela morrera?

Por mais alguns instantes, uma bateria de batidas rápidas confundiu as irmãs, "uma contando 45, outra 49, 54 etc.". Finalmente, o espírito concordou em bater devagar o suficiente para que se chegasse a um consenso quanto ao número cinquenta.

Cooper então perguntou sobre a causa da morte, apresentando algumas opções arrepiantes: atingida por um raio? Afogada no mar? Jogada da sela de um cavalo? As batidas foram ouvidas nesta última, e Cooper confirmou que, cinquenta anos antes, sua irmã tinha morrido numa queda desse tipo.

No final, George Ripley ficou em cima do muro quanto às batidas. Ao encerrar o círculo, ele explicou que Kate, Maggie e Leah "não têm teorias para explicar os atos de seus misteriosos acompanhantes e, aparentemente, não têm o menor controle sobre suas idas e vindas. Mas, se as batidas não são obras delas, serão feitas pelos espíritos dos mortos?".

Ele não forneceu resposta à sua própria pergunta.

Os visitantes discordaram a respeito das batidas e sua origem, mas muitos céticos saíram com uma opinião favorável às irmãs, que foram elogiadas pelo bom humor e pela tranquilidade com que lidaram com as multidões visitantes. Vários repórteres observaram o quão atraentes elas eram, um deles tendo chamado Maggie de "uma moça muito bonita, de olhos negros, aspecto altivo e comportamento até bastante modesto".[131] Ele parece ter desejado dizer que seu comportamento era modesto para uma jovem de aspecto altivo que se comportava de forma tão pouco convencional.

O charme das jovens tinha um efeito paradoxal. Por um lado, atraía um número escandaloso de cavalheiros à sua porta. Por outro, a simples presença das irmãs exercia sua própria influência mesmérica, desarmando muitos dos seus críticos mais desconfiados e dando a elas espaço para desenvolverem suas atividades. Porém, o encanto que possuíam silenciava apenas alguns críticos. Outros permaneciam determinados a expor as irmãs como trapaceiras, sujeitando-as a testes que podem ter valorizado a reputação dos espíritos, mas que, certamente, prejudicaram as de Kate, Maggie e Leah.

"A única coisa próxima à indignidade de que reclamávamos", admitiria Leah mais tarde, "era a frequência com que comitês de senhoras se recolhiam conosco, nos despiam e voltavam a nos vestir, segurando nossos pés etc.".[132]

William Fishbough, antigo colega de Andrew Jackson Davis, reclamou no *Tribune* de um encontro particularmente nefasto. Desafiadas por um homem chamado Davies, as irmãs

---

[131] Citado por David Chapin, "The Fox Sisters and the Performance of Mystery", *New York History*, abril de 2000, p. 181.

[132] Underhill, *The Missing Link*, p. 129.

consentiram em ser examinadas por um grupo de senhoras em uma data acordada com antecedência. Certa tarde, porém, ignorando o acordo, Davies e a esposa interromperam uma sessão sem serem anunciados, exigindo com rudeza que as irmãs se submetessem imediatamente ao teste proposto. Davies chegou a insistir em que o teste fosse conduzido por sua esposa e as três mulheres que estavam, por acaso, presentes naquele momento. Os homens, claro, deixaram o quarto com discrição.

Depois da investigação, Davies entregou o relatório do comitê, já que as quatro senhoras declararam-se humildes demais para fazerem-no. O relatório "declarava o seguinte", escreveu o indignado William Fishbough em sua carta ao *Tribune*:

1. Que as senhoras [as irmãs] foram despidas, com exceção de suas roupas íntimas, e que a mais meticulosa investigação falhara em descobrir qualquer máquina com a qual os sons pudessem ser produzidos.
2. Que as senhoras, depois de despidas, foram colocadas em várias posições, e ainda assim os sons eram ouvidos, enquanto a mais cuidadosa observação falhara em detectar quaisquer movimentos físicos que pudessem dar conta de sua produção.

Embora a sra. Davies tenha se aventurado a adivinhar que "os sons podiam ser produzidos com o estalar dos ossos das damas", a origem das batidas, concluiu Fishbough triunfante, permanecera um mistério.[133]

Fishbough havia tentado gentilmente dar seu apoio às irmãs Fox, mas ele acabou por fornecer um material picante aos leitores do *Tribune*. A exposição pública de corpos humanos nus ou parcialmente vestidos era permitida na arte, e frequentadores de museus admiravam com entusiasmo a forma feminina

[133] *New York Weekly Tribune*, 6 de julho de 1850. Para a discussão que se segue sobre arte, ver Peter Gay, *Education of the Senses* (Nova York: W.W. Norton & Company, 1999), pp. 392-402.

em toda a sua glória retratada em quadros e estátuas de deuses e deusas, camponesas de outras eras ou beldades de ilhas distantes. Essas imagens eram vestidas não com saias, mas com o romantismo do distanciamento temporal e espacial.

Caso contrário, a discussão sobre o corpo feminino nu ou parcialmente vestido era tabu em conversas sobre mulheres de respeito que não eram nem atrizes nem prostitutas. E, embora as irmãs Fox pudessem justificar espiritualmente sua seminudez, elas tinham se aventurado em um território perigoso ao submeterem-se aos exames invasivos de seus contemporâneos. Seu comportamento era tão ousado que ele indica ou a força de sua ambição ou a coragem de suas convicções. Talvez as duas motivações tenham se entrelaçado, ao menos durante algum tempo.

No que Kate, Maggie e Leah estavam pensando — e fazendo — ao certo quando se encontravam com as hordas de investigadores curiosos, gentis, céticos, hostis, honestos e intrusivos durante os meses de verão de 1850? Estariam elas envolvidas em uma fraude manifesta? Seriam vítimas de autoengano? Baluartes de uma causa?

Os espíritos podem tê-las escolhido para uma missão, mas os motivos humanos também devem ter tido seu peso durante o processo. Certamente o atrativo da fama e do dinheiro desempenhou importante papel para Leah, tal como a animação e a aventura para Maggie. Caprichosa e dada a devaneios, Kate pode ter fundido os desejos das irmãs com os dos espíritos e os seus próprios.

Em agosto, pouco antes de deixarem Nova York, elas ficaram hospedadas durante vários dias na casa dos Greeley — uma fazenda numa área chamada Turtle Bay, nos limites ainda rurais de Manhattan. Depois de sua partida, Greeley escreveu a defesa mais inequívoca que já publicara sobre elas. Ele lembrou a seus leitores que as médiuns tinham se sujeitado a todos os testes concebíveis, realizados por centenas de cidadãos.

Seus quartos foram revistados, elas tinham sido despidas e examinadas repetidas vezes, além de questionadas não somente em seu hotel, mas também na casa de muitos nova-iorquinos sensatos.

"Qualquer que seja a origem ou a causa das 'batidas'", afirmou Greeley, "as senhoras em cuja presença elas acontecem não as provocam. Nós testamos isso de forma sistemática, de maneira totalmente satisfatória. Sua conduta e atitude estão longe de sugerir um embuste; e nós achamos que ninguém que as conheça minimamente poderia julgá-las capazes de se envolver em uma trapaça tão ousada, ímpia e vergonhosa — como a de produzir os sons. E não é possível que essa trapaça pudesse ser perpetrada durante tanto tempo em público".[134]

Embora sua observação exprima uma investigação cuidadosa e refletida, não é irrelevante que Horace Greeley tivesse sofrido mais uma perda terrível apenas três semanas antes. Durante muitos anos, ele encontrara uma grande companheira em Margaret Fuller, antiga editora do *Dial* e autora de *Woman in the Nineteenth Century* ["A mulher no século XIX"]. Ela assinava colunas no *Tribune* e, por algum tempo, viveu — como amiga e talvez conciliadora entre os esposos — na residência dos Greeley. Porém, no final da década de 1840, Fuller viajou para o exterior a fim de cobrir, para o *Tribune*, a revolução republicana na Itália. Lá, ela conheceu e teve um filho do marquês Angelo Ossoli, com quem veio a se casar. Sua longa ausência do outro lado do Atlântico deixara um silêncio ressonante na vida de Horace e Mary Greeley, os quais esperavam ansiosos por seu retorno naquele verão de 1850.

No caminho de volta aos Estados Unidos, em julho, Margaret Fuller e sua família morreram em um naufrágio na costa

[134] Citado por Emma Hardinge, *Modern American Spiritualism: A Twenty Year's Record of the Communion Between Earth and the World of Spirits*, com nova introdução de E.J. Dingwall (1869; reimpr., New Hyde Park, NY: University Books, 1970), pp. 71-72.

norte-americana, já tão perto da terra que horrorizou os homens e mulheres que olhavam, impotentes, o navio afundar.[135]

Os Greeley ficaram arrasados, precisando de consolo. Ambos tinham se afeiçoado a Kate e se impressionado profundamente com os poderes de intuição da menina — ou dos espíritos. Horace estava convencido de que ela deveria ter uma educação de primeira classe, ferramenta importante para aprimorar as opções de uma jovem. Com boa educação, Kate poderia ensinar, ou escrever para revistas femininas, ou casar-se com um homem de melhor condição social. Ansiando por conforto não apenas da parte dos espíritos, mas também da menina, os Greeley convidaram-na a morar com eles naquele outono, como já acontecera com Margaret Fuller. A família Fox aceitou o convite em nome de Kate, mas a oportunidade significava outra separação entre a menina de 13 anos e sua mãe e irmãs. O custo exigido pelos espíritos era alto.

No verão em que as irmãs Fox apresentaram os espíritos a Nova York, a morte estava na mente de todos. Sua mórbida presença foi levada com alarde à área política quando o presidente Zachary Taylor contraiu o cólera e morreu depois de cinco dias doente. Enquanto lamentava seus mortos, a nação inquiria os vivos, sem saber direito qual seria o impacto que o sucessor de Taylor, Millard Fillmore, teria sobre a questão da escravatura. Alguns achavam que ele seria um "apaziguador", palavra-código usada seletivamente para deixar subentendido que ele era mais simpático ao sul (escravagista) do que o seu predecessor.[136]

Naquele outono, o Congresso aprovou o Acordo de 1850 com poucas objeções do presidente Fillmore. Entre outras

---

[135] Sobre o relacionamento de Greeley com Fuller, ver Hale, *Horace Greeley*, cap. 7, "Lover", pp. 108-126. Sobre a morte de Fuller, ver *New York Weekly Tribune*, 27 de julho de 1850. A associaçao feita por Greeley entre Kate e Margaret Fuller (ao menos no primeiro ano de convívio com a jovem médium) é mencionada tanto por Leah Fox Fish Underhill quanto por Titus Merritt.

[136] *New York Weekly Tribune*, 13 de julho de 1850.

medidas, o acordo incluía a Lei do Escravo Fugitivo, que conferia a agentes federais o poder de encontrar e devolver escravos fugidos ao sul, inclusive os que chegassem a solo livre no norte — o que transformava o abrigo em ofensa federal, punível com seis meses de prisão.

Os abolicionistas ficaram chocados com a severidade das medidas, por mais que tivessem antecipado a sua implementação. Os fugitivos poderiam ser sequestrados em casas, lojas e ruas das cidades do norte. Os que fossem recapturados costumavam enfrentar duras reprimendas e até mesmo a morte nas mãos dos fazendeiros ou capatazes do sul. E homens e mulheres como os Post, que participavam de núcleos da Ferrovia Subterrânea, corriam o risco de serem presos.

Por mais distante que estivesse dos amigos de Rochester, as preocupações de Kate, naquele outono, eram pessoais, não políticas; era óbvio que ela sofria muito como hóspede na fazenda dos Greeley, casa tristemente rotulada de "Castelo Enlutado" por Horace, o qual conseguia estar o mais ausente possível. Com exceção dos domingos, ela ia todo dia à escola, muito provavelmente frequentando uma das instituições particulares para moças ricas — que estavam proliferando em Nova York. Os professores eram bondosos; os estudos, interessantes; e ela gostava das aulas de dança das segundas e sábados.

Porém, matriculada sob um nome falso a fim de proteger sua privacidade, ela não pôde fazer amigos ou conviver com ninguém da mesma idade. Passava a maior parte do tempo fora da escola no Castelo Enlutado. Enquanto Horace escrevia sobre os assuntos importantes da nação, ela ficava na companhia de sua irada e sofrida esposa, Mary.

Sozinha e triste, Kate confidenciou sua situação em uma carta a "Meu caro amigo", muito provavelmente John E. Robinson, de Rochester, um amigo da família a quem ela se voltara por solidariedade e atenção. Seu apego por ele pode ter refletido o desejo de ter uma figura paterna mais próxima do que John Fox.

"Acho que você deve ter me esquecido, pois tenho serteza [*sic*] de que, se não, já teria respondido à minha carta", reclamou ela, que confessou estar com muitas saudades de casa e, então, passou a outro problema sério, admitindo que não conseguia suportar a mórbida Mary Greeley.[137]

"Como eu a detesto", exclamou ela, acrescentando mais adiante: "Já estou quase doente de tanto chorar. Ah, por que fui deixar minha mãe?"

Segundo reclamou, Kate tentara escrever para Leah, mas as cartas ficaram sem resposta. Ela decidira deixar Nova York no final do semestre e vinha tendo as terríveis dores de cabeça que também afligiam Maggie e Leah.

"Ah, John, se soubesse o quanto estou sofrendo, você viria me pegar", pediu.

Esse pedido deve ter sido feito, antes, à mãe e a Leah. Porém, Margaret geralmente aceitava fazer o que Leah queria, e Leah com certeza não gostaria de retirar Kate da influência de Horace Greeley.

Apesar das tensões na casa dos Greeley, também houve algumas comunicações interessantes com os espíritos. O imortal e pequenino Pickie lembrou que, certa vez, atrapalhou Horace em seu escritório e que este lhe pedira asperamente que saísse do cômodo. Durante uma sessão, Mary afirmou lamentar o incidente, mas o espírito do filho defendeu com lealdade o editor do jornal, dizendo, por meio de batidas, que, às vezes, seu pai simplesmente tinha de trabalhar muito.

"A sra. Greeley está cada vez mais convencida da comunicação com o mundo espiritual por meio das 'batidas'", confidenciou Horace Greeley em carta a um amigo, "e estou certo

[137] De Kate Fox para um "amigo", 26 de outubro de 1850. A carta foi muito provavelmente escrita a Robinson, pois é semelhante em tom às cartas emocionais que ela escreveu para e sobre ele em data muito pouco posterior.

de que elas não são explicadas meramente por conta da ação humana. Trata-se de um enigma que, um dia, você talvez tenha interesse em investigar — só cuide da questão quando tiver interesse", aconselhou. "Uma simples fraude não poderia sobreviver tanto tempo e se espalhar tão amplamente."[138]

Em setembro de 1850, Greeley, assim como todos os demais jornalistas, cobria extensivamente a primeira visita de Jenny Lind aos Estados Unidos — uma feliz distração, para a nação, dos assuntos perturbadores da política. Conhecido como o rouxinol sueco, a cantora era patrocinada por P.T. Barnum e propagandeada não só por sua bela voz, mas também por sua moral impecável e modos refinados. Lind era uma grande celebridade, e nova-iorquinos de todas as classes sociais enchiam suas apresentações.[139]

Assim como a palavra "cientista" e a expressão *confidence man*, a noção moderna de celebridade é um produto do século XIX. Os jornais e o telégrafo eram capazes de instigar o interesse nacional e internacional por autores, atores e conferencistas; o transporte mais eficaz permitia que patrocinadores criassem um circuito de cidades a serem visitadas pelos artistas. A fama tornara-se um bem manufaturado.

Jenny Lind demonstrou interesse em conhecer outra celebridade, a qual estava se destacando e era mais controversa: Kate Fox. Em sua autobiografia, Greeley descreveu que essa sessão não foi inteiramente bem-sucedida. Lind chegou com um séquito de estrangeiros, que se sentaram ao redor de uma grande mesa. Assim que as batidas sonoras foram ouvidas, ela olhou para Greeley com um olhar imperioso e ordenou: "Tire as mãos de debaixo da mesa!"[140]

---

[138] De Horace Greeley para Thomas Kane, 7 de outubro de 1850, Divisão de Documentos, Manuscritos e Arquivos de Horace Greeley, Biblioteca Pública de Nova York, Fundações Astor, Lenox e Tilden.

[139] Uma breve mas intensa noção da fama e do sucesso de Jenny Lind pode ser encontrada em Burrows e Wallace, *Gotham*, pp. 814-817.

[140] Horace Greeley, *Recollections of a Busy Life* (Nova York, 1868), p. 237.

Para seu grande constrangimento, Greeley percebeu que Lind o estava acusando de criar os sons. Ele juntou as mãos sobre a cabeça e, enquanto as batidas continuavam ao seu redor, esperou com paciência e desconforto que a sessão terminasse.

Infelizmente, não há registro de como Kate vivenciou aquele encontro, embora seus relatos sugiram que ela tenha terminado de maneira mais feliz, com Lind não só elogiando a jovem médium como dando-lhe um doce beijo de despedida. Se for verdade, a gentileza da cantora pode ter ajudado a diminuir, por alguns instantes, a depressão de Kate por conta de sua vida no Castelo Enlutado.

Com Kate em Nova York, Maggie e Leah — esta sem mais hesitar em anunciar seu próprios poderes de mediunidade — voltaram a presidir sessões em Rochester, sua casa. Elas descreveram seu trabalho em cartas ao *Spirit Messenger*, um dos jornais e panfletos cada vez mais numerosos dedicados à comunicação com os espíritos.

"As senhoras [...] nos informam que, na presença de um círculo respeitável de amigos e vizinhos, [...] novas e espantosas demonstrações foram feitas [...]", registrou o jornal. "Os sons foram bastante altos nas paredes, chão e outras partes da casa. Por vezes, ouviram-se sons que imitavam passos pesados, aparentemente no chão do cômodo em que o grupo estava reunido."[141]

Os espíritos do dr. John Webster, professor de química de Harvard, e do dr. George Parkman, tio do famoso historiador Francis Parkman, eram visitantes frequentes da casa das Fox na rua Troup. Webster fora executado naquele ano por assassinar Parkman, rico benfeitor da faculdade, em briga motivada por uma dívida. Aquele deve ter sido um desentendimento e

[141] *Spirit Messenger*, 24 de agosto de 1850.

tanto: o corpo desmembrado da vítima foi encontrado debaixo do laboratório do professor.[142]

Os dois homens se tornaram amigos muito chegados no além. Webster generosamente admitiu que havia "muitas circunstâncias atenuantes em ambos os lados — e todas as nossas dificuldades foram resolvidas". Os espíritos parecem ter se esforçado de forma constante, embora depois do fato consumado, no sentido de superar as diferenças e os mal-entendidos que haviam dificultado seu relacionamento mortal.

O que o *Spirit Messenger* definiu, em outra ocasião, como "o progresso do espírito em bondade e felicidade no futuro" poderia às vezes confudir ou frustrar as pessoas.[143] O espírito de John Calhoun, senador recentemente falecido da Carolina do Sul, retornou para tentar evitar a persistente crise nacional em torno da escravidão. Calhoun, intrépido líder do Sul e porta-voz dos defensores da escravidão em vida, agora defendia a abolição. Uma parente dos Post confessou que "teria sido muito melhor que ele tivesse dado provas de seu testemunho enquanto estava aqui, já que agora ele não tem mais muito valor...".[144]

Mesmo que surpreendente sob certos aspectos, a mudança de Calhoun pode ter sido previsível. Desde seus primórdios, a comunicação com os espíritos atraíra reformistas que rejeitavam a ordem estabelecida, fosse na religião, na política ou nas convenções sociais. Juntamente com os defensores do abolicionismo, o crescente contingente dos que acreditavam na comunicação espiritual incluía pessoas que clamavam por

---

[142] *Spirit Messenger*, 21 de setembro de 1850. Para os antecedentes do caso, ver *The New York Daily Tribune*, 3 de julho de 1850, e Karen Halttunen, *Murder Most Foul: The Killer and the American Gothic Imagination* (Cambridge, MA: Harvard University Press, 1998).

[143] *Spirit Messenger*, 7 de dezembro de 1850.

[144] De Mary Robbins Post para "queridos parentes", 1º de outubro de 1850, Departamento de Livros Raros e Coleções Especiais, Biblioteca da Universidade de Rochester.

reformas na legislação e na saúde, que denunciavam as condições das prisões e que promoviam comunidades baseadas em princípios socialistas. Os defensores dos direitos das mulheres lutavam não apenas pelo sufrágio feminino, mas também por mudanças nas leis do casamento. Ainda mais radicais, alguns homens e mulheres questionavam o próprio conceito de casamento monogâmico, argumentando que ele privava os indivíduos da oportunidade de encontrar os seus verdadeiros parceiros espirituais. Os críticos às vezes relacionavam a fé nos espíritos com a defesa do "amor livre", exagerando a conexão entre eles no intuito de desacreditar a ambos.

Dadas as convicções de muitos dos mortais presentes, não chega a surpreender que a maioria dos espíritos apoiasse reformas nas sessões. De forma semelhante à consciência individual libertada dos grilhões da autoridade, eles clamavam com frequência por mudanças quando instituições religiosas tradicionais instavam por cautela ou não envolvimento, ou então quando simplesmente rejeitavam por completo as reformas. Nem todos os espíritos, entretanto, poderiam se permitir uma transformação tão extrema quanto a de John Calhoun. Nem todos os espíritos concordavam entre si ou progrediam no mesmo ritmo. As opiniões variavam muito no outro mundo, assim como nas igrejas tradicionais e na nação.

Um senhor de Memphis, Tennessee, em estado de transe mesmérico, perguntou: "Possuir escravos está em conformidade com as leis eternas da Deidade?" O espírito a quem se dirigiu se esquivou, respondendo com ambiguidade: "No tempo, mas não na eternidade."

Maggie ficou com Leah em Rochester durante boa parte daquele outono, mas, em novembro de 1850, elas passaram a trabalhar separadamente. Maggie, aos 17 anos, voltaria sozinha para uma visita a Troy, no estado de Nova York. Essa era a cidade em que, na primavera anterior, ela e Leah tiveram problemas com as senhoras casadas, e dificuldades muito mais sérias ocorreram durante a viagem atual. Motivados por esposas enciumadas, pelo medo de bruxaria ou por ambas as coisas, cinco homens começaram a seguir Maggie durante o dia e a vigiá-la durante a noite. Seus anfitriões, Robert Bouton e a esposa, temiam que os homens fossem assassinos e que "um sinistro complô" estivesse em andamento contra a médium.

Bouton informou a Leah que, "ontem à noite, a sra. Bouton e Margaretta foram juntas até a porta de um galpão, quando uma pedra foi atirada sobre elas. Um homem no telhado gritou com raiva ao descobrir que as duas estavam juntas, em vez de estar apenas Margaretta".

A violência aumentou. Os inimigos de Maggie, que se escondiam no depósito de madeira ao lado da propriedade dos Bouton, primeiro atiraram pedras, quebrando vidraças de janelas, e, depois, arrombaram a casa. Preparados para o ataque, a família afugentou os homens. Depois de trancar Maggie em um pequeno quarto, para sua própria proteção, Bouton telegrafou pedindo a Leah que viesse imediatamente, e em segredo, para escoltar a irmã de volta para casa.[145]

Em pânico, Leah pegou o trem para Troy, convencida durante todo o trajeto de que homens misteriosos a estavam seguindo. Seus temores foram reiterados na chegada, quando viu seu anfitrião brandindo uma pistola para manter seus inimigos à distância. Uma turba os abordou diante de casa, mas os amigos dos Bouton formaram um escudo de proteção, levantando-a e carregando-a no colo para dentro de casa. Ela encontrou Maggie vomitando e chorando de medo no quarto que vinha sendo sua prisão havia dias. Tiros foram disparados pelas janelas, mas os agitadores acabaram se dispersando. Com Maggie doente demais para uma longa viagem, Leah levou-a até Albany, para se recuperar.

---

[145] Underhill, *Missing Link*, pp.122-127.

Os temores foram difíceis de ser dissipados. Maggie gritou durante o sono por semanas a fio. Depois de voltar a Rochester, Leah convenceu-se de que aliados dos perseguidores de Maggie em Troy tinham rondado a casa durante sua ausência. Porém, nenhum outro incidente ocorreu, e as duas voltaram a realizar as sessões em segurança entre os amigos de Rochester.

Se as irmãs Fox estavam rapidamente se tornando celebridades modernas — alardeadas, amadas e desprezadas com tanto fervor quanto estrelas de cinema, atletas e outros de visibilidade pública hoje —, elas também ingressaram em uma antiga tradição que conferia fama não só à realeza, a heróis militares e a homens de Estado, mas também a figuras religiosas. Algumas mulheres nos Estados Unidos tinham sido líderes religiosas, como a Mãe Ann Lee, dos *shakers*, mas virtualmente todas as mulheres burguesas do século XIX foram responsáveis por moldar o ambiente religioso e moral de seus lares. Crianças, porém, haviam sido espiritualizadas e sentimentalizadas pelo movimento romântico, que as retratava, como escreveu Wordsworth, "trilhando nuvens de glória".

Kate e Maggie, meninas da roça que, quando das primeiras batidas, encontravam-se no ápice da adolescência, foram ajudadas pela aura de religiosidade que cercava mulheres e crianças. Para muitos que acreditavam na comunicação com os espíritos, parecia que Emanuel Swedenborg e Andrew Jackson Davis haviam preparado o caminho para novas revelações, mas as duas médiuns abriram as portas a um novo estágio do desenvolvimento humano, à aurora de uma era em que os seres humanos entenderiam que a morte não existe.

Charlotte Fowler Wells, editora e frenologista, estava entre os que, após a visita das irmãs Fox a Nova York, começaram a realizar sessões particulares para comungar com os espíritos. Horace Greeley frequentava esporadicamente esses encontros e, vez por outra, levava Kate consigo. Em dezembro de 1850, membros do Círculo de Nova York, como o grupo se autodenominava, faziam reuniões semanais sem cobrar ingresso, e o irmão de Wells, Edward Fowler, tornara-se médium também, entrando em um estado semelhante ao transe para se comunicar com o outro mundo. Em um processo conhecido como escrita automática, os espíritos às vezes usavam sua mão como instrumento transmissor de mensagens; ou então, outras vezes, palavras pareciam se materializar sobre o papel sem intervenção humana, em um processo chamado de escrita dos espíritos. Mensagens eram rabiscadas com frequência em hieroglifos ou em línguas estrangeiras com as quais Fowler, supostamente, não tinha familiaridade, trazendo, em geral, um conteúdo filosófico ou teológico que desenvolvia, por exemplo, conexões coerentes entre matéria e espírito.[146]

Círculos similares estavam sendo formados em outras cidades, como Filadélfia, Providence, Cleveland, Boston, St. Louis e outros lugares pelo país afora. Eliab Capron, a essa altura trabalhando no *Providence Morning Mirror*, afirmou que havia de cinquenta a cem médiuns somente em Auburn.

"A bola que foi lançada em Nova York", escreveu a historiadora Emma Hardinge duas décadas depois, "adquiriu velocidade com um ímpeto que logo transcendeu o poder que a imprensa, o púlpito ou o público tinham para detê-la, apesar de todas as forças que se insurgiram contra ela".[147]

---

146 Informações sobre o Círculo de Nova York em Documentos de Charlotte Fowler Wells, Biblioteca Carl A. Kroch, Cornell University, Ithaca, Nova York.

147 Hardinge, *Modern American Spiritualism*, p. 72.

Nove

A imputação de impostura

À medida que a influência das irmãs Fox crescia, também se tornavam mais numerosas as batalhas travadas por meio da imprensa acerca da autenticidade dos espíritos. Um dos mais virulentos antagonistas das médiuns, Stanley Grimes, era um célebre conferencista que lecionava mesmerismo e frenologia. Ele também fora o primeiro a magnetizar Andrew Jackson Davis, embora tenha rejeitado o futuramente famoso vidente por ser uma pessoa fraca e desinteressante — erro que Grimes deve ter lamentado.

Em uma série de cartas para o *Tribune*, Grimes adotou uma abordagem franco-atiradora, acusando as irmãs de praticamente todos os truques possíveis e imagináveis, do ventriloquismo ao uso de artifícios mecânicos e conspiração. O seu sucesso dependia, em parte, de serem mulheres, escreveu ele; os homens não tinham o luxo das saias volumosas que escondem os pés. Pior ainda, afirmou ele, elas contrataram confederados para pesquisar sobre a vida dos frequentadores de suas sessões. De um ponto de vista frenológico, ele absolvia Kate e Maggie de qualquer predisposição inata à escolha de um caminho por si mesmas. Ele acusava Leah, cujo gráfico frenológico revelava sinistros traços de inteligência, ceticismo e ambição masculina.[148]

[148] *New York Daily Tribune*, 9, 17 e 26 de julho de 1850; ver também Herbert Jackson Jr., *The Spirit Rappers* (Nova York: Doubleday, 1972), p. 73.

C. Chaucey Burr, advogado que se tornou ministro universalista e, depois, conferencista especializado em mesmerismo e eletrobiologia, como Stanley Grimes, decidira que expor as irmãs Fox seria a sua quarta carreira. Seus ataques se multiplicaram em 1851, quando ele e o irmão, Heman, anunciaram que tinham produzido batidas "tão altas que podiam ser ouvidas distintamente em um salão apinhado com uma multidão de mil pessoas".[149]

Os Burr informaram aos leitores do *Tribune* que conseguiram a façanha estalando os dedos dos pés. Heman Burr logo respondeu com indignação aos que duvidaram de seu feito, fornecendo uma lista de variáveis que alegou poderem alterar o volume e o tom das batidas, como o tamanho e força de uma junta em particular, o tamanho do pé, sua umidade ou secura e a substância — madeira, vidro ou metal — sobre a qual o médium se encontrasse.[150]

Os que acreditavam nos espíritos ridicularizaram a "dedologia", termo com o qual alguns jornais ironicamente rotularam a teoria de C. Chaucey Burr. Porém, suas demonstrações levaram uma nova categoria de críticos a testar as irmãs Fox: professores de medicina e médicos praticantes. Maggie e Leah estavam prestes a serem submetidas a um escrutínio mais duro e mais especializado do que jamais tinham enfrentado antes.

Não que a profissão médica pudesse se autodenominar uma parte totalmente objetiva ou desinteressada, já que muitos médiuns, como os mesmeristas, alegavam a habilidade de diagnosticar e curar doenças. Os mesmeristas creditavam esse poder a fluidos eletromagnéticos na atmosfera e no corpo, enquanto os médiuns dependiam do conselho e da orientação dos espíritos. Já perdendo pacientes para o domínio mais

---

[149] E.W. Capron, *Modern Spiritualism: Its Facts and Fanaticisms, Its Consistencies and Contradictions; with an Appendix* (Boston: Bela Marsh, 1855; repr. Nova York: Arno Press, 1976), p. 416.

[150] Capron, *Modern Spiritualism*, p. 418.

gentil da medicina homeopática, alguns médicos se sentiram desafiados pelo outro mundo e rapidamente desqualificaram todos os médiuns, julgando-os charlatães.

Apesar de sua infelicidade no outono, Kate concordara em ficar em Nova York naquele inverno, provavelmente porque Margaret enfim entendera o clamor de sua filha por companhia e veio ter com ela. Em fevereiro de 1851, reunidas depois do fiasco em Troy, Maggie e Leah partiram juntas de Rochester e seguiram para Buffalo, Nova York, a fim de encontrar seus habitantes, os quais foram convidados para reuniões no Phelps House, hotel onde as irmãs se hospedaram. No mesmo mês, o *Commercial Advertiser*, de Buffalo, publicou uma carta de três professores de medicina da universidade local — Austin Flint, Charles A. Lee e C. B. Coventry —, que descreveram uma visita feita recentemente ao hotel das irmãs. Tudo na carta foi considerado um insulto por Maggie e Leah, sobretudo o tom dos médicos ao se referirem a elas como "fêmeas" — termo que, segundo comentário ácido do editor de uma revista influente, tanto poderia ser aplicado a cavalos quanto a mulheres.

Os médicos escreveram que, "pelo método da exclusão", eles foram ao encontro concordando previamente que uma explicação espiritual para as batidas não poderia ser cogitada até que todas as possíveis explicações fisiológicas tivessem sido eliminadas. E os cavalheiros saíram do encontro convencidos, depois de cuidadosa observação, de que movimentos quase imperceptíveis do corpo de Maggie provocavam os ruídos.[151]

[151] Versões ligeiramente diferentes da carta dos médicos aparecem em Capron, *Modern Spiritualism*, e Emma Hardinge, *Modern American Spiritualism: A Twenty Year's Record of the Communion Between Earth and the World of Spirits* (1869; reimpr., New Hyde Park, NY: University Books, 1970). De acordo com Capron, pp. 309-319, os próprios médicos alteraram sua explicação para a edição de março de 1851 do *Buffalo Medical Journal*. As citações dos médicos, as respostas das irmãs Fox e o título do capítulo 9 estão em George H. Derby, *Rochester Knockings! Discovery and Explanation of the Source of the Phenomena Generally Known as the Rochester Knockings* (Buffalo, NY: George H. Derby, 1851), pp. 6-9, pp. 36-38. Ver também Capron, *Modern Spiritualism*, p. 313.

A expressão cansada de Maggie, argumentaram eles, denunciou-a, provando não apenas que "os sons deviam-se à atuação da irmã mais nova", mas também que eles envolviam o seu esforço consciente, "a ação da vontade, através de músculos voluntários, sobre as juntas". Então, os médicos jogaram a bomba: coincidentemente, eles tinham conhecido uma mulher que produzia aqueles mesmos sons usando não os dedos dos pés, mas os joelhos.

"Sem entrar, nesta ocasião, em uma explicação anatômica e fisiológica muito minuciosa", escreveram, embarcando, assim, no tipo de explicação, "é suficiente afirmar que [...] o osso grande da perna (a tíbia) é movido lateralmente sobre a superfície inferior do osso da coxa (o fêmur), ocasionando um deslocamento parcial [...] [e] causando um som alto, e o retorno do osso ao lugar é acompanhado de um segundo som".

A força do deslocamento era suficiente para sacudir portas e mesas se o joelho da médium estivesse em contato com a mobília.

Quando um crítico entregou uma cópia do artigo acusador a Leah, em seu quarto, ela bateu a porta com violência. Então, Leah e Maggie responderam à altura, lançando um desafio aos médicos pelos jornais. Elas se indignavam com a "imputação de impostura", escreveram, mas, ainda assim, estavam dispostas a se submeter a novas investigações, contanto que seis amigos pudessem estar presentes como testemunhas. Se as batidas realmente pudessem ser explicadas a partir de princípios anatômicos ou fisiológicos, que assim fosse. Que os médicos expusessem qualquer embuste, se pudessem.

Uma série de investigações torturantes no Phelps House terminou empatada. As irmãs mais uma vez concordaram em ser contorcidas de várias formas: joelhos sobre almofadas, pernas esticadas, pés levantados. Durante uma experiência que durou quatro horas, os médicos se sentaram diante de Maggie e, a intervalos regulares, agarraram seus joelhos pelo vestido.

Diante da insistência dos oito ou dez observadores, os investigadores abandonaram, com relutância, a ideia de amarrar as pernas de Maggie, dizendo cinicamente que as lágrimas da jovem médium haviam "suscitado muita compaixão".

Depois de tudo isso, os médicos reafirmaram sua convicção: Maggie fazia as batidas; praticamente nenhum som foi ouvido quando seus joelhos foram segurados ou imobilizados de alguma outra forma. Na rara ocasião em que ela conseguiu produzir uma batida fraca, dr. Lee (que definia seu papel como o de "segurador") garantiu que era possível sentir o osso se mexer.

Em uma carta subsequente, para explicar a maneira como os sons variavam e pareciam ricochetear pelo cômodo, os médicos se voltaram para as leis da acústica. "Quem tem um bom ouvido musical", escreveu o dr. Lee, "em geral pode identificar [as batidas] ao redor [da srta. Fox]. Mas, se a atenção estiver dirigida para outra parte do cômodo, então, como no caso do ventriloquismo, os sons parecem proceder *de lá*".

Leah reagiu com a sua agressiva investida jornalística, alfinetando os médicos de Buffalo por escamotearem os fatos de propósito e afirmando que eles haviam ouvido muito mais batidas do que estavam dispostos a admitir. Entretanto, ela reconhecia lapsos ocasionais da parte dos espíritos, admitindo que "quando os nossos pés foram colocados sobre almofadas recheadas de pó de serra, apoiados nos calcanhares, não se ouviram sons [...]". Porém, Leah insistiu em que os espíritos estavam no seu direito de se retrair, ofendidos com o comportamento bruto dos seus perseguidores médicos.

A disputa, como ela diria mais tarde, "colocou toda a cidade de Buffalo em polvorosa". Atravessando a duras penas os rios fundos de lama e neve derretida — resultado do clima extraordinariamente quente de um mês de março ensolarado —, multidões ávidas iam até o Phelps House. Demonstrando talento para relações públicas, Leah recusou-se, durante toda uma quinzena, a cobrar pelo ingresso. As sessões ficavam tão cheias que Charles White Kellogg, revendedor de produtos agrícolas, reclamou de não ter sido atendido por duas vezes, antes de finalmente ter a oportunidade de conhecer as irmãs. "Minha esposa e eu visitamos a sra. Fish e a srta. Fox, as famosas Batedoras de Rochester", escreveu ele na noite de 18 de março.

"Entre outras demonstrações notáveis", confidenciou Kellogg em seu diário, "um grande sino de mesa e outro sino menor, que estavam debaixo da mesa, tocaram várias vezes e viajaram de um lado para outro, o maior frequentemente esbarrando na mesa com tanta força que a pancada parecia um homem martelando forte, o que fez o castiçal tombar a uns quinze centímetros ou mais de distância da mesa, derrubando e apagando as velas. O sino menor entrava e saía do maior, ambos mantendo sua posição perpendicular. O violino debaixo da mesa era tocado e transferido de um lugar para outro sem interferência humana, até onde qualquer um de nós treze pudesse ver. Em resumo, tudo era feito sem que pudéssemos descobrir o porquê e *para quê*".[152]

Quando Maggie e Leah deixaram Buffalo, em abril de 1851, elas podiam dizer, sem pestanejar, que sua estada fora um sucesso financeiro. "Não foram poucos os mais importantes cavalheiros da cidade que nos enviaram presentes de despedida e de parabéns, em uma nobre escala de magnificência, como tributos de gratidão pelo que tivemos de suportar e pelas provas demonstrativas da imortalidade que coube a nós acrescentar ao seu *conhecimento* experimental", escreveu Leah.[153]

Leah pode ter ministrado quinze dias de sessões gratuitas, mas ela podia se dar esse luxo. As irmãs Fox agora estavam financeiramente seguras o bastante para se vestirem bem, viajar

[152] Diário de Charles W. Kellogg, 18 de março de 1851, Documentos da Família Kellogg, caixa 2, fichário 8, Sociedade Histórica de Nova York, Nova York.

[153] A. Leah Underhill, *The Missing Link in Modern Spiritualism* (Nova York: Thomas R. Knox, 1885), p. 196.

com mais conforto e dar presentes generosos à família e a amigos em Rochester e no condado de Wayne. Talvez por se sentir tão abastada, Leah mudou de residência pela terceira vez, para uma bela casa idealmente situada na esquina das ruas Troup e Sophia, não mais na beirada, mas no coração do rico bairro de Third Ward, em Rochester. O estresse das investigações de Buffalo e a tensão com a mudança, entretanto, foram demais para ela. Doente e exausta, Leah ficou de cama, em recuperação.

A primavera de 1851 encontrou Kate e sua mãe ainda vivendo em Nova York, passando a maior parte do tempo no Castelo Enlutado e ocasionalmente visitando outros investigadores. Estudando de dia, Kate continuava a participar de sessões à noite. Como hóspede dos Greeley, ela não recebia nada pelo seu trabalho; era considerada objeto de interesse científico.

Um nova-iorquino chamado Charles Partridge, rico fabricante de fósforos, já tinha encontrado tanto Kate quanto Maggie antes. Como os Greeley, ele e a esposa ficaram tão apegados a Kate, que a convidaram para ficar em sua casa durante várias semanas naquele mês de março. De acordo com um relato de Eliab Capron, amigo da família Fox, o vizinho de Partridge repetia com fervor que a médium era uma farsa, até que, um dia, os espíritos enfim lhe perguntaram, gentilmente, se haveria alguma coisa que pudesse mudar sua opinião.

"Ele respondeu: 'Ver a médium ficar em pé na cadeira, para que possamos ver os seus pés, e, então, ouvir as batidas'", escreveu Capron. "Os espíritos então soletraram: 'Cathy, fique de pé na cadeira.' Ela subiu na cadeira, e as batidas foram feitas em vários lugares, abundantemente. Então, foi-lhe pedido que ela se sentasse, o que ela fez, e a luminária sobre a mesa foi transferida de um lado para o outro, sem quaisquer meios visíveis, para a total satisfação do cético."[154]

[154] *New York Weekly Tribune*, 22 de março de 1851. Ver também Capron, *Modern Spiritualism*, p. 186.

Talvez como reação a ter de convencer tantos desconhecidos de seu valor, as afeições de Kate, de 14 anos, pelo amigo de longa data da família, John E. Robinson, de Rochester, parecem ter evoluído para uma grande paixão juvenil. Solteiro, com o dobro de sua idade, Robinson deve ter ficado envaidecido no início, mas sua indulgência logo se transformou em uma preocupação séria quanto ao bem-estar de Kate. Ele escreveu para Leah, dizendo que a menininha que cativava a todos com sua presença atraente e seus dons intuitivos e espirituais estava crescendo muito rápido.

"Recebi uma boa carta de sua irmã bruxa, minha querida e pequenina Kate, esta manhã", contou ele a Leah. "Ela escreve com muita alegria. Diz que começou mais um período na escola. [...] Ela também diz que está 'louca' para me ver! Você deve entender o que ela quer dizer com isso, ao escrever para mim (um amigo e conselheiro); mas Cathie está aprendendo rápido a ser mulher, e rezo para que ela escape das amargas provações pelas quais você e sua mãe tiveram de passar."[155]

As provações a que Robinson deve se referir são as consequências de uma escolha de marido repentina, precipitada e inadequada — escolha que Margaret fizera aos 16 anos e Leah, ainda mais jovem, aos 15.

Nem todos os aliados confiáveis de Kate eram tão protetores, e, em abril de 1851, Arcádia — cidadezinha do condado de Wayne em que moravam seu pai e seu irmão, David — produziu um traidor, ou um mentiroso. A mulher de David, Elizabeth, tinha uma cunhada, a sra. Norman Culver, que anunciou em um depoimento que, no ano anterior, Kate havia confessado que era uma fraude. O depoimento fora solicitado por C. Chauncey Burr, que não havia desistido de seus esforços de destruir as Fox.[156]

---

[155] De John E. Robinson para Leah, 12 de março de 1851, citado em Underhill, *The Missing Link*, p. 204.

[156] A declaração de Culver é citada em Capron, *Modern Spiritualism*, pp. 421-423.

À época, explicou Culver, ela tinha resolvido descobrir a verdade por trás dos espíritos. Então, esperou até que Maggie estivesse fora e abordou a efusiva Kate com uma proposta: uma prima dela queria participar de uma sessão. Como ela poderia ajudar no sentido de garantir o sucesso do encontro? Kate, segundo Culver, havia mordido a isca e se proposto a ensinar como ser uma médium.

"Ela disse que, quando minha prima consultasse o espírito, eu deveria sentar ao seu lado e tocar seu braço a cada letra certa. Foi o que fiz, e Kate pôde responder a quase todas as perguntas corretamente. Depois de eu ajudá-la dessa forma algumas vezes, ela me revelou o segredo. As batidas são produzidas pelos dedos dos pés. Todos os dedos eram usados. [...] Catharine me disse para esquentar os pés ou colocá-los em água morna, e assim ficaria mais fácil produzir as batidas; ela me disse que às vezes tinha de esquentar os pés três ou quatro vezes ao longo de uma noite. Achei que esquentar os pés tinha me ajudado, de fato, a fazer o som com muito mais facilidade."

De acordo com Culver, Kate então continuou falando e admitiu outros truques havia muito conhecidos pelos mágicos — por exemplo, a leitura de expressões faciais e da linguagem corporal para obter respostas:

"[Kate] contou o porquê de elas pedirem às pessoas que escrevessem vários nomes em pedaços de papel e, então, apontar para eles até que o espírito batesse para o nome certo: era para dar a elas a possibilidade de observar as expressões e os movimentos das pessoas, podendo assim, quase sempre, adivinhar."

E quanto a dirigir a atenção do público para outros lugares:

"Ela me disse que [...] quando eu quisesse fazer as batidas soarem distantes, na parede, eu tinha de fazê-las mais altas e dirigir os meus próprios olhos para onde eu queria que elas fossem ouvidas."

E quanto ao conluio:

"Catharine me falou que, quando o comitê juntou seus calcanhares em Rochester [durante as investigações do Corinthian Hall], a jovem empregada holandesa bateu com as juntas dos dedos das mãos no andar de baixo, no porão. A menina foi instruída a bater sempre que ouvisse suas vozes chamando os espíritos."

Eliab Capron desqualificou a sra. Culver como mero instrumento de Burr e contestou suas alegações uma a uma. Ele afirmou que, como Kate estivera em Auburn durante as demonstrações do Corinthian Hall, ela dificilmente saberia grande coisa sobre elas. As investigações tinham acontecido em vários lugares diferentes, enfatizou ele, sem que Leah e Maggie fossem informadas com antecedência. E a família Fox "não tinha, e nunca teve, uma empregada holandesa ou outra qualquer a seu serviço, em Rochester, até a época da investigação".

Ele esqueceu de mencionar, porém, que algumas das investigações tinham sido realizadas na casa dos Post e que uma empregada holandesa estava trabalhando para a família naquele período. Juntamente com Amy, Jacob e Joseph, a jovem a quem Isaac chamava "nossa holandesinha" adorava fazer perguntas aos espíritos.[157]

Até o depoimento da sra. Norman Culver fracassou em diminuir o interesse popular pelas irmãs, embora Kate, sem dúvida, deva ter se sentido traída. Naquela primavera, mais ou menos na mesma época em que o depoimento de Culver foi publicado e enquanto Leah ainda se recuperava da mudança recente, Maggie foi ver a mãe e a irmã em Nova York. Lá, as médiuns continuaram sua atividade com os espíritos. Um novo visitante, altamente influente, era o juiz John Worth Edmonds, juiz-presidente da Suprema Corte do estado de

[157] Para o emprego da jovem holandesa na casa dos Post, ver Isaac Post, para "irmão e irmã", 23 de novembro de 1848, Biblioteca Histórica Friends, Faculdade de Swarthmore.

Nova York que se tornara um investigador sério dos espíritos logo depois da morte da esposa, em 1851.

O estado mental de Edmonds ao conhecer as irmãs sugere que ele estava atraído pela ideia da comunicação com os espíritos e, como tantos homens e mulheres de sua época, lidando com grandes mudanças na maneira de encarar a vida após a morte. "Eu ocupava todo o meu tempo livre com leituras sobre o tema da morte e da existência humana depois dela", escreveu ele. "Ao longo da vida, eu tinha lido e ouvido do púlpito tantas doutrinas contraditórias e conflitantes sobre esse assunto que nem sabia mais no quê acreditar."[158]

Porém, ele continuara na dúvida quanto aos espíritos. Tanto é que, na noite de 21 de maio de 1851, quando foi à sessão na residência de Charles Partridge, o fabricante de fósforos, Edmonds ainda buscava provas que esperava serem "inteiramente satisfatórias".

Para Partridge, aquela noite em especial pareceu ter sido propositalmente "escolhida com o intuito de produzir tais provas" para Edmonds. Maggie estava presente, assim como o dr. John Gray, respeitado médico homeopata e amigo da família Fox. Outros participantes incluíam um médium de cabelo branco chamado Henry Gordon, famoso por suas levitações, e um observador anônimo que, assim como Partridge, deixou um relato dos acontecimentos da noite. Vale a pena citar ambos os relatos em sua quase integridade, pois essas testemunhas viram e ouviram coisas muito diferentes.

A sessão começou com um membro do grupo tocando piano, enquanto os espíritos marcavam o compasso com batidas. Partridge escreveu em seu relato que ele sentiu a mesa sobre a qual estava apoiado vibrar sob suas mãos. Logo, os espíritos sugeriram que o cômodo fosse escurecido, a fim de demonstrarem melhor o seu brilho do além.

---

[158] Hardinge, *Modern American Spiritualism*, p. 96.

"Nós seguimos essa orientação, e a luminosidade que se desejava era vista em momentos e lugares diferentes, às vezes parecendo chamas fosforescentes e formando, vez ou outra, nuvens luminosas que se deslocavam pelo ar; outras vezes, elas pareciam estrelas brilhantes e luzentes e, outras ainda, cristais cintilantes ou diamantes. [...] As manifestações físicas aumentaram em variedade e força e continuaram por três horas, durante as quais o juiz pareceu possuído pelos espíritos. Muitas coisas lhe aconteceram (que ele mencionou), das quais somente ele poderia estar consciente — embora nós pudéssemos perceber que algo extraordinário estava ocorrendo em seu interior ou ao seu redor. Muitas coisas aconteceram, entretanto, à vista de todos, e das quais todos fomos testemunhas.

"A mesa de jogo antes mencionada começou a se mover com uma força violenta, de um lado do nosso círculo (que era grande) para o outro, balançando, levantando-se do chão e baixando; por fim a tábua de cima foi dobrada, as duas abas juntas foram giradas e encaixadas adequadamente, a mesa foi virada com delicadeza de cabeça para baixo e colocada a nossos pés. [...] Uma cadeira, que estava do lado de fora de nosso círculo e a poucos metros de qualquer um de nós, foi levada até o círculo de repente, voltou, balançou e, finalmente, com muita rapidez, atravessou o cômodo de uma extremidade à outra, desviando, em seu caminho, das pessoas que estavam sentadas, [...] às vezes passando a poucos centímetros de distância de algumas delas, com uma velocidade assustadora.

"Nós fomos tocados ao mesmo tempo em diferentes partes do corpo, como que por mãos humanas, tão distintas que o seu tamanho e temperatura podiam ser sentidos. [...] Foi pedido ao sr. Gordon que entrasse no armário, e a porta foi fechada por algum poder invisível.

"Algumas pessoas do grupo, dentre as quais o juiz Edmonds, foram solicitadas a entrar em outro armário, [...] no qual havia um violão, uma viola e um violino, todos tocados, primeiro separadamente e, por fim, juntos, no compasso, que foi marcado por batidas feitas às vezes nos instrumentos, no chão, no teto, [...] e os arcos encostavam nas pessoas.

"Depois, a viola e o violino foram suspensos acima das pessoas e fora de seu alcance, [...] e, nessa posição, foram tocados e receberam batidas, como se por dedos humanos. [...]

"Um sino de mesa que estava na estante foi levantado, tocado no alto e, então, levado até o salão e carregado por sobre as cabeças de quinze ou vinte pessoas que estavam ali, sentadas. [...] Outro sininho foi removido da estante, tocado, colocado e tirado das mãos de várias pessoas. Um lenço foi retirado do bolso do juiz e amarrado com vários nós, sendo então recolocado no bolso. [...]

"Essas coisas", concluiu Partridge, continuaram acontecendo durante um período de umas três horas, e alguém perguntou: 'Por que essas coisas estranhas e aparentemente inconsequentes estão ocorrendo?' Foi esta a resposta: 'Para que vocês saibam que é extraterreno, e não obra de mãos mortais'."[159]

Enquanto Partridge encarou as manifestações com reverência, o observador que deixou um relato anônimo não conseguiu acreditar nos próprios olhos.

"Depois que os espíritos quiseram que as luzes fossem apagadas e todos os vestígios e raios de luz foram eliminados, houve uma série de acontecimentos, no mais absoluto breu, que me deixou total e inteiramente enojado; claro, qualquer coisa feita no escuro é inútil no que diz respeito a convencer as pessoas. Nós nos sentamos e ouvimos, por mais ou menos uma hora e meia, um perfeito pandemônio de barulhos, pancadas na mesa tão altas que poderiam ser feitas com uma mão ou um pé, palmadas barulhentas, sinos tocando ruidosamente, a mesa rangendo, fechando as abas dobráveis e virando de

[159] Charles Partridge, *The Spirit Messenger and Harmonial Guide 2* (18 de novembro de 1851), p. 163.

cabeça para baixo, como foi anunciado pelas exclamações de quem estava perto. O juiz Edmonds exclamava continuamente: 'Fui tocado... agora estou recebendo uma palmada no ombro... ouçam só... agora eles estão tocando os meus pés... e, agora, minha cabeça.' Em seguida, gritava: 'Eles estão puxando a barra de meu casaco, estão me puxando na direção de Margaretta.' [...] Enquanto isso, o [médium] de cabeça branca [Henry Gordon] se deslocava pelo cômodo da forma mais extraordinária, gritando. Parecia brigar e discutir com os espíritos que queriam possuí-lo. A certo momento, o dr. Gray disse: 'Eles o levantaram no ar.' E alguém comentou: 'Não, ele está em pé na cadeira.' Depois de certo tempo, em meio a um grito muito forte e exclamações de 'Não, não quero ir, me deixem em paz', acompanhadas do barulho de uma luta, ele foi arrastado até o armário e fechado lá dentro. Isso nós soubemos pelas exclamações do dr. Gray. Então, o dr. Gray também foi colocado lá e, depois, o juiz Edmonds, seguidos, finalmente, de todas as médiuns e de algumas outras pessoas. Em seguida, fomos presenteados com a mais absurda série de sons que jamais se ouviu, vinda de dentro desse armário: pancadas fortes; um coro da *Valsa da despedida*, entoada por todos os *trancafiados do armário* e acompanhada de batidas na porta; o som arranhado de um velho violoncelo, também lá dentro. [...] Nós os deixamos às onze e meia da noite, e eles ainda estavam lá dentro, com os barulhos permanecendo tão alto e tão sem sentido quanto antes."[160]

O que para um observador parecia milagroso, para outro parecia ridículo. Para Partridge, as manifestações daquela noite ofereciam provas da imortalidade, mas para o outro homem, não identificado, elas apenas provavam a credulidade humana.

---

[160] Citado em Charles Wyllis Elliott, *Mysteries; or, Glimpses of the Supernatural Containing Accounts of the Salem Witchcraft — The Cook-Lane Ghost — The Rochester Rapping — The Stratford Mysteries — Oracles — Astrology — Dreams — Demons — Ghosts — Spectres — Etc. Etc.* (Nova York: Harper & Brothers, 1852), pp. 165-168.

Dez

O espiritualismo moderno

Assim que Leah se sentiu suficientemente bem depois de sua recente doença, ela começou a pensar em expandir — e defender — o trabalho das irmãs Fox, viajando para novas cidades. Cleveland, em Ohio, pareceu uma escolha natural. Era possível prever um público receptivo, pois a cidade já tinha vários círculos espiritualistas e entusiastas; além do mais, Leah fora avisada por amigos que C. Chaucey Burr estava tramando uma grande armadilha por lá. Sem nunca fugir de uma boa briga, Leah organizou uma viagem para o oeste em maio de 1851, na companhia de Calvin, sua irmã Maria Smith e o filho pequeno de Maria, Charlie. Havia certa dose de risco envolvido, em mais de um sentido. Kate e Maggie ainda estavam em Nova York com a mãe, então Leah iria se encontrar com o público sozinha pela primeira vez fora de Rochester, sem as irmãs mais jovens, e mais famosas, ao seu lado.

O editor do *Cleveland Plain Dealer,* coincidentemente chamado John Gray, como o amigo nova-iorquino da família Fox, deu-lhe as boas-vindas com a propaganda calorosa: "Serão ouvidas muitas batidas em Cleveland esta semana." Ele sabia que o anúncio venderia jornais, mas ele também era receptivo à ideia da comunicação com os espíritos e fazia pouco para esconder sua simpatia. Gray debochou dos irmãos Burr por suas "piadas e caretas" e rotulou as conclusões dos médicos de Buffalo de "capengas e impotentes".[161]

Leah e seus seguidores se instalaram em uma confortável suíte do Dunham House, animadíssima estalagem, taverna e parada de charretes. Ela controlou tão bem a situação que logo impressionou o influente Gray, que a considerou "uma dama inteligente, de fala agradável". Sua maneira franca, comentou ele, desvestiu-a "de todo o mistério com que a imaginação cobrira a sua pessoa e de qualquer preconceito que a calúnia pode ter conferido ao seu caráter".

Leah pode ter agradado a John Gray, mas as duas "senhoritas Fox" o encantaram ainda mais dias depois, quando finalmente se juntaram a ela. As manifestações pareceram a ele muito mais fortes na presença das duas. "Elas são jovens muito corretas, e, com a irmã mais velha, formam um grupo interessante", informou Gray a seus leitores. "Dessa forma, a força da bateria espiritual cresce muito, e as batidas em sua presença mais que triplicam se comparadas a quando a sra. Fish está só." Leah graciosamente tomou conhecimento de que suas irmãs mais novas eram as médiuns mais perfeitas do mundo para a comunicação com os espíritos.[162]

Talvez o desgaste de colocar o pé na estrada mais uma vez tenha exacerbado as tensões, pois os nervos das irmãs pareciam à flor da pele, e um desacordo com uma amiga de Rochester, Lemira Kedzie, levou a uma série de brigas. Reformista muito chegada a Amy Post, Kedzie acompanhara as jovens até Cleveland e aparentemente desejou que elas fossem a outras cidades

---

[161] As citações de John Gray do *Cleveland Plain Dealer* são de Mariam Buckner Pond, *Time is Kind: The Story of the Unfortunate Fox Family* (Nova York: Centennial, 1947), pp. 88-94.

[162] Pond apresenta uma data de nascimento alternativa para Kate em *Time is Kind*, p. 93, alegando que logo depois de as jovens chegarem a Cleveland, a família celebrou seu aniversário de 14 anos em 6 de junho de 1851, e não em março, como Titus Merritt teria afirmado. De qualquer forma, na época das batidas de Hydesville, em 1848, Kate teria em torno de 11 anos, e não seis, como é dito às vezes.

do oeste — uma turnê que ela pretendia iniciar em sua terra natal, Cincinnati. Os motivos de Kedzie não são claros; ela pode ter contado com uma parte da renda da turnê, encarado a si mesma como uma boa influência para as meninas ou desejado participar de uma missão que ajudaria a anunciar a boa-nova.

Qualquer que tenha sido o acordo prévio com as jovens, chegando em Cleveland Kate e Maggie rejeitaram a ideia obstinadamente. Kedzie, então, voltou-se para a irmã mais velha, em busca de ajuda para recolocá-las nos trilhos. Porém, a essa altura, Leah já sabia que precisaria de ao menos uma das meninas ao seu lado para fomentar "a força da bateria espiritual". As negociações continuaram e chegaram a um acordo. Maggie, que já tinha feito outras parcerias com Leah em investigações árduas, mas bem-sucedidas, permaneceu com a irmã mais velha e com Calvin. Kate, já acostumada a trabalhar de forma independente, foi para Cincinnati com Maria, o pequeno Charlie e a decepcionada Kedzie.

Alguns moradores de Cincinnati alegaram ter escutado estranhas batidas muito antes de se ter notícia dos barulhos de Hydesville, mas que tinham mantido os incidentes em segredo. Então, depois de visitar as irmãs em Rochester, em 1850, a sra. G.B. Bushnell despontou como a primeira médium pública de Cincinnati — sendo "público" uma palavra que os médiuns preferiam a "profissional". Quando Kate passou por lá em junho de 1851, os espíritos já tinham construído um séquito leal. Investigador interessado, um editor chamado William T. Coggshall ficou impressionado com o ambiente perfeitamente pacífico e doméstico da sessão de que participou. Enquanto as batidas ecoavam pelo cômodo, ele e Kate conversavam, Maria Smith arrematava uma costura e Kedzie lia o jornal.

"Se conseguem lidar com uma situação dessas e, ao mesmo tempo, personificar todos os mistérios que lhes são atribuídos, elas devem ser mulheres extraordinárias",[163] escreveu ele.

---

[163] Citado pelo dr. J.B. Campbell, *Pittsburgh and Allegheny Spirit Rappings, Together with a General History of Spiritual Communications Throughout the*

A harmonia não durou muito. De Cincinnati, o pequeno grupo de Kate se deslocou até Columbus, Ohio, mas aqui a turnê já prejudicada de Kedzie terminou de forma ab-rupta, quando o pequeno Charlie adoeceu. Leah chamou todos de volta para Cleveland, onde ela disse que curaria o menino com a ajuda dos espíritos. Assim que Charlie pareceu bem o bastante para viajar, Maria retornou para o condado de Wayne. Kedzie partiu para Rochester pouco depois, afirmando acidamente que Leah era uma administradora fraca e extravagante. Leah em seguida foi acometida por uma dor de cabeça insuportável, que durou dias a fio; seu sofrimento aumentou devido à preocupação com Calvin, acometido por um sério resfriado que se instalara nos pulmões. Partir numa turnê se mostrara um sacrifício para todos os envolvidos.

Em fins de junho, tudo tinha melhorado para todo mundo, exceto para Calvin, que cuspia grandes quantidades de sangue. O filho de 19 anos de Amy e Isaac Post, Joseph, visitou Cleveland e deu notícias da família Fox aos pais. Margaret tinha finalmente viajado até Ohio e levado Kate de volta a Columbus, para cumprir as obrigações que a médium tinha por lá. Maggie e Leah iam bem. Elas "tiveram uma briga quando eu estava lá, mas logo fizeram as pazes", escreveu Joseph, com a familiaridade tranquila de quem já presenciara outras brigas entre as irmãs.[164] As terríveis dores de cabeça que infernizavam Leah continuavam indo e vindo.

Naquele mês de junho, uma revista abolicionista começou a publicar episódios do novo romance de uma ex-moradora de Ohio chamada Harriet Beecher Stowe: *A cabana do pai Tomás*, uma condenação ferrenha da escravidão que suscitou comoções no norte e no sul. Nos primórdios da Lei do Escravo Fugitivo, de 1850, os Post estavam abrigando entre dez e

---

United States (Allegheny, PA: Purviance, 1851), p. 48.

[164] De Joseph Post a Amy e Isaac Post, 17 de junho de 1851, Departamento de Livros Raros e Coleções Especiais, Biblioteca da Universidade de Rochester.

doze refugiados por noite em sua casa, enquanto continuavam seu trabalho em prol dos direitos das mulheres. Como muitos reformistas nas linhas de frente dos movimentos contra a escravidão e a favor dos direitos das mulheres, Amy Post retirava força e inspiração de sua crença nos espíritos. Ela se correspondia regularmente com as irmãs Fox, acreditando que mereciam sua gratidão por ajudá-la a transformar sua vida.

"Penso com frequência em vocês e na sua companhia desde que vocês deixaram sua linda casa para ficar em uma cidade de Ohio, e estou muito feliz em saber que encontraram amigos que sabem apreciar o valor e a importância desse maravilhoso desenvolvimento para a humanidade",[165] escreveu ela para Leah.

Amy expressou uma dívida de afeto para com as médiuns por ajudarem-na a compreender que o mundo dos espíritos existia, e suas palavras fornecem subsídios ao entendimento do impacto das irmãs Fox na vida de quem as apoiava. "É uma riqueza que um dia eu ansiava obter: ficar convencida de que começamos a viver uma vida que jamais termina — uma vida cujas alegrias também são reforçadas por nossas práticas de bondade", explicou.

Embora tenha sido atraída por essa crença no passado, Amy confessou que, antes, ela não conseguira estancar as dúvidas; que o seu desejo de acreditar sempre estivera "acompanhado de um desejo por mais *provas indubitáveis* da imortalidade".

A natureza da vida no além também a preocupava. O destino a que denominações ortodoxas ou até mais liberais condenavam as pobres almas que não conseguiam alcançar a salvação parecia severo. "Durante algum tempo, antes de sua família me levar ao conhecimento dessa abençoada revelação trazida pelas batidas dos espíritos", explicou Amy, "eu estava mais propensa a acreditar que [...] não havia meio-termo; tínhamos que ir para o Paraíso ou para o Inferno".

---

[165] De Amy Post para Leah, citado por A. Leah Underhill, *The Missing Link in Modern Spiritualism* (Nova York: Thomas R. Knox, 1885), pp. 246-247.

Como alguém poderia questionar a integridade das irmãs Fox, perguntava Amy, quando elas tinham realizado tantas coisas?

"Ah, se as pessoas soubessem, como eu sei, das provações que vocês suportaram e dos sacrifícios que fizeram nos dois primeiros anos", escreveu, "elas não estariam convencidas de que se trata de uma invenção de vocês, nem de algo realizado com fins mercenários".

Aquela era uma carta poderosa, a qual Leah, sempre envolvida com as relações públicas, deu um jeito de fazer publicar, pedindo desculpas mais tarde por tornar pública uma mensagem tão calorosamente pessoal.

Foi com Amy que Leah desabafou suas próprias frustrações. "As minhas provações neste lindo lado oriental do mundo têm sido, por vezes, muito grandes", reclamou, apresentando sua própria versão da briga com Lemira Kedzie. Os problemas com Kedzie, confidenciou Leah, chegaram a tal ponto que, "por algum tempo, a própria questão dos espíritos simplesmente submergiu — e nós tememos que nunca mais voltasse à tona".[166]

Como Kedzie estava espalhando boatos entre os amigos comuns de Rochester de que Leah era uma perdulária incompetente, Leah deu o troco colocando em dúvida o caráter e os motivos de Kedzie, extravasando com Amy: "Acredito que seja de conhecimento geral o fato de que ela é uma pessoa muito inconveniente — e que não tem qualquer direito de se meter no assunto [dos espíritos], a não ser para fazer algumas especulações acerca das 'batidas'."

Entretanto, considerou, ela e Kedzie poderiam ter sido as melhores amigas do mundo se não fosse pelas tramoias de Kate e Maggie. "Muitos dos meus problemas são causados pelas meninas, que estão sempre inventando alguma coisa.

[166] De Leah a Amy Post, 22 de junho de 1851, Departamento de Livros Raros e Coleções Especiais, Biblioteca da Universidade de Rochester.

Então, se elas dão um passo maior do que as pernas, jogam tudo nas minhas costas."

Leah se retratou como uma pessoa responsável que quase não sabia como suportar as dificuldades que tinha com as irmãs voluntariosas, encantadoras e imprevisíveis. "Agora, depois de terem sido a causa de todos os problemas entre a sra. Kedzie e eu, elas escrevem cartas melosas para o sr. Kedzie, para tentarem suscitar sua benevolência. [...]

"Digo-lhe com sinceridade que, se não fosse por elas, eu não teria tantos problemas com tantas pessoas, mas elas sempre agem de maneira tão desonesta que estou cansada — cansada da vida ou, em outras palavras, de tanta enganação."

Com "enganação" Leah parece ter desejado dizer uma propensão, por parte das irmãs, a criar confusão, a fomentar desacordos de maneira maldosa e, então, comportarem-se como se fossem totalmente inocentes. O retrato não teria surpreendido muitos detratores declarados das meninas, que havia muito tempo já viam as duas como maldosas, na melhor das hipóteses.

No verão de 1851, as três irmãs Fox, Margaret e Calvin terminaram sua viagem por Ohio e retornaram a Cincinnati, a fim de satisfazerem as multidões que não viram Kate na primavera anterior. A família permaneceu lá apesar do calor escaldante de um mês de julho inclemente. Calvin, que jamais se restabelecera por completo do seu resfriado, ficou doente demais para continuar a viagem, e quando teve uma hemorragia nos pulmões certa noite ao fim de agosto, os médicos que cuidaram da emergência deram-lhe poucas esperanças.

Por muitas horas naquela noite, Margaret e Leah velaram-no ao lado de sua cama, ambas chorando por aquele que fora o amigo e protetor mais fiel da família Fox. Pela manhã, ele tinha melhorado o bastante para poder falar e, em nova demonstração de devoção, envolveu a mão de Leah, e pediu-lhe que se casasse com ele. Ele estava pensando apenas no seu bem-estar, explicou. "O melhor legado que posso lhe deixar, como proteção para quando eu me for, é meu sobrenome", disse Calvin. "Se nós fôssemos casados agora, a sua viuvez poderia ser uma proteção contra intrusões inoportunas, às quais você está tão frequentemente sujeita."[167]

Ele e Leah foram inseparáveis por muitos anos; durante esse tempo, seu relacionamento pode ou não ter evoluído para além de uma amizade afetuosa e se tornado sexual. Diante da morte iminente de Calvin, Leah pesou a decisão durante vários dias antes de aceitar sua proposta. Depois de sanar suas dúvidas, casou-se com ele em 10 de setembro de 1851. Então, Calvin surpreendeu a todos e se recuperou. Em vez de simplesmente ostentar o seu nome, Leah viu-se com um marido vivo e que passara a respirar bem. Os recém-casados voltaram a Rochester, onde foram saudados por Lizzie, filha de Leah que fora expulsa de casa em 1848 por ter criticado os espíritos. Enfim acolhida de volta ao seio familiar, Lizzie ajudou a cuidar de seu novo padrasto até ele ficar curado.

Kate, Maggie e Margaret continuaram em Cincinnati durante boa parte do outono. Segundo o relato de Kate a Amy naquele mês de outubro, o trabalho em Ohio fora um sucesso limitado, mas elas tinham conseguido convencer muitos céticos: "Ah, Amy, os espíritos fazem coisas tão formidáveis", entusiasmou-se. "Eles tocam sinos, movem mesas, tudo isso com os nossos pés retidos."[168]

Como sempre, porém, ela sentia falta de Rochester e dos amigos de lá. Com floreios de menina-moça, ela encerrou sua mensagem: "*Querida, queridíssima Amy,* sobre as asas do pensamento eu lhe envio um beijo [...]".

---

[167] Citado por Leah, *Missing Link*, p. 229.

[168] De Kate Fox para Amy Post, 30 de outubro de 1851, Departamento de Livros Raros e Coleções Especiais, Biblioteca da Universidade de Rochester.

Porém, um pós-escrito igualmente juvenil e petulante se seguiu acerca de John Robinson. "Pergunte ao John por que ele não responde às minhas cartas. *Ele está louco*."

Amy respondeu com uma de suas cartas gentis, pois Kate escreveu de novo com agradecimentos sinceros: "Eu gostaria que você soubesse como me sinto. Tenho tantas saudades de casa. Quero vê-la, Amy."[169]

Combatendo as lamúrias de Kate, atividades estimulantes evitaram que ela definhasse demais: festas particulares e apresentações públicas. Cassius Clay, editor abolicionista e ex-capitão da Guerra do México, esteve presente a uma sessão com Kate e Maggie, encabeçada por Margaret. Clay, a quem Kate chamou de um grande homem, segurou seus pés, enquanto o proprietário do hotel fazia o mesmo com os de Maggie. O tempo todo, segundo Kate, os espíritos tocaram o violão, os sinos e o acordeão que as médiuns haviam colocado debaixo da mesa.

"Cassius Clay é um dos nossos melhores amigos", gabou-se ela. E acrescentou, de forma mais realista, que ele era um grande adulador.

Ainda assim, ela tinha outro assunto em mente, mais urgente até do que os espíritos. Robinson fizera algo imperdoável.

"Você conhece o meu amigo John Robinson, ou aquele que costumava ser meu amigo", lamentou-se ela. "Ele me escreveu uma carta e me proibiu de lhe escrever de novo, pela simples razão deu [*sic*] ter feito uma *brincadeirinha* com ele."

Ela se sentiu traída pelo seu comportamento insensível: "E pensar que eu gostava tanto dele, que mudaria tão de repente."

Da mesma forma, ela começou a querer se vingar: "Mas se eu encontrar com ele, cara a cara, não vou lhe dirigir a palavra nem notar sua presença. Agora eu estou firme como uma rocha, pergunte aos espíritos se não estou certa."

---

[169] De Kate Fox para Amy Post, novembro de 1851, Departamento de Livros Raros e Coleções Especiais, Biblioteca da Universidade de Rochester.

É difícil saber o que os espíritos, se tivessem a oportunidade, poderiam ter dito, uma vez que Kate já violara seu próprio desejo de esnobar Robinson. Ela se comportou exatamente como ele lhe pedira que não fizesse. "Escrevi para ele uma carta bem longa, pedi perdão, [...] *mas nada de resposta, nada de resposta.*"

Maggie também estava sentindo o desgaste das investigações constantes, e ficara seriamente entendiada em Cincinnati. Enquanto Kate se entregava ao melodrama, Maggie era irônica ao expor suas reclamações, contando a Amy com avidez: "Ainda estamos em Cincinnati, partiremos para Louisville em duas semanas, e, como diz Byron, partirei sem remorsos. Retornarei sem prazer."[170]

Por acaso, Frederick Douglass estava em Cincinnati durante parte da estada de Maggie, e sua presença a alegrou consideravelmente. "Ah, como ficamos contentes ao ver seu doce semblante mais uma vez", escreveu ela a Amy; "nós gostamos *muito, muito mesmo* dele. Gostaria que ele pudesse dar uma palestra aqui, pois deixaria as pessoas *malucas*". Ela fez uma rápida referência aos espíritos, mencionando quase de relance como eles faziam "coisas maravilhosas o tempo todo". Porém, seus interesses estavam claramente centrados em homens mortais.

"Frederic [*sic*] continua bonitão como sempre. Acho que ele é o homem mais bonito que vi desde que cheguei a Cincinnati", anunciou ela a Amy, acrescentando que fizera questão de que ele a acompanhasse de volta ao hotel. Talvez não seja de fato surpreendente que as esposas em Troy se preocupassem com a influência de Maggie sobre seus maridos. Em sua adolescência, as irmãs Fox tinham um claro interesse pelos cavalheiros — e nem sempre se davam ao trabalho de disfarçar sua admiração.

---

[170] De Maggie Fox para Amy Post, sem data, Departamento de Livros Raros e Coleções Especiais, Biblioteca da Universidade de Rochester. Agradeço a David Chaplin por chamar minha atenção para essa carta em "Exploring Other Worlds: Margaret Fox, Elisha Kent Kane, and the Culture of Curiosity" (tese de doutorado, Universidade de New Hampshire, 2000), p. 155.

Depois da "Campanha de Ohio", Kate e Maggie visitaram St. Louis, no Missouri, em janeiro de 1852. Como em outras cidades, elas se submeteram a exames realizados por vários investigadores, um grupo composto de três médicos, como fora o comitê do ano anterior, em Buffalo. O dr. J.A. Coons, chefe do trio de St. Louis, relatou que ele e seus colegas haviam exposto, com sucesso, "as Batidas de Rochester", mas que, apesar desse feito — o qual ele jamais explicou devidamente —, as médiuns haviam convertido um número preocupante de seus concidadãos à crença nos espíritos.

De volta a Rochester, Leah, agora sra. Brown, estava planejando uma nova mudança — estratégia que, como na turnê de Ohio, poderia aumentar potencialmente o círculo de apoio às irmãs Fox. Ela não assumiu o crédito pela decisão de mudar de casa, atribuindo-a, antes, à pressão por parte de terceiros.

"Muitos amigos da nova causa nos aconselharam a ir para um dos grandes centros de população e movimento", escreveu Leah.[171]

Nos primeiros meses de 1852, Leah, Calvin e Lizzie deixaram Rochester de uma vez por todas e se mudaram para uma casa de arenito no número 78 da rua 26 Oeste, em Manhattan. A quarta residência de Leah em quatro anos ficou rapidamente famosa pelas sessões que as irmãs Fox realizaram lá. Kate e Maggie moravam com ela quando não estavam viajando ou visitando investigadores de prestígio. Margaret também passava grande parte de seu tempo com elas, dando-lhes amor e conforto e tornando-se uma presença quase tão fixa quanto a das filhas, durante as sessões. John permaneceu em Arcadia, morando na casa que construiu ao lado da de David, inabalável na sua fé metodista e aparentemente indiferente aos espíritos, ou desaprovando-os.

[171] Underhill, *The Missing Link*, p. 251.

E, assim, a controvérsia continuava, gerando um crescente volume de explicações alternativas para as batidas e os fenômenos correlatos. Alguns escritores especulavam sobre as manifestações, dizendo que seriam o produto da imaginação exultante das pessoas, manipulada pela médium e talvez reforçada por alucinógenos facilmente encontrados em remédios da época, como o ópio.

Ou, então, argumentava-se que a eletricidade criava as manifestações. Como a física hoje em dia, a eletricidade parecia prometer, naqueles tempos, uma explicação científica para a perspectiva estonteante de uma realidade alternativa, coexistente.

Da mesma forma, sugeriu-se que uma substância teórica conhecida como força órfica, que alguns cientistas diziam permear o universo, produzia as batidas, as sacudidas nas mesas e os focos flutuantes de luz.

Ou então poderia ser o caso de uma combinação premeditada de engodo, ventriloquismo e truques de magia.

Ou talvez o movimento inconsciente e involuntário dos músculos e juntas das médiuns...

Seria possível, também, que certos poderes mentais e singulares das médiuns — que hoje chamaríamos de poderes psíquicos — constituíssem a força misteriosa que lhes permitia ler os pensamentos dos outros e até mover objetos sem tocar neles? Se assim fosse, seriam tais poderes excepcionais alcançados ou aumentados pelo mesmerismo?

Anos mais tarde, os campos férteis da psicologia e da neurologia começariam a direcionar o interesse pela comunicação com os espíritos no sentido da mente humana propriamente dita, com hipnoses, transferência de pensamentos ou telepatias mentais, e de síndromes como a que hoje é conhecida por transtorno de múltiplas personalidades — surgindo, assim, novas áreas de estudo.

Enquanto o público debatia a causa das ditas demonstrações dos espíritos, críticos se preocupavam com os efeitos daninhos da crença. Dizia-se que quem acreditava nos médiuns estava cortejando o pecado e o adultério sob a meia-luz intimista da sala da sessão. Almas sensíveis eram alertadas contra a loucura que poderia resultar das visões febris de suas próprias mentes exauridas. O reverendo H. Mattison contou, "no ano de 1852, o número de internos em diferentes hospícios do país que perderam a sanidade com as 'batidas dos espíritos'", chegando ao total de noventa.[172]

Tampouco desapareceram as brigas acerca das irmãs Fox. Seriam as médiuns, como acreditava Amy Post, bravas pioneiras, mártires em nome de uma nobre causa? Ou seriam charlatãs que brincavam com as crenças mais preciosas das pessoas? A madura Leah tendia a ser rotulada de acordo com um ou outro extremo do espectro, sendo a protetora sacrossanta das irmãs ou a mente ardilosa por trás delas. Porém, para muitos que encontravam Kate e Maggie ou que liam sobre elas, as duas pareciam mais difíceis de categorizar; as jovens continuavam a representar um mistério fascinante. Como alguém tão jovem e aparentemente tão cândido poderia aderir às artes do engodo?

"[Kate] é certamente uma bruxa, pois é impossível não mergulhar nas profundezas sonhadoras daqueles doces olhos cor de violeta até se sentir magnetizado por eles", aventou Susanna Moodie, escritora que vivia no Canadá, perto de Elizabeth, irmã das jovens. "Não acredito que as batidas sejam produzidas pelos espíritos que já foram deste mundo, mas não consigo acreditar que ela, com sua face pura e espiritual, seja capaz de ludibriar."[173] Não muito tempo depois de conhecer Kate, em meados da década de 1850, Moodie se converteu à crença nos espíritos.

[172] Reverendo H. Mattison, *Spirit Rapping Unveiled!* (Nova York: Mason Brothers, 1853), p. 161.

[173] Susanna Moodie, *Letters of a Lifetime*, organizado por Carl Ballstadt, Elizabeth Hopkins e Michael Peterman (Toronto: University of Toronto Press, 1985), p. 157.

Desafiando tabus de tantas maneiras, em particular se fosse considerada sua tenra idade, Kate e Maggie haviam demonstrado como eram capazes de criar confusão, meter-se em apuros e, então, saírem incólumes. Essa notável resistência, combinada à reputação de "batedoras originais" adquirida na infância, levantavam perguntas persistentes para muitos dos seus contemporâneos: sob o escrutínio a que ambas tinham sido submetidas, como poderiam elas ser fraudes ou vigaristas? Mesmo se *fossem*, o que afirmavam seus adeptos? Eram elas mensageiras dos Espíritos Divinos? Agentes do demônio?

Envoltas em uma aura do além, mas vivendo muito objetivamente neste mundo, Kate e Maggie, como as figuras trapaceiras da mitologia e da literatura, parecem ter se esquivado às definições. Elas eram inocentes ou calculistas? Sérias ou perniciosas? Nobres ou irreverentes? Ativas ou passivas? As respostas abundavam, mas, enquanto dupla, as jovens pareciam ter incorporado o atrativo do malandro e sua natureza de duas faces.

Também como os malandros, Kate e Maggie ultrapassavam fronteiras. Fluentes na linguagem pragmática e materialista do dia a dia de seu tempo, elas estavam igualmente mergulhadas na poesia do mundo espiritual, onde as pessoas invocavam a intuição, oravam com o entusiasmo ferrenho do metodismo revivalista e se preocupavam com o Paraíso e o Inferno. A serenidade e a experiência das jovens médiuns em ambos os mundos podem tê-las tornado receptoras ideais aos espíritos ou tê-las sintonizado formidavelmente com as questões materiais e espirituais de sua cultura.

Nos anos 1850, tantas coisas pareciam bifurcadas: Paraíso e Inferno, âmbitos separados para homens e mulheres, o norte contra o sul, progresso material e tecnológico justapostos à dúvida espiritual, famílias desenraizadas e divididas. O impulso de criar uma totalidade harmoniosa, embora não universal, era forte, e os que se equilibravam na fronteira entre os mundos — crianças, malandros — e que, como Kate e Maggie, pareciam impelidos por um desejo de reunir a todos — espíritos e mortais — possuíam um grande apelo. As irmãs Fox vibravam sob ondas invisíveis de pensamentos e sentimentos — quer fossem oriundas de seres mortais ou imortais — e transmitiam melodias e mensagens que agradavam aos ouvintes. Embora não precisassem nem de espíritos nem de telepatia mental para fazê-lo, talvez elas fossem agraciadas com ambos.

Ou, por vezes, acreditavam sê-lo.

Apesar das discussões acaloradas acerca do assunto, em 1852 a paixão nacional tanto pelos espíritos quanto pelos prazeres do círculo e das sessões aumentou. A migração para o oeste, a urbanização, a imigração e a ascensão da economia de mercado criaram uma sociedade mais anônima e dividida do que no passado. De mãos dadas e apinhados ao redor de uma mesa, círculos de investigadores mortais sentiam-se conectados uns com os outros e com os espíritos, com o passado e com o futuro.[174]

Visitações de Benjamin Franklin e de outros espíritos heroicos, simuladas ou reais, serviam a um duplo propósito. Os encontros pareciam fornecer uma continuidade com os valores idealizados de uma república norte-americana primeva, vista como uma época mais simples e mais unificada — em retrospectiva ou de fato — do que a presente. Mesmo assim, essas figuras históricas e de outro mundo também corroboravam um futuro tecnológico estimulante. As batidas e outras manifestações também prometiam diluir as contradições que haviam

---

[174] Na nota número 124, comentei que as jovens simbolizavam a liminaridade. Chapin, "Exploring Other Worlds", e Robert S. Cox, "Without Crucible or Scalpel: A Sympathetic History of American Spiritualism" (tese de doutorado, Universidade de Michigan, 2000), exploram o impulso unificante do espiritualismo, com "a filosofia harmônica" de Andrew Jackson Davies sendo um claro exemplo. Bret E. Carroll lida extensivamente com o significado do círculo em seu livro *Spiritualism in Antebellum America* (Bloomington: Indiana University Press, 1997), sobretudo o capítulo 6, "The Structure of Spiritualistic Practice", pp. 120-151.

surgido entre ciência e religião, ao fornecer as evidências da imortalidade que a ciência exigia e que a fé desejava.

Benjamin Franklin deve ter visitado as sessões espiritualistas com mais frequência do que qualquer outro espírito. Dadas as múltiplas identidades que assumira ao longo da vida — inventor, trapaceiro, mágico, pai fundador e diplomata —, ele era um representante ideal do outro mundo.

Os próprios círculos espiritualistas se tornaram atraentes por seus acontecimentos teatrais democráticos e participativos, com manifestações que costumavam ser audíveis ou visíveis a todos. Os ministros de oratória trovejante e os místicos isolados já não eram mais o únicos a conhecer uma realidade transcendente.

O outro mundo despontava como democrático também. Todos os espíritos tinham a capacidade de progredir em virtude. Todos poderiam se comunicar com amigos e parentes deixados para trás e partilhar com eles sua sabedoria espiritual recém-descoberta. Como o Inferno fora praticamente banido, havia pouco a temer na vida após a morte. O outro mundo era um grande equalizador.

Participar de um círculo, porém, era emocionante não só pela possível promessa de eternidade, mas também pela intensidade da experiência. Para uma pessoa mergulhada na melancolia de uma dor sentimental, a sessão permitia uma carga de adrenalina, uma libertação emocional e o desafio provocante de descobrir a verdade. Já não era mais necessário esperar até a morte para ser libertado da depressão e do desespero. Uma boa sessão agitava o sangue, provando a vitalidade de cada qual no aqui e no agora. Ela trazia tanto os vivos quanto os mortos à vida.

Nos curtos quatro anos desde a visita do mascate de Hydesville, as irmãs Fox haviam preparado terreno para a fundação de um movimento popular baseado na crença na comunicação com os espíritos. Dezenas de milhares de homens e mulheres por todo o país pareciam partilhar dessa fé. O influente Círculo de Nova York, formado em 1850, expandiu o contingente de participantes e mudou seu nome para Conferência de Nova York. Em 1852, a conferência começou ministrando palestras e encontros abertos ao público, realizados em uma capela na Broadway. A Filadélfia se vangloriava de ter sessenta ou mais círculos de investigadores. Providence, em Rhode Island, era conhecida por ter quarenta ou cinquenta médiuns. Um editor de jornal estimou que 1.200 médiuns tinham surgido em Cincinnati por ocasião da visita das irmãs Fox à cidade. A tendência era tão popular que o *Spirit Messenger* sugeriu orientações para o estabelecimento de um círculo espiritualista próprio e duradouro:

> Primeiro: Não deixe entrar no seu círculo pessoas por quem você não se sinta atraído. Convide apenas quem tenha o desejo de buscar a verdade e quem tenha afinidades com você.
>
> Segundo: Quando houver um médium presente, as comunicações são prometidas *condicionalmente*. Se você tiver uma mente sincera e o desejo de saber a verdade, os espíritos se esforçarão para se comunicar com você.
>
> Terceiro: Designe uma pessoa do grupo para soletrar o alfabeto.
>
> Quarto: Seus encontros devem começar com cantos e terminar com cantos. Além disso, todos devem *orar*, nutrindo o desejo interior de ter bons espíritos por perto, ou os que estiverem mais evoluídos.
>
> Quinto: Na ausência de um médium, o Círculo deve ser formado com os mesmos sentimentos harmoniosos; assim, os espíritos estarão com você e o impressionarão com pensamentos verdadeiros.
>
> Sexto: Quem se unir ao Círculo não pode se permitir sentimentos desarmoniosos, conflitos ou amargura; siga o exemplo de Cristo, fazendo o bem.

> Sétimo: Se todos se esforçarem para viver com alegria e felicidade, haverá consequentemente uma harmonia entre você e as esferas.[175]

As manifestações também estavam se tornando mais diversificadas. Médiuns realizavam feitos cada vez mais espantosos com levitação: Henry Gordon, com seus cabelos brancos, foi visto flutuando por uma extensão de vinte metros, equilibrado tão somente sobre os dedos de Charles Partridge. Médiuns de transe falavam a grandes públicos sobre os assuntos prementes da atualidade — como o aperfeiçoamento do corpo com dietas e exercícios ou a reabilitação de criminosos por meio da reforma das prisões. Alguns médiuns dançavam, outros falavam em línguas desconhecidas. O número de médiuns curandeiros se multiplicava.

A fim de acelerar a soletração de mensagens durante as sessões, os médiuns começaram a escrever o alfabeto e, então, a apontar para letras específicas, em vez de soletrar uma a uma em voz alta. Em uma sala construída por um homem chamado Koons exclusivamente para realizar comunicações com o além, vários espíritos pareciam falar com as próprias vozes, e suas palavras eram projetadas por uma pequena trombeta.

Embora muitas pessoas que acreditavam nos espíritos fossem feministas, com a expansão do movimento ocorreu uma divisão do trabalho que se refletiu amplamente nos papéis sociais: mulheres médiuns em geral dominavam manifestações extravagantes nos salões, enquanto os homens médiuns expressavam uma inspiração mais "filosófica", por escrito; os homens tendiam a se apresentar no palco como conferencistas plenamente conscientes e as mulheres, como oradoras em transes sonolentos. Mesmo assim, a

[175] *Spirit Messenger*, 25 de janeiro de 1851.

mediunidade dava uma oportunidade às mulheres de falar em um fórum público, embora em transe e com ideias atribuídas a espíritos.

Quem acreditava na comunicação com os espíritos não defendia apenas a autenticidade, mas também a importância das várias manifestações. Um escritor explicou que a comunicação, qualquer que fosse o seu tipo, demonstrava não só a verdade da imortalidade, mas "a *proximidade e a conexão* desse mundo com o nosso [...]". "Por que ridicularizar a movimentação de peças de mobília por poderes invisíveis?", perguntou ele. "Se são espíritos, eles se interessam pelo objeto mais próximo e conveniente que estiver à mão, e dessa forma demonstram um grande fato, a saber: a existência de um poder espiritual acima de todo esse materialismo grosseiro."[176]

As mensagens também não deviam ser depreciadas. "Seu intuito parece ser não surpreender o mundo com revelações novas e maravilhosas, mas surpreendê-lo gentilmente, como exigido pela natureza humana, acordando-o desse sono profundo do materialismo e da descrença."

Muitos amigos próximos da família Fox estavam descobrindo seu próprio dom de mediunidade. Isaac Post descobriu que se ele entrasse em transe seria guiado por espíritos e escreveria suas mensagens. Em 1851, ano em que *A cabana do pai Tomás* começou a ser editado em episódios e em que *A casa das sete torres*, de Hawthorne, e *Moby Dick*, de Melville, foram publicados, Isaac compilou mensagens de William Penn, George Washington, Thomas Jefferson, Emanuel Swedenborg, entre outros, em um livro de trezentas páginas chamado *Voices from the Spirit World; Being Communications From Many Spirits by the Hand of Isaac Post, Medium* ["Vozes do mundo dos espíritos como comunicação de muitos espíritos, pelas mãos de Isaac Post, médium"]. As mensagens, de acordo com Isaac, haviam

[176] *Heat and Light for the Nineteenth Century* 1, n. 1 (1851), pp. 18-19.

sido transcritas de forma automática, o que às vezes acontecia na presença de "A.L. Fish (um médium batedor)". Em 1852, Charles Hammond, ministro universalista que assistira admirado a mobília dançar e flutuar à sua frente em uma das primeiras sessões das irmãs, elaborou um livro chamado *Light from the Spirit World; The Pilgrimage of Thomas Paine, and Others, to the Seventh Circle in the Spirit World* ["Luz do mundo dos espíritos; a peregrinação de Thomas Paine, e outros, ao Sétimo Círculo do mundo dos espíritos"].

Outros conhecidos da família Fox também se tornaram proeminentes. O reverendo R.P. Ambler, que acompanhara Leah e Maggie até Albany em 1850, escreveu *The Elements of Spiritual Philosophy; Being an Exposition of Interior Principles* ["Os elementos da filosofia espiritual como uma exposição de princípios interiores"]. E Charles Partridge, o fabricante de fósforos, tornou-se um editor altamente bem-sucedido, associando-se ao editor Samuel B. Brittan, em 1851, para criar uma revista que explorava as questões filosóficas levantadas pela comunicação com os espíritos. Os dois homens deram-lhe o título de *Shekinah*, palavra hebraica há muito usada para evocar a radiação do Divino.

O nome também refletia a fascinação romântica em voga na época por culturas — a judaica, a católica, a asiática e a dos nativos norte-americanos — que pareciam, a alguns protestantes, estrangeiras e misteriosas, até mesmo encantadas. Como o mundo dos espíritos, esses "outros mundos" atraentes pareciam convidar à investigação, ao menos enquanto representavam uma distância temporal, física ou cultural. Visões românticas, entretanto, costumavam oferecer apenas uma relação inversa ao tratamento efetivamente dado às minorias culturais. Enquanto a população indígena norte-americana desaparecia com o massacre brutal dos colonos brancos, por exemplo, P.T. Barnum se sentiu inspirado a apresentar, no seu museu, cenas de "índios norte-americanos que realizavam suas cerimônias guerreiras e religiosas no palco", e espíritos indígenas tornaram-se atrações igualmente populares em visões e sessões. Considerados representantes sábios de uma forma de vida mais simples e mais natural, os índios norte-americanos pareciam ser, é claro, menos ameaçadores na imortalidade do que em sua forma mortal, e, como outros espíritos, estavam ansiosos por se reconciliar com os inimigos e perdoar quaisquer ultrajes cometidos contra eles.[177]

Contente com a circulação cada vez maior da *Shekinah*, em 1852 a empresa de Partridge e de Brittan lançou um jornal semanal chamado *Spiritual Telegraph*. Esse nome, escolhido com o mesmo cuidado, ressaltava a ligação que os editores faziam entre a tecnologia da época e a promessa da imortalidade.

Horace Greeley continuava atingindo um enorme público com suas notícias sobre os espíritos. Assoberbado com o dilúvio de ataques e contra-ataques, ele estava publicando menos sobre o assunto do que no passado, mas na primavera de 1852, em uma resenha do *Spiritual Telegraph*, Greeley chamou a atenção para a notável ascensão do novo movimento, ao qual deu o nome de "espiritualismo moderno".

Aos seus adeptos, ele chamou de "espiritualistas".[178]

Novas tecnologias para a produção em massa de imagens transformaram nomes famosos em rostos famosos, e, em 1852, Nathaniel Currier editou uma impressão das três irmãs Fox. O retrato foi copiado de um daguerreótipo feito por um fotógrafo de Rochester em 1851.

---

[177] Um trabalho excelente e inovador que trata, entre outras questões, do assunto do racismo no movimento espiritualista é Cox, "Without Crucible or Scalpel".

[178] *New York Weekly Tribune*, 15 de maio de 1852. Ernest Joseph Isaacs chamou minha atenção para a origem das palavras "espiritualismo" e "espiritualista" em sua obra "A History of Nineteenth Century America. Spiritualism as a Religious and Social Movement" (tese de doutorado, Universidade de Wisconsin, 1975).

Os próprios daguerreótipos surgiram de um processo relativamente novo desenvolvido na França, sendo apresentado aos Estados Unidos, nos anos 1840, por Samuel Morse, o inventor do telégrafo. Como este último, o daguerreótipo foi uma inovação com influências sobre o movimento espiritualista, pois as imagens criadas pelo processo evocavam assustadoramente um duplo fantasmagórico das pessoas. Mais tarde, ainda no século XIX, quando uma nova tecnologia tornou possível os negativos, os fotógrafos produziam retratos que tinham o propósito de mostrar verdadeiros espíritos — aparições pálidas, transparentes — surgidos ao lado de indivíduos mortais.

A impressão feita por Currier das irmãs Fox, embora não tenha traços sobrenaturais, é memorável. Maggie e Leah, com os cabelos amontoados em coques e envoltas em xales que parecem vestes religiosas, estão sentadas, tendo ao centro a luminosamente bela Kate. De pé, um pouco recuada com relação às irmãs, Kate está usando um vestido sóbrio e fechado até o pescoço, e seus cabelos caem, em duas longas tranças até quase a altura da cintura. A imagem recorda um ícone: uma jovem santa com suas ministras vigilantes à esquerda e à direita.

Enquanto a impressão de Currier tem um traço de solene religiosidade, não há nada mais distante da santidade do que o daguerreótipo de Kate e Maggie tirado por Thomas Easterly quando as jovens visitaram St. Louis, Missouri, em 1852. Esse retrato revela duas lindas jovens de carne e osso, vestidas com roupas da moda, de golas altas e corte justo ao corpo. Os tecidos parecem luxuosos até em preto e branco. Cada irmã está com os cabelos sedosos puxados suavemente para trás, de acordo com o penteado da época. Sua sensualidade — o jeito brejeiro de Maggie e a delicadeza de Kate — é digna, natural e visível. As duas irmãs Fox mais jovens, como notara John E. Robinson, de Rochester, estavam crescendo, e o impacto de sua mediunidade sobre suas vidas pessoais, e vice-versa, tornaria-se cada vez mais complexo.

Parte III

Querido e adorável espírito 1852-1857

Onze

O dr. Kane dos mares do Ártico

No outono de 1852, Kate estava com 15 anos e Maggie, 19. Elas tinham segurança financeira, podiam custear luxos para si mesmas e para seus entes queridos, mas a imunidade a fofocas e intrigas não era facilmente comprável. Kate e Maggie — como muitas jovens da classe trabalhadora — se relacionavam constante e informalmente com homens desconhecidos, além dos seus parentes. Por melhor que fosse a proteção de Margaret e Leah, as duas jovens médiuns recebiam seu público em cômodos onde as luzes eram em geral fracas, onde eram trocadas emoções íntimas e onde segurar as mãos de terceiros fazia parte do momento — comportamento escandaloso para a época. As crenças e práticas que davam a Kate e a Maggie os meios de viverem como a classe média respeitável, na verdade, excluíam-nas de um nicho confortável no interior dessa classe.

Não que elas ansiassem desesperadamente por uma respeitabilidade formal. Kate pode ter almejado o aspecto protetor de uma casa de classe média convencional, mas Maggie se deleitava de forma ostensiva com a excitação e o desafio de sua mediunidade e com a atenção que atraía de homens e mulheres de todas as classes sociais. Desdenhadas por alguns, as irmãs Fox eram paparicadas por outros, e muitos dos seus clientes ricos e elegantes as presenteavam com joias e com o melhor champanhe francês.

A sexualidade em desenvolvimento das irmãs, porém, começou a criar um problema novo, inexistente nos primeiros anos de mediunidade. Embora a palavra *demônio* fosse gritada contra elas de vez em quando e elas tivessem sido caçadas uma ou duas vezes por esposas ciumentas no passado, as irmãs foram encaradas, de maneira geral, como meninas da roça. A juventude ajudara a protegê-las de avanços indesejados e acusações de indecência.

Em 1852, entretanto, a pequenina Kate desabrochara, transformando-se em uma beldade de corpo esguio e ostentando os traços perfeitos de uma heroína de romance água com açúcar. Ela era geniosa; nuvens atravessavam sua fronte quando seu entusiasmo ensolarado e sua afeição calorosa eram substituídos por autocomiseração ou frustração, mas ela irradiava uma tremenda vulnerabilidade e um enorme charme.

Maggie também se tornara uma moça vigorosa e atraente que, embora não tivesse o semblante melancólico da irmã, possuía olhos que brilhavam com inteligência e sagacidade, um rosto calorosamente expressivo e um corpo delicado e formoso. Um amigo mais tarde a descreveu como "esfuziante e incontrolável", com sua "leve alegria [...] contida, mas não anulada pelo medo de ultrapassar limites e, talvez até, ofender [...]". Segundo testemunhou esse amigo, Maggie, naturalmente feliz e impulsiva, "aprendeu a ter autocontrole por estar quase sempre na presença de pessoas diferentes dela [...]".[179]

Criatura de paixões controladas, e não de humores passageiros, Maggie, como Kate, era carismática. A biologia e a maturidade transformavam as duas irmãs em seres verdadeiramente aterrorizantes: mulheres que poderiam ser percebidas e retratadas como sedutoras e que, pior ainda, tinham poderes de outro mundo.

---

[179] Citado em Margaret Fox Kane, *The Love-Life of Dr.Kane* (Nova York: Carlton, 1866), pp. 35-36.

Essa imagem, claro, é antiga e familiar: Eva, a tentadora; Circe, a feiticeira; as Sirenes, que usavam seus encantos para atrair os homens para o perigo. Entretanto, no século XIX, a sexualidade das mulheres tornou-se duplamente suspeita, um traço em desacordo com uma era que idealizava a imagem da feminilidade.[180]

No passado, na sociedade cristã norte-americana, tanto os homens quanto as mulheres eram vistos como criaturas sexuadas, e, se a fornicação e o adultério eram proibidos, o sexo procriador em um casamento feliz era visto como uma atividade agradável, até abençoada. O sexo antes do casamento, embora não fosse estimulado, era frequentemente perdoado se o casal se casasse ou permanecesse unido. Ao longo do século XIX, no entanto, o incentivo econômico, e quiçá a injunção religiosa, para que as pessoas crescessem e se multiplicassem diminuiu, enquanto novas informações sobre o controle da natalidade faziam do sexo não procriador uma questão de opção. Para as mulheres, que passavam pelos perigos da gravidez e do parto, a ideia do sexo pelo prazer era, a um só tempo, atraente e culpabilizante. O desejo carnal contrastava fortemente com a modéstia e a espiritualidade esperadas de quem participava da esfera feminina. As mulheres que violavam o ideal, em atitude ou comportamento, podiam ser rotuladas de vulgares, anormais ou sedutoras.

As mulheres de respeito deviam ser — ou parecer — modestas, mas os homens tinham outros problemas. O sucesso na esfera masculina do trabalho parecia requerer um nível de energia agressiva e competitiva que — como avisavam os

---

[180] Para informações sobre as atitudes do século XIX quanto ao sexo, a corte romântica e o casamento, ver John d'Emilio e Estelle B. Freedman, *Intimate Matters: A History of Sexuality in America*, 2ª ed. (Chicago: University of Chicago Press, 1997), pp. 76-77. Ver também Karen Lystra, *Searching the Heart: Women, Men, and Romantic Love in Nineteenth-Century America* (Nova York: Oxford University Press, 1989), que é particularmente esclarecedor quanto à questão das cartas de amor.

médicos de forma sinistra — poderia ser facilmente drenada com o desperdício descuidado do fluido seminal. A virtude e a energia desperdiçadas, metáforas para as esperanças e temores dos Estados Unidos, refletiam preocupações bastante literais daqueles tempos.

Se a sexualidade era inconveniente para as mulheres, a luxúria era natural nos homens. Os feitos sexuais masculinos eram tolerados por serem uma evidência de seu lado animal. Ele poderia encontrar alívio em prazeres culposos, como o sexo com prostitutas ou, caso fosse solteiro, flertando com moças mais alegres do que a dama que viria a escolher como esposa. Por mais que amasse a mulher cativante com quem estivesse namorando, era a reputação dela, claro, que ficava maculada se ele não pedisse sua mão em casamento.

Embora as atitudes quanto ao sexo fossem mais conflituosas do que no passado, a paixão expressa por palavras, e não feitos, permanecia paradoxalmente aceitável. Na medida em que a afeição, mais do que fatores econômicos, tornou-se cada vez mais importante na escolha de um parceiro, muitos casais expressavam seus anseios sentimentais, e até sexuais, em cartas. Com o número de relações sexuais antes do casamento caindo em 1850, apesar da valorização recente da corte romântica, as cartas de amor serviam como a libertação de emoções reprimidas, inevitavelmente reavivadas pelo galanteio, numa época em que os jovens da classe média estavam se casando mais tarde.

Para Maggie, agora se aproximando da idade de namorar e casar, e também para Kate, o mundo das convenções e das relações sexuais estava repleto de contradições. Deixando de ser apenas decifradoras dos espíritos, elas estavam se tornando mulheres com necessidades próprias, com comportamentos que poderiam ser avaliados e julgados e com posições complexas na sociedade. Embora se deslocassem com facilidade entre os grandes e famosos de seu tempo, elas também trabalhavam para sobreviver em uma profissão que as levava a ter contato com todos os tipos de homens — uma profissão vista por muitos como de má reputação. Não convencionais, carismáticas e ávidas pela vida, elas corriam riscos em uma sociedade que sorria para o romance, mas que culpava as mulheres pelas indiscrições mútuas do casal.

Em outubro de 1852, a pedido da comunidade espiritualista da Filadélfia, Maggie e a mãe visitaram a Cidade do Amor Fraterno, onde alugaram uma suíte nupcial espaçosa no Hotel Webb's Union. Assim como o restante do hotel, o salão ensolarado logo ficou lotado de homens e mulheres ansiosos para investigarem os espíritos e para verem a médium de perto. Um visitante, o conhecido explorador, escritor e palestrante Elisha Kent Kane, rapidamente se rendeu aos encantos de Maggie.[181]

---

[181] A Coleção da Família Kane e, sobretudo, os Documentos de Elisha Kent Kane na Sociedade Filosófica Americana, na Filadélfia, contêm um grande número das cartas e documentos de Kane, e sua breve biografia disponível no site da Sociedade, http://www.amphilosoc.org (acessado em 30 de outubro de 2003), é excelente. Outras fontes secundárias de onde extraí informações sobre a vida de Kane incluem George W. Corner, *Dr. Kane of the Arctic Seas* (Filadélfia; Temple University Press, 1972); Herbert Jackson Jr., *The Spirit Rappers* (Nova York: Doubleday, 1972); Jeanette Mirsky, *Elisha Kent Kane and the Seafaring Frontier* (Boston: Little, Brown, 1954); e Margaret Elder Dow, "Advance on the Dark", Documentos de Margaret Elder Dow, Coleções Especiais Rauner, Biblioteca da Faculdade de Darmouth. Fontes mais recentes incluem três artigos de David Chapin: "The Funeral of Elisha Kent Kane", *Pennsylvania Magazine of History and Biography*, outubro de 1999; "The Fox Sisters and the Performance of Mystery", *New York History*, abril de 2000; e "Exploring Other Worlds: Margaret Fox, Elisha Kent Kane, and the Antebellum Culture of Curiosity" (tese de doutorado, Universidade de New Hampshire, 2000). Duas outras fontes recentes e úteis são Edmund Blair Bolles, *The Ice Finders: How a Poet, a Professor, and a Politician Discovered the Ice Age* (Washington: Counterpoint, 1999); e Mark Horst Sawin: "Raising Kane: The Making of a Hero, the Marketing of a Celebrity" (dissertação de mestrado, Universidade do Texas, Austin, 1997), disponível em http://www.ekkane.org/sawin/sawin.htm (acessado em 18 de setembro de 2003). Em suas notas de rodapé, Sawin identifica um arquivo, aberto recentemente, na primavera de 2001, na Universidade de Brightam Young, que contém correspondências da família Kane e uma riqueza de outros documentos relacionados a Kane. Esse arquivo pode jogar nova luz sobre a relação entre ele e Maggie.

Kane, ao lembrar-se mais tarde de seu primeiro encontro com Maggie, transformou-o em um conto, escrevendo: "Há muitos e muitos anos, li num jornal que, por um dólar, os habitantes de outro mundo bateriam para mim os segredos deste — as mortes de meus amigos, os pensamentos ocultos de minhas amadas —, todas as coisas espirituais e incompreensíveis seriam resolvidas por batidas fortes, e por um único dólar! [...] Com essa quantia, cheguei a duras penas ao hotel, sozinho, e, depois das formalidades necessárias — porteiros e ingressos —, por Jove, eu vi o 'espírito'."[182]

Com "espírito", Kane quis dizer Maggie, claro, que o encantou com sua gentileza calorosa, sua energia jovial e sua rara beleza. Porém, ele também percebeu nela outras qualidades que tanto o atraíram quanto o perturbaram: sua aura de mistério, sua natureza dupla e paradoxal, "aquela estranha mistura de criança e mulher, de simplicidade e argúcia, de impulso passional e extremo autocontrole [...]".

Em igual modo inquietante pareceu-lhe a sua profissão. Depois de demonstrar rápido interesse pelos espíritos, ele se anunciou terminantemente contrário às batidas — declarando que era tudo uma fraude —, embora não pudesse dizer ao certo como os sons eram feitos.

"Aceite o meu conselho e nunca mais fale dos espíritos para amigos ou desconhecidos", disse ele certa vez, brigando com Kate. "Você sabe que, apesar da minha intimidade com Maggie, depois de um mês inteiro de testes eu não consegui chegar a uma conclusão quanto a eles. Portanto, eles são *um grande mistério.*"

Kane, a quem Maggie chamava de "Lish" ou, por vezes "Ly", escreveu cartas impregnadas do sentimentalismo apaixonado do cavalheiro do século XIX, e elas formam a base de um pequeno livro sobre o namoro do casal intitulado

---

[182] Essa e as próximas citações de E.K. Kane são de Kane, *The Love-Life of Dr.Kane*, pp. 237; 54; 75.

The Love-Life of Dr. Kane ["A vida amorosa do dr. Kane"]. O livro foi publicado por iniciativa de Maggie em 1866, mas seu conteúdo foi motivo de litígio durante muito tempo, por várias razões. As cartas estão vinculadas por uma narrativa rotulada de memórias, cujo autor, anônimo, pode ter sido tanto Joseph LaFumee, editor do jornal *Brooklyn Eagle*, ou a popular escritora Elizabeth Fries Lummis Ellet, ambos amigos de Maggie.[183] Muito provavelmente a pedido da família Fox, esse amigo leal e autor esquivo — LaFumee ou Ellet — distorceu fatos: retratando Maggie, por exemplo, como uma inocente menina de 13 anos, e não uma mulher de 19, quando conheceu Kane. Além do mais, algumas cartas da coleção foram editadas para o lançamento do livro. Porém, outras correspondências em arquivos e bibliotecas corroboram a emocionante história de amor do casal.

Kane, o pretendente indomável e sentimental que tentou seduzir Maggie em 1852, chamava-a, em tom de brincadeira, de "minha Circe", a feiticeira cujos encantos aprisionaram o herói de Homero na *Odisseia*. Sua intenção com o apelido era afetuosa, mas carregava um veneno.

O poema favorito de Kane era o "Ulisses" de Tennyson, e, como o herói, ele também era um andarilho, um explorador; entretanto, as viagens mais famosas de Kane ocorreram no norte frio e longínquo, e não sob os céus do Mediterrâneo. A distante região ártica, com suas longas noites de inverno, suas trêmulas miragens e seus lençóis de gelo quilométricos, havia derrotado intrépidos marujos durante muitos séculos, até mesmo quando a esperança de encontrar uma passagem ao noroeste, entre a Europa e a Ásia, tinha incitado-os a prosseguir. No século XIX, intensificou-se a procura desenfreada

---

183 Mariam Buckner Pond, em *Time is Kind: The Story of the Unfortunate Fox Family* (Nova York: Centennial, 1947), sugere que o autor é Joseph LaFumee; em "Exploring Other Worlds", Chapin defende bem a autoria de Ellet, com base em cartas arquivadas na Sociedade Filosófica Americana, na Filadélfia.

por um mar polar aberto, pelo qual os navios pudessem passar acima do continente americano. O esforço acabou sendo visto como um empreendimento não apenas comercial; ele adquiriu o poder simbólico de uma busca pelo desconhecido, um desafio que poderia provar a coragem e o vigor dos heróis.

No final da década de 1840, uma das expedições, com cem homens e liderada pelo dr. John Franklin, experiente explorador britânico, desapareceu. Buscas, já empreendidas com temor e emoção, rapidamente se transformaram em missões humanitárias, e em 1850, Kane, então com trinta anos, integrou uma das várias expedições de salvamento que navegaram à procura dos homens desaparecidos.

Magro, com cerca de 1,70m de altura, olhos intensos, aristocrático e de feições pequenas, de maneira alguma ele se parecia com um aventureiro destemido — que costuma ser visualizado como um caçador corpulento que invade áreas interioranas e selvagens com um rifle pendurado nas costas. Nascido em uma família abastada da Filadélfia em 1820, ele foi o primogênito de sete filhos. Seu avô materno, um rico produtor, fizera fortuna com moinhos de trigo e contava com Thomas Jefferson entre seus amigos mais chegados. O pai de Kane, John Kintzing Kane, era um jurista e intelectual altamente respeitado, com um interesse enorme pela ciência e pela filosofia natural. Tanto pelo lado da mãe quanto do pai, a família de Elisha Kent Kane era orgulhosa, influente nos negócios locais e no cenário nacional.

As regalias não ofereciam proteção contra a desgraça. No final da adolescência, Kane contraiu uma febre reumática, doença que enfraqueceu seu coração para o resto da vida. Apesar de períodos recorrentes de depressão e invalidez, ele se recusava a assumir o papel de vítima. Quando partiu para o Ártico, em 1850, já estudara medicina na Universidade da Pensilvânia, já tinha sido indicado para o posto de cirurgião assistente naval e já havia acompanhado expedições à China, à África e à Europa, assim como à América do Sul. Seus pais foram uma fonte de encorajamento, mas agora pediam-lhe que se assentasse.

Em 1850, Kane também já tinha deixado um rastro de corações partidos. É quase certo que uma de suas relações tenha gerado uma criança ilegítima, e ele desenvolveu um padrão de literalmente levantar âncora quando uma relação se tornava próxima demais. Ele pode ter sido apenas um canalha ou um devasso; o mais provável, porém, é que de maneira consciente ou não ele desejava viver com a maior intensidade possível — o que corria o risco de ser uma vida curta —, fosse na forma de romances ou de aventuras, pouco importando as consequências para os demais.

A missão de resgate no Ártico integrada em 1850 por Kane retornou em 1851, depois de 16 meses no mar, trazendo poucas notícias boas sobre o destino dos homens do dr. Franklin. Somente um pequeno cemitério improvisado fora encontrado; os sobreviventes aparentemente tinham seguido adiante. Será que alguém poderia ter sobrevivido, depois de tantos anos? A maioria das pessoas que tiveram que passar pelas condições do clima ártico sentia-se justificada ao não cultivar esperanças, mas a viúva do dr. Franklin e Elisha Kent Kane não estavam entre elas.

A fim de salvar o dr. Franklin, havia tanto desaparecido, e sem dúvida também por outras razões — a emoção da descoberta, a fama que ela conferia —, Kane estava decidido a voltar ao Ártico, dessa vez como comandante de sua própria expedição. Ele vivera à sombra da morte por muitos anos, e ter seu nome escrito num mapa-múndi — como ocorre hoje na bacia de Kane, uma baía cercada de gelo na costa noroeste da Groenlândia — deveria ser uma promessa de imortalidade mais certa do que qualquer espiritualista poderia oferecer.

Ele iniciou um árduo processo de levantamento de fundos para a nova expedição, escrevendo um livro sobre a primeira empreitada (ele esperava que isso provesse o capital necessário), perseguindo membros do governo e doadores privados, a fim de obter recursos financeiros, e realizando incontáveis conferências. Sua energia e entusiasmo, sua voz agradável e afável, assim como seu estoque de informações e anedotas sem fim, encantavam os ouvintes, às vezes para o seu desconforto. Ele se comparava ironicamente aos "seus rivais", que também se apresentavam para públicos pagantes. Seu nome figurava ao lado do idoso mágico Blitz, do popular cantor de ópera Alboni e do filósofo Emerson.

"Somos todos farinha do mesmo saco", exclamou o explorador. "Não faz mal: contanto que eu consiga o meu dinheiro, não me importo."[184]

Na primavera de 1851, ele sofreu uma série de convulsões — um amigo da família disse que eram ataques de um colapso nervoso, mas é mais provável que estivessem ligados a sua doença crônica — que o debilitaram física e emocionalmente. Naquele verão, seu amado irmão Willie, de 15 anos, morreu depois de uma rápida doença. Aos poucos, Kane se recuperou da estafa e da dor e retomou o trabalho, escrevendo, dando palestras e coletando fundos.

Não está claro o motivo por que ele participou de sua primeira sessão, no outono de 1852. Ele podia estar curioso acerca das manifestações, procurando um divertimento passageiro ou talvez buscando alívio para o sofrimento causado pela morte de Willie. Quaisquer que tenham sido suas razões, ele foi como que fulminado por um raio ao ver Maggie pela primeira vez, e voltou para vê-la muitas vezes nos meses seguintes.

Durante algum tempo, Kane respeitou regras convencionais de decência. Ele convidou Maggie para passeios de charrete pelo campo, mas sempre levou junto uma acompanhante mais idosa, uma amiga ou uma prima querida. Mandou flores,

---

[184] Citado em Mirsky, *Elisha Kent Kane and the Seafaring Frontier*, p. 110.

livros e música de presente, mas educadamente os endereçava à atenção de Margaret, e não à própria Maggie.

Treze anos mais nova que ele, a princípio Maggie parece ter demonstrado pouco interesse pelo seu novo pretendente e ter se comportado com reserva, como se esperava das jovens de certo gabarito. Talvez ela achasse outros homens mais atraentes ou interessantes, ou então talvez duvidasse de suas intenções. Porém, como sua trajetória de vida já havia comprovado, Kane era absolutamente determinado, e ele acabou vencendo sua resistência.

Com o tempo, seu tom ficou mais autoritário e seus presentes, mais pessoais e generosos. Em dezembro de 1852, ele escreveu a Margaret: "Não consegui resistir à tentação de mandar esse pequenino agrado de arminho para o pescoço da srta. Margaretta. Como sei que a senhora é extremamente zelosa dos costumes, permita-me colocá-lo em suas mãos."[185] Ele deu também a Maggie uma camélia branca, comparando sua delicadeza à da flor com as palavras: "Como o teu, não se deve inspirar de muito perto o seu perfume."

Kane a levou para visitar o lindo cemitério onde seu irmão Willie estava enterrado, no jazigo da família — um passeio íntimo e sentimental. Ela ficou encantada com o seu pretendente deste mundo, seus passeios pelos campos ondulados da Pensilvânia e seus lindos presentes.

No início de 1853, ele confessou o seu amor por Maggie e admitiu estar praticamente noivo de uma mulher escolhida pelos pais — uma relação que ele prometeu terminar. Maggie imaginou que ela também, em breve, conheceria os Kane, mas isso não aconteceu. Kane deve ter percebido que seus pais, presbiterianos convencionais, ficariam escandalizados diante de seu romance com — na opinião acalorada de alguns comentadores — uma mulher de má fama, cuja família estava

[185] As citações de Elisha e Maggie aqui e adiante estão em Kane, *The Love-Life of Dr.Kane*, pp. 28; 42-43; 46-49; 51; 55-56.

abaixo de sua classe social. Na verdade, os parentes de John e de Margaret eram fazendeiros e artesãos respeitáveis da classe média, mas a família Fox não ostentava nenhum profissional influente, produtor rico ou distinto membro de academias ilustres. Também é possível que os Kane, caso soubessem dos romances anteriores do filho, estivessem impacientes com o que julgavam ser escapadelas. Assim, Kane ocultou dos pais sua relação com Maggie.

Em vez disso, ele perguntou a Maggie se ela confiaria nele e colocaria seu futuro aos seus cuidados. Logo depois, deu a ela uma aliança de diamantes e esmalte negro (dizem que ela recusou modestamente uma outra, mais extravagante, com pérolas), e o casal começou a se comportar como se estivesse noivo. Ela lhe dava o braço quando saíam para caminhar; sob o olhar não tão vigilante da mãe dela, os namorados trocavam bilhetes pessoais e provocadores.

Amigos de Kane, alguns por diversão e outros talvez por motivos mais sérios, consultavam os espíritos, e ele às vezes também o fazia, sobretudo como pretexto para ver Maggie. O atrativo do fruto proibido era poderoso, e a intriga do romance, estimulante. Para Kane, essa excitação pode ter substituído o perigo que ele enfrentara no Ártico por um tipo diferente de risco.

"Eu não queria vê-la esta noite com medo de gerar *falatório*", escreveu ele, afoito, a Maggie, certa noite. "Não o deixe imaginar que você tem algum outro assunto comigo além dos espíritos. Digo isso pelo seu bem."

Sem sombra de dúvida um cavalheiro, Kane deve ter começado o flerte com Maggie por diversão, mas acabou descobrindo que não conseguiria abandoná-la. Encantado por uma mulher que era inaceitável não só para a sua família, mas também para parte de si mesmo, ele expressou sua frustração e incerteza até em seus elogios. Depois de receber uma de suas cartas, ele a aconselhou: "Não acho que eu precise dizer que fico satisfeito por você escrever tão habilmente. Você tem mais *cérebro* do que eu supunha."

Então, ele continuou a expressar uma desaprovação ambivalente. Os jornais haviam ligado o nome de Leah ao suicídio de um homem que participara de suas sessões, e a ideia da influência da sra. Fish sobre a irmã mais nova o deixava indignado.

"Ah, como eu gostaria que você deixasse essa vida de árida repetição e suspeita de engodo", exortou. "Vivemos neste mundo apenas para a opinião dos bons e dos nobres. Como deve ser humilhante ocupar perante eles uma posição de respeito ambíguo!"

Irritada com suas vacilações e acusações, Maggie lutava contra os próprios sentimentos contraditórios, a mistura de desconfiança e afeição. Certa tarde, prevendo que ele poderia cancelar uma de suas visitas, ela o desafiou a se explicar:

"Ora, doutor, seja franco! Não estou certa quando digo que você é um enigma que não tem mais como ser compreendido?", perguntou ela com um tom leve, mas uma pergunta séria. Ela insinuava semelhanças entre os dois, paradoxos que cada qual achava serem, ao mesmo tempo, incômodos e instigantes no outro, quando então acrescentou provocadoramente: "Você sabe que estou." Ela havia escolhido a palavra "enigma", que simbolizava a relação que vinha se desenvolvendo entre os dois. Assim como os mundos do Ártico e dos espíritos eram enigmáticos, convidando à exploração de suas regiões mais remotas, também eram os namorados um para o outro.

Sua pergunta o irritou, pois ele a viu menos como uma expressão honesta de sentimentos do que como uma manipulação: ela era a inteligente dos dois, e ele, a sua vítima.

"Você diz que não me entende — 'eu sou uma charada', 'um enigma', esse monte de bobagens. Querida Maggie", disse ele, agitado, "você me entende muito bem. Sabe que sou um homem pobre, fraco, facilmente enganado, e você acha que é uma mulher astuta, difícil de se compreender, e que consegue me manipular como bem entende. Agora, diga-me a verdade: não é isso?"

Afirmando ferozmente sua superioridade masculina, Kane trovejou: "Sou mais um homem de fatos e de propósitos firmes do que de pensamentos femininos e de indolência sonhadora. [...] Deixarei para a posteridade nome e sucesso."

"Mas, ainda assim", acrescentou com melancolia, "sou um homem fraco e tolo: fraco por ficar aprisionado em meio a meus sérios propósitos, na poeira dourada das asas de uma borboleta; e tolo porque, dessa maneira aprisionado, mancho meus dedos com a cor perecível".

Em um esforço para desmantelar a borboleta, ou como que esperando afastá-la, ele garantiu a Maggie que ela não era merecedora de sua estima permanente. "Você jamais conseguiria alcançar meus pensamentos e meus propósitos", escreveu. "*Eu* jamais conseguiria me *rebaixar* até os seus."

Porém, até quando enfatizava as disparidades entre eles, lembrando-lhe que seu destino era diferente do dela, ele também ressaltava suas similitudes. Kane concedia que "assim como você tem a cansativa tarefa de angariar dinheiro, eu tenho as minhas vaidades próprias e tristes a perseguir. Sou tão devotado à minha vocação quanto você, pobre criança, pode ser à sua. Lembre-se, então, como numa espécie de sonho, que o dr. Kane dos mares do Ártico amou Maggie Fox das batidas dos espíritos".

Em Maggie, Kane havia encontrado uma igual. Ele entendeu intuitivamente, assim como ela, que entre os dois existiam poderosos vínculos. Ambos haviam ousado viver fora dos limites estreitos da sociedade refinada, ele como explorador do Ártico e ela como médium. Ambos desejavam dinheiro e fama. E ambos eram indivíduos voluntariosos, comprometidos com os caminhos incertos que trilhavam.

Em janeiro de 1853, Margaret e Maggie deixaram a Filadélfia e retornaram à cidade de Nova York, voltando a morar na casa da rua 26, com Leah, Calvin e Kate. Sob a vigilância e as suspeitas de Leah, Maggie se distanciou de Kane. Ressentida com suas críticas ao espiritualismo, Leah também deve ter sentido que ele expusera sua irmã, cortejando Maggie sem assumir qualquer compromisso público. Leah, cuja própria situação fora ambígua durante muitos anos, estava provavelmente temerosa de que Maggie cometesse os mesmos erros.

Não foi de surpreender que a distância atiçasse Kane.

"Por que você não me escreve?", questionou ele. "Já esqueceu o seu amigo? Ou a sua nova vida a afasta das lembranças dos velhos tempos?" Falando de si mesmo na terceira pessoa, ele implorou a Maggie que se lembrasse "de suas mãos quentes, de seus beijos ardentes e de seu coração firme e confiável".

Ele anexou à carta uma cópia da fábula *Undine*, romance popular sobre uma ninfa marinha com esse nome. No romance, a caprichosa e despreocupada Undine não possuía o que é mais vital em um ser humano: alma. Ela recebe uma ao se casar com seu pretendente mortal, mas o final não é feliz. Ele a trai, e ela termina servindo como agente de sua destruição. O livro certamente refletia a visão e os temores de Kane sobre Maggie: apesar do encanto inocente de Undine, uma ninfa do mar era parenta das Sirenes.

Um dos amigos nova-iorquinos de Kane, Cornelius Grinnell, filho do milionário caçador de baleias que estava ajudando a financiar a nova aventura de Kane, entregou as mensagens e os presentes do explorador secretamente, às vezes colocando-os nas mãos de Kate, caso Maggie estivesse ocupada dirigindo uma sessão. Nova-ioquino sofisticado que gostava da agitação social de bailes, jantares e representações teatrais privadas, Grinnell se surpreendeu ao achar as médiuns interessantes, as sessões impressionantes e os grupos que participavam das reuniões um conjunto curioso de céticos, convertidos e pessoas que buscavam informação e entretenimento.

Quando o próprio Kane foi até Nova York a negócios, tentou marcar um encontro secreto com Maggie, usando Kate como chamariz. "Maggie, você conhece o Cosmoramas do Satler, na Broadway, perto da rua Doze, do lado direito de quem desce? Se você e Kate passarem por lá no sábado, às quatro da tarde em ponto, me encontrarão."

Embora ele costumasse ter sucesso em organizar encontros privados, dessa vez Maggie não cedeu, respondendo friamente: "Queira me perdoar, caro amigo, por não me encontrar com você. Seria estranho eu fazer uma promessa... tão imprudente!" Ela acrescentou que ficaria feliz de vê-lo se ele a visitasse em sua casa.

Margaret, Kate e Maggie passaram o mês de fevereiro de 1853 em Washington, onde congressistas estavam de férias com as famílias e membros do governo e soldados irrequietos procuravam frequentemente conselhos dos espíritos. Em breve, também o faria a esposa do presidente recém-eleito da nação. Poucas semanas antes, Franklin e Jane Pierce tinham pegado a estrada para Washington, quando sua carroça descarrilou — acidente que matou seu filho de 11 anos diante de seus olhos. Como resultado da tragédia, a sra. Pierce sentava-se em seu quarto, tarde da noite, para escrever mensagens ao seu filho morto, e ainda naquele mesmo ano ela voltou a se encontrar ao menos uma vez com Maggie Fox.

Velhos amigos e espiritualistas devotados visitavam a suíte das jovens em busca de mensagens, mas outros também o faziam com menos apreço pelo bem-estar das irmãs. Kate descobriu que alguns dos que diziam buscar conhecimento espiritual eram bêbados e libertinos dissolutos em busca de diversão. Acostumada a homens como Horace Greeley e o juiz Edmonds, que a tratavam com gentileza, Kate achou que a cidade era opressiva. "Estou muito cansada da minha vida", suspirou ela. De doze "nobres cavalheiros" que a haviam visitado na noite anterior, dez tinham chegado bêbados e a sujeitado a "palavras maldosas e baixas".

"Imagine só eu, Maggie e nossa querida mãe diante de uma multidão de senadores ébrios", escreveu ela a Leah. Um dos cavalheiros tivera a audácia de proclamar: "Isso é tudo baboseira, mas vale um dólar sentar à luz solar dos olhos da srta. Kate."[186]

Esses episódios a magoaram tanto que, com certa dose característica de melodrama, ela jurou que desejava ser colocada em uma sepultura aprazível, que viveria de casca de pão, se necessário, para ter uma vida diferente. "Washington é uma cidade má", exclamou.

Kane continuava a cobrir Maggie de cartas de amor e de queixumes. Ele lamentou: "Quando penso em você, minha querida, desperdiçando seu tempo, sua juventude e sua consciência por alguns parcos dólares, e penso nas multidões que vêm todas as noites ouvir as loucas histórias do norte congelado, às vezes sinto que não estamos assim tão distantes, afinal de contas. Tanto meu cérebro quanto seu corpo são fontes de atração, e confesso que não há muita diferença."[187] Mais uma vez, ele reconheceu uma similaridade, embora, como sempre, colocasse a jovem em desvantagem. Dessa vez, ele a colocou em uma categoria semelhante à de uma prostituta.

Poucas das cartas de Maggie para Kane nesse período parecem ter sobrevivido, mas as cartas dele para ela pintam o retrato estimulante de uma jovem estonteantemente vivaz. O corpo dela também o obcecava, e suas anotações abundavam em desejo sexual: "Será que é de surpreender que eu anseie por ver — apenas ver — essa querida, pequena e enganosa boca que você tem, por sentir os seus cabelos caindo em

---

[186] A carta de Kate pode ser encontrada em A. Leah Underhill, *The Missing Link in Modern Spiritualism* (Nova York: Thomas R. Knox), p. 271.

[187] Essa e as próximas citações são de Kane, *The Love-Life of Dr.Kane*, pp. 62; 64; 65; 66-69; 70; 78; 88; 92; 106.

mechas sobre minhas faces?" Ele se demorava sobre sua aparência e roupas, enviando-lhe conjuntos de rendas para adornar as beiradas das mangas e dos lenços e bonitos xales com o objetivo de cobrir a abertura de um decote ou um braço nu que se entrevia nas mangas largas da moda da época. Ele insistia muito para que Maggie as usasse, pois queria que ela tivesse a aparência de uma dama e se vestisse bem.

Sabendo que Maggie não era o tipo de jovem que se retrairia timidamente da vida social, ele também permitiu que a distância provocasse os seus ciúmes: "Como estão as coisas em Washington? Muitos pretendentes? Muitos adeptos? Muitos amigos? Responda a essas perguntas, pequena e travessa Maggie!"

Da mesma forma, ele continuou reclamando da aparente indiferença ao seu ardor e sofrimento, lamentando que ele fosse o único a escrever e, segundo temia, também a amar. Kane com frequência assinava suas cartas como "Pregador" — reconhecimento jocoso de seu tom costumeiramente moralizante.

Certa tarde chuvosa de domingo, em Boston, ele afundou ainda mais em uma onda de autopiedade. Lembrando-se dos "dias indolentes" em que "bobagens eram ditas", ele lhe garantiu ser ele quem escrevia mensagens verdadeiramente espirituais, "de um outro mundo — *o nosso* mundo, Maggie —, o mundo do amor".

E, então, exaurido pelo trabalho e ansiando por sua presença, ele começou a fantasiar sobre um futuro diferente.

"Maggie", disse, "se eu tivesse autoridade sobre você, a mandaria para a escola e a ensinaria a viver sua vida de novo. [...] Assim, Maggie, você me amaria; não o tipo de amor *água com açúcar* que você agora professa, mas uma afeição genuína e confiante [...]".

Transformada numa pretendente adequada, num exemplo de mulher virtuosa, exímia nas artes da música e na língua francesa, ela se tornaria uma jovem de confiança, aceita por seus pais e que o apreciaria, finalmente.

"Agora, para você não passo de um dissimulador bonitinho e espertalhão", reconheceu ele, "uma espécie de cavalheiro inteligente e hipócrita, nunca sincero de fato, e que se diverte com um rosto bonito".

Ela duvidava de seus motivos, insistia Kane, não por causa de algo que ele tivesse feito, mas por causa da própria consciência culpada dela, dos "olhos da suspeita e da desconfiança que a sua curta relação com o mundo — *o seu mundo* — impôs a você". Ele lhe garantiu que era completamente diferente de outros jovens capazes de fazer promessas oportunistas para conquistar uma moça.

Então, Kane continuou escrevendo e a colocou em um clássico impasse, indicando que, "enquanto você não olhar mais fundo, você jamais me *amará*; e, se não me amar, logo deixarei de amá-la".

O confuso galanteio de Kane, suas promessas e retrações, suas bajulações e ameaças faziam Maggie sofrer. Tanto figurativa quanto literalmente, ela estava perdendo o controle sobre seu próprio mundo; ele lhe pedia que se desligasse da família — tanto dos espíritos quanto dos mortais —, mas não lhe prometia elos duradouros com a dele.

"Essa tarde, fui fazer compras e me perdi", escreveu ela. "Fiquei com tanto medo que fui obrigada a pedir a uma senhora que me mostrasse o caminho de volta para casa. Quando entrei no quarto, chorei bem alto e, olhando para cima, vi o general Hamilton, que me perguntou o que estava acontecendo. Eu disse a ele que tinha me perdido e que eu não gostava nada de Washington."

O general riu e relacionou imediatamente seu nervosismo à sua real motivação. Ele insistiu em que "nenhuma jovem poderia se perder em Washington, a não ser que tivesse algum *affaire du coeur.* Eu não neguei a acusaçao", disse ela a Kane, ousando mencionar o assunto que lhe era tão caro. "Doutor, corre o boato — é o que me diz o general — de que você e eu devemos nos casar antes de sua ida para o Ártico." O rumor, na verdade, estava se espalhando aos quatro cantos.

Margaret tentou desencorajar as atenções dadas por Kane à sua filha, mas, em vez de respeitar sua vontade, ele começou a escrever também para Kate, suscitando uma rivalidade entre irmãs sob o disfarce da afeição inocente. "Querida senhorita Kate Incompreensível", brincou ele, "não vejo por que você não deva receber metade de minha correspondência". Ele lhe falou sobre ter testemunhado uma cena que o entristecera muito. A resposta de uma médium à pergunta feita por um jovem fora tão dolorosa que o "delicado inquisidor" desmaiou.

Kane reconheceu que Maggie e sua "pequenina de mente aberta", Kate, nunca tinham ido tão longe, mas ele avisou a Kate que ela também estava no caminho descendente, rumo a se tornar "uma mulher endurecida, reunindo ao seu redor vítimas de um engano. Pense nisso, Katy!".

Suas preocupações acerca das práticas de alguns médiuns eram legítimas, mas suas ofertas para transformar a vida de Maggie permaneciam, na melhor das hipóteses, ambíguas. Por outro lado, ele lhe garantiu estar determinado a "elevá-la acima de sua vocação, até o seu próprio nível", e a "cultivar a sua mente, dando a ela competência; sua irmã ficaria aos seus cuidados". Por outro lado, ele a acusou de não ter coração e de ser superficial demais para aceitar sua oferta.

"Vi que você me amava", suspirou, "mas não o bastante. Querida criança, aquilo não fazia parte da sua natureza".

A tolerância de Maggie com o comportamento de Kane é surpreendente. Filha de um pai ausente e distante, um homem intoxicado de religião, se não mais de álcool, ela pode ter ficado lisonjeada com as atenções de Kane, fossem elas negativas ou positivas. Porém, a relação do casal certamente não era uma anomalia tão grande; eles estavam se comportando como outros jovens sob arroubos românticos e no calor da sedução. Numa época em que os elos emocionais começaram a substituir os laços financeiros no casamento, a relação deles carregava grandes emoções.

A técnica de galanteio de Kane — a sedução acusatória, uma dança de aproximação e distanciamento longa e quiçá inconsciente — acabou prevalecendo sobre as hesitações de Maggie, os avisos desesperados de Leah e as débeis tentativas de Margaret de exercer um julgamento correto. Kane ficou não no hotel, mas na mesma pensão onde Maggie estava hospedada — gesto que dificilmente poderia ser considerado sábio para um homem que desejava salvaguardar a reputação de sua amada. Como não é de surpreender, visitas entre um andar e outro eram frequentes, e a presença de Kane não poderia passar despercebida. Bem ao seu estilo, ele interrompia sessões para exigir a atenção dela, e em determinada ocasião, por exemplo, enviou uma mensagem em que se lia: "Saia daí por um instante, para longe dessa gente chula. [...] Você certamente pode descansar um minuto! Venha, minha queridíssima e ligeira ave! Venha!"

A essa altura, porém, Maggie deve ter se sentido segura o suficiente para cometer indiscrições e ceder aos caprichos de Kane, pois ele havia se aproximado um pouco mais do que parecia ser um elo permanente. Kane começara a pesquisar uma escola para ela, algo que fez parecer sinistro até quando brincou com o assunto.

"Ouça, Maggie", brincou, "em vez de uma vida de excitação tão estimada, você tem de se acomodar em um repouso calmo e comum. Em vez de diversão [...] você vai ter as fastidiosas regras da escola, os estritos preceitos formais de uma abadessa, uma professora sisuda".

Intuitivamente, Kane compreendeu que Maggie estava vivendo uma vida mais expansiva do que sua classe e seu sexo lhe poderiam permitir, assim como ele, com suas aventuras árticas, havia transcendido os limites potencialmente impostos por sua doença e pela sociedade da Filadélfia. Ele também reconhecia que era a sua natureza selvagem, a Circe que havia dentro dela, a magia desconhecida, que o atraía. Porém, ele a queria, e precisava domá-la a fim de torná-la respeitável.

Quer dizer, domá-la em todos os campos, menos no sexual. Nele, ao deixá-la ser vista e participar de situações comprometedoras, Kane a encorajava a se aventurar para além dos limites do aceitável para a época. Embora Maggie e Kane não estivessem formalmente noivos, a relação tinha se tornado óbvia para muitas pessoas, e no mínimo eles eram fisicamente íntimos. Se chegaram a consumar a relação, permanece controverso; dada a sua atração mútua, assim como suas naturezas individuais e oportunidades em comum, parece improvável que eles tenham resistido um ao outro no decorrer do romance.

Ele continuava, porém, tentando proteger sua reputação e a de sua família. Quando Maggie voltou de Washington para Nova York, na primavera de 1853, Kane manteve a pesquisa de escolas para ela, mas deixava implícito aos responsáveis que ela era um mero objeto de sua caridade abnegada. Ele pode não ter enganado a todos; ainda assim, permaneceu firme na posição de que todo compromisso teria que aguardar até que ela tivesse completado sua educação escolar e desistido da prática pública da mediunidade.

Além disso, ele ainda não gostava de Leah, o que era recíproco. Kane a chamava de "tigresa". Ela o desprezava por sua influência sobre Maggie, questionava a sinceridade de suas intenções e, sem sombra de dúvida, também se preocupava com o impacto sobre a renda da família Fox e o moral dos espiritualistas se a sua famosa irmã se aposentasse.

Por sua vez, ele recaiu no temor de que Maggie pudesse estar manipulando-o romanticamente, assim como, ele suspeitava, ela manipulava os outros em suas sessões com frequência, até quando se tratava dos amigos espiritualistas mais devotados, homens como o general Waddy Thompson e o ex-governador de Wisconsin, Nathaniel Tallmadge.

"Aqui se sentou o querido e adorável *Waddy murmurante*", escreveu Kane, parodiando o que acontecia nas sessões, "com as suas perguntas *mentais*; e aqui o fofo, mas crédulo, Tallmadge, com seus olhos argutos e astutos, mas um cérebro tolo e simplório; [...] e aqui eu comecei a ter um pensamento dos diabos: essa menina que guiava os outros se deixaria guiar por mim? Ou não seria eu também um Waddy Thompson de outra laia, com Maggie apenas me enganando de outro modo?"

Não que ele, depois de tantos meses, parecesse certo quanto à natureza das batidas. "Você sabe que eu fico nervoso com as 'batidas'", afirmou. "Acredito que a única coisa de que já tive medo foi *de que essa coisa confusa fosse descoberta*. Eu não me atreveria nem por dez mil dólares."

Dividida entre sua família e Kane, Maggie começou a achar que sua rotina exigente era cada vez mais "cansativa", e confidenciou a ele que não mais queria "encontrar com todo tipo de gente", todos os dias. Ela vislumbrara a possibilidade de ter um modo de vida diferente, partilhada com ele, e isso a atraía muito.

"O que foi que eu fiz para que me fossem negados os prazeres de um lar tranquilo, a bênção do amor — a recompensa da virtude? Por seis anos, dediquei todo o meu tempo a essa questão [dos espíritos]." E acrescentou: "Acho que fiz a minha parte — sinto que convenci este mundo cético e insensível de que não sou culpada de produzir esses sons. Não peço nada além disso."

Ela admitiu que ele era o "único ser humano" que a instigara a "melhorar as coisas". Porém, sua partida iminente a aterrorizava e entristecia. "O que vou fazer quando você sair para peregrinar tão distante daqui entre perigos? Quem, então, me estenderá uma mão amiga?"[188]

Um acontecimento triste serviu para selar o elo do casal. Em 14 de maio de 1853, Calvin Brown morreu, sem jamais ter

[188] De Maggie Fox para Elisha Kent Kane, sem data, Sociedade Filosófica Americana, Filadélfia.

se recuperado por completo após a doença em Cincinnati. Autorizado a prestar suas condolências à família, Kane segurou a mão de Maggie ostensivamente, várias vezes, na presença do pequeno grupo de pessoas que lá estava, e prometeu casar-se com ela ao retornar do Ártico. Embora ainda se recusasse a assumir um compromisso público, aquele voto feito em uma hora tão pesarosa, apenas a poucas semanas de sua partida para uma aventura quixotesca e perigosa, convenceu Maggie de sua sinceridade. Sua ambivalência quanto a abandonar o seu mundo familiar foi dissipada.[189]

O juiz Edmonds fez o panegírico na cerimônia fúnebre de Calvin, em Nova York. Então, a família se mudou para Rochester, onde Isaac Post realizou os tristes preparativos de um segundo serviço funerário.

"Traga o seu falecido", telegrafou ele. "Minha casa está à sua disposição."

Depois do enterro de Calvin no cemitério de Mt. Hope, a família viajou para Arcadia. Quando sua carruagem entrou na alameda que levava à casa da fazenda de David Fox, seus filhos correram até o portão para saudá-los. Leah escreveu que Georgie, de sete anos, "ficou maravilhosamente impressionado com nosso luto profundo, perguntando [a Margaret]: 'Vovó, o que foi que fez vocês todos se vestirem tão de preto?'" No dia seguinte, Georgie ficou doente e, no dia 12 de maio, ele morreu.[190]

A 30 de maio de 1853, a embarcação de Kane, o *Advance*, deixou o porto de Nova York rumo ao Ártico, para o que ele esperava ser a descoberta de um mar polar aberto — as lendárias águas mornas que, como a visão do Paraíso dos espiritualistas, continham a promessa de oportunidades infinitas e

[189] Underhill, *Missing Link*, pp. 253-254.

[190] Georgie aparece como tendo três anos em 1850 e desaparece dos registros em 1855; *Wayne County Vital Statistics, 1847-1850* e Censo de 1855, Arquivo Histórico do Condado de Wayne, Lyons, Nova York.

avanços ilimitados. Diferentemente da expedição ártica anterior, em que Kane servira como cirurgião de bordo, esta estava sob o seu comando. O *Advance* parou em Newfoundland em meados de junho e, então, rumou para o norte, para o Círculo Ártico, seguindo pela costa oeste da Groenlândia. Não muito além do último povoado europeu, Kane contou mais de duzentos icebergs, e o *Advance* ainda estava no início de sua jornada.

Ele havia conseguido que Maggie passasse o verão sob os olhos vigilantes de sua tia preferida, Eliza Leiper, que vivia perto de Crookville — pequena aldeia manufatureira a uns trinta quilômetros da Filadélfia. Ele pediu encarecidamente à tia que, pelo bem de Maggie, "nada fosse dito sobre a infeliz ligação com os 'espíritos'".[191] Ele se propôs, com benevolência, a dar o dinheiro das despesas de Maggie nas mãos da família Fox, para que ela o administrasse, mas como Margaret ficou incomodada com esse gesto, ele pediu ao amigo e intermediário, Cornelius Grinnell, que gerenciasse o fundo. Com a decisão tomada e provavelmente sem querer Kane como um inimigo para sempre, até Leah consentiu, resmungando por não conseguir entender por que uma jovem escolheria passar os mais agradáveis meses do verão em uma escola. Kane disse a Maggie que ela era livre para ir e vir quando bem entendesse, assim como para decidir se no outono permaneceria em Crookville ou iria a outra escola bem-conceituada em Albany ou Troy. Até lá, ela deveria viver com a família Turner, que era conhecida de Eliza Leiper. Susannah Turner, esposa e mãe da família, era tida como uma mulher gentil e responsável, e sua filha, a quem Kane chamava — de forma jocosa, mas cruel — de feia, deveria ser a governanta de Maggie.

A mensagem para Maggie era clara: se ela fosse capaz de se transformar, poderia tornar-se uma esposa adequada. Como

[191] De Elisha Kent Kane para Eliza Leiper, 1° de maio de 1853, Sociedade Filosófica Americana, Filadélfia.

um espírito, ela deveria sair de seu estado sensual e corporal e tornar-se um ser purificado.

Agora, o luto de Maggie era triplo: ela chorava a perda de um cunhado e de um sobrinho que haviam morrido recentemente, estava isolada de seu antigo modo de vida e se via separada de seu amor, o qual, até onde ela sabia, poderia não sobreviver à sua jornada.

Doze

"Meus sonhos nunca dão em nada"

Com Maggie na escola, sustentada por Kane e fora das sessões públicas, a responsabilidade pela mediunidade da família Fox — tanto em termos espirituais quanto financeiros — recaíram integralmente sobre Kate e Leah. Kate, aos 16 anos, foi contratada por Horace H. Day, rico executivo que editava uma revista chamada *Christian Spiritualist*, para realizar encontros semanais gratuitos, abertos ao público. O salário anual de 1.200 dólares era excelente, mas o trabalho era duro, e já não mais novo e excitante. Emma Hardinge, atriz inglesa que passara a falar em transe e se tornara historiadora, também realizava encontros no mesmo prédio, e empaticamente observou "a pobre e paciente Kate Fox, em meio a uma multidão capciosa e descontente de investigadores, repetindo por horas a fio as letras do alfabeto enquanto espíritos não menos *pobres e pacientes* batiam, soletrando nomes e datas que conviessem a todos os presentes".[192] Ainda assim, comparado ao salário semanal de três dólares de uma mulher que trabalhasse numa fábrica têxtil, Kate estava indo muito bem.

Kate e Leah continuavam realizando sessões para os clientes particulares e pagantes, embora agora as irmãs vivessem

---

[192] M. Margaret Wilkinson (org.), *Autobiography of Emma Hardinge Britten* (Londres: John Heywood, p. 40). Hardinge também informa o salário de Kate, que é citado por R. Laurence Moore, *In Search of White Crows: Spiritualism, Parapsychology, and American Culture* (Nova York: Oxford University Press, 1977), p. 108.

— e frequentemente trabalhassem — separadas, em parte porque a cisão entre Leah e Maggie por causa de Kane deixara cicatrizes. Em suas visitas a Crookville, Maggie só visitava a casa da mãe.

Depois da morte de Calvin, em 1853, Leah, com quarenta anos, mudou-se primeiro para a rua Irving e, então, para a rua Ludlow, em Manhattan; Kate e Margaret, com 57 anos, foram para sua própria casa na rua Dez, perto da Broadway. Um visitante que lá esteve e se denominou um "buscador da verdade" foi mais do que eloquente quanto à aparência de Kate, comentando sobre seus cabelos — negros "como a asa de um corvo" e repartidos "em dois cachos simples, como uma madona, o que criava efeitos impressionantes a uma fronte larga, de um caráter intelectual" — e sobre seus olhos, que ele observou serem de um negro brilhante, mas pensativos, debaixo dos longos cílios. Ela estava vestida de forma modesta em seda negra, observou ele, com uma cruz de ouro ao pescoço.

O entusiasmo dele por sua beleza, porém, não se estendia à sua mediunidade, pois uma série de respostas equivocadas dadas por meio de batidas o decepcionou. Ainda assim, ele continuou curioso o suficiente para perguntar se ela já tinha *visto* um espírito, e sua resposta parece indicar que para ela os espíritos permaneciam sendo, na realidade ou em sua imaginação, o que eram desde o início. Ela respondeu que seu avô, Jacob Smith, que morrera em 1846, estava frequentemente com ela. Embora jamais o tivesse *visto* de fato, Kate sabia, por ações e batidas, assim como por mensagens específicas, quando ele estava por perto.[193]

Jacob Smith parece ter sido um guia espiritual influente para Kate. Por exemplo, certa vez ela realizou uma sessão para o editor e fabricante de fósforos Charles Partridge, durante a

[193] A Searcher after Truth, *The Rappers; or, The Mysteries, Fallacies, and Absurdities of Spirit Rapping, Table-Tipping, and Entrancement* (Nova York: H. Long, 1854?), pp. 138-140; ver também *Spiritual Telegraph 1* (1852).

qual o espírito de um menino que trabalhara na fábrica reclamou, com detalhes cruéis, das agruras de sua vida. Partridge se orgulhava do seu negócio, que empregava centenas de pessoas e produzia milhões de fósforos, e perguntou quem havia enviado um ser tão rude e acusador. Em resposta, o menino bateu "Jacob Smith", que, aparentemente, não tinha perdido em nada o zelo pela reforma que havia caracterizado algumas mensagens dos espíritos desde Hydesville.

Durante alguns meses do verão de 1853, Maggie permaneceu, como era seu dever, na casa dos Turner. Kane havia aceitado o seu desejo de estudar alemão, brincando: "Você vai poder brigar comigo em alemão, flertar com roceiros alemães, escrever cartas picantes para mim em alemão, e eu não vou entender nada."[194] Ele lhe aconselhara a se concentrar na história e na literatura inglesas e também lhe pedira que estudasse música, pois adorava a sua linda voz.

A agradável casa dos Turner ficava atrás de uma cerca de madeira, em um lote de cerca de quatro quilômetros quadrados de terra que exalava o aroma doce de rosas e madressilvas. Em seu quarto, Maggie tinha um piano só para ela. A vida cotidiana na cidadezinha de Crookville era tão tranquila quanto Kane havia desejado: ele imaginara que ela "contaria o tempo pelo relógio do vilarejo", parada "sob a sombra de alguma castanheira frondosa". Entretanto, para Maggie, a quietude dessa existência enfadonha certamente lhe parecia mais claustrofóbica do que alentadora. Se sonhara com uma "casa tranquila", ela a imaginara com Kane ao seu lado.

Na chegada do outono, Maggie adiou sua decisão quanto às escolas e fugiu para Nova York. Ela evitou Leah, mas ia ver a mãe e Kate com frequência e se instalou em Clinton Place, na casa de Ellen Walter — acompanhante mais velha que Kate

[194] Margaret Fox Kane, *The Love-Life of Dr. Kane* (Nova York: Carlton, 1866), p. 159.

havia cuidadosamente escolhido para Maggie. Sua ausência de Crookville tornou-se tão longa que, em novembro de 1853, Susannah Turner enviou uma carta preocupada para Walter, que respondeu dizendo que Maggie estivera doente demais para viajar ou até para escrever. Sofrendo de resfriados, tosses, dores de cabeça, de ouvido e febres, Maggie estava sob os cuidados de Edward Bayard, reputado médico homeopata, oriundo de uma importante família.

Quando Maggie afinal voltou para Crookville, pouco antes do Natal, ela estudou com afinco e, com uma bela caligrafia de estudante, informou educadamente suas vontades e necessidades a Cornelius Grinnell. Em uma mensagem, ela pediu oitenta dólares, desculpando-se, em uma carta subsequente, por não ter feito uma prestação de contas completa de suas despesas: o aluguel devido à sra. Turner e à sra. Walter, o reembolso da viagem, livros de francês, material de desenho, um gorro, uma capa, um vestido e os honorários do médico pelo tratamento de sua nevralgia. Outras mensagens se seguiram: num mês, um pedido de 15 dólares, com tons de desculpa; noutro, de sessenta. Tanto Grinnell quanto Turner achavam que Maggie tinha despesas extravagantes — tendência partilhada com Leah, que gostava não apenas de casas boas, mas também de belas mobílias e roupas.

Em fevereiro de 1854, Maggie já gastara todo o dinheiro destinado ao seu sustento, e Grinnell buscou conselho com Robert Patterson Kane. Em respeito aos desejos do irmão, Robert, que também era advogado de Elisha, concordou em continuar com o apoio financeiro, contanto que Grinnell aproveitasse a oportunidade para colocar Maggie em seu devido lugar, para lembrar-lhe, escreveu, de que eles a viam apenas como "uma dependente, alguém com uma relação de tenra amizade com o doutor, cujo interesse na jovem se demonstra ao lhe prover os meios para levar uma vida honesta [...]". Ele alertou Grinnell de que, embora ambos quisessem honrar a vontade de Kane, "a senhorita não é sua amante e não tem com ele qualquer outra relação que não seja a de objeto de sua caridade...".[195]

Barcos baleeiros e outras expedições rumavam para o norte, na direção da Groenlândia, e levavam cartas e provisões para Kane, na remota possibilidade de encontrarem o *Advance*. Maggie, que ouvira falsos rumores sobre a sua volta iminente, enviava suas cartas por Walter e de Grinnell, e o conteúdo de uma delas é particularmente revelador. Depois de contar suas novidades a "Lish" — o quanto as sras. Turner e Leiper eram amigas, sua expectativa para começar logo as aulas de alemão —, ela implorou que retornasse para casa rápido, lembrando-lhe de que pensava com frequência na sua "promessa sagrada". Ela não podia confidenciar o segredo de seu noivado à sra. Walter?

"Uma senhora perguntou à sra. Walter se, para ela, você pensava em casar comigo. A sra. Walter disse que achava que não. Se alguém me fizer essa pergunta, o que devo dizer?" Ela repreendeu o "Pregador" por sua hipocrisia, acrescentando: "Você diz que é errado contar mentiras, e eu sei que é. Então, acho melhor eu simplesmente não responder nada." E ela parecia certa quanto aos planos de Kane de apresentá-la a seu pais, pois mencionou ter vergonha de conhecer o pai dele.

Maggie também acrescentou uma anedota reveladora.

"Tenho visitado a sra. Walter. E, numa de minhas visitas", escreveu, "os espíritos orientaram a mim, Kathy e a sra. Walter a magnetizarmos o dr. Bayard. Ele vinha sofrendo muito com uma nevralgia no rosto". Ao que tudo indica, o médico tinha se tornado paciente.

---

195 De Robert Patterson Kane para Cornelius Grinnell, Sociedade Filosófica Americana, Filadélfia. David Chapin chamou minha atenção para essa carta em "Exploring Other Worlds: Margaret Fox, Elisha Kent Kane, and the Culture of Curiosity" (tese de doutorado, Universidade de New Hampshire, 2000).

"Ele não teve mais dores durante três ou quatro semanas depois disso." Maggie continuou: "Porém, lamentei saber que elas voltaram. As manifestações espirituais estão se espalhando por toda parte. Alguns dos maiores homens do mundo passaram a acreditar nos espíritos."[196]

Pelo jeito, ela nunca chegou a renegar sua fé, nem mesmo diante do seu amado Lish, que demonstrava tão abertamente sua desaprovação.

Durante a estada de Maggie em Crookville, o livro de Kane sobre sua primeira expedição ártica, *The United States Grinnell Expedition in Search of Sir John Franklin* ["A Expedição Grinnell, dos Estados Unidos, em busca de Sir John Franklin"], foi publicado com grande êxito, e ela pediu que um exemplar lhe fosse entregue. Quando finalmente o recebeu, ela agradeceu a Grinnell efusivamente e confessou com ares senhoriais que estava muito feliz com o seu famoso namorado e seus destemidos feitos. "Ele não é mesmo corajoso por enfrentar tantos perigos cara a cara?", perguntou ela com grande orgulho do explorador.[197]

Naquela primavera de 1854, o almirantado britânico anunciou formalmente a morte de Franklin, e Maggie deve ter se perguntado se a notícia chegaria ao seu namorado e se isso aceleraria a sua volta. Com saudades de todos de quem gostava, e talvez também frustrada pela aparente futilidade da missão de Kane, Maggie pediu mais uma oportunidade para ir a Nova York, prometendo que ficaria na casa da sra. Walter, e não com a própria família, e que estudaria todos os dias.

Já fazia quase um ano que Kane partira para territórios não cartografados, convencido de que Franklin, desafiando as

---

[196] De Maggie Fox para E.K. Kane, sem data, Sociedade Filosófica Americana, Filadélfia. Maggie menciona a morte de Samuel Leiper, o que dataria a carta de algum momento do final do inverno ou do início da primavera de 1854.

[197] De Maggie Fox para Cornelius Grinnell, 10 de abril de 1854, Sociedade Filosófica Americana, Filadélfia.

ordens do almirantado, tivesse seguido para o norte em busca do mar polar aberto. Seguindo essa rota projetada, um dos grupos avançados de Kane deparou-se com uma maravilha natural que rivalizava até com o sonho de águas abertas: a maior geleira da Terra, antes apenas conhecida pelos habitantes indígenas da região ártica. Saídos dessa montanha de gelo, que se deslocava lentamente pela costa oeste da Groenlândia, icebergs do tamanho de catedrais flutuavam pelo mar. Kane chamou a geleira de "ponte de cristal" entre duas massas de terra e nomeou-a geleira Humboldt, em homenagem ao cientista e explorador alemão que admirava.

A descoberta científica veio a um custo elevado. Dois de seus homens morreram. Assolados pelo escorbuto, os outros membros de sua tripulação estavam perto de se rebelarem contra o comandante que os levara para o extremo norte, sem que um sinal de Franklin recompensasse tal esforço. O *Advance* ficou preso no gelo em agosto, e um grupo adiantado não encontrou aberturas naquele mundo congelado para navegar em direção ao sul. Com um segundo inverno ártico a caminho, Kane e sua tripulação estavam presos em uma armadilha. No final de outubro, a iluminação se esvaiu.

Naquele mesmo mês, uma outra missão em busca de Franklin encontrou um conjunto de artefatos: uma corrente de ouro, parte de um telescópio, uma chave. Os inuítes contaram histórias de homens famintos que caíram mortos enquanto remavam pelo gelo em seus escaleres. Estava claro que as histórias descreviam alguns dos homens de Franklin, revelando que eles pegaram uma rota diferente da imaginada por Kane, muito mais ao sul, onde era muito provável que ele tivesse morrido.

Essa notícia chegou rapidamente aos Estados Unidos. Maggie, que passara o verão de 1854 em Nova York e que tinha retornado a Crookville para passar o outono, estava de volta à cidade no Natal: "Suponho que toda busca futura por Sir John ou pela tripulação seja desnecessária", disse ela, esperançosa, a Grinnell.[198] Ele, entretanto, entendeu que, como Kane não havia retornado, o futuro do *Advance* era duvidoso.

No dia do Natal, Kane anotou em seu diário a descrição de uma visão tão intensa que hoje poderia ser considerada uma experiência extracorporal. Nesse sonho acordado, ele não estava mais no *Advance*, mas na festiva sala de jantar da casa da família, olhando seus pais, amigos e outros parentes se divertindo ao redor da ceia natalina. Embora desdenhasse das sessões espiritualistas, Kane não estava totalmente imune à atração do que era inexplicável a princípio, e cada detalhe daquela visão foi tão real que ele ficou chocado e nervoso. Sendo alguém que se considerava um homem de ação, pragmático, ele ressaltou sua própria tendência a se tornar vítima do que chamou de magnetismo.

Na véspera do ano-novo de 1854, ao ar livre, na noite gélida e escura, Kane teve outra experiência desconcertante. Dessa vez, ele lutava para acender uma fogueira quando viu uma luz irradiante, sem forma e fosforescente envolver sua mão. Ainda mais perturbador, o homem que estava com ele testemunhou a luz. O halo impossível brilhou até que o fogo finalmente acendesse e sua luz se sobrepusesse à luminescência, abrindo o ano de 1855.[199]

Mesmo que o público norte-americano estivesse unido em sua admiração e fascinação pela história de Kane — um homem

---

[198] De Maggie Fox para Cornelius Grinnell, 4 de novembro de 1854, Sociedade Filosófica Americana, Filadélfia.

[199] O relato de Kane sobre suas experiências com o magnetismo animal e sua mão luminosa pode ser encontrado no diário de Elisha Kent Kane, 25 de dezembro de 1854 e 1° de janeiro de 1855, Biblioteca da Universidade de Stanford. Edmund Blair Bolles foi o primeiro a chamar a minha atenção para esse trecho do diário de Kane, em *The Ice Finders* (Washington: Counterpoint, 1999), p. 133. Mark Horst Sawin discute o fenômeno da mão luminescente de Kate em "Raising Kane: The Making of a Hero, the Marketing of a Celebrity" (dissertação de mestrado, Universidade do Texas, Austin, 1997), disponível em http://www.ekkane.org/sawin/sawin.htm (acessado em 18 de setembro de 2003), cap. 9, "Celebrity and the Collision of Spheres".

corajoso com uma doença debilitante, que arriscava a própria vida em uma jornada heroica pelo bem do conhecimento e para salvar a vida de outra pessoa —, ele permanecia muito dividido quanto às questões internas. Em 1854, o Congresso efetivamente apagou a fronteira que ele mesmo estabelecera trinta anos antes para limitar a expansão da escravidão rumo ao norte. Em sentido contrário, os colonos dos recém-organizados territórios do Kansas e do Nebraska receberam o direito de decidir a questão da escravatura por si mesmos, por meio de uma petição estadual.

O Ato Kansas-Nebraska, como a lei passou a ser conhecida, constituiu um golpe duro contra as forças antiescravagistas e perpetrou a marcha da nação rumo à guerra civil. O Kansas ficou conhecido como "Kansas hemorrágico", por causa da violência que irrompeu entre seus colonos pró e antiescravagistas, em parte incitada por agitadores vindos de fora. O Partido Whig, moribundo após recentes derrotas, foi substituído pelo novo Partido Republicano, formado em grande parte por membros que se opunham à escravidão ou, ao menos, à sua expansão pelos territórios. Abraham Lincoln, advogado e membro do Partido Whig do Illinois — que logo viria a se tornar republicano —, começou a construir uma reputação nacional ao criticar as provisões do Ato Kansas-Nebraska.

Muitos espiritualistas antiescravagistas trabalhavam pela abolição usando de organizações dedicadas à causa, mas não há evidências de que as irmãs Fox tenham participado ativamente de qualquer uma delas ou falado em público sobre a crise que se deflagrava. Mais do que as questões políticas, o que costumava prevalecer em suas sessões particulares eram as questões pessoais, sobretudo a da perda. A longa amizade das irmãs com reformistas como os Post e Frederick Douglass, entretanto, aponta claramente para o que devem ter sido as suas simpatias políticas, e os espíritos que falavam por seu intermédio parecem ter usado de sua influência, mesmo que de forma sutil, em favor da abolição e de outras reformas. A menina — Kate — que um dia instara George Willets a participar de uma manifestação antiescravagista em Rochester e que apresentara Charles Partridge ao triste espírito do menino que fazia fósforos deve ter passado mensagens semelhantes a outros.

Em meados da década de 1850, assim como a nação, o próprio movimento espiritualista continuou a crescer, expandindo-se pelo continente da costa leste à Califórnia. Porém, a controvérsia cercava os seus adeptos. Sob a pressão de suas crenças não ortodoxas, o juiz Edmonds demitiu-se do tribunal; mais tarde, ele publicou uma declaração que lembrava seus colegas, de maneira atroz, que ele não era ingênuo e que, na verdade, usara para investigar os espíritos as mesmas técnicas que empregara em seus trinta anos de prática bem-sucedida na magistratura.[200]

A proeminência de Edmonds e a atenção que recebeu provocaram inveja entre seus pares espiritualistas. "Ele falou bem", comentou um crítico severo depois de uma palestra, "mas não disse nada além do que era e é familiar aos intelijentes [*sic*] espiritualistas; mas, como se tratava do juiz Edmonds, gerou uma enorme dose de agitação, encheu a sala e produziu, sem sombra de dúvida, algum benefício".[201]

O ex-juiz estimou que o número de espiritualistas nos Estados Unidos subira para várias centenas de milhares. Em 1854, convencido do forte interesse popular, Nathaniel Tallmadge, ex-governador de Wisconsin e amigo da família Fox, apresentou uma petição ao senador James Shields, um democrata de Illinois, pedindo-lhe que financiasse a criação de um comitê governamental oficial para examinar os fenômenos. Shields,

[200] Emma Hardinge, *Modern American Spiritualism: A Twenty Year's Record of the Communion Between Earth and the World of Spirits* (1869; reimpr., New Hyde Park, NY: University Books, 1970), pp. 96-98.

[201] De J.M. Rich para Isaac Post, 9 de abril de 1854, Departamento de Livros Raros e Coleções Especiais, Bilbioteca da Universidade de Rochester, Rochester, NY.

entretanto, traiu Tallmadge, primeiro debochando do documento em público e, então, chamando o espiritualismo de "ciência oculta" — rótulo que os adeptos rejeitavam veementemente, enfatizando que não tinha nada de sobre-humano nem sobrenatural na sua crença. A lei foi engavetada.[202]

Tentativas de criar organizações estáveis também marcaram esses anos, embora a natureza democrática e individualista do espiritualismo apresentasse obstáculos. Em junho de 1854, Edmonds, Tallmadge e Horace H. Day — o empregador de Kate — ajudaram a fundar a Sociedade para a Difusão do Conhecimento Espiritual. Em *Modern Spiritualism: Its Facts and Fantasies, Its Consistencies and Contradictions* ["O espiritualismo moderno: seus fatos e fantasias, sua consistência e suas contradições"], livro publicado um ano depois, Eliab Capron desqualificou a sociedade, julgando-a como um grupo pomposo de arrivistas intelectualmente pretensiosos e afirmando que eles realizaram o seu primeiro encontro de forma secreta, excluindo "amigos velhos e fiéis" — inclusive ele.

O *Modern Spiritualism* de Capron foi um trabalho seminal, a primeira história substancial do movimento. Embora o autor não tenha hesitado em criticar alguns dos outros adeptos, de maneira geral o livro é uma ode escancarada à comunicação com os espíritos. Capron continuou sendo um leal promotor das irmãs Fox, cujas reputações ele, na verdade, ajudara a criar, e enfatizou sua posição única entre centenas de médiuns que as seguiam. Kate, como sempre, parecia interessá-lo mais do que as demais, pois ele escreveu que foi ela quem, em 1848, "parecia imprescindível para que fossem realizadas as comunicações. [...] Essa foi a primeira descoberta de mediunidade da família".[203]

---

202 O *Modern American Spiritualism* de Emma Hardinge narra com detalhes os eventos desse período, pp. 128-133.

203 E.W. Capron, *Modern Spiritualism: Its Facts and Fanaticisms, Its Consistencies and Contradictions; with an Appendix* (Boston: Bela Marsh, 1855; reimpr., Nova York: Arno Press, 1976), p. 52.

Capron, fazendo o seu trabalho de promoção, recolheu todas as histórias teatrais ou rumores divertidos que tinham surgido desde Hydesville. O mascate, por exemplo, havia produzido não apenas as batidas, mas outros ruídos muito mais aterrorizantes: "Um barulho parecido com uma luta pela sobrevivência, um gorgolejo na garganta [...] de um homem cuja garganta fora cortada; então, o som de se arrastar um corpo sem vida pelo cômodo, de descer as escadas com os pés batendo a cada degrau [...] e, em seguida, o som de alguém usando uma pá para remexer terra no porão, martelando pregos e enchendo a cova recentemente aberta [...]".[204]

Durante o inverno e a primavera de 1855, Maggie viveu um incessante vaivém entre as casas de Susannah Turner, em Brookville, e de Ellen Walter, em Nova York. Ela muitas vezes visitava Kate, cuja própria rotina — em geral restrita a realizar sessões na rua Dez — também permanecia basicamente inalterada com relação ao ano anterior. Com um toque de adulação e nostalgia, Kate escreveu para Amy Post: "Estou muito sozinha; ah, como eu gostaria que você estivesse aqui! Você sabe que nós sempre te amamos. Não consigo pensar em você como uma mera amiga, mas como uma pessoa ainda mais querida."[205] Porém, ela estava igualmente ansiosa por partilhar seu prazer com os espíritos e seus novos amigos. Kate ficava sempre muito feliz quando em companhia de amigos de confiança, e sentia ter encontrado um círculo amistoso em Nova York.

"Na noite passada, a família Bayard veio à nossa casa em busca de manifestações espirituais", escreveu Kate. "O piano foi tocado por suaves dedos de espíritos, o violão foi tocado e, então, elevado às alturas e carregado sobre nossas

[204] Capron, *Modern Spiritualism*, p. 51.

[205] De Kate Fox para Amy Post, 19 de junho de 1855, Departamento de Livros Raros e Coleções Especiais, Biblioteca da Universidade de Rochester.

cabeças; cada pessoa do círculo foi tocada. O cômodo estava totalmente escuro e *todas as mãos estavam dadas*. O dr. Bayard e sua família disseram que nunca tinham passado uma noite mais agradável em suas vidas." Kate confidenciou que suas dores de cabeça tinham sido curadas por um médium curador e que ela estava planejando ir à ópera com a sra. Walter naquela noite.

Embora os Turner hesitassem em deixar Maggie fazer outra viagem, em julho, eles concordaram após um pedido de Ellen Walter. Como de hábito, e para grande desgosto de Susannah Turner, Maggie adiou sua volta. Em agosto, a aluna pródiga acompanhou a mãe e Kate até o condado de Wayne para uma reunião de uma semana com a família: o pai, David, Elizabeth Fox, Maria e Stephen Smith e meia dúzia de sobrinhos. Joseph Post, o filho de Amy, foi junto. "É verdade que nós temos nos divertido", escreveu ele à mãe, comentando também que "David é uma alma gentilíssima [...]".[206]

Kate acrescentou um pós-escrito: Maggie e Joseph tentaram pregar uma peça no ingênuo David, fingindo estarem casados. Podemos apenas imaginar como o casal planejou convencê-lo, com que afeição fingida, mas a presença de "uma velha senhora metodista", que ficou com "uma cara amarrada como um nó", inibiu os piadistas e estragou a brincadeira. A anedota sugere que Maggie, por mais que sentisse saudades de Kane, ainda podia ser provocante e divertida.

No mês de agosto do mesmo ano, 27 meses depois de sua partida, Elisha Kent Kane e seus homens foram resgatados por um navio mercante na costa sul da Groenlândia, a mais de 1.600 quilômetros de onde abandonaram o *Advance*. Eles tinham passado o último inverno no interior do navio, que fora esmagado por colisões com icebergs e moído por pedaços soltos de gelo, que o aprisionaram e o carregaram para o norte,

[206] De Joseph Post e Kate Fox para Amy Post, 5 de agosto de 1855, Departamento de Livros Raros e Coleções Especiais, Biblioteca da Universidade de Rochester.

à deriva. Uma vez que o *Advance* não estava mais em condições de velejar, Kane e sua tripulação passaram a viajar a pé e em escaleres a partir de fins de maio, percorrendo dois mil quilômetros de gelo ártico e arrastando seus suprimentos sobre trenós, os quais também carregavam os doentes, até poderem lançar os barcos em mar aberto. Um sexto da tripulação havia morrido na tentativa de encontrar Franklin, mas Kane mapeou regiões nunca antes cartografadas e aproveitou para acumular uma enorme riqueza de informações sobre o ártico e sua gente.

Seu retorno foi precedido por uma avalanche de artigos jornalísticos que não só anunciavam o seu resgate como também relatavam o rumor de que "o célebre dr. Kane levaria em breve ao altar a srta. Margaret Fox, celebridade das batidas de espíritos". Cornelius Grinnell suspeitou que os artigos tivessem sido fomentados por Leah, num esforço claro para forçar o compromisso de Kane. Se os pais de Kane tinham fechado os olhos para a relação até então, eles sem dúvida não poderiam mais fazê-lo.

No dia 11 de outubro de 1855, Maggie descobriu que Kane se encontrava a bordo de um navio a vapor que estava entrando no porto de Nova York. Ela passara o mês de setembro em Crookville, mas já estava de volta a Nova York na ocasião de seu retorno. Maggie esperou na casa de Ellen Walter, certa de que ele apareceria. Nenhuma notícia chegou aos seus ouvidos no primeiro dia, nem no segundo. Ela foi sorrateiramente até a casa na rua Dez para ficar com a mãe e Kate. Mais tarde, naquele dia, Walter lhe enviou uma mensagem e uma carruagem: havia uma visita à porta de sua casa em Clinton Place, e Walter tinha certeza de que era Kane.

Infelizmente, Walter se precipitara em sua conclusão, pois o visitante não era Kane, mas seu leal amigo Grinnell, enviado para recuperar as cartas de amor do explorador. Walter se desculpou com Maggie e escondeu-lhe a verdade, dizendo que o hóspede era um senhor que tratava de negócios.

Vestido na mais completa gala naval, Kane apareceu no dia seguinte e pediu a Maggie que assinassse um documento negando qualquer relação entre eles. Compreensivelmente arrasada, mas honrada, ela o fez. Talvez afetado pela visão da jovem, Kane sentiu sua determinação evaporar. Ele não chegou a renovar os votos de noivado, mas voltou na manhã seguinte, entregou-lhe o documento e disse-lhe para rasgá-lo.

Então, o ciclo de aproximação e distanciamento recomeçou com uma artilharia de cartas que a castigaram, embora devam ter atiçado a ambos. Já que Kane renegou o seu compromisso, Maggie voltou a realizar sessões — ato que, como não é de surpreender, provocou-o.

"Por favor, fique fora dos círculos espiritualistas", implorou Kane, mas agora as suas razões tinham menos a ver com a ética e mais com o sexo. "Não consigo suportar a ideia de você ficar sentada no escuro apertando as mãos de outras pessoas. Não toco outras mãos, a não ser as suas; não toco outros lábios que não sejam os seus; não tenho nenhum pensamento que não partilharia com você; e não faço nada que viria a esconder de você. Você pode dizer o mesmo? O espírito vai responder?"[207]

Usando a sua glamorosa capa de cetim branco, ela o acompanhou à opera; aconchegada debaixo de cobertas de pele de búfalo, eles fizeram passeios de trenó pelo campo. Ao que tudo indica, ele era um excelente mímico, com um charme de garoto que a encantava. Durante uma de suas separações, ela escreveu: "Lish, eu ainda não ri desde que nos separamos. Quando nos encontrarmos novamente, temo que já terei esquecido como rir; então você vai me vestir com um hábito de freira e me mandar a um convento, para que eu reze meu rosário."

Certa vez, depois que seu poodle temperamental deu uma leve mordida na mão de Kane, ela reagiu com uma inversão irônica da noção de poderes sobrenaturais.

---

[207] As citações aqui e as seguintes são de Kane, *The Love-Life of Dr. Kane*, pp. 202; 258; 206.

"Sinto muito se o meu pequenino Tommie mordeu a sua mão", desculpou-se, divertindo-se claramente com a situação. "Espero que não esteja doendo. Tommie é malvado com muitas pessoas. Não seja supersticioso, não atribua a indelicadeza dele a qualquer falta de sua dona. Os cães são seres muito estranhos, e Tommie é muito sagaz, achando-se *muito* esperto."

Quando ele ficava preso por conta do trabalho e não conseguia se ausentar de onde estava, ela lhe escrevia em cadências alternadamente doces e amargas. "Que deveres você tem, meu Ly, que exigem sua presença na Filadélfia esta noite?", perguntou ela numa carta, acrescentando após algumas linhas: "Espero vê-lo, sem falta, na segunda-feira à noite, e agora, como 'as sombras se alongam' e as horas se tornam tristes e tediosas, minha alma em breve deixará Nova York e voará até seu estimado amor."[208]

Os jornais tinham se agarrado à história do caso amoroso e não esqueciam o assunto. Horace Greeley resmungava em tom condescendente que o casal deveria ser deixado em paz. Em uma passagem que aponta para a incrível fama de Maggie e de Kane, ele perguntou: "Que direito tem o público de saber alguma coisa sobre o 'compromisso' ou não desse jovem casal? Se estivéssemos em uma monarquia, e se um deles, ou ambos, tivesse sangue real, haveria uma desculpa para notícias e especulações referentes ao seu relacionamento."[209]

Apropriadamente, Maggie apelidou os pais de Kane, os quais jamais conheceu, de "A Família Real".

Margaret Fox era menos esperançosa do que a filha quanto à relação, e tentou dissuadir Kane. Porém, de teimoso, ele insistia em aparecer duas ou três vezes por dia. Teve lugar, então, uma crise, provavelmente precipitada por velhos rumores sobre o filho ilegítimo de Kane. Como amigos pressionavam

[208] De Maggie Fox a Elisha Kent Kane, sem data, Sociedade Filosófica Americana, Filadélfia.

[209] Citado em Kane, *The Love-Life of Dr. Kane*, p. 216.

Margaret para que terminasse o relacionamento da filha, ela afinal teve um ataque de raiva contra o explorador e ameaçou "torná-lo público" se ele não deixasse sua filha em paz. Ela gritou: "A partir desse momento eu o *proíbo* de voltar à minha casa. Eu *proíbo* minha filha de voltar a recebê-lo enquanto ela estiver sob os meus cuidados [...]; minha filha é pura como um anjo, e se o senhor for visto por aqui o mundo irá censurá-la."[210]

Kane respondeu escrevendo para Maggie que não levaria a sério tal proibição, a não ser que viesse direto dos lábios dela.

Ela respondeu firmemente: "A partir deste momento, tenho que desistir de você ou desistir dos que me são muito caros e consideram sagrados meu nome e minha reputação."[211]

Porém, a história não estava terminada. Em abril de 1856, seis meses depois que Kane retornara do Ártico, ele foi ao funeral de um amigo e se sentiu triste e deprimido. Naquele dia, ele exigiu ver Maggie e abancou-se no interior de sua casa, não havendo meios de colocá-lo para fora. Como no enterro de Calvin Brown, três anos antes, ele pareceu comovido em decorrência de uma perda e reiterou sua proposta de casamento.

Segundo o relato da família Fox, Kane selou o compromisso colocando um anel muito estimado, do Ártico, no dedo de Maggie e dando-lhe um medalhão com alguns fios de cabelo de seu falecido irmão, Willie. Ainda assim, Kane continuou a insistir para que ninguém, além da família de Maggie e alguns amigos próximos, soubesse do noivado até que ele finalmente terminasse o seu livro e começasse a ganhar dinheiro. Até então, ele dependia do apoio financeiro dos pais.

Algumas semanas depois, Maggie, Kate e sua mãe se mudaram da rua 10 para uma residência mais espaçosa na rua 22. A essa altura, as dúvidas e a preocupação de Margaret devem

---

[210] Da sra. Margaret Fox a E.K. Kane, sem data, Sociedade Filosófica Americana, Filadélfia.

[211] Essa e a próxima citação são de Kane, *The Love-Life of Dr. Kane*, pp. 210; 236.

ter diminuído, e essa mudança fora motivada, com certeza, pela promessa de Kane de casar-se com sua filha. Maggie pôde ter o seu próprio andar — o terceiro —, com um quarto e uma bonita antecâmara só para ela. Ali, apesar das objeções de Margaret, Kane tornou-se um visitante assíduo dos cômodos não mais vigiados de Maggie.

"Diga à sua mãe para não se preocupar com o quarto do terceiro andar", assegurou Kane a ela. "Eu o encaro como uma espécie de santuário: um retiro ao qual somos levados por causa de olhos e línguas maldosos."

Porém, seus pensamentos nem sempre eram puros; ele concluiu uma mensagem a Maggie lembrando-lhe que "não há uma única palavra travessa e, ainda melhor, um único pensamento travesso em toda esta carta".

Os vitorianos aprovavam o namoro, os galanteios e as declarações de paixão, mas esperavam que as mulheres permanecessem castas até o casamento. Dada a flagrante aparência de impropriedade, a reputação de Maggie — o que restava dela — estava praticamente arruinada, a tal ponto que os Kane devem ter reconhecido a responsabilidade do filho em perpetrar o romance. Mas ele, claro, era o seu filho muito amado: era mais fácil para eles imaginarem-no como o inocente que fora seduzido por uma arrivista social com poderes de feiticeira, e não como o sedutor.

Por toda a primavera e o verão de 1856, Kane trabalhou dia e noite em seu livro. Embora ele tivesse retornado do Ártico com um aspecto mais saudável do que nunca, a não ser por alguns cabelos brancos, as longas horas palestrando e escrevendo o deixaram pálido e doente. O seu manuscrito, intitulado *Artic Explorations: the Second Grinnell Expedition in Search of Sir John Franklin* ["Explorações árticas: a segunda expedição Grinnell em busca de Sir John Franklin"], ficou pronto em agosto de 1856. Era um livro "para decorar mesas de centro", com magníficas ilustrações e um texto evocador e poético, além de científico. Ele tornou-se imensamente popular — segundo relatos, foi o segundo em popularidade naquele ano, depois da Bíblia.[212]

Kane planejou ir à Inglaterra para presentear a viúva de John Franklin com um exemplar e organizar uma nova expedição. Em agosto, Maggie acompanhou Kate e a mãe ao Canadá em uma visita a Elizabeth, e não estava certa de voltar a tempo para vê-lo antes que ele zarpasse. Em uma carta enviada do Canadá, ela brincou com ele sobre as danças e os bailes aos quais fora convidada, quando então assumiu um tom mais sério.

"Sonhei com você várias vezes desde que parti, e em dois desses sonhos você estava *muito* doente; eu acordava chorando amargamente toda vez", disse ela. "Porém, meus sonhos nunca dão em nada, a não ser quando agradáveis."

"Não sou muito de acreditar em sonhos, sejam eles agradáveis ou não."[213]

Um adiamento da viagem de Kane deu aos namorados algumas semanas para uma reunião breve e feliz. Da Filadélfia, ele escreveu cartas afetuosas, chamando-a de meu "querido e adorável espírito".[214] Em suas idas a Nova York, os dois passearam, foram à ópera e passaram tempo juntos na privacidade do terceiro andar. Ele lhe comprou uma pulseira de diamantes da Tiffany e conseguiu que tirassem uma fotografia dela, brincando com assuntos que antes o irritavam.

"Não tenha medo do seu pescoço e ombros", disse-lhe ele, dando conselhos sobre como se vestir para o retrato. "Eu quero que você fique parecida com Circe, pois você já me transformou em um javali selvagem." Ela amarrou o medalhão que ele lhe dera à corrente do relógio de bolso dele, para que Kane o levasse consigo — um poderoso lembrete do elo que tinham.

---

[212] Rolle, *Ice Finders*, p. 229.

[213] Kane, *The Love-Life of Dr. Kane*, p. 260.

[214] Essa e as próximas citações são de *The Love-Life of Dr. Kane*, pp. 256; 268; 271; 277; 278.

De acordo com Maggie, certa noite, de repente, ele chamou Kate, Margaret e outras testemunhas até a antecâmara e jurou, em sua presença: "Maggie é minha esposa, e eu sou o seu marido. Onde quer que estejamos, ela é minha e eu sou seu. Você entende e concorda com isso, Maggie?" Embora não mais comum, o hábito do casamento por consentimento nupcial tinha um longo histórico, e Kane pode ter encontrado nele uma solução romântica para um problema que, na véspera de sua partida, ele não conseguira resolver de outro modo.

Em seguida, Kane chamou Maggie de "esposa" e garantiu que ela receberia todo o apoio necessário caso algo acontecesse com ele. O explorador deixou os Estados Unidos e foi para a Inglaterra logo depois dessa cerimônia secreta.

Quando Kane chegou lá, estava tão adoentado que a sra. Franklin desistiu de todos os planos e passou a cuidar dele. Por não se recuperar, os médicos o exilaram nos trópicos, onde se esperava que o clima quente o curaria.

"Estou bastante doente e vim para Havana, a apenas uma semana de Nova York. Não recebi nenhuma carta sua [...]", escreveu ele a Maggie.

Ela respondeu imediatamente e com cautela, como costumava fazer em cartas que corriam o risco de cair nas mãos de sua família.

"Se eu pudesse te ver", disse, "diria tantas coisas que não posso escrever".

Ele não respondeu. Talvez sua carta nunca tenha sido entregue ou ele estivesse fraco demais para escrever. No dia 16 de fevereiro de 1857, Elisha Kent Kane morreu, aos 37 anos. Seu caixão, envolto na bandeira nacional, foi recebido no porto de Nova Orleans, levado de barco a vapor pelo Mississippi e, então, transportado de locomotiva pelo país, até a Filadélfia. Ao longo do caminho, multidões de homens e mulheres choravam e saudavam o herói abatido. Sua exploração do Ártico, mundo tão mítico em sua beleza e seu mistério proibitivos quanto o mundo dos espíritos, havia cativado a imaginação do público; sua coragem ao confrontar sua doença perene e sua determinação indomável diante dos perigos de sua jornada tinham lhe conquistado admiração e devoção. Em tudo, a não ser em sua vida amorosa, Elisha Kent Kane fora um homem corajoso.[215]

Sua família não só negou que Kane quisesse casar-se com Maggie, mas também disse que seus únicos motivos para ajudá-la eram de caráter fraterno e altruísta, no impulso de salvar uma jovem desafortunada.

Logo após a morte de Kane, Maggie viveu o que só pode ser descrito como um colapso nervoso severo. Mais tarde, ela falaria de sua condição como uma "febre cerebral". Frequentemente acometida por dores de cabeça e nevralgias sob circunstâncias menos estressantes, ela caíra em depressão e em um colapso nervoso exacerbado pelos remédios narcotizantes da época. Maggie ficou em um estado próximo ao delírio.

Para Kate, que desde cedo agira como intermediária de Kane e que fora a sua "pequenina de mente aberta", a morte do explorador também deve ter sido arrasadora. Ele também prometera resgatá-la das cansativas sessões com desconhecidos, proporcionar-lhe uma vida que, com o passar dos anos e a chegada da idade, seria satisfatória e gratificante e elevá-la ao nível seguro de sua classe média alta, assim como prometera a Maggie. As esperanças que Kate cultivara para a irmã sem dúvida pareceram luminosas para o seu próprio futuro. Contente por estar na segurança do convívio de pessoas que gostavam dela, Kate deve ter pensado sobre o dia em que seria valorizada não necessariamente como médium, invisível por trás de espíritos, mas como uma mulher amada pelo que era, assim como Maggie fora amada por Kane.

---

[215] A melhor visão do significado da morte de Kane no contexto de sua época, com foco sobre seu funeral, pode ser encontrada em David Chapin, "Funeral of Elisha Kent Kane", *Pennsylvania Magazine of History and Biography*, outubro de 1999.

Qual foi a mensagem enviada a Kate não pelo espírito imortal de Kane mas pela realidade de sua morte? Com certeza uma mensagem sobre falsas promessas e traição. Embora ela possa ter chorado a morte de Elisha Kent Kane, sua dor foi, provavelmente, mais intensa por causa de Maggie e de si mesma.

Em abril de 1857, Margaret Fox contou a um dos irmãos de Kane, Robert, que uma amiga comum, a sra. Cornelius Grinnell, dera a entender que um pequeno legado fora deixado para Maggie. Robert, advogado, ajudara a cuidar dos negócios do irmão.

"Suas provações têm sido (como deve ser de seu conhecimento) maiores do que ela consegue suportar", escreveu Margaret, "e tememos que, a não ser que mudanças ocorram em breve, ela não possa sobreviver muito mais tempo".[216]

Embora Kane tenha legado quase tudo à sua família, ele tinha reservado cinco mil dólares e os deixado aos cuidados de Robert. A família de Kane mais que depressa negou que o explorador tivesse o desejo de destiná-los a Maggie.

Em maio, Maggie estava forte o suficiente para escrever de próprio punho a Robert, perguntando não pelo dinheiro, mas por alguma palavra póstuma. "Sei que o doutor deve ter deixado alguma mensagem para mim", disse, "e sei que o senhor não se recusará a me entregá-la, mesmo que lhe cause muito sofrimento lembrar-se do nome daquele cuja memória é, e sempre será, sagrada. Sempre tive uma fé religiosa na sinceridade profunda do amor do doutor, e sua lembrança permanecerá sendo um lindo prado verdejante em meus afetos imutáveis".[217]

---

[216] Da sra. Margaret Fox para R.P. Kane, sem data, Sociedade Filosófica Americana, Filadélfia.

[217] De Maggie Fox para R.P. Kane, 1° de junho de 1857, Sociedade Filosófica Americana, Filadélfia.

Parte IV
Provações mundanas
1857-1888

Treze

"Tantos altos e baixos neste mundo torpe"

Apesar da obsessão de Kane com o segredo, os jornais, sedentos por fofocas sobre as duas celebridades, e felizes em publicarem tanto rumores como fatos, seguiram o romance passo a passo. Embora muitas pessoas que conheciam Maggie, e algumas que não a conheciam, sentissem pena de sua situação, o resultado não foi só uma tragédia, mas também um constrangimento — como Leah temera havia muito tempo. Vendo o sofrimento da irmã, porém, Leah cedeu e, por algum tempo, elas se perdoaram mutuamente pelas recriminações recíprocas.

Porém, a vida nesse mundo continuou. Em 1857, Leah ainda realizava sessões na rua Ludlow, onde recebeu a visita, em pelo menos uma ocasião, do advogado George Templeton Strong. Jornalista que escrevia sobre quase todos os aspectos da vida da cidade, Strong conheceu as irmãs Fox em 1850 e permaneceu interessado pelo espiritualismo, embora sua opinião tivesse mudado ao longo dos anos. Inicialmente, ele acreditava que uma causa natural, como a eletricidade, produzia as manifestações, mas, um ou dois anos mais tarde, sugeriu que "ópio, álcool e excitação mental" desempenhavam um papel importante. Quando um químico respeitado, Robert Hare (sobrenome que significa "lebre", em inglês), converteu-se ao espiritualismo em meados da década de 1850, Strong comentou: "Hare parece tão louco quanto os seus homônimos quadrúpedes no início da primavera."[218]

Quando Strong terminou sua visita a Leah, estava certo de que ela praticava o que ele chamava de "leitura da mente". Ele fez perguntas "sobre uma interação imaginária, concentrando meus pensamentos na resposta — e essa resposta foi dada com grande precisão".

Strong não foi a única pessoa a ficar cada vez mais cética quanto ao espiritualismo, ou ao menos quanto às irmãs Fox, com o decorrer dos anos. Até mesmo alguns de seus velhos amigos de Rochester, dentre os quais George Willets, começaram a ficar na dúvida. Em 1857, ele se mudou para Nova Jersey, onde Leah concordou em oferecer sessões periódicas a um grupo de amigos e parentes seus — um círculo que incluía Daniel Underhill, homem de negócios viúvo que pode ter sido um parente distante da família Post.

Depois de testemunhar esferas luminosas flutuando pela sala, alguns membros do grupo suspeitaram de que Leah tivesse revestido as mãos com grânulos de fósforo. Ela reagiu protestando que, para sua surpresa, os próprios espíritos tinham produzido os grânulos. Nem todos ficaram convencidos com sua explicação, mas Daniel Underhill, sim. Seu interesse logo passou do sobrenatural ao terreno, e ele começou a cortejá-la. Underhill era um pretendente desejável em todos os sentidos: espiritualista convicto, bem de vida, pertencente a uma família antiga e respeitada, presidente de uma importante companhia de seguros e cerca de oito anos mais jovem do que Leah, que estava com 44.[219]

Em junho de 1857, quatro meses depois da morte de Kane, Leah e Kate aceitaram um desafio que, pelo bem do

[218] As citações de Strong aqui e mais adiante são de Allan Nevins e Milton Halsey Thomas (org.), *The Diary of George Templeton Strong: The Turbulent Fifties, 1850-1859* (Nova York: Macmillan, 1952), pp. 93; 244; 390.

[219] Sobre o episódio do fósforo e a mudança de George Willet, ver A. Leah Underhill, *The Missing Link in Modern Spiritualism* (Nova York: Thomas R. Knox), pp. 282-292.

espiritualismo e do nome da família Fox, julgaram irrecusável. O *Boston Courier* ofereceu uma recompensa de quinhentos dólares a qualquer médium que pudesse provar a existência da comunicação com os espíritos a uma equipe de quatro renomados professores de Harvard, incluindo o conhecido matemático e astrônomo Benjamin Peirce e Louis Agassiz, o mais famoso cientista natural da época. Defensor da teoria da Era Glacial, esse era o homem em homenagem a quem Elisha Kent Kane batizara um remoto promontório ártico, chamando-o de cabo Agassiz.[220] Entretanto, o cientista não era universalmente querido. O filósofo William James, que estudara sob suas orientações, mais tarde o descreveu como "tão político, interesseiro e mesquinho com os demais que isso, tristemente, diminui o respeito que se tem por ele".[221]

Ao financiar a investigação, o *Courier* estava capitalizando em cima de uma controvérsia anterior. Um professor de engenharia de Harvard, depois de participar de algumas sessões conduzidas por um estudante de teologia, acusou o médium de fraude. O estudante foi expulso, mas as discussões acerca do caso não esmoreceram.

Os professores de Harvard e o repórter designado pelo *Courier* foram unânimes em achar que os médiuns vistos — cerca de dez, no total — eram muito pouco convincentes. Dois deles, os jovens irmãos Davenport, eram chamados de "Médiuns do Armário", por exibições em que permitiam ser amarrados da cabeça aos pés e trancados dentro de um armário portátil, um gabinete que continha diversos instrumentos musicais. Enquanto os dois adolescentes ficavam supostamente imóveis dentro do pequeno armário, pessoas do lado de fora ouviam melodias arrebatadas sendo tocadas do outro lado das portas trancadas.

---

[220] As informações sobre Agassiz foram extraídas, sobretudo, de Edmund Blair Bolles, *The Ice Finders* (Washington: Counterpoint, 1999).

[221] Citado por Linda Simon, *Genuine Reality: A Life of William James* (Nova York: Harcourt Brace, 1998), p. 93.

Dessa vez, porém, os professores de Harvard designaram Benjamin Peirce para acompanhar o irmãos dentro do armário. Depois que os Davenport estavam devidamente amarrados, Peirce entrou, agarrou todos os intrumentos — dois tamborins, uma rabeca, um banjo e uma corneta — e os prendeu entre os joelhos.

O repórter do *Courier* descreveu a cena com evidente regozijo:

"Antes de o último bico de gás ser desligado, a visão do prof. Peirce olhando de dentro das sombras projetadas pelo tabernáculo, com um jovem espiritual de cada lado, zelando vigilantemente pelos instrumentos que logo deveriam ser tocados pela orquestra sobrenatural, foi uma imagem e tanto."[222]

Depois de dez minutos de silêncio, durante os quais o conjunto musical espiritual não tocou música alguma, os bicos de gás voltaram a ser acesos e o jubilante professor saiu de dentro do armário.

No encerramento da investigação de dois dias, o repórter escreveu que apenas as irmãs Fox haviam produzido manifestações, mas ele e os professores optaram por descartá-las como sendo "umas batidinhas das Fox, facilmente rastreáveis às suas pessoas e facilmente feitas por outros, sem a presença de espíritos; nenhuma mesa ou piano levitou, e nada se moveu sequer um milímetro. [...] E assim termina essa impostura ridícula e infame".

As médiuns alegaram que as manifestações tinham sido fracas — como era de se supor — por causa da hostilidade dos investigadores, e elas organizaram uma segunda série de demonstrações para um segundo grupo de repórteres, que acabaram ficando mais entusiasmados. Os professores de Harvard, entretanto, permaneceram firmes e ferrenhos em sua denúncia

---

[222] Essa citação e as demais são de *Spiritualism Shown as It Is! Boston Courier Report of the Proceedings of Professed Spiritual Agents and Mediums, in the Presence of Professors Peirce, Agassiz, Horsford, Dr. B.A. Gould, Committee, and Others, at the Albion Building, Boston, on the 25th, 26th and 27th of June, 1857, Now First Published* (Boston: Office of the Boston Courier, 1859), p. 10.

do que julgavam ser uma fraude evidente, assinando uma declaração que argumentava que "qualquer conexão com os ditos círculos espirituais corrompe a moral e degrada o intelecto". Os membros da equipe consideraram "seu dever solene alertar a comunidade contra a sua influência contaminadora, que tende, sem sombra de dúvida, a reduzir a verdade do homem e a pureza da mulher".[223] Embora o espiritualismo fosse acusado por seus opositores, já havia muito tempo, de causar do adultério à insanidade, essa acusação pode ter sido mais pessoal, expressando em parte a atitude de Louis Agassiz com relação a Maggie Fox, devido à sua influência "contaminadora" sobre a "verdade" de um homem que havia batizado um promontório em sua homenagem: Elisha Kent Kane.

No outono de 1858, Maggie já forjara uma relação errática com o irmão e advogado de Kane, Robert Patterson Kane. A família pediu a ele que recuperassse as cartas de amor do explorador, e, fosse apenas por essa razão ou por uma autêntica afeição por ela, Robert a visitava esporadicamente, levando-lhe presentes. Ela costumava reagir de forma provocante, como se quisesse se assegurar de que não tinha perdido nada dos antigos poderes de Circe. Porém, às vezes, quando ele forçava a mão, ela reagia com um rancor compreensível à atitude de sua família com relação a ela.

"As cartas são minhas, e devo zelar e prezar por elas enquanto eu viver; então, quando não tiver mais condições de zelar por elas, as deixarei com o senhor", escreveu. "Mas não pense que estou perdida a ponto de algum dia vir a permitir que elas sejam publicadas..."[224]

---

[223] Emma Hardinge, *Modern American Spiritualism: A Twenty Year's Record of the Communion Between Earth and the World of Spirits* (1869; reimpr., New Hyde Park, NY: University Books, 1970), p. 187.

[224] De Maggie Fox para R.P. Kane, 27 de maio de 1858, Sociedade Filosófica Americana, Filadélfia.

Ela insistia sobre a integridade de Kane e de si mesma, não importando as ambiguidades que haviam obscurecido a triste situação. "O senhor pode pensar o que quiser do casamento por consentimento", disse a Robert, admitindo que ela mesma pensava que "um casamento por consentimento é tão vergonhoso quanto nenhum outro". Porém, Maggie acrescentou — com coragem, mas sem realismo — que nem Robert nem seus pais jamais poderiam negar as intenções honrosas de Kane, ao menos não para ela.[225]

Em devoção à sua memória, em agosto de 1858, Maggie se converteu ao catolicismo, explicando que até pouco antes de morrer, Kane lhe pedira que o fizesse. A escolha era intrigante, já que ele mesmo fora batizado no presbiterianismo. Entretanto, um sentimento anticatólico, fortemente associado ao virulento nativismo desencadeado por temores relativos à imigração, estava em plena ascensão nos Estados Unidos da década de 1850. Kane também fora franco-maçon, e o antagonismo entre a maçonaria e os católicos não era um segredo.

Talvez o catolicismo, que à época parecia estar, para alguns protestantes, imbuído de mistério e teatralidade medievais, tivesse agradado a natureza romântica de Kane, e ele veio a acreditar que a pompa e o esplendor da Igreja combinariam com a apaixonada Maggie. O catolicismo também fornecia uma orientação firme e paterna em questões morais e religiosas, assim como a recorrente oportunidade oferecida ao fiel de confessar seus pecados e receber a absolvição. A Igreja deve ter parecido a Kane idealmente capaz de preencher o papel de um professor ao mesmo tempo severo, compassivo e amoroso — personagem que ele mesmo desempenhou muitas vezes.

O batismo de Maggie mereceu uma resposta calorosa de Robert Kane, que a presenteou com um rosário. Os jornais noticiaram o evento com simpatia, mas ofereceram diferentes

---

[225] De Maggie Fox para R.P. Kane, 2 de setembro de 1858, Sociedade Filosófica Americana, Filadélfia.

interpretações para ele. Será que a conversão de Maggie ao catolicismo significaria que o espiritualismo era insuficiente para confortá-la, ou que os próprios espíritos não existiam? Horace Greeley tentou separar a sua conversão de qualquer julgamento generalizante sobre o espiritualismo, enfatizando que ela "jamais sequer sonhara em dizer ou subentender que alguém de sua família era culpado de fraude ou engodo no que tange às 'batidas'".[226]

Ele estava certo ao tentar distinguir as duas coisas. Maggie renunciou à sua associação com o espiritualismo sem acusar publicamente os espíritos ou a sua família. Independentemente do que o catolicismo tenha significado para Kane, para Maggie ele representava uma deferência absoluta aos desejos dele — desejos que, por uma série de motivos, alguns sob seu controle e outros não, ela havia desafiado com frequência enquanto ele estava vivo, fugindo da escola em Crookville, participando de sessões e parecendo, a ele, não apaixonada o bastante. Ao aceitar o catolicismo, ela rejeitou o espiritualismo como Kane lhe pedira que fizesse e, em seu sentimento de culpa e desespero, certamente lamentou não ter tomado essa decisão anos antes.

A casa de número 50 da rua 22 Leste agora parecia cara demais, sobretudo com Maggie dependente, reclusa e com o terceiro andar repleto de lembranças tristes. Horace Greeley apareceu para ajudar e convidou Kate, Maggie e Margaret a mudarem-se para a casa que ele tinha no número 35 da rua 19 Leste. Os Greeley, que viajavam e também passavam períodos em sua casa de campo, estavam felizes por ter quem cuidasse da casa, e a situação foi uma bênção para a família Fox. Além disso, a casa na rua Dezenove logo se tornou o local de um acontecimento alegre, ocorrido durante aquele triste período.

226 Citado em David Chapin, "Exploring Other Worlds: Margaret Fox, Elisha Kent Kane, and the Culture of Curiosity" (tese de doutorado, Universidade de New Hampshire, 2000), p. 273. Chapin ressalta que os jornais discordavam quanto ao significado de sua conversão e reforça a influência parternalista do catolicismo.

Foi com Robert Kane que Maggie partilhou a boa-nova, confidenciando que Leah cogitava casar com Daniel Underhill. "Agora eu vou lhe contar a melhor notícia que o senhor ouviu nos últimos anos", disse Maggie radiante, aparentemente sem inveja do fato de o romance da irmã terminar de maneira mais feliz do que o seu.

"Leah, pobre Leah, que tem tido tantos altos e baixos neste mundo torpe, está para se casar *honrosamente* na próxima quarta-feira, dia 3 de novembro, em uma celebração a ser realizada por um ministro nesta casa. Seu marido é rico, sua família é *quaker*, e ele conhece todo mundo aqui e na Filadélfia." Maggie admitiu que o "doutor não gostava de Leah, e, por essa razão, eu quase a desprezei; mas ela tem sido muito gentil comigo desde que ele morreu, falando dele com tanta afeição que eu a perdoei".[227]

John Fox foi ao casamento, realizado no salão dos Greeley, e acabou ficando na cidade. Sua pequena casa ao lado da de David, no condado de Wayne, fora destruída por um incêndio; ele também pode ter tido outras razões para se mudar. Velho e frágil, John pode ter desejado a companhia da esposa em seus últimos anos, ou então acreditava que poderia oferecer algum conforto à enlutada Maggie.

Recém-casados, Leah Fox Fish Brown Underhill e seu marido, Daniel, mudaram para uma casa no número 232 da rua 37 Oeste, em Manhattan, e ela parou com as sessões públicas. Agora, com mais de quarenta anos, Leah estava corpulenta, aumentada em proporções extraordinárias pelas enormes anáguas em voga naquela época. Seu rosto quadrado e aberto havia se espessado com a idade, mas manteve sua expressão agradável, como a de sua mãe. Ela encontrara um marido digno e atraente, com cabelos abundantes, ondulados e claros, que tratava seus irmãos e pais com gentileza e que a sustentava

---

[227] Essa citação e o título do capítulo 13 são de Maggie Fox para R.P. Kane, 25 de outubro de 1858, Sociedade Filosófica Americana, Filadélfia.

em grande estilo com sua companhia de seguros contra incêndios.[228] Os sobrinhos de Leah — os filhos de seu irmão David e de sua irmã Maria — visitavam sua casa na rua 37 com tanta assiduidade que ela lhes pediu que a chamassem de "mãe". Passado algum tempo, Leah e Daniel, formalmente ou não, adotaram uma menina chamada Lillie, que também pode ter sido filha de David ou de algum outro parente.[229]

Leah se tornara a dona de casa burguesa que ansiara ser durante muito tempo — uma vida muito diferente daquela que tinha como mãe solteira em Rochester ou como a mais velha das médiuns em Nova York. Ela se tornara tão respeitável quanto qualquer uma das notórias irmãs Fox poderia esperar ser. Sua casa refletia a versão da época do sonho norte-americano: duas antecâmaras contíguas abarrotadas de cadeiras de pau-rosa, mesinhas enceradas, espelhos dourados, quadros com molduras ornadas, bibelôs, tapetes espalhados a esmo e em profusão e cortinas rendadas de veludo. A mobília principal, claro, era o seu piano, como sempre fora desde os seus tempos de professora de música. Pássaros gorjeavam em um aviário próximo — lugar ensolarado que ela usava para receber convidados e que abundava em plantas que floresciam durante o ano todo. A casa dos Underhill em Manhattan era uma perfeita pérola vitoriana.

Apesar da calma e da segurança recém-conquistadas com o casamento, Leah não estava disposta a abdicar por completo de seu controle sobre a comunicação com os espíritos, talvez por gozar plenamente do poder pessoal e do prazer que essa comunicação lhe permitia. Ela continuou a impressionar

[228] Daniel Underhill nasceu no ano de 1821 em Washington, D.C. Era descendente do capitão John Underhill, que, segundo John Catanzariti, arquivista da Sociedade Underhill da América, em Oyster Bay, Nova York, foi o progenitor da principal família Underhill norte-americana. O capitão acompanhou John Withrop à colônia de Massachusetts Bay, em 1630.

[229] Lillie foi mencionada no testamento de Daniel.

familiares e amigos de forma privada e gratuita com seus poderes mediúnicos. Emma Hardinge chamou-a de "a melhor médium física, de teste e de batidas que já conheci, assim como uma das mulheres mais gentis e de coração mais nobre", possivelmente feliz por ter como elogiar um membro da família Fox mais consistente em sua vida social do que a cada vez mais sorumbática Kate e a católica Maggie.

Leah possuía um ouvinte entusiasmado em Robert Dale Owen — filósofo, diplomata e reformista social norte-americano que, quando a conheceu, em 1859, abandonou o ateísmo para investigar o espiritualismo. Em seu melhor livro sobre o movimento, *Footfalls on the Boundary of Another World* ["Passos na fronteira com outro mundo"], publicado em 1860, Owen examinou fenômenos como os *poltergeists* e as aparições e recontou a história da família Fox em uma versão sem dúvida influenciada por Leah. Segundo ele, Kate teria apenas nove anos e Maggie, 12, em 1848, o que deixaria as jovens mais infantis quando do início das batidas, assim como mais inocentes na época em que Maggie conheceu Kane, em 1852.

Outras revisões destacaram a respeitabilidade burguesa da família Fox. Sendo crianças na versão de Owen, Kate e Maggie dormiam em seu próprio quarto, e não no dos pais. Em 1860, famílias burguesas valorizavam a privacidade — e a aparência demonstrável de bem-estar financeiro — proporcionada por quartos separados.

Em outubro de 1860, Owen acompanhou Kate, Leah, Daniel e vários outros amigos em uma missão que teria satisfeito o caçador de fantasmas e de emoções que jaz no coração de todo espiritualista que se preze. O grupo visitou um velho casarão no campo — um lugar decadente e decrépito, com a fama de ser assombrado por um antigo proprietário, Peter Livingston. Owen escreveu que, quando vivo, Livingston era aleijado e usava uma pequena carruagem para locomover seu corpo inválido. Murmurava-se pelos cantos que, à noite, sua carruagem corria pelos corredores escuros da casa.

Naquela noite, Owen, Leah e o seu pequeno grupo se aglomeraram ao redor de uma pequena mesa no antigo quarto do fantasma e apagaram as luzes. Um minuto depois, "começou um enorme alarido", como se "pesados objetos de ferro, semelhantes a alteres ou pesos massivos", estivessem rolando pelo chão. Seguiram-se fortes estrondos, como os produzidos por uma mala pesada.

"Então", escreveu Owen, "ouviu-se sobre o assoalho de madeira um som exatamente como o das rodas de uma pequena carruagem em movimento". Enquanto a carruagem invisível corria freneticamente pelo chão, alguém, sem avisar, acendeu de maneira repentina uma vela. O quarto ficou silencioso.

O grupo tentou refazer a experiência várias vezes, sempre com o mesmo resultado. "A transição súbita, sem causa aparente, de uma confusão de ruídos para um silêncio absoluto", afirmou Owen, "foi uma sensação que poucos neste mundo tiveram".[230]

Três noites depois, em 25 de outubro — dois anos e meio após sua conversão ao catolicismo —, Maggie se juntou a Owen, Kate e sua mãe para uma sessão particular. Com as janelas e portas trancadas e o quarto escuro, Owen sentiu a força de "uma tremenda pancada no centro da mesa; um golpe tão violento que todos recuamos instintivamente. Pelo som, era um golpe violento que parecia feito por um homem com um cassetete, e que poderia ter matado alguém [...]".[231]

Talvez o golpe refletisse a raiva crescente de Maggie com a família Kane, ou então a raiva de espíritos mais baixos que agiam em nome da médium. A fim de afogar sua mágoa e

[230] Robert Dale Owen, *The Debatable Land Between This World and the Next with Illustrative Narrations* (Nova York: G.W. Carleton, 1872), pp. 357-360.

[231] Owen, *Debatable Land*, pp. 354-355.

frustração com o rumo que sua vida tomara, ela começara a beber muito, e suas cartas a Robert Kane vinham se tornando cada vez mais agressivas e desesperadas. Embora ele ainda lhe mandasse eventuais presentes e dinheiro, a gratidão de Maggie se transformara em irritação por sentir que precisava mendigar.

Maggie se sentia presa em uma armadilha. Ela não tinha marido nem herança, e poucas opções de subsistência financeira lhe eram possíveis, a não ser que recomeçasse a realizar sessões públicas. Porém, ela desejava desesperadamente honrar a vontade de Kane, tão poderosa era sua influência sobre ela, até depois da morte. Quanto aos familiares dele, continuavam a exigir de volta as cartas de amor de Elisha, assim como se recusavam a pagar sua herança de cinco mil dólares — que ela acreditava ter sido deixada especificamente para as suas necessidades.

Poucos meses antes de participar da sessão com Owen, Maggie implorara a Robert Kane que lhe trouxesse o pequeno medalhão com o nome de Willie gravado, o qual Elisha havia levado consigo para a Inglaterra. "Vou me lembrar eternamente dessa gentileza", disse ela. "O doutor me deu o medalhão, e eu o prendi de volta na corrente do seu relógio de bolso."[232]

Como lhe negaram essa gentileza, ela pediu a Robert que lhe desse um cacho dos cabelos de seu amado, enviando uma das cartas de Elisha "para que o senhor saiba como era sagrado o amor entre mim e o doutor [...]".[233]

Em setembro de 1860, um mês antes de participar dessa sessão com Owen, ela escreveu com um garrancho bêbado um bilhete para Robert, prometendo entregar todas as cartas de

[232] De Maggie Fox para R.P. Kane, abril de 1860, Sociedade Filosófica Americana, Filadélfia.

[233] De Maggie Fox para R.P. Kane, 16 de maio de 1860, Sociedade Filosófica Americana, Filadélfia.

seu irmão se ele apenas a ajudasse e lhe mandasse um pouco mais de dinheiro.[234]

Agora, Maggie tinha se mudado da casa dos Greeley para um pequeno apartamento próprio, na rua Quarenta e Seis Oeste, em Manhattan. Ali, mais como uma tradicional pessoa enlutada do que como uma médium, ela dedicou ao seu falecido amado o que outras pessoas chamaram mais tarde de altar, um lugar cheio de suvenires do que ela julgara ser seus dias mais felizes — apesar da confusão dolorosa que foi o seu romance. Maggie permaneceu relativamente isolada, vendo apenas a família e os amigos mais chegados, e ainda negava com fervor a realização de sessões. Kane desprezara tudo o que se relacionava com o espiritualismo, disse Maggie, e agora ela também.

Robert Dale Owen solicitou uma última evidência que o convencesse da autenticidade dos espíritos. Certa tarde de verão, em uma viagem com os Underhill e um outro amigo, ele foi até um vilarejo costeiro, e de lá os quatro saíram para uma caminhada ao longo de uma praia rochosa. A vista era sublime, daquelas que muitos pintores tentam captar.

"A porção de rocha que nós estávamos olhando não era um bloco isolado, destacado do restante, mas parte de uma massa de rocha grande e aplainada, que cobria uma extensão de ao menos dois quilômetros e que dava em um banco escarpado e íngreme, que se elevava mais além; também havia várias saliências intermediárias. Estávamos a uns trinta metros do mar, e havia uma brisa leve. A espuma da água arrebentava nas pedras abaixo de nós.

"Ainda assim, parado na beirada da pedra, ao lado da sra. Underhill e perguntando-lhe sobre as batidas, eu as ouvi muito nitidamente por sobre o ruído produzido pela

[234] De Maggie Fox para R.P. Kane, 13 de setembro de 1860, Sociedade Filosófica Americana, Filadélfia.

arrebentação. Isso se repetiu várias vezes, com o mesmo resultado."

Ele desceu pelas pedras até uma saliência inferior e colocou o ouvido contra a base da protuberância sobre a qual Leah e os demais estavam sentados. "Senti, junto com cada batida, uma leve mas *inconfundível vibração ou concussão na rocha*."[235]

Na vastidão daquele cenário natural, em um lugar que nenhum médium poderia controlar, Owen achou que os espíritos forneceram provas incontestáveis de sua existência. A partir de então, ele considerou desnecessário realizar novos testes.

---

[235] Owen, *Debatable Land*, pp. 346-347.

Quatorze

"Um meio de refletir os outros"

Das três irmãs Fox, Kate era a única que ainda realizava sessões para pagantes; de fato, sua vida se tornava cada vez mais dedicada a, ou circunscrita por, seu trabalho em benefício dos espíritos. Em 1861, ela estava com quase 24 anos, cinco a mais do que Maggie tinha quando conheceu Elisha Kent Kane. A não ser pela sua paixão juvenil por John E. Robinson, Kate jamais mostrara qualquer interesse por um pretendente, e na verdade não há indícios de que alguém a tenha cortejado. Ela vivia com os pais na casa dos Greeley, encontrava com clientes e visitava Maggie, cujo desespero ébrio a horrorizava e entristecia. Apenas em seu trabalho ela parecia avançar. As manifestações mais surpreendentes que já haviam ocorrido na história do espiritualismo moderno estavam prestes a ocorrer por meio de sua mediunidade. Elas aconteceram em suas sessões com Charles Livermore, rico banqueiro de 31 anos que chorava a morte da esposa.

Homem sobre quem a fortuna parecia chover, o belo Livermore fundou, com outros, a poderosa empresa financeira Livermore, Clews and Company, em 1859.[236] Entretanto, a tragédia não tardou a atingi-lo. Um ano depois, sua esposa, Estelle, estava em seu leito de morte, no qual se perguntava

[236] Algumas cartas de Livermore para Benjamin Coleman, arquivadas na Coleção Houdini da Biblioteca do Congresso, estão escritas em papel com o timbre da empresa.

em voz alta se poderia prometer ao marido corroído pela dor que ela voltaria. Seu médico, o importante espiritualista dr. John Gray, acabou por ficar tão preocupado com a intensidade do sofrimento de Livermore nos meses que se seguiram à morte de Estelle que, em janeiro de 1861, falou para o banqueiro procurar a ajuda de Kate.

Ela agora traduzia mensagens de várias maneiras: soletrando as palavras oralmente, enquanto os invisíveis batiam; por meio de escrita automática, transcrevendo mensagens com a mão esquerda em letra invertida; às vezes comunicando duas mensagens ao mesmo tempo, escrevinhando uma com letras grandes e arredondadas e informando a outra oralmente. Em suas sessões com Livermore, ela também usou fichas em branco, sobre as quais a escrita dos espíritos parecia se materializar de forma espontânea.

Durante seus primeiros encontros, que às vezes aconteciam na casa dos Greeley e às vezes na casa de Livermore, o banqueiro vivenciou fenômenos que haviam se tornado rotina para muitos espiritualistas: batidas altas, o toque das mãos dos espíritos, levitação de mesas pesadas. Em sua 12ª sessão, ele recebeu uma suposta mensagem de Estelle, que prometia estar visível em breve se ele perseverasse. Uma incrível chuva de luzes fosforescentes se seguiu. Várias semanas depois, em sua 24ª sessão, no meio de março, Livermore vislumbrou pálidos traços de um rosto e de um corpo que ele tomou como os de Estelle, sua forma iluminada apenas pela iridescência trêmula das luzes dos espíritos.[237]

---

[237] Uma longa descrição das sessões de Kate com Livermore, juntamente com trechos de suas cartas e diário, pode ser encontrada em Robert Dale Owen, *The Debatable Land Between This World and the Next with Illustrative Narrations* (Nova York: G.W. Carlton, 1872), pp. 385-401. A versão de Owen tende a apoiar a de Livermore, sustentada em suas cartas, embora algumas das datas variem e esteja claro que Owen publicou e embelezou a prosa de Livermore. Outra descrição das sessões, que também inclui trechos das cartas e do diário de Livermore, está em Epes Sargent, *Planchette, or the despair of Science. Being a Full Account of Modern Spiritualism, Its Phenomena, and Various Theories Regarding It. With a Survey of French Spiritism* (Boston: Roberts, 1869). Mais

Em geral, Kate e Livermore vinham se encontrando dia sim, dia não. Sua 43ª sessão, realizada em 18 de abril, deve ter ocorrido na sala dos Greeley, pois ele costumava anotar em seu diário quando permanecia em casa.

"Depois de fechar com total segurança as portas e janelas", escreveu, "nós ficamos em completo silêncio por meia hora, com minha fé começando a fraquejar. Então, levamos um susto com uma tremenda pancada sobre a pesada mesa de centro feita de mogno, que na mesma hora elevou-se e caiu. A porta foi violentamente chacoalhada, as janelas se abriram e fecharam: na verdade, tudo na sala parecia estar se movendo".[238]

Sua paciência e seu desejo pareciam ter triunfado, pois o maravilhado Livermore escreveu: "Então, uma substância iluminada, como uma gaze, elevou-se do chão, atrás de nós, moveu-se pela sala e veio até a nossa frente. Sons elétricos vigorosos foram ouvidos. A substância parecida com gaze assumiu a forma de uma cabeça humana coberta, com o véu apertado ao redor do pescoço."

A substância luminosa tornou-se uma imagem reconhecível e emocionante; em seguida, "recuou e novamente se aproximou [...] era a própria Estelle — seus olhos, fronte e semblante, com perfeição".

Estelle apoiou sua cabeça na de Livermore, que sentiu os longos cabelos da mulher caindo em ondas sobre o seu rosto. Quando ela se afastou, uma luz brilhante foi projetada contra uma das paredes. Em sua luz, ele viu "um corpo de mulher,

---

uma vez, as datas variam entre esse relato e o de Owen. Owen pode ter não apenas embelezado a prosa de Livermore, mas também censurado. Ver igualmente a próxima nota.

[238] Essa descrição da 43ª sessão e as citações foram extraídas de Owen, *Debatable Land*, pp. 386-389. A versão de Sargent é mais sensual. Ele acrescenta o que se segue, atribuído ao diário de Livermore: "Eu [Livermore] pedi a ela que me beijasse, se pudesse; então, para minha enorme surpresa, um braço foi colocado ao redor do meu pescoço, e um beijo real, palpável, foi depositado sobre meus lábios, através de algo como uma musselina. [...] O beijo foi muitas vezes repetido, e era audível em todas as partes do ambiente."

inteiro, de frente para aquele lado da sala, com a luz parecendo estar em uma de suas mãos". Depois de ficar parada, perfeitamente à vista, por mais de meia hora, Estelle enviou a mensagem: 'Agora, observe enquanto me elevo [...].'

"Então, em plena luz, o corpo subiu de imediato até o teto e ficou lá por alguns instantes, em suspensão; em seguida, descendo delicadamente, desapareceu."

Estelle voltou muitas vezes; aos olhos de Livermore, ela foi ficando cada vez mais parecida consigo mesma. Na escuridão e na agitação, Kate parecia por vezes esmaecer, como se ela fosse o fantasma e a irradiante Estelle, a mulher vital.

Em determinada sessão, em junho, depois de um beijo em sua testa, Livermore olhou para cima e encontrou o rosto radiante de Estelle parado diante de uma luz que, "agora, vibrava rapidamente, lançando seus raios intermitentes sobre sua beleza — que em seres deste mundo não é possível testemunhar".[239] Kate reagiu com exclamações "maravilhadas e esfusiantes", e isso pareceu perturbar Estelle, que recuou até que a médium ficasse mais calma.

Em outra ocasião, porém, Kate reagiu com visível inquietação. Quando Estelle se aproximou de Livermore, uma segunda aparição se materializou atrás dela: um homem baixo e corpulento, cujo negro de suas roupas se estendia até seu gorro de veludo.

"Aqui, a médium ficou muito nervosa", relatou Livermore, "o que, não tenho a menor dúvida, evitou que o rosto [de Estelle] se tornasse mais nítido".[240] A aparição escura retornou inúmeras vezes e logo anunciou, por escrito, em uma ficha de papel, que era Benjamin Franklin.

Muitas vezes, antes que qualquer luz de espírito fosse vista, Livermore e Kate sentavam-se em silêncio na escuridão por

---

[239] Owen, *Debatable Land*, p. 390.

[240] De Charles Livermore para Benjamin Coleman, 21 de julho de 1861, Coleção Houdini, Biblioteca do Congresso.

quase uma hora. Entretanto, quando as manifestações começavam, elas superavam todas as suas expectativas. Em 20 de outubro de 1861, Estelle ficou de pé diante de Livermore, envolta em suas vestes diáfanas, com o braço nu debaixo da gaze tranparente.

"Pedi para ser tocado", disse Livermore a Benjamin Coleman, espiritualista inglês com quem se correspondia, "[e] quando ela deu um passo à frente, colocou o braço diante de minha testa e permitiu que eu o beijasse. Me pareceu do tamanho e do peso de um braço real e vivo. [...] Ela levantou o dedo mínimo e o moveu, como costumava fazer, e, enquanto nós olhávamos para isso, ela soltou os cabelos, que caíram fartamente sobre as costas. A manifestação terminou quando ela rabiscou uma ficha de papel, a colocou *sobre o meu ombro*, fez um carinho em minha cabeça e minha fronte e me deu um beijo de boa-noite".[241]

Estelle o surpreendeu com um presente uma ou duas noites mais tarde. Depois de colocar um véu sobre o rosto de Livermore, ela alçou flores espirituais — Estelle costumava colocar uma rosa branca nos cabelos — e deixou que ele inalasse seu doce perfume, muito mais sublime do que quaisquer botões terrenos que Livermore já tinha visto. Antes de retornar ao mundo dos espíritos, ela colocou "o dedo, envolto em gaze diáfana, várias vezes" dentro de sua boca — gesto erótico e íntimo.[242]

Certa noite de quarta-feira, pouco antes do dia de Ação de Graças, Kate e Livermore esperavam pacientemente na sala, que era aquecida por uma lareira de carvão e por cujas cortinas ainda entravam os últimos resquícios da luz do dia. A mesa de mogno, o candelabro e as luminárias, assim como

[241] De Charles Livermore para Benjamin Coleman, 20 de outubro de 1861, Coleção Houdini, Biblioteca do Congresso.

[242] De Charles Livermore para Benjamin Coleman, 3 de novembro de 1861, Coleção Houdini, Biblioteca do Congresso.

o sofá e as cadeiras, destacavam-se como uma saliência cinza. Então, uma luz brilhante se elevou do chão, mais forte do que a iluminação natural do fogo e do lusco-fusco do dia; banhada em sua própria luminescência estava uma mão sem corpo. Pareceu-lhe ser "uma mão humana perfeita, a mais perfeita já criada".[243] Embora a mão estivesse envolta em véus diáfanos e Livermore estivesse usando uma luva, o toque reacendeu o amor.

"E assim", escreveu ele, "mais uma vez nos demos as mãos, com todo o fervor de amigos há muito separados; minha esposa, na terra dos espíritos, e eu, aqui. A expressão de amor e ternura assim demonstrada não pode ser descrita, pois foi uma realidade que perdurou por quase meia hora. [...] Examinei cuidadosamente aquela mão espiritual, apertei-a, senti suas juntas e unhas e a beijei, enquanto ela permanecia constantemente visível aos meus olhos".

Em seu diário, Livermore usou com frequência uma linguagem que sugeria um show de lanternas mágicas para evocar o que via. Por exemplo, ele descreveu como, certa noite, a luz do espírito elevou-se "em uma nuvem" pelas janelas fechadas com pesadas cortinas, com "uma porção [da luz] descendo da parte superior enquanto o rosto e o corpo, até a cintura, de minha mulher, eram projetados com efeitos estereoscópicos. [...] Disseram-nos para observarmos o seu vestido, que parecia justo ao corpo [...]".[244]

Porém, com a mesma frequência, as aparições davam a impressão de ser tão tangíveis quanto qualquer ser mortal. Estelle passou a usar "um perfeito laço de fita de seda branca amarrado diagonalmente sobre o peito". Na segunda vez em que utilizou esse acessório extravagante, Livermore

[243] De Charles Livermore para Benjamin Coleman, 21 de novembro de 1861, Coleção Houdini, Biblioteca do Congresso.

[244] Esta e a citação seguinte são de Sargent, *Planchette*, notas para as datas de 28 de dezembro de 1861 e 24 de janeiro de 1862.

o segurou entre os dedos e achou que era tão real quanto seda. Enquanto sua mão deslizava sobre o tecido, ele ouviu "um som murmurante, baixo [...], algo como o zumbido de uma abelha.

"Ouvi com atenção e percebi que ele vinha dos lábios do espírito. Era uma tentativa infrutífera de falar [...]." Ou, talvez, os doces murmúrios que ele ouviu fossem os de um espírito excitado, reagindo à sua carícia.

É possível, claro, que, na sala escurecida, a própria Kate personificasse Estelle. Com a atenção totalmente focada sobre a imagem iluminada, Livermore pode nem sempre ter reparado na médium. Nessas ocasiões, porém, quando Benjamin Franklin repreendia Kate duramente por suas expressões de alegria ou surpresa, ela estava reagindo de forma nítida, com autenticidade. Se um colaborador mortal estivesse criando as aparições, ou Kate se perdia na encenação ou talvez nem sempre estivesse preparada para o que aconteceria em seguida.

O irmão de Livermore testemunhou algumas manifestações, assim como o dr. Gray, que observou a "produção de luzes, odores e sons; e a formação de flores, texturas de tecidos etc., assim como sua desintegração e dispersão. Esses fenômenos", segundo Gray, "inclusive a aparição do dr. Franklin, foram-me todos mostrados. [...] O sr. Livermore é um bom observador dos fenômenos dos espíritos, corajoso, claro e perspicaz [...]". Gray também cumprimentou Kate, por se comportar "com paciente integridade de conduta, evidentemente fazendo tudo ao seu alcance, a todos os momentos, para promover um julgamento e uma decisão justos a cada fenômeno que ocorria".[245]

O ano de 1861, quando, à meia-luz de algum salão, Kate e Livermore se conheceram, marcou também o início da Guerra Civil. A proeminente médium Emma Hardinge lembrou-se de

[245] De Charles Livermore para Benjamin Coleman, 20 de novembro de 1865, Coleção Houdini, Biblioteca do Congresso.

como os espíritos a haviam avisado da catástrofe meses antes de sua eclosão, mostrando-lhe uma visão em que "inúmeras formas que pareciam tremelicar e dobrar-se, como se no remoinho de uma tempestade oculta", tinham profetizado uma "luta fratricida".[246] Sua visão, entretanto, parece ter sido mais realista do que clarividente, evocando o que, para muitos mortais, parecia cada vez mais inevitável. Em 1859, John Brown liderara seu heroico ataque ao Arsenal Federal da cidade de Harper's Ferry, na Virgínia, na esperança de incitar uma insurreição dos escravos. Porém, tudo o que conseguiu foi tornar-se um mártir entre os abolicionistas do norte e um demônio para os escravagistas do sul. No outono de 1860, Abraham Lincoln fora eleito presidente dos Estados Unidos da América, com uma plataforma republicana que prometia não interferir no escravagismo onde ele já existia, mas que limitava sua expansão pelos territórios. No mês seguinte, a Carolina do Sul, seguida de outros estados sulistas, separou-se da União, e em fevereiro de 1861 nasceu a Confederação Sulista. Em abril — mesmo mês em que a luminosa aparição de Estelle foi vista por Livermore —, armas confederadas atiraram sobre o Forte Summer — guarnição federal do porto de Charleston, Califórnia do Sul —, e a guerra foi iniciada oficialmente.

A empresa de Charles Livermore cresceu muito com a febre da guerra, logo tornando-se a segunda maior negociante de títulos federais. Conhecido por ser um homem ocupado e prático, com grandes responsabilidades sobre os ombros em meio à crise nacional, o banqueiro ainda assim encontrou tempo para suas sessões com Kate.

A maioria dos espiritualistas aceitava a liderança de Lincoln, embora lamentasse sua incapacidade de obter o término incondicional da escravidão por toda a nação. Horace

246 Emma Hardinge, *Modern American Spiritualism: A Twenty Year's Record of the Communion Between Earth and the World of Spirits* (1869; reimpr., New Hyde Park, NY: University Books, 1970), p. 418.

Greeley, que havia muito tempo já era amigo, para não dizer adepto, do movimento espiritualista, expressou a visão de muitos reformistas ao criticar incisivamente o presidente por sua "deferência equivocada à Escravidão Rebelde".

A isso, Lincoln proferiu uma célebre resposta: "O meu principal objetivo nessa luta *é* salvar a União, e *não* salvar ou destruir a escravidão. Se eu pudesse salvar a União sem libertar *nenhum* escravo, eu o faria, e se eu pudesse salvá-la libertando *todos* os escravos, eu o faria; e se eu pudesse salvá-la libertando alguns, e não outros, faria isso também."[247]

O *Banner of Light*, que acabaria se tornando o jornal espiritualista mais longevo, instava seus leitores a se alistarem nas forças da União, e parece que muitos o fizeram. Emma Hardinge lamentou que não houvesse regimentos totalmente compostos de espiritualistas, mas atribuiu esse fato a uma causa familiar: "Em formas marciais de ação associativa, assim como em outras, nenhuma organização poderia ser levada a cabo por espiritualistas." Porém, ela afirmou que "a total despreocupação dos espiritualistas com relação à morte fazia deles os mais bravos soldados" — afimação, claro, difícil de provar.[248]

Enquanto os espiritualistas trabalhavam em prol das causas que apoiavam — a da União ou da Confederação —, desempenhando papéis convencionais, como os de oficiais e soldados, médicos e enfermeiras, levantadores de fundos e operários de fábricas que produziam para suprir as necessidades do fronte, eles também contribuíam de formas menos tangíveis. Muitos transmitiam cartas, que diziam ter sido ditadas por espíritos, a oficiais em campanha, com sugestões para estratégias de batalha e informações sobre os planos do inimigo. Acreditava-se igualmente que os espíritos influenciavam discursos e

[247] Citado em James M. McPherson, *Ordeal by Fire: The Civl War and Reconstruction* (Nova York: Knopf, 1982), p. 278.

[248] Emma Hardinge, Modern American Spiritualism, p. 493.

políticas. Quando, em 1863, o presidente redigiu a Proclamação de Emancipação, libertando os escravos dos estados confederados, comentou-se que seres de outro mundo ajudaram a moldar sua mensagem eloquente.[249]

No sul, onde suspeitavam que os espiritualistas simpatizavam com o abolicionismo, seus encontros públicos foram reduzidos em grande escala. Claro, nem todos os espiritualistas eram contra a escravidão, e nem os defensores da libertação dos escravos — mesmo no norte, qualquer que fosse a região — promoviam, necessariamente, uma completa igualdade racial. Ficaria claro que era muito mais difícil erradicar o racismo do que a escravidão. Alguns espiritualistas debatiam se os espíritos de pessoas negras seriam capazes de evoluir o suficiente pelas esferas e de se associarem, em níveis mais altos, com os brancos do outro mundo.

Durante a guerra, comunidades dilaceradas pelos confrontos testemunharam massacres numa escala pesada e moderna. O embalsamamento ainda era um procedimento novo, e a dificuldade de transportar os corpos levou muitos soldados a serem enterrados em covas comuns no mesmo lugar do campo de batalha em que caíam, de forma rápida e sem muita cerimônia, antes que seus cadáveres pudessem se decompor e propagar doenças.

Em julho de 1863, oito mil soldados morreram em Gettysburg, numa batalha de três dias; o número de cadáveres superou

---

[249] Para informações sobre o espiritualismo e a Guerra Civil, sou grata pelo maravilhosamente informativo site de John Buescher, Ephemera, http://www.spirithistory.com, acessado em 24 de setembro de 2003. Para mais informações sobre a Guerra Civil, Gettysburg e o assassinato de Lincoln, assim como sobre suas relações com a morte, baseei-me em Garry Mills, *Lincoln at Gettysburg: the Words That Remade America* (Nova York: Touchstone, 1992), cap. 5; em Robert V. Wells, *Facing the "King of Terrors": Death and Society in an American Community*, 1750-1990 (Cambridge: Cambridge University Press, 2000); e sugestões de Jim Murphy, autor de *The Boys' War: Confederate and Union Soldiers Talk about the Civil War* (Nova York: Clarion, 1993); e em outros livros laureados, para crianças e adolescentes. Há opiniões conflitantes sobre o interesse de Lincoln nas sessões espiritualistas; orientei-me pela posição moderada de Jean H. Baker, em *Mary Todd Lincoln: A Biography* (Nova York e Londres: Norton, 1987), pp. 218-222.

o dobro do número de habitantes vivos dessa cidadezinha da Pensilvânia. As baixas entre os soldados da União e da Confederação totalizaram, juntas, cinquenta mil, entre mortos, feridos, desaparecidos e capturados. Prisioneiros de guerra, civis e soldados trabalhavam juntos para enterrar os mortos sob uma fina camada de terra, que não protegia nem os vivos nem os falecidos. Os cadáveres em decomposição ameaçavam contaminar o solo e a água; parentes e ladrões desenterravam os corpos em busca dos entes queridos ou de objetos de valor.

Naquele outono, um novo cemitério em Gettysburg, onde os mortos poderiam ser enterrados de novo e com dignidade, foi dedicado a Abraham Lincoln. Ele falou pouco dos homens que morreram lá, preferindo enfocar "um novo nascimento de liberdade" que resultaria de sua coragem e de seu sofrimento.

Uma vez que os corpos eram enterrados em cemitérios distantes, a realização de rituais e funerais privados perto de casa pareceu, durante algum tempo, sem sentido, ao menos para as famílias enlutadas. Em contrapartida, a crença no retorno dos espíritos tinha um poder atraente sobre os familiares de quem havia partido para a guerra e nunca mais voltado. À medida que a guerra continuava, números cada vez maiores de pessoas entristecidas com a perda encontravam consolo em sessões espiritualistas. Também é provável que alguns homens e mulheres que participavam de sessões estivessem de luto não apenas pelas pessoas queridas, mas também pelo corpo devastado da república dos pais fundadores, pelo ideal de estados soberanos ligados em harmonia e por escolha própria. O espírito de identidade nacional que sobreviveu à guerra passaria por uma grande transformação.

Como os encontros entre Charles Livermore e Kate demonstram, porém, nem toda sessão durante esses anos esteve diretamente ligada à guerra, nem mesmo na Casa Branca de Abraham Lincoln. Quando Willie Lincoln, de dez anos, faleceu, ainda durante o mandato de seu pai, a mãe do menino, Mary Todd Lincoln, recorreu a vários médiuns em Washington para ajudá-la a estabelecer contato com seu filho. Embora ela tenha se tornado uma adepta devota, não há evidências de que seu marido, que participou de ao menos uma sessão na Casa Branca, tenha experimentado algo além de curiosidade compassiva para satisfazer a vontade da esposa.

Durante os anos de guerra, Maggie permaneceu dividida entre o ódio pela família Kane, a autopiedade e uma raiva contraditória por tudo o que se relacionava ao espiritualismo. Ela escreveu para uma amiga canadense, a escritora Susanna Moodie, sobre como o espiritualismo parecera a Kane "*absolutamente nojento* e *abominável* ao refinamento".

"Tenho menos de dez cartas do dr. Kane", continuou Maggie, "que não falam de sua condenação total a uma vida a que ele se refere como de '*maldade e pecado*'. [...] Eu prometi solenemente ao dr. Kane, no nosso terceiro ou quarto encontro, que abandonaria o espiritualismo por completo e para *sempre*, e com essa promessa fui à escola e dei como *morta* minha relação com o espiritualismo e com os espiritualistas. Eu tenho mantido minha promessa como *sagrada* desde aquele dia, e vou mantê-la fielmente até encontra-lo no Paraíso".[250]

A relação de Maggie com a família Kane continuava deteriorando; a sua recusa em tratá-la com dignidade e em reconhecer a verdadeira natureza de seu romance a enfureciam. Finalmente, ela retirou a promessa de jamais publicar as cartas de amor e, ao contrário, ameaçou fazê-lo. Por insistência dos amigos, também processou os Kane. Dizendo-se viúva e adotando o seu sobrenome, ela usou as cartas para provar o amor do explorador e para forçar um acordo. Sob pressão, os Kane concordaram em dar a Maggie a quantia de dois mil dólares, além de

[250] De Maggie Fox para Susanna Moodie, Coleção Patrick Ewing no Arquivo Nacional do Canadá. Essa carta foi generosamente indicada por Michael Peterman, um dos editores de Susanna Moodie: Letters of a Lifetime, organizado por Carl Ballstadt, Elizabeth Hopkins e Michael Peterman (Toronto: University of Toronto Press, 1985).

uma pensão anual pelo resto da vida. Em troca, ela deixou as cartas de Kane com o dr. Edward Bayard, o médico homeopata que cuidava da idosa Margaret Fox e que pertencia a uma família importante o suficiente para ser aceita pelos Kane.

Enquanto Maggie enfrentava suas batalhas pessoais e os soldados, as da nação, Leah e Daniel continuavam a realizar sessões particulares ocasionais em sua confortável casa, mas seus pensamentos nunca estavam distantes dos conflitos da União. Emma Hardinge e Robert Dale Owen participaram de uma sessão que durou até as quatro da manhã. Hardinge tocava canções de guerra ao piano, escreveu Owen, quando "uma voz alta e estridente soou acima de nossas cabeças: 'Diminuam as luzes.' Essa ordem foi obedecida, e instantaneamente a música ganhou o acompanhamento de sons como os de um grupo de soldados marchando. Então, ouvimos várias explosões, como disparos de mosquetes [...]".[251]

As sessões de Charles Livermore e Kate continuaram ao longo dos anos de guerra, e ele também manteve correspondência com seu amigo inglês Benjamin Coleman, enviando-lhe cartas, retratos e até recortes de jornal. Porém, lenta e inevitavelmente, Livermore viu que sua própria vida estava mudando, à medida que sua empresa crescia com a guerra.

"Estou tão atarefado com as obrigações profissionais de minha empresa, que se expande cada vez mais", escreveu a Coleman, "que não consigo tempo para elaborar os detalhes de minha experiência. [...] Só posso dizer que o poder das manifestações que tenho recebido tem aumentado, e não diminuído, e que frequentemente vejo o espírito do dr. Franklin e de minha esposa, como já descrevi — mas com beleza e facilidade aumentadas".[252]

---

[251] Citado em M. Margaret Wilkinson (org.), *Autobiography of Emma Hardinge* (Londres: John Heywood, 1900), p. 275.

[252] De Charles Livermore para Benjamin Coleman, 1º de setembro de 1863, Coleção Houdini, Biblioteca do Congresso.

No verão de 1864, muitos espiritualistas famosos se reuniram em Chicago para a Primeira Convenção Nacional do movimento, embora nenhuma das irmãs Fox tenha participado. Talvez não seja de surpreender que o acontecimento não tenha transcorrido sem percalços. Influenciados pelas conquistas de grupos antiescravagistas, os palestrantes e escritores que foram à convenção, em sua maioria homens, tendiam a defender uma organização nacional forte, com objetivos políticos realizáveis neste mundo, enquanto médiuns e comunicadores em transe, em sua maioria mulheres, argumentavam que a própria natureza do espiritualismo precisava de uma abordagem descentralizada e de um enfoque sobre assuntos do outro mundo. Em uma declaração que deve ter parecido ofensiva a alguns médiuns, a convenção deliberou que "o espiritualismo norte-americano significa algo além de levitações de mesa e toques de corneta, comunicações em transe e vidência — que as condições mais elevadas que ele impõe não são estados anormais de inconsciência beatificada, [...] mas um estado vigoroso, saudável e trabalhador que visa a conquistas práticas de liberdade física e espiritual, pureza e crescimento". Apesar das controvérsias, a convenção endossou um segundo mandato para Lincoln.[253]

Lincoln foi eleito com uma vitória esmagadora no outono de 1864. Em abril de 1865, um mês depois de o presidente assumir pela segunda vez, o general Robert E. Lee se rendeu ao general Ulysses S. Grant, em Appomattox, colocando um fim efetivo à Guerra Civil, embora a data oficial do "fim da Rebelião" só tenha sido anunciada no ano seguinte. Ao término da guerra, um milhão de americanos, da União ou conferederados, tinham sido feridos; mais de seiscentos mil morreram. O número de mortos na Guerra Civil é chocante

[253] As informações sobre a convenção e suas resoluções são de Buescher, *Ephemera*, "Spiritualists Endorse Lincoln for a Second Term", http://www.spirithistory.com/lincoln.html, 24 de setembro, citando Charles M. Plumb, "The National Spiritual Convention", *Friend of Progress*, novembro de 1864, pp. 16-20.

até em retrospectiva, sendo mais alto que o número de norte-americanos mortos em combate nas duas Guerras Mundiais juntas.

Cinco dias depois da rendição de Lee, o presidente Lincoln foi assassinado por John Wilkes Booth. Um veterano da União falou em nome de muitos quando bradou: "Nosso país, que ontem era o palco de um regozijo universal pela volta da paz, está hoje imerso em tristeza e vestido de luto."[254] De trem, o caixão de Lincoln foi transportado de cidade em cidade, onde encontrou, segundo as palavras de Walt Whitman, "longas e espiraladas procissões e as chamas da noite [...]".[255] Dizem que o funeral de Lincoln teve como modelo o de Elisha Kent Kane, e, sobretudo no norte e entre os escravos recém-libertos, houve uma ampla demonstração pública de pesar pela morte do presidente.

Em 1865, ano em que a luta chegava ao fim e o país sofria o choque da morte brutal de Lincoln, as irmãs Fox vivenciaram duas perdas devastadoras. No mês de janeiro, o frágil John Fox faleceu, aos 76 anos; em agosto, Margaret morreu de febre tifoide. Tendo vivido isolados a maior parte de seu casamento, John e Margaret também foram enterrados separadamente, ela no jazigo da família dos sogros de Leah, no cemitério nova-iorquino de Greenwood, Brooklyn, e ele em Arcadia, perto das casas de seus filhos mais convencionais, David Fox e Maria Smith.[256]

Leah idolatrava a mãe, mas ao menos podia contar com Daniel Underhill para ter apoio emocional. Para Kate e Maggie, a morte da mãe foi um acontecimento de magnitude bem diversa.

---

[254] Citado em Wells, *Facing the "King of Terrors"*, p. 166.

[255] Walt Whitman, "When Lilacs Last in the Dooryard Bloom'd", *Leaves of Grass*, organizado por Harold W. Blodgett e Sculley Bradley (Nova York: Norton, 1965), p. 330.

[256] Em *The Missing Link in Modern Spiritualism* (Nova York: Thomas R. Knox, 1885), Leah diz que seu pai morreu em janeiro, mas um obituário do *Syracuse Journal* de 7 de março de 1865 afirma que ele tinha 76 anos. A informação sobre a morte de Margaret é do Registro de Óbitos da Cidade de Nova York.

A gentil Margaret, com seu rosto rechonchudo que inchava ao sorrir e seus cabelos grisalhos cobertos por uma pequenina touca de renda, tinha sido a única constante na vida das duas filhas mais novas. Seu espírito deve ter parecido realmente insubstancial quando comparado ao alento de sua pessoa mortal e maternal.

Haveria mais dificuldades no caminho das irmãs Fox. Os Kane, alegando problemas financeiros, pararam de pagar a pensão anual de Maggie, com a qual haviam concordado poucos anos antes. Autorizada então a recuperar as cartas de amor que deixara aos cuidados do dr. Edward Bayard, Maggie conseguiu publicá-las, finalmente, em 1866. No livro *The Love-Life of Dr. Kane* ["A vida amorosa do dr. Kane"], ela se identificou de maneira inequívoca como a viúva de seu amado Lish: Margaret Fox Kane.

Qualquer que fosse a razão que levou Maggie a publicar as cartas — o desejo de vingança, provando o amor de Kane por ela, ou o desejo de se conferir alguma importância —, o gesto não foi capaz de aliviá-la de seu sofrimento financeiro e emocional. Pelo contrário, ele a tornou vulnerável a uma nova série de acusações mordazes. Leah, humilhada com a reabertura do escândalo, assim como com o evidente alcoolismo de Maggie, privou-se de todo contato com qualquer uma das irmãs mais novas.

Em abril de 1866, por intermédio da mediunidade de Kate, Estelle Livermore apareceu pela última vez a Charles Livermore, retornando em seguida para a Terra do Verão — expressão usada pelos espiritualistas para descrever o Paraíso — a fim de esperar pelo marido. Não muito tempo depois, Livermore se aposentou, muito rico e não mais preocupado com o uso de seu nome em conexão com o espiritualismo. Os dias em que ele poderia ser desacreditado publicamente devido às suas crenças, por seus colegas banqueiros conservadores, tinham acabado. Ele passou a escrever com menos frequência a Coleman, mas sua correspondência continuou. Além disso, ambos permaneceram amigos de Kate, ajudando-a nos anos por vir.

As cartas e os escritos diários de Charles Livermore sobre a aparição de Estelle foram publicados em livros e jornais espiritualistas. Para ele, as sessões com Kate Fox constituíam uma documentação importantíssima da vida eterna do espírito. Hoje, quem lê as anotações de Livermore deixa-se envolver por uma formidável história de amor, embora a identidade dos personagens — tanto na realidade quanto na memória e na fantasia — nunca fique inteiramente clara.

No final da guerra, Nova York, a cidade do excesso, irrompeu em uma orgia de comemorações e ostentações. Quem poderia dar a festa mais extravagante, construir a mansão mais chamativa, passar férias no spa mais disputado, servir champanhe em maior quantidade — e o mais caro? Aqueles eram novos tempos, a era do imediatismo em que, como jamais se fizera antes, o dinheiro era esbanjado sem o menor pudor, e em que a respeitabilidade circunspecta, ao menos em alguns meios, tornara-se motivo de riso. Henry Clews, ex-sócio de Livermore, era um dos privilegiados do restrito círculo de homens que ditavam o ritmo da agitação acelerada.[257]

A vitória do norte industrializado sobre o sul agrário colocou um poder imenso nas mãos dos líderes das finanças e da indústria, como Vanderbilt, Belmont, Gould e Morgan — construtores de estradas de ferro e de impérios bancários. Victoria Woodhull, médium extraordinária que defendia os direitos das mulheres, construiu a própria reputação ao oferecer dicas astutas sobre o mercado de ações a Vanderbilt, fornecendo-lhe

[257] Uma visão breve e geral sobre esses anos acelerados e sobre o grupo de Belmont, ao qual Clews pertencia, pode ser encontrada em David Black, *The King of Fifth Avenue: The Fortunes of August Belmont* (Nova York: Dial Press, 1981), pp. 271-277.

os tipos de sugestões pragmáticas que os espíritos, no passado, rejeitavam. Os espíritos de financistas falecidos tornaram-se cada vez mais populares em sessões de outros médiuns, prontos para oferecer conselhos financeiros.

A nação, sem chegar a esquecer, acabou assimilando a dor do assassinato de Lincoln e da morte das centenas de milhares de pessoas na guerra. A perda afetara quase todos os lares e famílias; a preocupação com a vida após a morte era uma constante, refletindo-se não só na política e na religião, mas até nas formas populares de diversão. Ao longo dos últimos anos da década de 1860, grandes plateias viam peças sobre fantasmas e espíritos, o que auferia algum consolo das figuras luminosas e espectrais no palco, sobre o qual muitas ilusões eram criadas com uma tecnologia cuja complexidade não ia além do uso de espelhos.

Não é de surpreender que os monumentos da Guerra Civil em homenagem aos soldados mortos proliferassem por todo o país. Enterrar os falecidos, como no início do século, voltou a se tornar uma questão de preocupação e apoio comunitários, mais do que uma oportunidade para expressar a dor pessoal.

Emma Hardinge escreveu que a guerra acrescentou dois milhões de novos adeptos ao espiritualismo. Se a guerra levasse, mesmo que apenas um amigo ou parente de cada soldado morto ou ferido, a pensar na comunicação com os espíritos, parece lógico que o interesse tenha aumentado. Segundo estimativas, nos 25 anos seguintes, o número de espiritualistas nos Estados Unidos passaria de um milhão para 11 milhões. Porém, até os números mais baixos incluíam os simpatizantes do movimento, além dos que se julgavam comprometidos com os espiritualistas.

O crescimento do movimento não predizia, necessariamente, uma saúde duradoura. O idealismo intenso que tanto caracterizara a vida norte-americana antes da guerra, assim como o anseio perfeccionista por reformas, ficou muito diminuído nos anos do pós-guerra, e até certo ponto essa mudança se verificou também no movimento espiritualista. Na década seguinte, a nação ficou imersa na desilusão. A reconstrução tornou-se uma luta amarga entre os que desejavam uma rápida reconciliação com os antigos estados confederados e os que buscavam justiça e igualdade para os negros. O Congresso pediu o *impeachment* do presidente Andrew Johnson; escândalos assolaram a administração de seu sucessor, Ulysses S. Grant; e recriminações mútuas afastaram os defensores dos direitos da mulher do movimento abolicionista, aliados na época em que o voto era possível aos homens, independentemente de sua raça, mas negado às mulheres. As salas em que as sessões eram realizadas tornaram-se cada vez mais um refúgio privado contra a realidade do mundo exterior, e não, como fora no passado, um local de reunião para mortais que tentavam entender de forma ativa a relação entre as preocupações deste mundo e do outro.

Assim como eram extravagantes as manifestações exteriores de riqueza tão desejada nas décadas que se seguiram à Guerra Civil — mansões de mármore, roupas caras, grandes coleções de arte —, também eram extravagantes as manifestações exteriores dos espíritos. A aparição de corpo inteiro de Estelle, intermediada pela mediunidade de Kate Fox, estabeleceu o parâmetro do que seria desejado e esperado nas sessões — parâmetro que se tornaria cada vez mais difícil de ser alcançado pelos médiuns sem o uso de gestos grosseiros de fraude. Nas décadas que se seguiram à guerra, a pressão exercida sobre os médiuns tanto por espiritualistas quanto por céticos, que desejavam milagres a cada sessão, começou gradualmente a criar problemas para Kate e para o próprio movimento.

Logo após a morte dos pais, Kate seguiu o exemplo trágico de Maggie, voltando-se para o álcool em busca de consolo ou alívio. Existe uma teoria que diz que os médiuns são dados ao alcoolismo e à dependência de drogas. Há quem sugira que eles se valem dessas substâncias para bloquear o excesso de estímulos sensoriais de fora e de dentro que os bombardeiam, e contra os quais não têm defesa. Outros argumentam que o álcool, em vez de agir como sedativo, sempre foi usado, até em demasia, na busca do conhecimento espiritual, enquanto outros caminhos, mais elevados, permaneceram elusivos ou fechados. O alcoolismo de Kate e de Maggie originou-se provavelmente em uma predisposição herdada do pai, mas que foi exacerbada por tensões, anseios, tentações e decepções em suas vidas de mediunidade.

Embora Leah tenha dado as costas para as irmãs, demonstrando pouca compaixão por seus problemas, muitos dos velhos amigos de Kate tentaram ajudá-la, colocando a culpa de sua entrega ao alcoolismo nos anos do pós-guerra e nos curiosos, cada vez mais numerosos, que debochavam de seus poderes e lhe ofereciam champanhe. Já nos anos 1850, entretanto, Elisha Kent Kane notara que ambas as irmãs gostavam de beber, avisando a Maggie: "Diga a Katie para não beber champanhe, e você trate de seguir o mesmo conselho. Deixa o seu nariz vermelho e é um hábito ruim para jovens donzelas."[258]

No intuito de evitar que Kate se deteriorasse tanto quanto Maggie, o dr. Edward Bayard, depositário de confiança das cartas de amor de Kane, conseguiu que ela se internasse na clínica do dr. George Taylor, do Movimento de Cura Sueca — internação que foi discretamente paga pelo próprio Bayard, pelos Underhill ou por Charles Livermore. Taylor e a esposa eram agora a segunda família de Kate. Com quarenta e poucos anos, ele era um médico de rosto enrugado que estudara em Harvard e na Universidade de Nova York. Sua esposa, Sarah, cerca de dez anos mais nova que ele, era uma figura impressionante por si só, tendo sido diretora de uma escola

[258] Citado em Margaret Fox Kane, *The Love-Life of Dr. Kane* (Nova York: Carlton, 1866), p. 253.

secundária antes de se casar. Ela era gordinha e bonita, com um queixo que ostentava uma atitude determinada, um pouco como o de Leah, e um jeito maternal não muito diferente do de Margaret.[259]

Em 1858, George Taylor visitou a Suécia para investigar técnicas de massagem ou de "ginástica passiva", as quais julgou capazes de aliviar os sintomas de pacientes com doenças crônicas. Ao retornar, abriu o seu próprio estabelecimento. Instalado na Sexta Avenida e na rua 38 Oeste, em duas construções urbanas, bonitas e adjacentes, a casa de saúde do dr. Taylor tornou-se uma das instituições mais populares e respeitadas da época, tempo em que as camadas mais ricas da classe média, assim como as de hoje, internavam-se em spas para gozar de regimes de cura pela água, exercícios, massagens, dietas vegetarianas e — algo raramente oferecido hoje — estimulações vibratórias. Muitos tratamentos lançados pelo anseio por melhorias na saúde objetivavam curar a neurastenia e a histeria, além dos sintomas como a letargia e a paralisia.

As atitudes vitorianas com relação ao sexo representavam um dos fatores que contribuíam para toda uma gama de disfunções nervosas, uma vez que tanto mulheres quanto homens lidavam com mensagens e sentimentos conflitivos. A maioria dos ministros das principais igrejas continuava a aconselhar o sexo apenas com propósitos de procriação. Como consequência — e por muitas outras razões —, algumas mulheres da classe média tendiam a abjurar a relação sexual, enquanto seus maridos procuravam, com culpa, prazeres na

---

[259] *National Cyclopedia of American Biography* (Nova York: J.T. White, 1930), v. 5. A melhor fonte de informações sobre o médico pode ser encontrada nos livros que sua esposa e seu filho elaboraram: Sarah E.L. Taylor (org.), *Fox-Taylor Automatic Writing, 1869-1892: Unabridged Record* (Minneapolis: Tribune-Great West Printing, 1932), e W.G. Langworthy Taylor, *Katie Fox, Epochmaking and the Making of the Fox-Taylor Record* (Nova York: G.P. Puttman's Sons, 1933). Esses livros também são fonte de informações sobre as sessões da família com Kate.

masturbação e na prostituição. Ambos os sexos achavam que tratamentos saudáveis, como a hidroterapia e exercícios — atividades que às vezes serviam como substitutas ou alternativas à prática sexual —, despendiam energia nervosa e relaxavam tensões.

Uma das contribuições do dr. George Taylor à saúde da nação foi criar uma massagem nova e aperfeiçoada, usando equipamentos vibratórios e movidos a vapor para fins de cura. Muitos de seus aparelhos tinham como finalidade tratar de "reclamações pélvicas femininas". Um deles consistia em uma mesa acolchoada, com uma grande abertura pela qual uma esfera vibratória massageava a pélvis da paciente. A radiação saudável que permanecia por algum tempo costumava deixar as pacientes revigoradas, embora não esteja inteiramente claro se elas compreendiam bem a exata natureza do alívio que sentiam.[260]

Kate se internou e começou a receber tratamentos no estabelecimento dos Taylor logo depois da morte dos pais, em 1865, mas sua estada era às vezes interrompida durante alguns dias ou mesmo semanas — quando ela desaparecia sem avisar. Ninguém sabia aonde ia, mas, em geral, Kate voltava gravemente doente, e Sarah suspeitava, não sem razão, de que Kate estivesse em má companhia. Sarah reclamou que as pessoas ricas e elegantes que moravam nas mansões da Quinta Avenida encharcavam a médium de álcool.

Embora tenha residido na casa de saúde dos Taylor durante muitos anos, Kate nunca teve permissão para fazer as refeições na mesa pública partilhada pelos outros residentes. Seu isolamento pode ter visado à proteção de sua delicada saúde ou ainda evitar que outros clientes de Taylor testemunhassem sua decadência ou sucumbissem ao seu encanto.

---

[260] Rachel P. Maines, *The Technology of Orgasm: "Hysteria", the Vibrator and Women's Sexual Satisfaction* (Baltimore: Johns Hopkins University Press, 1999), pp. 14-17; 92.

Quando o apoio financeiro a Kate foi encerrado, em 1867, os Taylor deixaram que ela permanecesse de graça, encarregando-se pessoalmente das despesas. Mais tarde, a situação voltou a mudar: no ano de 1869, Kate começou a realizar sessões para Sarah e George, o que pode não ter servido bem como uma permuta, mas que funcionou para todos os envolvidos. Kate manteve seu acesso aos Taylor, à sua residência confortável, à sua companhia e, possivelmente, a tratamentos ocasionais. Em vez de pagamento, eles recebiam mensagens de seus dois filhos mortos: Frankie, que falecera vários anos antes de meningite tubercular, aos três anos, e Leila, que contraíra escarlatina com 18 meses, em 1867. Kate tivera contato com Leila durante a maior parte da curta vida da menina, e sem dúvida lamentava pessoalmente a sua morte, assim como sentia compaixão pelos pais enlutados.

Os Taylor também tinham outro filho, William Langworthy, que tinha dez anos quando as sessões começaram. Ele em geral participava dos encontros, e mais de meio século depois meditou, na condição de um idoso de setenta anos, sobre as maravilhas que testemunhara quando menino.

Segundo o relato dos Taylor, Kate lhes transmitia mensagens não apenas de seus filhos falecidos, mas também de todo um grupo de seres do outro mundo: o misterioso professor K., tio Albert, o ubíquo Benjamin Franklin, vários avós, Olin — o irmão de Sarah — e outros. Olin servia de guia, intermediando a entrada e a saída dos espíritos, resumindo os seus pensamentos, organizando as sessões, distribuindo sabedoria e gentilmente vigiando Frankie e Leila.

As crianças continuavam tão travessas e adoráveis em sua forma imortal quanto haviam sido em seus corpos perecíveis.

“As crianças brincaram conosco”, escreveu Sarah após uma sessão. “Frankie puxou a comprida barba do papai. [...] O doutor falou disso e imaginou o que o menino estaria fazendo. [...]

Quando abrimos os olhos, vimos que a barba do doutor tinha sido trançada em três tranças separadas e bem apertadas, e isso foi engraçado! Então, tivemos a impressão de que Frankie ria de sua façanha."[261]

Quando mais de um espírito se fazia presente, um alegre conjunto de batidas, que os Taylor chamavam de ecos, ocorria. Kate costumava transcrever as mensagens com a mão esquerda, escrevendo ao contrário em longas folhas de papel pardo. Em seguida, o dr. Taylor, ou então outro participante mortal, lia em voz alta a escrita invertida, servindo-se de um espelho de mão — enquanto Sarah Taylor copiava fielmente as mensagens em diários legíveis.

A trupe conjunta de seres visíveis e invisíveis se comportava com frequência como uma tribo tagarela de amigos e parentes. O espírito do professor gentilmente aconselhou Sarah a contratar mais empregados domésticos. Já a sua esposa a tratava com aspereza, e Kate não simpatizava com nenhum dos dois espíritos. "Quando eu descrevi [o professor]", escreveu Sarah, "[Kate] afinal se lembrou de tê-lo visto aqui, e disse que não gostava dele".

O Movimento de Cura Sueca estava abarrotado de mortais — doentes e saudáveis — que o procuravam pelo tratamento e que estavam ansiosos por estarem com Kate, beneficiando-se, igualmente, de seus serviços. Harriet Beecher Stowe, paciente ocasional do dr. Taylor, esteve em várias sessões e confessou alguns anos mais tarde, ao escritor George Eliot, que Kate era "uma menina muito original, linda e interessante", que a deixara perplexa.

Stowe comparou Kate a Undine, a ninfa marinha que só pôde adquirir uma alma após se casar com um homem mortal. A comparação, em retrospectiva, parece mais impressionante do que Stowe poderia ter suposto, pois Undine também era a

[261] S. Taylor (org.), *Fox-Taylor Automatic Writing*, pp. 111-112.

heroína do livro que Elisha Kent Kane enviara a Maggie mais de uma década antes.

"[Kate] parece não ter natureza própria, sendo apenas um meio de refletir os outros", escreveu Stowe, ao mesmo tempo, porém, em que descrevia os traços de uma mulher muito real: Kate era "sensível, voluntariosa, irritadiça, meiga".[262]

Então, Stowe reiterou: "Ela se encaixa na minha concepção de fada ou elfo." Kate inexistia até aos olhos de uma escritora compassiva e atenciosa, a não ser pelo seu papel de médium.

Stowe descreveu com detalhes uma sessão ocorrida certa noite no quarto de costura de Sarah Taylor. Havia sete pessoas presentes, inclusive o marido de Stowe, Calvin. Quando os participantes se deram as mãos, Stowe lembrou que "luzes fosforesentes se elevaram e flutuaram entre nós. Eram como a linda luz de um vaga-lume. Elas tocaram meu braço, e senti que tinham uma força poderosa e resistente — uma delas bateu na mesa com um forte estrondo, como o disparar de uma pistola [...]".

Foi pedido a seu marido, Calvin, que segurasse um lenço na mão; para a sua surpresa, "um daqueles globos de luz ficou parado dentro do lenço — nessa luva estava uma mão que se mostrava primeiro de um lado e, depois, do outro [...]". Então, a mão sem corpo — para brincar, pode-se supor — agarrou o lápis e o papel da renomada escritora e os usou para escrever uma mensagem. Outro fato igualmente estarrecedor: Calvin, com quase 91 quilos, "foi afastado da mesa por uma distância de mais de um metro, com cadeira e tudo, até a parede, sendo então recolocado à mesa". Harriet ficou pasma com esses feitos ocorrendo em um cômodo que ela conhecia tão bem, numa casa em que os quartos do andar de cima e do de baixo eram

[262] As próximas citações e o título do capítulo 14 foram extraídos de uma carta de Harriet Beecher Stowe para George Elliot, 8 de fevereiro de 1872, Coleção Berg de Literatura Inglesa e Norte-americana, Biblioteca Pública de Nova York, Fundações Astor, Lenox e Tilden.

ocupados "por pessoas que não sabiam nada do que estávamos fazendo, enquanto Katie era mantida entre dois de nós".

Quanto ao que produzia as manifestações, Harriet Beecher Stowe não pôde oferecer respostas, embora as demonstrações lhe parecessem "fatos irrefutáveis". Adotando uma linha de raciocínio que remontava aos primeiros dias do espiritualismo, ela supôs que uma explicação científica seria algum dia descoberta e comparou as manifestações à aurora boreal e aos estudos de Darwin sobre a seleção natural.

Assim como Kate produzira algo novo para Livermore — duas aparições de corpo inteiro, ao mesmo tempo —, ela acrescentou mais uma manifestação ao seu repertório pessoal para os Taylor: retratos de espíritos que surgiam sobre papéis em branco. A realização dessa tarefa, entretanto, se mostrou extremamente difícil; espíritos e mortais colaboraram no projeto por quase dois meses, no início de 1870. A rotina continuou mais ou menos a mesma em cada sessão. Nada poderia ser realizado com o tempo úmido.

Em geral, os mortais se sentavam sob uma dupla escuridão — olhos fechados, bicos de gás desligados — durante várias horas. Era-lhes dito que não deveriam ouvir nada do que ocorresse durante esse tempo. Noite após noite, Sarah, George e Kate lutaram com valentia para manter uma conversa sem interrupões. Conversar ajudava-os a não ouvir o farfalhar e o chocalhar dos espíritos.

Ao final desse período de espera, os espíritos mandavam os participantes realizarem uma série de gestos variados e repetitivos, que deveriam distrair os mortais de qualquer outra coisa que estivesse acontecendo: levantar e ir até a porta, voltar até a mesa, ir e voltar até a janela, abri-la e fechá-la. Os espíritos costumavam pedir aos participantes que dessem quatro ou cinco voltas pela sala, a fim de pegarem objetos específicos, como lápis, facas para apontá-los, uma lousa e lenços de linho. Todos esses objetos desapareciam misteriosamente do cômodo.

Por fim, em 10 de fevereiro, o processo ficou quase pronto; uma folha de papel desaparecida, cuidadosamente coberta com um pano, foi devolvida à mesa da sessão. Seguindo com obediência as instruções dos espíritos, Sarah tirou o papel ainda coberto de vista, colocando-o dentro de uma gaveta da escrivaninha. No dia seguinte, "ecos" lhe disseram que chegara a hora de revelar o retrato. "Encontre-nos esta noite, às oito", ordenou Benjamin Franklin.[263]

Naquela noite, apesar da chuva, houve atividades.

"Às oito", escreveu Sarah, "coloquei o papel coberto com o pano sobre a mesinha e desliguei o gás. Antes mesmo que pudesse chegar à minha cadeira, disseram-me para abrir a janela. Mal a tinha levantado até o fim quando os lápis tocaram o doutor e Katie, tamborilando sobre a mesa. Agora, nós nos sentamos por algum tempo, enquanto mandavam o doutor e Katie até a porta, como de costume. Houve muita movimentação da mesa e sons de passos arrastados, que não eram feitos por nossos pés".

Os Taylor e Kate cantaram hinos até os ecos enfim dizerem: "Tragam luz."

Com uma jubilosa expectativa, Sarah retirou o pano de cima do papel e viu "a aparência mais pura, doce e espiritual" de seu filhinho "que já estava havia mais de cinco anos no Paraíso". Ela e o marido olharam fixamente para a imagem "em meio a lágrimas que caíam ligeiras e em um estarrecimento silente".

Olin mandou Sarah trazer mais papel e lápis na próxima sessão; o processo recomeçaria com Leila.

No dia que se seguiu ao retrato de Frankie, porém, Sarah escreveu uma nota inquietante sobre a saúde de Kate: "Katie ficou muito doente, e o ar estava completamente úmido; ainda

---

[263] A culminação do esforço para produzir o retrato de Frankie é descrita em S. Taylor (org.), *Fox-Taylor Automatic Writing*, pp. 22-23. As próximas três citações estão nas páginas 26, 84 e 80.

assim, os espíritos nos mandaram sentar. Sentamo-nos ao lado da mesa, com Katie descansando em meus braços. Como sempre, eles mandaram 'o doutor e Katie até a porta'. Ele quase teve que carregá-la, de tão doente que estava, e então a trouxe de volta e a colocou na cadeira, em meus braços, com ela *totalmente inconsciente*."

Em junho, Kate foi visitar Maggie e a encontrou bêbada. O estado da irmã a deixou deprimida, e ela voltou à casa dos Taylor exausta e irritada. Antes de se recolher em seu quarto, Kate tirou as luvas e escreveu uma mensagem. Colocando-a diante de um espelho, leu-a como se não tivesse, de fato, nenhuma noção de seu conteúdo.

"É sobre mim", anunciou. "Sei que meu nome está escrito aí."

Ao longo das sessões de Kate com os Taylor, mensagens pareciam dirigidas à própria médium, instando-a a encontrar um caminho novo e melhor. Durante uma visita de Robert Dale Owen, que estava muito preocupado com a condição física de Kate, o espírito do professor K. mandou uma mensagem. Ela foi enviada por meio de batidas, com Kate escrevendo cada palavra.

"Estamos felizes em receber o sr. Owen nesta manhã", informou o professor K., "e registraremos a promessa de Kate no Paraíso, na casa de sua Mãe; nós a registraremos em flores, e seus olhos um dia a verão. Sr. Owen, nós lhe diremos como se poderá evitar que Katie tome vinho; afastando-a da tentação.

"Agora vai e alegra-te, Kate, e vive", aconselhou o espírito. "Há dois caminhos, um de felicidade e paz, outro de miséria e morte! Escolhe o primeiro e grande será a tua áurea recompensa."

Quinze

"Cada qual tinha sua própria mágoa secreta"

Afastar Kate da tentação era preocupação de todos, e, em junho de 1871, o espírito de Benjamin Franklin deu-lhes um aviso claro: estava na hora de Kate ir para o exterior e recomeçar a vida. Os espíritos tentaram tranquilizar Sarah, que ficou aterrorizada com a ideia de perder seu elo mortal com seus filhos imortais, e assegurá-la de que uma mudança de ares era necessária.

Os espíritos também lamentaram ter que ficar "desprovidos do sagrado privilégio de visitá-los como se estivéssemos em vida e fôssemos quase humanos. Porém, o tempo voa rapidamente, e deveremos ter Kate de volta, um novo ser. Ela se beneficiará e mudará não só nos hábitos, mas em força".[264]

Naquele outono, uma semana antes do embarque de Kate, então com 34 anos, Margaret Fox — habitante do mundo dos espíritos havia cinco — usou a mão da filha para agradecer a Sarah Taylor, talvez por ter sido uma mãe mais protetora do que ela mesma soubera ser. Enquanto as batidas ecoavam ao seu redor, Kate rabiscou, pela mãe: "Quando Cathy está com você, eu fico feliz e posso desfrutar da luz solar do Paraíso. Ah, quem dera ela possa estar sob o manto com o qual você, tantas vezes, a cobriu."

---

[264] As citações sobre a partida de Kate e o título do capítulo 15 são de Sarah E.L. Taylor (org.), *Fox-Taylor Automatic Writing, 1869-1892: Unabridged Record* (Minneapolis: Tribune-Great West Printing, 1932), pp. 276-280.

Kate embarcou para a Inglaterra no dia 7 de outubro de 1871, e sua espaçosa cabine ficou abarrotada de amigos que queriam se despedir antes da partida. Em sua maioria, não eram conhecidos de Sarah, mas ela supôs que eles partilhavam de sua dor naquela ocasião e que "cada qual tinha sua própria mágoa secreta, não só ao se despedir de Kate, mas vendo o próprio meio de comunicação com algum ente amado, mais querido do que a própria vida, o elo legível entre dois mundos, a chave que abre os portões do Paraíso a mortais, levado para muito, muito longe".

Segundo ponderou Maggie a partir de sua perspectiva egocêntrica, Kate era pouco mais que uma "criança inconsciente e inconsequente", que "mal compreendia as privações que seus melhores amigos estavam impondo a si mesmos, voluntariamente, pelo bem dela!". E então acrescentou, resignada: "Ela se foi. O magnífico navio deixou o ancoradouro, e Katie está passeando pelas ondas."

Lançar-se no oceano Atlântico rumo a um país estrangeiro seria uma aventura ou um terror para Kate? Será que ela esperava encontrar colegas espiritualistas por lá, ou estaria com medo de seu escrutínio? Kate viajou em segurança com uma parenta de Charles Livermore, Blanche Ogden, até a Inglaterra, mas partiu de imediato para a França. É possível que ela estivesse "indisposta" — eufemismo frequentemente ligado a suas farras — e que Ogden tenha mandado que ela fosse logo para Paris se recuperar, antes de encontrar com influentes espiritualistas londrinos.[265]

Primeiramente introduzido na Inglaterra, em 1852, pela sra. W.R. Hayden, médium norte-americana casada com um jornalista, o espiritualismo moderno desencadeara um furor por levitações de mesas que se espalhou bem rápido. No ano seguinte, o cientista Michael Faraday, aclamado por sua

---

[265] Segundo Herbert Jackson Jr., *The Spirit Rappers* (Nova York: Doubleday, 1972), p. 182, Blanche Ogden era uma parenta de meia-idade de Livermore.

pesquisa sobre a eletricidade, conduzira investigações sobre esse fenômeno e concluiu que os movimentos involuntários dos participantes, e não a força dos espíritos, levavam mesas geralmente imperturbáveis a se mexerem. Apesar de suas descobertas, levitações de mesas continuaram a ser praticadas como divertimento de salão, e um novo artifício — a *planchette*, precursora do tabuleiro ouija — rivalizou com elas em popularidade. Durante algum tempo, essas atividades foram tão cativantes que outras investigações sérias ficaram em segundo plano.[266]

O médium Daniel Dunglas Home fez mais do que qualquer outra pessoa no sentido de aumentar o interesse pelo espiritualismo na Grã-Bretanha e na Europa. Nascido na Escócia em 1833, Home alegou, mais tarde, que tivera visões clarividentes ao se mudar para os Estados Unidos, aos nove anos. Quando esteve na Inglaterra, conduziu sessões em que ocorriam batidas, melodias de canções fantasmagóricas e a visão de mãos espectrais, geralmente com os bicos de gás iluminando o ambiente. Ele também ostentou, segundo várias testemunhas, uma assustadora habilidade para levitar, assim como para encolher e esticar o corpo.

Magro e impressionante, Home era um dândi com uma juba de cabelos encaracolados e a reputação de ter um charme extraordinário, embora um de seus colegas médiuns tenha

---

[266] Há muito material sobre a ascensão e o progresso do espiritualismo na Inglaterra. Relatos escritos por espiritualistas em fins do século XIX e no início do século XX incluem os capítulos de Emma Hardinge sobre a Inglaterra em sua pesquisa sobre o movimento espiritualista em todo o mundo, *Nineteenth Century Miracles* (1884; reimpr., Nova York: Arno Press, 1976), e os capítulos de Arthur Conan Doyle sobre a Grã-Bretanha em *The History of Spiritualism* (1926; reimpr., Nova York: Arno Press, 1975). Outro estudo abrangente a incluir a Inglaterra, escrito por outro membro da Sociedade de Pesquisas Psíquicas, é Frank Podmore, *Modern Spiritualism: a History and a Criticism*, 2 vols. (Londres: Methuen, 1902), reimpresso com o título de *Mediums of the Nineteenth Century* (New Hyde Park, NY: University Books, 1963). O trabalho de Podmore se orienta na direção do ceticismo, particularmente quando fenômenos físicos, mais que mentais, estão envolvidos. Um trabalho acadêmico mais recente é o de Janet Oppenheim, *The Other World: Spiritualism and Psychical Research in England, 1850-1914* (Cambridge: Cambridge University Press, 1985).

comentado que sua "habilidade intelectual não é enorme". Home não aceitava pagamento por suas sessões, e de fato ele não precisava. Era acolhido de bom grado como hóspede — outros o chamavam de fila-boia descarado — na residência de seus fãs, geralmente ricos. A poetisa Elizabeth Barrett Browning se sentia intrigada com ele, mesmo após seu marido, o também poeta Robert, ter achado toda a história do espiritualismo detestável e ter escrito um poema intitulado "Sr. Visco, o médium", satirizando acidamente o pouco camuflado Home.

Ofensas pessoais não adiantaram muito, porém, para atenuar o entusiasmo por Home, que continuou levitando em suas andanças pela Inglaterra e pela Europa. No final da década de 1860, ele realizou sua maior façanha ao, na presença de testemunhas, sair flutuando em posição horizontal por uma janela e, alguns instantes depois, entrar por outra, no cômodo ao lado.

Como nos Estados Unidos, o espiritualismo era extensivamente debatido na imprensa e renegado por muitos cientistas, mas corria o boato de que a rainha Vitória passara a frequentar sessões depois da morte do marido, o príncipe Albert, e que o assunto também chamara a atenção de William Crookes, físico e químico renomado. Mais tarde, condecorado com o título de Sir por suas descobertas no campo da física do vácuo, ele se interessou pela investigação da vida após a morte no final dos anos 1860, talvez não só pelo bem da ciência, mas também por conta da morte de um irmão. Com Kate e D.D. Home em Londres, em 1871, Crookes esperava realizar sessões com a presença e atuação de ambos.

Embora não por sua culpa, seu contato inicial com Kate foi, no mínimo, errático. A listagem das cartas que Crookes recebeu da médium nos seis primeiros meses depois de sua chegada à Inglaterra é um registro feito em notas estenográficas de seus encontros desmarcados, achaques, mentiras, desculpas esfarrapadas e eventuais ataques de nervos.[267]

[267] E.E. Founier D'Albe, *The Life of Sir William Crookes, O.M., F.R.S*, (Nova York: D. Appleton, 1924), pp. 223-224.

No final do mês de abril de 1872, Kate prometeu reservar os fins de tarde inteiramente para as sessões de teste com ele, acrescentando um pedido esperançoso: "Sejamos amigos." Porém, a decisão de Kate se mostrou efêmera. Uma nota mais sinistra na listagem foi inserida alguns dias mais tarde: "Fox, K. Doente. Muito. Glasgow. Sr. Livermore." A relação entre sua doença e o nome do banqueiro pode não ter sido de todo aleatória. Ela soubera recentemente que Charles Livermore estava apaixonado, e logo descobriria que ele pensava em se casar com uma mulher vinte anos mais nova que ele — notícia que sem dúvida teve um poderoso impacto emocional sobre a médium, que, durante tanto tempo, identificara-se com o espírito de Estelle.

Fosse em reação ao noivado de Livermore, fosse em função das vontades de seu próprio coração, Kate, aos 35 anos, finalmente passou a ser cortejada com seriedade. Seu pretendente, Henry Dietrich Jencken, era amigo de Crookes, e ela o conheceu ao chegar à Inglaterra no outono anterior, durante uma recepção. Alto, louro e de aparência imponente, Henry era um homem que Kate mais tarde descreveria carinhosamente ao seu colega médium D.D. Home como "bom e gentil". Ele era um viúvo de quase cinquenta anos, e seu casamento fora infeliz. Advogado respeitado, ele também publicara um compêndio sobre legislação romana usado por muitos de seus colegas de profissão.[268]

[268] As informações sobre Jencken estão em seu registro de casamento com Kate; seu obituário, em *Light*, 3 de dezembro de 1881; Mariam Buckner Pond, *Time is Kind: The Story of the Unfortunate Fox Family* (Nova York: Centennial, 1974), pp. 251-254; e em uma carta de Kate Fox para Daniel Dunglas Home, 17 de fevereiro de 1876, Arquivos da Sociedade de Pesquisas Psíquicas, Biblioteca da Universidade de Cambridge. As informações de ordem geral mais úteis são de Neil Robertson, descendente de um dos irmãos de Henry que vive na Austrália e que nos forneceu uma árvore genealógica e uma fascinante biografia não publicada, *Grandmother's Story*, de Amalie Christine Jencken. Dados sobre a segunda esposa de Charles Livermore foram encontrados no censo de 1880, no site da Igreja de Jesus Cristo dos Santos dos Últimos Dias, http://www.familysearch.org, 30 de outrubro de 2003.

O espiritualismo era um elo firme entre Kate e Henry: assim como ele, seus pais acreditavam na comunicação com os espíritos. Entretanto, sua família, como a de Kate, não era nada convencional. Médico brilhante, seu pai se apaixonara por uma paciente, uma baronesa casada — mulher que viria a ser a mãe de Henry — de sua terra natal, a Estônia, poucos anos depois das guerras napoleônicas. Ela abandonou o barão e os filhos para ficar com o dr. Jencken; em seguida, o casal teve seus próprios filhos. Tempos depois, a família se mudou para a Inglaterra, mas achou a vida por lá muito difícil. Como a baronesa fora deserdada e o médico, que a princípio não falava inglês, tinha que lutar para formar uma clientela, Henry cresceu em um lar relativamente pobre.

Em 1º de setembro de 1872, três meses depois de Charles Livermore casar-se com sua jovem noiva, Henry pediu a mão de Kate — proposta que ela aceitou imediatamente. Naquela tarde, como que entusiasmada com sua maré de sorte, ela enviou uma carta a Crookes, na qual prometia comparecer a sessões todos os dias, durante seis meses. Porém, logo surgiram problemas, que permaneceram ao longo do outono. Kate brigou com a parenta de Livermore, Blanche Ogden, e anunciou que não mais dividiria o quarto com ela. As anotações na lista de Crookes sobre as cartas de Kate se repetem em dois dias consecutivos, não com referências a "doente" ou "muito doente", mas a "drogada", sugerindo que ela pudesse estar sob a influência de ópio ou de outro narcótico.

Henry Jencken parece ter ajudado a acalmar e a dar equilíbrio à sua desesperada noiva, pois, em 4 de dezembro de 1872, eles se casaram, como planejado, na Igreja Paroquial de St. Marylebone, em Londres, onde Elizabeth Barrett e Robert Browning haviam se casado 25 anos antes. Imponente construção neoclássica, a igreja suplantou estruturas mais antigas em uma área rica em história. Nela, o filósofo Francis Bacon se casou, o poeta Byron foi batizado e Charles Wesley, enterrado.[269] Embora os convidados de Kate incluíssem o filho do duque de Wellington e um príncipe alemão, os notáveis imortais se sobrepujavam aos vivos.

O grupo que assistiu ao casamento foi pequeno. Nenhum irmão de Kate veio; a distância era grande, e eles tinham família e responsabilidades, embora Leah talvez tivesse gostado da animação. Tendo finalmente saído da vasta sombra das irmãs mais novas, ela pode ter preferido evitar celebrações em que não seria o centro das atenções.

Maggie, claro, estava muito frágil. Kate também pode ter ficado receosa de que o alcoolismo da irmã estragasse a festa ou a desviasse de seus esforços corajosos para manter o controle.

Em três carruagens puxadas por cavalos de um branco alvíssimo, a noiva, o noivo e seus convidados chegaram à igreja às onze da manhã. Kate usou um vestido branco simples, um broche de ouro preso à gola, na altura do pescoço, e uma guirlanda de flores, que abrilhantavam seus cabelos negros. Segundo a imprensa espiritualista, batidas suaves durante a cerimônia anunciaram a aprovação dos espíritos à união do casal — batidas que aumentariam jubilosamente de volume mais tarde, na festa do casamento. Foi dito que se tratava de um coro dirigido por Margaret Fox, cujo espírito, se estivesse mesmo presente, devia estar transbordando de alívio e gratidão ao ver que a filha mais nova não mais enfrentaria sozinha as provações do mundo mortal. Alguns convidados também relataram ter visto várias vezes a mesa do banquete, posta para a celebração, levitar alguns centímetros, como que saltitando de felicidade.

---

[269] As informações sobre a igreja foram extraídas sobretudo de *A Short History of St. Marylebone Parish Church*, folheto publicado pela Igreja. A descrição da cerimônia de casamento é de um artigo impresso por Jackson, em *Spirit Rappers*, pp. 183-184, e por Pond, em *Time is Kind*, pp. 268-269. Ambos creditam as informações a dois jornais norte-americanos diferentes, mas o artigo deve ter sido escrito na Inglaterra e reproduzido nos Estados Unidos.

Ao final da festa, o casal seguiu para a bela casa de Henry, a fim de dar início à vida de casados e começar uma família. Kate ficou grávida quase imediatamente. Enfim acomodada, e esperando um filho, ela agora parecia livre de suas dependências químicas. Embora sua segurança e seu estilo de vida recém-encontrados pudessem lhe permitir uma aposentadoria definitiva, ela e Henry, assim como Leah e Daniel, continuaram a participar evetualmente de sessões privadas e de testes.

Na primavera de 1873, Kate e Henry participaram de quatro sessões com o médium William Stainton Moses, que estudara em Oxford e fora ordenado sacerdote em 1863. Moses, que fazia anotações, forneceu o que talvez seja a única descrição da voz de Kate, comentando que ela falava de maneira rápida, um pouco ríspida e com um sotaque ligeiramente ianque. Os problemas do passado deviam estar marcados em seu rosto tão fino que ele comentou como seu nariz e testa pareciam pronunciados e sua boca se apertava em lábios comprimidos. Porém, com seus cabelos volumosos e escuros, também com seus penetrantes olhos de um negro purpúreo, ela o impressionou como "uma pessoa totalmente fora do comum". Moses também anotou com interesse a "batida aguda", poderosa e peculiar que a seguia.[270]

Mesmo que de maneira intermitente a partir de 1872, ela também realizou sessões com Crookes, as quais por vezes tinham Daniel Dunglas Home ou outros médiuns presentes. Crookes estabeleceu o que julgava ser condições de investigação rígidas. A não ser que a escuridão fosse necessária para identificar uma aparição luminosa, os testes geralmente

[270] Informações sobre Stainton Moses podem ser encontradas, entre outras fontes, em Alan Gauld, *The Founders of Psychical Research* (Londres: Routledge & Kegan Paul, 1968), pp. 78-79, e Leslie Price, *The Mystery of Stainton Moses: An Address Given in 1992 on the Centenary of his Death* (Londres: Psychic Pioneer Publications, 1999). Informações sobre e citações das sessões com Stainton Moses são de R.G. Medhurst, "Stainton Moses and Contemporary Physical Mediums: Kate Fox", *Light*, inverno de 1963, pp. 183-184.

aconteciam em locais iluminados no laboratório do próprio Crookes, que tinha ao lado testemunhas que ele mesmo escolhera por sua confiabilidade.[271]

Em um artigo mais tarde publicado no *Quarterly Journal of Science*, Crookes tratou dessas sessões com detalhes. Entre os fenômenos que presenciou, ele listou "uma mesa pesada que se moveu em plena luz" sem que alguém a tocasse; um leque que levitou sobre uma mesa "sem contato com qualquer pessoa"; orbes flutuantes e luminescentes; o toque e a visão de mãos espectrais; e a escrita de espíritos.

Como outros investigadores antes dele, Crooke atestou ter ficado maravilhado diante da versatilidade de Kate e de sua capacidade de transmitir mensagens por meio da escrita automática para determinada pessoa, "enquanto uma mensagem para outra, sobre outro assunto, era fornecida usando o alfabeto, por meio de 'batidas', ao mesmo tempo que ela conversava livremente com uma terceira pessoa sobre um assunto completamente diferente dos outros dois". Home, famoso por suas levitações, de fato produziu algumas das manifestações mais espantosas. "Em três ocasiões distintas, eu o vi completamente suspenso sobre o chão da sala", escreveu Crooke; "uma vez, sentado em uma poltrona, outra, ajoelhado sobre sua cadeira, e mais outra, de pé". Porém, Kate superou a todos com os "sons percussivos" que a seguiam.

"Em termos de volume e certeza" quanto aos sons, afirmou Crookes, "nunca encontrei ninguém que rivalizasse com a srta. Kate Fox". Outros médiuns, explicou ele, exigiam o ambiente habitual de uma sessão formal, mas Kate, não. Ela só

---

[271] As informações acerca das sessões de Crookes e as citações de seu artigo encontram-se em William Crookes, F.R.S., "Notes of an Enquiry into the Phenomena Called Spiritual, During the Years 1870-1873", *Researches In the Phenomena of Spiritualism* (Londres: J. Burns, 1874), pp. 81-102. A própria objetividade de Crookes foi colocada em xeque por vários autores; ver Ruth Brandon, *The Spiritualists: The Passion for the Occult in the Nineteenth and Twentieth Centuries* (Buffalo: Prometheus, 1984), pp 77-97.

precisava "colocar a mão sobre alguma substância" para que os sons surgissem "como uma tripla pulsação", alta o suficiente para ser ouvida a vários cômodos de distância.

Crookes afirmou: "Eu ouvi [os sons] em uma árvore viva, em uma placa de vidro, em um fio de ferro esticado, em uma membrana esticada, em um tamborim, sobre o teto de uma carruagem e sobre o chão de um teatro.

"Ouvi esses sons vindos do chão, paredes etc. quando as mãos e pés da médium estavam atados, quando ela estava de pé sobre uma cadeira, quando estava suspensa em um balanço preso ao teto, quando estava presa dentro de uma jaula de arame e quando estava caída, desmaiada, em um sofá.

"Eu os ouvi em uma gaita de vidro, senti em meu ombro e sob minhas próprias mãos. Eu os ouvi em uma folha de papel, posicionada entre os dedos por uma ponta de barbante que atravessava um de seus cantos."

As experiências de Crookes ressaltam, mais uma vez, as precauções tomadas pelo investigador a fim de eliminar a possibilidade de fraude e de humilhação que os testes costumavam impor aos médiuns — humilhação que eles suportavam em nome da fama, do dinheiro, da atenção ou da verdade.

O cientista concluiu que as manifestações testemunhadas eram "fatos"; não eram nem produto de fraude nem de sua própria fantasia. Ele admitiu, entretanto, que seria necessário aprofundar as investigações para determinar as causas. Crookes conjeturou que o que às vezes era chamado de "força psíquica" ou "mente humana" poderia dar conta das ocorrências extraordinárias.

"Mas eu, como todos os que adotam a teoria da força psíquica como sendo o agente por meio do qual os fenômenos são produzidos", escreveu Crookes, "não pretendo inferir que essa força psíquica não possa estar sob influência ou controle de alguma outra inteligência que não a mente do psíquico". Em outras palavras, os espíritos continuavam como uma explicação possível.

Embora ele defendesse novos testes e experimentos, Crookes, Home e Kate nunca mais voltariam a trabalhar tão juntos. No outono de 1873, Crookes voltou sua atenção para "outros assuntos de interesse científico e prático", Home ficou doente e Kate passou a se preocupar com um papel que lhe era totalmente novo: o de mãe.

Henry e ela haviam passado o verão à beira-mar, onde Kate sofreu muito nos últimos estágios da gravidez. Em setembro, nove meses depois do casamento e após um parto doloroso, longo e difícil, ela deu à luz um menino, que ganhou o nome dos irmãos de seu marido: Ferdinand Dietrich Lowenstein Jencken.

O pequenino bebê de nome comprido, carinhosamente chamado de Ferdie ou Boysie, logo passou a ser alvo do rumor de que seria abençoado com dons de mediunidade, e a imprensa espiritualista da Inglaterra espalhou a notícia. Babás relataram encontros com espectros brancos e velados no quarto de Ferdie; o próprio Henry teria se gabado de que o menino, aos seis meses de idade, pegara um lápis com sua mãozinha para escrever uma mensagem em grego. O que quer que Henry tenha dito de fato, e apesar do desespero dos espiritualistas para conhecerem a criança abençoada, o pai feliz insistiu com firmeza em proteger o filho da fama que um dia cercara sua esposa.[272]

As histórias que circulavam acerca de Ferdie, como os relatos sobre os acontecimentos de Hydesville, tornaram-se parte de um mistério incessante, ou de uma série de enigmas que rodeavam as irmãs Fox então e que continuam a rodeá-las hoje. Será que o primeiro filho de Kate foi transformado

---

[272] Informações sobre Ferdie e Henry estão em W.G. Langworthy Taylor, *Katie Fox, Epochmaking Medium and the Making of the Fox-Taylor Record* (Nova York: G.P. Putnam's Sons, 1933), pp. 101-102. Mas o censo britânico de 1881 cita 1874 como o ano de nascimento de Ferdie. Sobre a mediunidade de Ferdie, ver A. Leah Underderhill, *The Missing Link in Modern Spiritualism* (Nova York: Thomas R. Knox, 1885), pp. 89-95; 464-470. Como suas fontes, Leah cita o *London Spiritualist*, 12 de dezembro de 1873, e o *Medium and Daybreak*, 8 de maio de 1874.

em artimanha para enganar crédulos e levá-los a acreditar nos espíritos? Será que Henry Jencken, digno e gentil, prático e respeitado, tornou-se colaborador de uma farsa ou um joguete nas mãos da esposa? Será que Kate teve visões em que seu filho realizaria incríveis feitos? E será que as pessoas em volta da criança também caíam em tais engodos e expectativas? Ou estaria o legado sobrenatural ou psíquico da tataravó de Ferdie, Margaret Rutan, novamente em ação?

Kate logo ficou grávida novamente. Pouco antes de dar à luz, decidiu voltar para casa e para as irmãs. Em outubro de 1874, ela e Ferdie zarparam para Nova York. Como Henry permanecera na Inglaterra, retido pelo trabalho, seu filho, Henry Jr., nasceu longe dos braços alentadores do pai, na casa de Leah Underhill, no início de 1875.

Durante sua estada, Kate e os filhos passaram, claro, um tempo com Maggie — a irmã com quem Kate partilhara tantas horas e aventuras durante a infância. Agora, com pouco mais de quarenta anos, Maggie parecia cansada, mas recuperara parte de seu antigo magnetismo. Embora pareça que tenha permanecido absolutamente fiel à memória de Elisha Kent Kane, ela era adulada pela atenção de dois homens que achavam-na tão vibrante quanto o explorador a achara. Era de conhecimento de todos que Joseph LaFumee, editor do *Brooklyn Eagle*, e Wilson McDonald, reputado escultor, eram admiradores e amigos devotos.

Resignada com o fato de não mais receber proventos dos Kane nem de seu livro, ela finalmente conseguiu reduzir a bebida e retomou as sessões públicas. Um de seus clientes, o mineralogista Henry Seybert, era um rico filantropo, conhecido por doar o Sino da Liberdade para o Independence Hall da Filadélfia. O retorno de Maggie à mediunidade profissional, porém, deve ter parecido, até certo ponto, uma traição a Kane, o que a levou a sentir certa raiva de si mesma e dos desavisados espiritualistas que solicitavam seus serviços.[273]

Alguns amigos mais antigos que poderiam ter visitado Kate durante sua temporada nos Estados Unidos já tinham morrido em sua ausência, como Horace Greeley, cuja morte, em 1872, foi particularmente trágica. Ele ficou tão indignado com o governo republicano de Grant, infestado de escândalos, que concorreu à presidência por um terceiro partido, o Republicano Liberal, mas viu-se endossado pelos democratas e atacado pelos republicanos, que o encaravam como um simpatizante do sul que sacrificaria os direitos dos negros norte-americanos em nome dos interesses de uma harmonia setorizada. Sua derrota humilhante, somada à morte da esposa, no mesmo ano, levaram-no a ter um colapso nervoso. Ele faleceu pouco depois em um hospício.

Para constrangimento de alguns espiritualistas e orgulho de outros, Victoria Woodhull, médium e defensora do amor livre, concorreu na mesma eleição defendendo a campanha dos Direitos Iguais, tornando-se a primeira mulher a se candidatar à presidência dos Estados Unidos.

Em março de 1875, Kate e seus filhos deixaram a casa de Leah e se instalaram na dos Taylor, por quatro meses. O Movimento de Cura Sueca tinha sido transferido para outro endereço, o Hotel Branting, na Madison Avenue, e revezes financeiros abalaram o empreendimento do dr. Taylor; Sarah tinha uma preocupação constante com assuntos relativos a dinheiro. O espírito de Benjamin Franklin intercedia gentilmente com sugestões práticas.

"Permitam-me dizer para vender, mas vender bem", disse ele aos Taylor. "Vocês podem vender esse estabelecimento pelo dobro do que pagaram por ele. Então, eu digo: vendam,

---

[273] Ver Reuben Briggs Davenport, *The Death-Blow to Spiritualism: Being the True Story of the Fox Sisters, as Revealed by Authority of Margaret Fox Kane and Catherine Fox Jencken* (Nova York: G.W. Dillingham, 1888; Nova York: Arno Press, 1976), pp. 164-167.

não demorem, não demorem. [...] Assim, vocês podem comprar uma casa própria, uma casa particular, e desfrutar dos seus filhos."[274]

Ao prescrever que desfrutassem dos filhos, Franklin pode ter brincado com Sarah, que tivera havia pouco uma menina, lembrando-a de louvar seus bebês mortais tanto quanto os imortais. Kate não tinha a menor dificuldade para fazê-lo, e Sarah reclamou que as tarefas maternas da médium limitavam em demasia o tempo das sessões; para ela, suas reuniões não eram mais como antes: "O bebê chorava, [Ferdinand] acordava ou alguma coisa sempre atrapalhava a tranquilidade da cadeia que nos mantinha em comunicação."

Benjamin Franklin fazia o que podia para consolar Sarah nessa situação, anunciando com entusiasmo: "Então, temos Katy de volta, não Katy sozinha, mas Katy com dois lindos filhos, duas bênçãos que ela pode ver, sentir e tocar e cujas mãozinhas pode sentir em suas costas." Era como se o espírito estivesse querendo lhe dizer: Sarah, fique *feliz* por Kate!

Em maio de 1875, depois de uma separação de sete meses, Henry Jencken finalmente chegou aos Estados Unidos para conhecer seu novo filho e os parentes da esposa, retornando para Londres em julho com a família. Maggie foi ao encontro deles logo depois no intuito de passar algum tempo com a irmã, e em seguida viajou para muitos lugares e estabeleceu sua própria reputação entre os espiritualistas ingleses.

Os próximos anos foram felizes para o casamento de Kate, mas ela se preocupava constantemente com Ferdie e Henry — ambos crianças frágeis, acometidas por males súbitos com frequência. Em um relato escrito mais tarde pela esposa de um descendente da família Fox, Henry Jr. parece ter sofrido de epilepsia — possibilidade que suscita perguntas curiosas sobre

[274] Esta e as próximas citações são de S. Taylor (org.), *Fox-Taylor Automatic Writing, 1869-1892: Unabridged Record* (Minneapolis: Tribune-Great West Printing, 1932), pp. 284; 282; 283.

Kate. Embora a epilepsia não seja necessariamente genética, e não pareça ter havido outros sinais da doença em qualquer uma das duas famílias, seja a Fox ou a Jencken, é tentador pensar sobre os primeiros transes de Kate e sobre a "comoção" de batidas e estalos comentados pelo médico da família ao descrever os transes dela na infância. Antigamente, a epilepsia era pouco compreendida, sendo muitas vezes associada ao êxtase religioso ou à possessão demoníaca. Embora se soubesse mais sobre a doença no século XIX, a relação entre a epilepsia do lobo temporal e estados alterados de consciência continua a ser estudada nos dias de hoje.[275]

Embora a vida doméstica de Kate fosse relativamente estável durante esses anos, uma tempestade estava devastando os meios espiritualistas, pois o médium Daniel Dunglas Home decidira escrever um livro sobre seus colegas médiuns — obra que se dizia ser, na melhor das hipóteses, pouco lisonjeira. Alguns médiuns reagiram com fúria à possível traição de Home, mas Kate adotou um caminho mais delicado, embora consciente ou inconscientemente manipulador. Em uma carta de resposta a Home, escrita em fevereiro de 1876, ela fez referência à amizade que eles tinham, ressaltou o perdão como virtude e partilhou confidências sobre sua vida pessoal.

"Fiquei muito feliz ao receber notícias suas e ao saber que você está escrevendo um livro tão importante", começou ela, acrescentando, com os floreios que lhe são característicos, que "algum bom espírito deve ter recomendado que você o fizesse!!!".[276]

A carta dele, continuou Kate, mostrava que Home tinha um coração bondoso, pois "dar ouvidos a caluniadores é simplesmente uma perda de tempo. [...] Eu jamais disse uma palavra

---

[275] Uma breve menção à epilepsia de Henry pode ser encontrada em Pod, *Time is Kind*, p. 286. A relação entre a epilepsia e uma forma de religiosidade que desencadeia sonhos e vozes foi explorada em *Newsweek*, 7 de maio de 2001, p. 55.

[276] De Kate Fox para Home, 17 de fevereiro de 1876, Arquivos da Sociedade de Pesquisas Psíquicas, Biblioteca da Universidade de Cambridge.

indelicada sobre a sua pessoa porque jamais tive um pensamento indelicado sobre a sua pessoa, e não acredito em quem afirma que você disse coisas duras a meu respeito".

A carta de Kate não identifica a causa do distanciamento entre ela e Home alguns anos antes, mas é reveladora quanto aos sentimentos de Kate pelas irmãs e pelos filhos. "Você sabe que já passei por provações severas. Minha irmã, a sra. Underhill, que é mais de 23 anos mais velha que eu, sempre sentiu ciúmes de mim, e quando minha abençoada mãe faleceu, nós não estávamos nos falando." Entretanto, prosseguiu Kate em sua carta, Home deveria evitar criticar Leah em seu livro, pois a "sra. Underhill" estava finalmente "tentando se redimir das injustiças passadas com relação a mim e à minha irmã".

Com o termo *injustiça,* Kate podia estar se referindo a qualquer uma das inúmeras e velhas mágoas: os obstáculos que Leah antepôs às irmãs no início dos anos 1850; a dureza que demonstrara a Maggie por causa de seu caso com Kane; a falta de compaixão com que reagira ao alcoolismo de Maggie, nos anos 1860. Margaret Fox fora uma mulher indulgente e amorosa, embora nem sempre sábia; Leah, a outra figura materna na vida de Kate, foi um capataz duro, exigente e discutivelmente desorientado. Kate, que quando pequena e longe de casa costumava chorar de saudades da mãe, sentiu-se imensamente grata pela recente solicitude de Leah.

"Agora ela me escreve", confidenciou Kate com alguma emoção, "chamando-me de sua querida criança, o que nunca fez antes. E, quando estive nos Estados Unidos alguns meses atrás, ela fez tudo o que uma mãe poderia fazer para que eu a perdoasse, e, embora encontre sombras de sua falta de bondade pairando em meu coração, eu tento me lembrar de que ela é uma mulher mudada e uma boa mulher [...]".

Muito ligada à mãe verdadeira, apesar dos defeitos que Margaret possa ter tido, Kate também estava se empenhando desesperadamente em seu próprio papel de mãe.

"Os meus pequeninos têm estado muito doentes. Acredito que você saiba", escreveu ela, "que o meu menorzinho nasceu nos Estados Unidos, na casa da sra. Underhill. Ele tem estado muito doente, e eu cuido dele dia e noite, raramente me permitindo sair de seu quarto. Que poder tem um filho sobre o coração de uma mãe, e, ah, quantos cuidados exigem! Quero que você veja os meus filhos".

O livro de Home, *Lights and Shadows of Spiritualism* ["Luzes e sombras do espiritualismo"], obra que criticou severamente vários médiuns por falsearem manifestações e por enganarem e explorarem financeiramente seus clientes, não disse nenhuma palavra que pudesse ofender Kate ou Maggie Fox.

A saúde dos meninos parecia melhorar, e o relacionamento de Kate e Henry, enquanto casal e enquanto pais, também desabrochava. Em carta de 1880 ao irmão na Austrália, Henry escreveu, com uma ponta de orgulho: "Em minha casa, os meus dois meninos, Ferdinand e Henry, estão crescendo, virando rapazolas e dando-me muitas alegrias. O dia de ir para a escola está chegando."[277] Porém, ele estava fadado a não ver esse dia chegar, ao menos para o seu filho mais novo: em novembro de 1881, Henry teve um ataque cardiovascular e morreu três dias depois. Após um casamento que durou quase dez anos, à sua esposa, assolada pela dor, só restaram dois meninos, um de seis e outro de oito anos, e o consolo que a contemplação do mundo espiritual podia oferecer.

---

[277] De Henry Jencken para Edward Jencken, 24 de maio de 1880, citado com a permissão de Neil Robertson, descendente.

Dezesseis

Que os outros julguem por si mesmos

Durante uma década, Henry Jencken sustentou bem a sua família, mas não era um homem rico. Sua fortuna pessoal quando de sua morte repentina, excluindo os imóveis, somava menos de duzentas libras. Como sua irmã Maggie, Kate agora teria de encarar a vida sem um marido para sustentá-la e sem fontes seguras de remuneração, a não ser realizando sessões.

Ainda assim, Kate continuava sendo uma das médiuns mais famosas do mundo, e, mesmo depois de seu longo afastamento, oportunidades surgiram de imediato. Em janeiro de 1882, A. Aksakoff, burocrata russo e dedicado investigador dos fenômenos espiritualistas, escreveu para oferecer a Kate suas condolências pela morte do marido. Como sofrera recentemente uma perda semelhante — embora isso não o colocasse em dificuldades financeiras —, ele simpatizou com a tristeza da médium e se sentiu ansioso por ajudá-la, caso pudesse.[278]

Certo de que poderia auxiliar tanto Kate quanto a causa do espiritualismo, Aksakoff a convidou a seu país com uma missão: converter céticos com sua mediunidade e, também por

---

[278] De A. Aksakoff para Kate Fox, 2 de janeiro de 1882, Sociedade Americana para Pesquisas Psíquicas. Sarah Taylor e Titus Merritt também comentam a ida de Kate a São Petersburgo: Sarah E.L. Taylor (org.), *Fox-Taylor Automatic Writing, 1869-1892: Unabridged Record* (Minneapolis: Tribune-Great West Printing, 1932); Titus Merritt, "Chronology of the Fox Family: Interesting Details of the History of the Celebrated Fox Family", in M.E. Cadwallader, *Hydesville in History* (Chicago: Progressive Thinker Publishing, 1917; distribuído pela Associação Nacional de Igrejas Espiritualistas, 1992).

meio da consulta aos espíritos, estabelecer medidas de segurança para a coroação do czar Alexandre III, o que permitiria ao novo governante evitar o destino do pai: o assassinato. Pelos seus serviços, Aksakoff lhe ofereceu cem libras, além do pagamento de suas despesas pessoais durante o primeiro mês. Embora ele a tenha alertado com veemência contra o clima extremamente frio, a comida diferente e a situação política tensa, o que tornava a Rússia um lugar inóspito para meninos londrinos delicados, Kate os levou consigo assim mesmo. Ela não conseguia se separar de Ferdie e de Henry tão pouco tempo depois da morte do marido.

O movimento popular iniciado com batidas que seguiam duas jovens carismáticas, e que crescera apesar, ou em parte por causa, da controvérsia que acompanhou as irmãs Fox até Rochester e além, agora tinha atravessado dois continentes. Mais tarde, Kate se orgulharia de exibir as joias e outros presentes recebidos em São Petersburgo e de ter realizado sessões para a família real. De acordo com a historiadora Emma Hardinge, os espíritos mais uma vez desempenharam o papel de conciliadores e conselheiros, instando o czar a evitar a opressão política e a favorecer reformas liberais. Os visitantes imortais que primeiro se manifestaram durante os impetuosos dias de comoção pela abolição e pelo sufrágio feminino, nos anos 1840, pareciam não ter esquecido suas preocupações sociais.

À medida que o interesse internacional pelo espiritualismo continuava crescendo, também crescia o número de grupos organizados dedicados à investigação sistemática de fenômenos paranormais, como a percepção extrassensorial. Um dos mais importantes, a Sociedade de Pesquisas Psíquicas, conhecida pela sigla inglesa SPR, foi fundado em 1882 na Universidade de Cambridge, na Inglaterra. Seus notáveis fundadores incluíam Henry Sidgwick, professor de filosofia em Cambridge; sua esposa, Eleanor, que mais tarde fundaria uma escola secundária para moças, também lá; o irmão de Eleanor, Arthur Balfour, futuro primeiro-ministro da Inglaterra; e William Barrett, que ensinava física no Royal College of Science, em Dublin.

A sra. Sidgwick lembrou-se de ter conhecido Kate em 1874, durante uma sessão em que a médium "obteve uma palavra escrita numa folha de nosso próprio papel, debaixo da mesa, com uma luz que considerei suficiente para a leitura de letras impressas comuns". Porém, a sra. Sidgwick suspeitou que Kate tivesse escrito a palavra com o pé — um truque costumeiro entre médiuns charlatães.

Sob os auspícios da SPR, a sra. Sidgwick voltou a testar Kate uma década depois, sem determinar nada de conclusivo, mas observando que a médium às vezes parecia fazer perguntas tendenciosas, mas atribuíra as coincidências aos espíritos. A sra. Sidgwick admitiu que as batidas de Kate eram "peculiares — bem diferentes das que uma pessoa pode produzir por si mesma batendo com os pés". Porém, logo em seguida, ela retirou até mesmo essa afirmação. Depois de ler o relatório feito trinta anos antes pelos médicos de Buffalo, em 1851, ela ponderou que as batidas "peculiares" de Kate, afinal de contas, poderiam ter sido causadas por estalos dos dedos dos pés. Essa foi uma conclusão amplamente moldada por uma reflexão tardia.[279]

Nos Estados Unidos, Maggie também se viu enredada em uma nova série de investigações organizadas. Henry Seybert, filantropo da Filadélfia, legara recursos à Universidade da Pensilvânia para uma investigação imparcial acerca da natureza dos fenômenos espiritualistas. Em novembro de 1884, pouco depois da morte do filantropo, Maggie teve um encontro com os membros desconfiados e assustadores da Comissão Seybert na residência do seu diretor, Horace Howard Furness,

---

[279] Sra. Henry Sidgwick, "Results of a Personal Investigation into the Physical Phenomena of Spiritualism with Some Critical Remarks on the Evidence for the Genuineness of Such Phenomena", *Proceedings of the Society for Psychological Research* 4, 1887, pp. 46-47.

na Filadélfia. De acordo com a transcrição, as batidas nas duas noites foram erráticas, assim como as respostas às perguntas.

"Essa investigação é de grande importância para nós", observou Furness, um renomado especialista em Shakespeare. "Não há a menor dúvida: nós ouvimos esses curiosos sons." Claro que a questão, para o comitê, assim como o fora para outros investigadores por mais de 35 anos, era se os sons emanavam da médium ou dos espíritos.

"Acredito que a senhora comunga inteiramente conosco do desejo de ter esse fenômeno investigado", disse ele a Maggie, que lhe garantiu que sim. Ela se recusou, fatigada, a afirmar que os sons vinham do outro mundo ou que eram independentes de sua pessoa; observou apenas "que cada qual julgue por si mesmo".[280]

Depois de ouvir batidas fracas e pancadas fortes, Furness colocou a mão sobre o pé de Maggie e anunciou jubilante: "Isso é o mais maravilhoso de tudo, sra. Kane. Eu sinto claramente as batidas em seu pé. Não existe nenhum sinal de movimento nele, mas há uma pulsação incomum." Certo de que Maggie produzia as batidas, mas sem saber se ela o fazia consciente e de propósito, ele a convidou para uma terceira sessão, mas ela recusou alegando problemas de saúde e acrescentando educadamente que ficaria feliz em voltar quando se sentisse mais forte. Maggie nunca voltou. Sua atitude ao longo do processo foi de plácida condescendência.

Um mês depois foi formada a Sociedade Americana para Pesquisa Psíquica, a ASPR, devido principalmente aos esforços e ao interesse do filósofo e psicólogo de Harvard William James, irmão do romancista Henry James. Desde fins da década de 1860, William estivera fascinado pelo fenômeno psíquico e participara de muitas sessões. Em sua maioria, elas

[280] As citações da Comissão Seybert e o título do capítulo 16 são extraídos de *The Preliminary Report of the Commission by University of Pennsylvania to Investigate Modern Spiritualism* (Filadélfia: Lippincott, 1887), pp. 32-47; 42.

se revelaram deprimentes demonstrações de fraude, mas ele permaneceu comprometido com a ideia de que "não há fonte de equívoco, na investigação da natureza, que se compare à crença obstinada de que certos tipos de fenômenos são *impossíveis*".[281] Suas palavras podem ser entendidas como um jargão para quem entrou para organizações tais como a ASPR.

Com recursos limitados e sem qualquer motivo para permanecer na Inglaterra, Kate voltou com os filhos para os Estados Unidos em 1885. Ela foi morar com Leah e Daniel, e em julho fez uma visita a George e Sarah Taylor, que não a viam havia uma década. Animadíssima com sua visita, Sarah escreveu: "Minha alegria pode ser mais bem-imaginada do que descrita. Ali estava Katie, com uma aparência boa e feliz, apesar de dez anos mais velha, com dois agradáveis inglesinhos de aspecto saudável."[282]

A médium e os espíritos estavam igualmente exultantes de felicidade. "Teremos doces encontros de novo, como antigamente", garantiu Olin a Sarah, com Kate escrevendo cada palavra. "Falaremos do passado, do presente e do futuro. Daremos conselhos. Traremos todos os entes amados de volta, para que murmurem saudações afetuosas ao seu ouvido."

Pouco tempo depois, ainda no mesmo verão, Kate deixou a casa de Leah e mudou-se para a fazenda do irmão, David, no condado de Wayne. Ela deve ter achado difícil reinterpretar o papel da irmã mais nova de Leah depois de ter sido senhora de sua própria casa. Entretanto, Leah passara a encarar seus sobrinhos e sobrinhas como se fossem seus próprios filhos, e devia se sentir no direito de desfrutar de semelhantes prerrogativas maternais com relação a Ferdie e

---

[281] Citado em Linda Simon, *Genuine Reality: A Life of William James* (Nova York: Harcourt Brace, 1998), p.190.

[282] Sarah E.L. Taylor (org.), *Fox-Taylor Automatic Writing, 1869-1892: Unabridged Record* (Minneapolis: Tribune-Great West Printing, 1932), p. 293.

Henry — atitude que pode não ter sido do agrado dos meninos e de Kate.

Certamente houve outro motivo para a tensão: a publicação do livro de Leah, *The Missing Link in Modern Spiritualism* ["O elo perdido no espiritualismo moderno"], em 1885. Recheado de artigos de jornal e cartas, o livro fez uma revisão mais do que edulcorada da história da família Fox, contando as provações e triunfos das primeiras décadas do espiritualismo, com foco nos acontecimentos em que o papel de Leah era proeminente. A obra sem dúvida reacendeu perguntas amargas no coração das irmãs. Como foi que Leah conseguiu se proteger contra a maledicência e sair incólume das provações? A emoção das sessões, o dinheiro, os presentes e até o senso de ajudar as pessoas talvez tenham compensado, no passado, Kate e Maggie pelas pressões de suas vidas, mas não mais. E ali estava Leah, capitalizando mais uma vez em cima da fama das irmãs.

O tom de *The Missing Link* tende a oscilar entre a nostalgia e a exaltação, mas há momentos em que o relato de Leah evidencia uma astúcia irônica e até subversiva. Como as irmãs, ela permanece um enigma por si só. Seu livro, um amontoado de distorções e mentiras, é autoengradecedor, mas ao mesmo tempo também é ligeiramente escandaloso. Se, por um lado, apela para a respeitabilidade da classe média, ela faz pouco dos ares aristocráticos da alta burguesia, com referências ao dinheiro que ganhou e às inúmeras vezes em que lhe tiraram toda a roupa. Referindo-se a si mesma na terceira pessoa, Leah escreveu sobre uma das investigações realizadas por comitês femininos:

"Elas levaram as médiuns para um quarto, trancaram a porta e ergueram uma plataforma de mesas, sobre a qual [as médiuns] tiveram que ficar de pé. Ali, elas foram desnudadas pelo comitê, e cada peça de roupa, uma a uma, foi examinada e colocada de lado."[283]

[283] A. Leah Underhill, *The Missing Link in Modern Spiritualism* (Nova York: Thomas R. Knox, 1885), p. 242.

Ela acrescentou o detalhe provocante de que um "grande número de cavalheiros e de outras pessoas que aguardavam o relatório do comitê" estavam esperando impacientemente do lado de fora. O livro de Leah, de fato, é um pouco como uma sessão: efeitos deslumbrantes, confidências íntimas, histórias familiares falsas, alguns fatos estarrecedores e uma pitada de erotismo.

Kate ficou na fazenda de David até o final do outono de 1885, quando alugou um apartamento para ela e os filhos num andar térreo da rua 84 Leste, em Nova York. Ali, realizou sessões particulares e acolheu reuniões públicas semanais. Às vezes, chegava a haver quinze pessoas nas "Noites públicas" de Kate, entre elas sua mãe postiça, Sarah Taylor, que escreveu sobre manifestações que eram tão espantosas quanto as de antigamente: objetos flutuando, mesas levitando e mãos invisíveis que acarinhavam, puxavam e cutucavam.

Sem Henry Jencken em sua vida para protegê-la contra a tentação, Kate sucumbiu ao seu velho inimigo: o álcool. No dia 2 de junho de 1886, George Taylor a encontrou bêbada em um bar. "Ele ouviu dizer que algo estava errado e saiu à sua procura", escreveu Sarah. "Ela foi levada aos seus aposentos, e todas as agonias de sua antiga vida, de dez e quinze anos atrás, repetiram-se."[284]

Kate lutou com esse problema por dois anos, até que a bebida precipitou uma crise com consequências de longo prazo para a sua família e para o movimento espiritualista: no dia 4 de maio de 1888, Kate foi presa e teve que pagar uma fiança de trezentos dólares na delegacia de polícia do Harlem, sob a acusação de negligenciar Ferdie, de 14 anos, e Henry, de 12. A Sociedade de Prevenção à Crueldade contra Crianças, também conhecida como Sociedade Gerry, em homenagem a seu fundador, estava

[284] S. Taylor (org.), *Fox-Taylor Automatic Writing*, p. 364.

por trás da acusação. Altos e esguios, com olhos brilhantes, Ferdie e Henry pareciam muito bem-cuidados aos oficiais de polícia, mas Kate estava inegavelmente bêbada. Os rapazes foram mandados ao Asilo Juvenil, instituição para crianças que deveriam ter um lar melhor.

No dia seguinte à acusação, Kate deu uma entrevista ao jornal nova-iorquino *World*, na qual perdeu o controle e chorou. Ela disse ao repórter que os meninos estavam na escola, em Rochester, e que chegaram de visita fazia apenas duas semanas. Depois de negar veementemente que maltratasse os filhos, ela admitiu, com tristeza, que tinha o que chamou de "hábitos destemperados". Esses hábitos se mostravam em seu rosto outrora belo, escreveu o repórter, e que estava vincado pelas preocupações, pela idade e pelo desregramento.

Kate não fez qualquer referência ao alcoolismo do pai ao falar do seu próprio. Ela confidenciou que, quando ela e a irmã, Maggie, eram jovens e famosas, foram levadas para inúmeros jantares e festas regadas a álcool; as pessoas lhes enviavam cestas com garrafas de champanhe. Foi assim que nasceu seu hábito de beber.[285]

A fraqueza das irmãs Fox pelo álcool e — segundo boatos — pelas drogas constrangera espiritualistas por muito tempo. Muitos adeptos conservadores e de classe média, preocupados com sua própria credibilidade, também passaram a ficar incomodados com outros aspectos do espiritualismo, inclusive com ideias radicais frequentemente associadas ao movimento e com manifestações extravagantes, como as materializações. Todos viam-se em uma posição desconfortável diante do que parecia uma fraude flagrante: uma famosa médium estava sendo julgada, naquela primavera, por ter supostamente enganado e roubado a fortuna de um rico benfeitor.

---

[285] A entrevista com o *World* é citada em Herbert Jackson Jr., *The Spirit Rappers* (Nova York: Doubleday, 1972), pp. 198-199.

Tentando se apresentar da forma mais respeitável possível, Kate criticou os "fanáticos que alugam teatros inteiros e pregam a crença universal em tudo". Ela afirmou que acreditava firmemente em algumas manifestações, mas não em todas. Então, a velha Kate se reacendeu por detrás das lágrimas e convidou o repórter a voltar noutro dia, para um encontro com os espíritos.

A notícia da detenção dos sobrinhos chegou bem rápido a Maggie, que estava visitando amigos na Inglaterra desde o mês de março. Sua devoção a Kate manifestou-se instantaneamente, e ela articulou um plano: mandou um telegrama assinado não em seu nome, mas como se fosse Edward Jencken, o irmão de Henry que morava na Austrália e que ela alegou ser o tutor legal dos meninos. O telegrama ordenava que Henry e Ferdie fossem liberados, o que funcionou.

Com os filhos mais uma vez ao seu lado, Kate comprou passagens para a Inglaterra. De acordo com Maggie, ao chegarem a Londres, seus sobrinhos a saudaram com alegria, e ela os abraçou forte, brincando: "Aqui está o seu tio Edward, meninos."

"Olá, tio Edward!", gritaram eles em uníssono.[286]

Então, Maggie voltou a sair em defesa de Kate, dessa vez com um golpe atordoante contra todo o movimento espiritualista. Ela enviou uma carta para o *New York Herald* que foi publicada com a manchete "A maldição do espiritualismo". Nela, denunciou a ascensão de falsos médiuns e repreendeu os "fanáticos", palavra de Kate, que acreditavam cegamente em qualquer coisa. Centenas de homens e mulheres, fulminou Maggie com raiva, em causa própria, ignoravam mensagens inofensivas, como as que ela transmitia, para "se atirarem loucamente sobre os evidentes impostores que grassam por Nova York".[287]

---

[286] Maggie conta essa história no *New York Herald*, 24 de setembro de 1888.

[287] "The Curse of Spiritualism", citado em Reuben Briggs Davenport, *The Death--Blow to Spiritualism: Being the True Story of the Fox Sisters, As Revealed by Authority of Margaret Fox Kane and Catherine Fox Jencken* (Nova York: G.W. Dillingham, 1888; Nova York: Arno Press, 1976), pp. 30-31.

Esses fanáticos, continuou, queriam "que o 'espírito' viesse até eles de corpo inteiro, que andassem na sua frente, que os abraçassem e todas essas bobagens, e o que foi que isso acarretou? Como o velho juiz Edmonds e o sr. Seybert, da Filadélfia, eles ficaram malucos [...]".

Os tolos, concluiu ela, perdiam o dinheiro, a sanidade e, às vezes, a vida.

Está claro que ela colocava a culpa de seus infortúnios e dos infortúnios de Kate tanto nos membros do movimento espiritualista quanto em pessoas de fora. Entre a obsessão de alguns espiritualistas por efeitos cada vez mais bombásticos — e a vontade de médiuns inescrupulosos de produzirem as desejadas pirotecnias — e o medo que outros espiritualistas tinham do escândalo, havia pouco interesse, ao que parecia, pelos espíritos batedores. A pressão para que se trabalhasse em tal ambiente, ressaltou Maggie, poderia levar até um médium honesto e sóbrio a beber ou a ludibriar.

Maggie mal tinha começado a sua denúncia do movimento espiritualista, e então se preparou para um novo ataque. Ela e Kate suspeitavam de que Leah estava por trás da detenção zelosa de Ferdie e Henry, perpetrada pela Sociedade Gerry. Embora Leah tivesse preocupações legítimas com o alcoolismo, as irmãs mais novas achavam que, na tentativa de retomar o controle sobre os meninos, ela havia agido por pura inveja e rancor, podendo se atrever a fazê-lo novamente. Elas também temiam que outros espiritualistas, amigos de Leah, tivessem-na ajudado. Maggie afirmou que esses pretensos insurgidos tinham medo de ela expor suas falcatruas e que poderiam usar os meninos para fazer chantagem. Tanto Maggie quanto Kate sentiam que era chegada a hora de destruir o poder de Leah sobre suas vidas.

Maggie zarpou de volta para casa em setembro de 1888 e chegou a Nova York no final do mês. Porém, antes que ela pudesse tomar qualquer atitude, Kate se viu envolvida em nova confusão, conduzindo uma sessão na Inglaterra que foi debochada por não espiritualistas e condenada pelo grupo mediúnico de Londres, o qual se virou cruelmente contra um de seus próprios membros.

A sessão foi realizada na casa em que morara o célebre escritor e historiador Thomas Carlyle antes de sua morte, em 1881, e que fora comprada havia pouco tempo por um espiritualista. Um repórter que conhecera Carlyle em vida foi ao evento e achou que as mensagens do gênio literário eram irreconhecíveis e insípidas. Ele descreveu a sessão em um artigo irônico, publicado na popular revista *Pall Mall.*

Uma importante publicação espiritualista da Grã-Bretanha, a *Light*, logo retrucou, dando enfoque, entretanto, não ao repórter, mas a Kate, sob a alegação de que, pelo "bem do espiritualismo", espiritualistas leais tinham que desabonar essas "pseudomensagens" divulgadas pelo *Pall Mall.* Além do mais, esse tipo de comunicação, insistiu o *Light*, resumia-se a uma "paródia desastrada", mesmo que por meio "da famosa médium norte-americana".[288]

Golpes e contragolpes. Kate e Maggie, havia tempos menosprezadas por muitos espiritualistas de classe média devido ao seu alcoolismo, estavam agora sofrendo ataques explícitos do *establishment* britânico, se não também do norte-americano.

Nos Estados Unidos, o drama continuava a piorar. No domingo de 23 de setembro de 1888, um repórter do *New York Herald* foi ver Maggie em seu apartamento na rua 44 Oeste. Apesar de confessar que pouco sabia sobre a sua história — afinal, ele estava lá apenas a trabalho —, ficou impressionado com sua intensidade e magnetismo. Ele também comentou a displicência de seus trajes: uma negligência diáfana que Kane poderia ter reconhecido e criticado, como quando, trinta anos antes, ele ralhava com a linda jovem por esquecer de usar mantilhas rendadas sobrepostas às mangas.

---

[288] A sessão de Kate na residência de Carlyle é discutida no *Light* de 22 de setembro de 1888, pp. 468-469, e de 30 de setembro de 1888, p. 482.

Seu rosto mostrava "pesar e um grande conhecimento do mundo", escreveu o repórter. Apesar de sua fama, ela mantivera amigos em ambos os lados do Atlântico, e em Londres era "acolhida por alguns dos mais abastados membros da grande e abrangente classe média".[289]

Enquanto conversava com ele, Maggie andava para cima e para baixo, às vezes cobrindo o rosto com as mãos, outras vezes sentando-se bruscamente ao piano para tocar "melodias estranhas e incoerentes". Talvez elas fossem versões iradas da música que Leah ensinava a seus antigos alunos ou que os espíritos haviam tocado em sinos e violões em sessões do passado.

A matéria do repórter sobre as irmãs, publicada no dia seguinte sob a manchete "Médium renomada diz que os espíritos não retornam jamais", consistia em uma longa entrevista com Maggie, na qual ela atingiu diretamente Leah e a falecida Margaret Fox.

Suas palavras foram: "Quando o espiritualismo começou, Katie e eu éramos meninas, e essa senhora idosa, minha outra irmã, fez de nós seus instrumentos. Mamãe era uma mulher tola. Era uma fanática. Eu a chamo de fanática porque ela era honesta. Ela acreditava nessas coisas.

"Nós éramos apenas meninas inocentes. Não sabíamos de nada. Ah, mas aprendemos demais. Nossa irmã nos usou em suas exibições, e ganhávamos dinheiro para ela. Agora ela nos ataca porque é esposa de um homem rico, opondo-se a nós

[289] Davenport cita essa entrevista em *Death-Blow to Spiritualism*, pp. 34-38. O próprio artigo do *Herald* termina com a frase "Espíritos, não é fácil de enganar?". Quando Davenport cita o artigo, acrescenta vários parágrafos que não estão no *Herald* e que parecem representar o seu esforço para reforçar a tese apresentada em *Death-Blow to Spiritualism*. O trecho é como se segue, p. 38: "Então, eu lhe apresentei certas suposições. Finalmente, ela disse: 'Sim, o senhor acertou em cheio. É tudo uma questão de, tal qual o senhor falou, como a junta do pé pode ser usada sem levantá-la do chão. A capacidade de fazer isso só pode ser adquirida com prática iniciada na infância. É preciso começar até os 12 anos. Aos 13, já é meio tarde. Nós, crianças, quando brincávamos juntas, descobrimos isso, e foi a minha irmã mais velha que começou a usar a descoberta para tal fim infame.
Digo que ele era infame porque era.'"

duas sempre que pode. Ah, estou com muita raiva dela! Você às vezes pode matar sem usar armas, sabia?"

Para surpresa do repórter, Maggie demonstrou as batidas que ele ouviu debaixo da mesa, do lado de fora da porta e através do chão.

— Como a senhora faz isso? — perguntou ele com um toque de admiração.

Ela lhe disse que manteria sua explicação em segredo até a noite em que desse sua conferência. Porém, fez questão de dizer que era tudo um truque, devolvendo-lhe a pergunta com uma piscadela: "Espíritos, não é fácil de enganar?"

Momentos antes de confundi-lo com as batidas, Maggie colocou-o diante de um estranho paradoxo. Embora ela soubesse como produzi-las — aparentemente fazia isso desde a infância —, seu próprio conhecimento e habilidades não eram a fonte de sua descrença. Ela só tinha certeza de que os espíritos não retornavam porque tentara insistente e inutilmente contatá-los. Como as pessoas que vinham às suas sessões, ela também buscava essa fé; ela a desejara desesperadamente como consolo depois da morte de Kane.

"Ora, eu já explorei o desconhecido tanto quanto a vontade humana permite", esbravejou ela. "Fui até os mortos para tentar obter deles um pequeno consolo. Não consegui nada com isso, nada, nada." A animosidade de sua denúncia do espiritualismo não vinha somente da ira contra Leah e seus colegas espiritualistas, mas também de sua própria e profunda decepção com a incapacidade dos espíritos de fornecerem uma resposta.

Dezessete

O golpe mortal

Kate voltou da Inglaterra para os Estados Unidos em meados de outubro de 1888, e é inquestionável que o fez no intuito de formar uma frente comum com Maggie para atacar Leah e o espiritualismo, embora tenha negado estar a par do tumulto criado pelo artigo no *Herald*. Um repórter que a seguiu até a casa de Maggie escreveu que as duas mulheres "caíram nos braços uma da outra, em um êxtase de afeto e felicidade por estarem juntas novamente". Kate parecia bastante "sadia", ele relatou, acrescentando que ela jurou "com honesta sinceridade" que "estava totalmente curada do vício que a acometera no passado".[290]

Kate endossou a denúncia de Maggie de que o espiritualismo era uma teia de mentiras, dizendo que era "uma falcatrua do início ao fim". Era verdade que Horace Greeley a tinha colocado na escola, contou Kate ao repórter, mas, de resto, o livro de Leah sobre a vida e o trabalho das irmãs Fox era completamente fantasioso.

Maggie prometera fazer uma aparição pública expondo o espiritualismo como fraude, e o evento tão anunciado aconteceu na Academia de Música de Nova York no dia 21 de

[290] A entrevista de Kate é citada em Reuben Briggs Davenport, *The Death--Blow to Spiritualism: Being the True Story of the Fox Sisters, as Revealed by Authority of Margaret Fox Kane and Catherine Fox Jencken* (Nova York: G.W. Dillingham, 1888; Nova York: Arno Press, 1976), pp. 54-58. Davenport, nem sempre confiável, atribui-a ao *Herald*, 10 de outubro de 1888.

outubro de 1888. Naquela manhã, o *World* publicou uma matéria de página inteira sobre as irmãs Fox, acompanhada de uma longa declaração de Maggie, escrita em primeira pessoa. Como as histórias contadas no seu *The Love-Life of Dr. Kane* e no *The Missing Link in Modern Spiritualism* de Leah, o conteúdo da confissão de Maggie era uma mescla de fato, invenção e ininteligibilidade.

Um dos objetivos principais foi desacreditar a irmã mais velha. Leah ousara dizer que Kate era uma mãe inepta, que maltratava os filhos. Apesar de todo o zelo dos guardiães do bem-estar das crianças da Sociedade Gerry, Maggie virou a mesa com a destreza de um espírito. Era Leah quem abusava de crianças inocentes, declarou ela, que manipulava garotas que não sabiam se proteger e ficavam impotentes sob a influência traiçoeira de adultos cruéis e egocêntricos.

"Minha irmã Katie e eu éramos muito pequenas quando essa horrível farsa começou. Eu tinha oito anos, apenas um ano e meio a mais que ela", começou Maggie, subtraindo cerca de cinco anos de suas verdadeiras idades à época.

Ela e Kate eram arteiras, reconheceu Maggie, e gostavam de aterrorizar a mãe, uma mulher boa que se amedrontava facilmente. Mais tarde, Maggie se lembraria de como elas também gostavam de assustar a séria Lizzie, filha de Leah.

Como crianças tão *pequenas* poderiam ser responsáveis por seu próprio comportamento? Uma vez estabelecido o seu mítico estado de inocência, Maggie deu sua versão sobre como as batidas começaram.

"De noite, quando íamos para a cama", disse, "costumávamos amarrar uma maçã a um barbante e puxávamos a ponta do barbante para cima e para baixo, fazendo com que ela batesse no chão. Ou, então, nós deixávamos a maçã cair no chão, fazendo um barulho estranho toda vez que ela quicava".

Deixar maçãs caírem no chão era muito provavelmente uma brincadeira para as meninas. Também era uma imagem rica em ironia, embora o duplo sentido de Maggie possa não ter sido proposital. A descoberta da gravidade, feita por Newton, foi um momento seminal na história da ciência e na concepção de um universo mecânico, um universo contrário à noção de intervenção sobrenatural. A descoberta da gravidade ocorreu, segundo a lenda, depois de Newton presenciar uma maçã... caindo. Mary Baker Eddy, fundadora da Ciência Cristã que se tornara famosa em 1880 tanto como líder religiosa quanto como inimiga declarada do espiritualismo, adotara a imagem lendária. Ela dissera que a inspiração de sua fé a atingira como uma maçã.[291]

Deixar maçãs caírem, porém, não era o único truque na proverbial manga das irmãs Fox, ao menos de acordo com a declaração de Maggie ao *World*. Além de largarem maçãs, elas passaram a fazer sons de batidas com as juntas dos dedos — descoberta feita primeiro por Kate, com os dedos das mãos, e que ambas as meninas logo aprenderam a reproduzir com os dedos dos pés.

"As batidas são simplesmente o resultado de um controle perfeito dos músculos da perna abaixo do joelho", contou Maggie, endossando o pesado jargão dos médicos de Buffalo e de outros expoentes da teoria dos estalos de juntas e ossos, "que governam os tendões dos pés e permitem a ação das articulações e dos ossos do calcanhar, que normalmente não são conhecidos".

Os vizinhos da família em Hydesville e em Rochester foram investigar as batidas, lembrou-se Maggie, mas sem resultado. "Ninguém suspeitava de que estivéssemos pregando uma peça, pois éramos meninas muito pequenas", afirmou ela no *World*. "Fomos induzidas de propósito por Leah e, sem querer, por nossa mãe. Nós a ouvíamos dizer sempre: 'Seria um espírito descorporificado que se apossou das minhas queridas meninas?'"

Embora ela e Kate tenham adorado enganar os adultos, Maggie insistiu em ter sido Leah quem as forçara a continuar enganando, levando-as a Rochester, onde elas "eram exibidas

[291] Caroline Fraser, *God's Perfect Child: Living and Dying in the Christian Science Church* (Nova York: Henry Holt, 1999).

para um bando de espiritualistas fanáticos. [...] A sra. Underhill chegava a ganhar de cem a 150 dólares por noite. Ela embolsou tudo".

Leah desejava fundar uma nova religião, revelou Maggie. Com esse intuito, ela não só garantiu às irmãs mais novas que ela mesma recebia mensagens de espíritos, mas também tentou instilar nelas sua crença declarada nas visitações espirituais. Porém, ao mesmo tempo — e aqui Maggie ressaltou uma contradição espantosa —, Leah havia combinado truques, chegando a dar dicas para quando bater sim ou não nas sessões.

Quando estava com 13 anos, prosseguiu Maggie, dando início a um novo capítulo de sua história pessoal, ela conheceu o dr. Kane, a quem confiou imediatamente o seu ódio pelo espiritualismo. Dizendo-se viúva de Kane, como vinha fazendo havia muitos anos, Maggie expressou sua esperança de que, se "aqueles que amamos e morreram antes de nós puderem olhar para baixo e nos ver do Paraíso — se nós pudermos, algum dia, voltar a nos encontrar! —, eu sei que meu falecido marido está olhando para mim agora e me abençoando pela minha obra".

Depois da morte do marido, a pobreza a havia levado de volta à vida de médium. Ela vira tanta farsa, disse, concluindo sua declaração ao *World*, que resolveu "afirmar categoricamente que o espiritualismo é uma fraude da pior espécie". E ela devia todos os seus infortúnios a Leah.

Naquela noite de 21 de outubro de 1888, a Academia de Música estava abarrotada de combatentes ruidosos até o teto: espiritualistas convictos contra os que vieram triunfantes para ouvir Maggie Fox Kane, a médium internacionalmente famosa, tratar do que estava sendo chamado de "golpe mortal" no movimento.[292]

---

[292] Davenport, *Death-Blow to Spiritualism*. Relatos da apresentação de Maggie na Academia foram extraídos do *World*, do *New York Herald* e do *New York Daily Tribune*, todos jornais que noticiaram o evento no dia seguinte, em 22 de outubro.

Um dos promotores do evento, o dr. C.M. Richmond, dentista gorducho cujo hobby era a mágica, também fez as vezes de palestrante, cabendo-lhe falar dos males do espiritualismo, expor os truques comuns da profissão e apresentar Maggie. Ele estava extremamente nervoso, pois jamais encarara uma plateia tão cheia. Então, juntou coragem e demonstrou vários truques durante mais de uma hora, explicando como a lousa de escrever, a pintura espiritual e a leitura da mente poderiam ser realizadas perfeitamente bem por um mágico treinado, assim como por um suposto ser sobrenatural. O público, que já estava turbulento no início da apresentação, foi ficando impaciente para ver a atração principal e começou a gritar por Maggie e a mandar, com grosseria, o dentista ir "arrancar uns dentes".

Maggie enfim subiu ao palco, descrita por um repórter como uma "mulher pequena e compacta, de olhos e cabelos escuros". Kate estava sentada em um camarote no teatro, manifestando um apoio silencioso ao que a irmã estava prestes a fazer.

Usando um vestido preto e um chapéu florido, Maggie estava muito mais nervosa do que o dr. Richmond, e não parou de colocar e retirar os óculos enquanto alternava entre ler e parar de ler sua declaração, olhando para a plateia e repetindo cada frase. Diferentes contingentes aplaudiam e vaiavam à medida que ela ia falando, com uma voz trêmula, e atacando o espiritualismo.

Quando ela terminou a sua declaração, o dr. Richmond chamou vários médicos ao palco. Maggie tirou um sapato e colocou o pé, protegido apenas pela meia, sobre uma mesinha de pinho. Batidas agudas foram ouvidas pelo teatro. O repórter do *New York Tribune* escreveu que os sons foram se tornando mais altos, "deslocando-se pela parede e pelo telhado da Academia".

Enquanto as batidas continuavam, os médicos examinaram solenemente os pés de Maggie — procedimento a que a plateia respondeu com riso sugestivo e comentários grosseiros. Então,

Maggie subiu na mesa para outro exame, depois do qual os médicos anunciaram que as batidas eram produzidas, em realidade, pelo dedão do pé.

Ninguém pareceu questionar se as batidas produzidas pelo dedão de Maggie eram complementadas por outros meios, se o próprio dr. Richmond poderia ter aliados no auditório dispostos a aumentar o tipo de sinfonia pela qual os espíritos haviam ficado famosos.

Os médicos de Buffalo e C. Chaucey Burr, nos anos 1850, tinham acertado sobre juntas e músculos, ligamentos e tendões, das pernas e dos pés humanos. Adequadamente manipulados, eles podem, de fato, ser barulhentos. Em um teatro com boa acústica, mesmo os membros da plateia sentados ao fundo da galeria podem ouvir os atores estalarem os dedos. Mas exatamente quanto barulho o corpo humano tem de produzir para evocar um coro de vozes espirituais?

Assim como elementos da confissão de Maggie podem ser questionados, é tentador se perguntar se ela ou o dr. Richmond teriam revelado *todos* os notáveis segredos dos barulhos misteriosos.

A confissão de Maggie fornece peças novas e importantes para a resolução do quebra-cabeça. Quais peças se encaixam de maneira satisfatória? Quais não se encaixam de jeito nenhum? Será que as irmãs Fox realmente se dedicaram a uma fraude deliberada durante um período de quarenta anos? Se for esse o caso, quais foram os seus motivos, e como conseguiram preservá-la tão bem?

Maggie alegou, em sua confissão, que ela e Kate foram vítimas da ambição e da ganância de Leah. Não havia a menor dúvida de que as duas meninas mereciam ser mais bem-protegidas, mas permanecem perguntas menos evidentes sobre quem poderia, ou deveria, prover essa proteção, e contra que forças isso se daria em tempos de mudanças rápidas.

O pai das meninas, John Fox, falhou com as filhas mais novas, assim como falhara na maioria de suas atividades ao longo da vida. Especulações recentes sugerem que ele pode ter recaído no alcoolismo e talvez até abusado fisicamente de Kate e de Maggie — teoria baseada, em parte, na ideia de que os espíritos representavam a reação imaginativa das irmãs aos maus tratos. Relatos de seus contemporâneos, entretanto, parecem indicar que John não bebeu depois de se reconciliar com a esposa. É mais provável que o devoto e religioso John, inimigo declarado dos espíritos, fosse egocêntrico demais para intervir na carreira das filhas.

A acusação mais grave que Maggie lançou contra a mãe pode não ser a de que ela tenha sido uma mulher supersticiosa, mas sim uma mulher tola e medrosa. Margaret Fox sempre cedia a quem se impunha com mais vigor: o *poltergeist* persistente; a filha mais velha determinada; o ambicioso Eliab Capron; o encantador Elisha Kent Kane. Embora sua devoção às filhas fosse admirável e inquestionável, ela não soube entender que os tempos haviam mudado desde a sua própria viagem aventureira para o oeste, em sua juventude. Em tempos que valorizavam a modéstia e o refinamento das filhas, Margaret permitiu que Kate e Maggie desfrutassem de uma liberdade perigosa, ainda que, por vezes, liberadora.

Leah, mais próxima em idade da mãe do que de Kate e Maggie, crescera numa cidadezinha em plena expansão, nos anos 1820. Leah ansiava por segurança e estava disposta a assumir riscos para consegui-la. O que ela parece ter vislumbrado em suas duas irmãs mais novas — encantadoras, inventivas e talvez extraordinárias — foi a possibilidade de criar para si mesma uma vida nova: a oportunidade de abandonar a parca respeitabilidade de mãe solteira em Rochester em proveito, primeiramente, da fama e da fortuna e, em seguida, da vida do conforto burguês.

Nos anos 1840 e 1850, sem um pai ou um marido com o qual pudesse contar, a vontuntariosa Leah fez exatamente o que muitos homens de sua época estavam fazendo: ela promoveu uma causa e ganhou dinheiro com isso. Mulheres como Amy Post, sem dúvida, devem ter lhe dado o ímpeto necessário para que se visse como líder de um movimento; homens como o mesmerista Stanley Grimes forneceram o exemplo de como se apresentar sobre um palco e cobrar entradas. Leah viveu em uma época de profetas entusiásticos e lucros rápidos; a palavra *especular* significa não apenas "refletir sobre", mas também "assumir riscos com". Ela conseguiu aproveitar o apetite em voga por ambos.

Ao promover os dons das irmãs mais novas, Leah talvez não tenha se visto como exploradora das meninas, ao menos não só em proveito próprio. Pelo contrário, ela pode muito bem ter imaginado que as salvava das tristes alternativas que, naquela época, muitas jovens sem dinheiro ou sem perspectivas encaravam: a vida de mulher de fazendeiro ou de operário de fábrica. Inventar uma religião era uma artimanha grandiosa na tradição norte-americana de sonhar grande, mesmo que um pouco de trapaça estivesse envolvido para fazer do sonho realidade.

É difícil não admirar Leah por sua enorme garra. Em 1855, Emerson, não sem ironia e desdém, colocou a profissão de médium na mesma categoria do ferroviário, do paisagista, do palestrante e do daguerreotipista: eram todas carreiras recém-forjadas, no século XIX.[293] As irmãs Fox ajudaram não apenas a fundar uma nova religião, mas também a criar um novo ramo de trabalho.

Embora ninguém possa dizer ao certo, é provável que uma ou todas as irmãs Fox tenham acreditado, em algum momento, que os espíritos dos mortos se manifestavam aos vivos. Em sua infância, três delas ouviram falar de parentes que

[293] R. Laurence Moore chamou minha atenção para as categorias de Emerson em *In Search of White Crows: Spiritualism, Parapsychology, and American Culture* (Nova York: Oxford University Press, 1977), p. 144. Ver John B. Wilson, "Emerson and the 'Rochester Rappings'", *New England Quarterly*, junho de 1968, p. 250.

possuíam habilidades paranormais, como a premonição. Desde muito pequeninas, Kate e Maggie observavam as orações diárias do pai metodista, olhando com admiração e achando graça enquanto ele rogava a uma divindade que o poderia exilar sumariamente no Inferno, caso ele retomasse seus hábitos dissolutos. As meninas podem ter ouvido histórias sobre o "Velho Jeffrey", o *poltergeist* da família Wesley, ou visto um dos inúmeros charlatães, artistas e videntes trabalhando em algum picadeiro de circo ou em alguma esquina de Rochester: um mesmerista magnetizando alguém; um clarividente exaltando os espíritos; ou um mágico criando ilusões.

Não há razão para supor, todavia, que Leah, Kate e Maggie se sentissem, todas, da mesma maneira com relação aos espíritos ou aos seus próprios poderes mediúnicos; também não é provável que suas opiniões tenham sido as mesmas durante o período de quarenta anos. À medida que Kate e Maggie reagiam aos anseios dos amigos por mensagens e manifestações que negavam o silêncio da morte em alto e bom som, elas podem ter se convencido de que seus poderes tinham uma dimensão sobrenatural. Será que elas pensavam assim ao se divertirem e enganarem as pessoas, até mesmo quando Leah lhes ensinava dicas e truques? Às vezes, adultos racionais vivenciam medos irracionais, como do escuro; crianças amontoadas ao redor de uma fogueira de acampamento podem assustar umas às outras contando histórias de fantasmas que elas mesmas inventam. A maioria de nós conhece a sensação estranha de ter, ao mesmo tempo, duas opiniões opostas sobre um mesmo assunto.

Em sua confissão, Maggie tentou se apresentar como uma criança pequena e inocente quando as batidas começaram, mas, na verdade, ela já era uma adolescente com vontade própria. Sem dúvida, ela não estava inteiramente sujeita aos desejos de Leah — ou dos espíritos — ao continuar a realizar sessões para amigos e desconhecidos, primeiro em Rochester e, depois, em Nova York. Ela também adorava a animação de sua vida de médium e gostava, igualmente, das recompensas financeiras.

Isso até ela conhecer Elisha Kent Kane e começar a sonhar com o que chamou de "os prazeres de uma casa tranquila, as bênçãos do amor — a recompensa da virtude". Então, o mundo dos espíritos e aqueles que os invocavam se tornaram enfadonhos e desinteressantes.

Maggie, como Leah, ao se tornar uma médium pública, decidiu inventar uma nova vida e aceitar a designação de alta sacerdotisa (ou desafiar o rótulo de charlatã). O que a destruiu foi sua incapacidade de fazer o que Leah conseguiria realizar mais tarde: criar uma terceira vida. No final das contas, ela não soube se transformar em uma jovem refinada da burguesia, capaz de ser aceita por Elisha Kent Kane e sua família. Se a autoinvenção faz parte da tradição norte-americana, a incapacidade de ser bem-sucedido e o desespero que daí se segue também o faz.

Kate, que só tinha 11 anos quando as batidas começaram, parece ter perdido logo cedo o sentido de uma vida própria que ela mesma pudesse moldar. Mais do que qualquer uma das irmãs, ela era vista como vidente; outros olhavam para o seu conteúdo, para o reflexo de suas próprias necessidades e desejos. Elisha Kent Kane via em Kate a irmã de sua amada, uma jovem que usara como intermediária; Charles Livermore viu a essência de sua amada Estelle; Sarah Taylor viu seus filhos felizes no Paraíso. Todos os que gostavam de Kate acreditavam que a protegiam, mas é possível que ninguém, nem mesmo Maggie, tenha feito isso.

A natureza tão pessoal das mensagens de Kate inevitavelmente suscita a possibilidade de que os seres invisíveis que falavam por seu intermédio representassem uma parte dela mesma, de que ela desenvolvera o que mais tarde veio a ser chamado de personalidade dupla ou personalidade cindida.

Porém, no campo da psicologia, a existência de tal distúrbio é controversa; além disso, o inconsciente talvez seja a única entidade tão enganandora quanto um espírito.

Alegre e travessa quando menina, Kate parece ter crescido cada vez mais apagada, tendo uma atitude não muito diferente da de uma heroína cavalheiresca de suave semblante. Com sua presença etérea, ela se tornou o protótipo da médium passiva — papel que permitiu às mulheres assumirem algum poder ao mesmo tempo que permaneciam impotentes. Ao encarnar esse papel, Kate pode ter exercido mais influência sobre o espiritualismo e sobre a natureza da mediunidade do que qualquer uma de suas irmãs mais assertivas. Mas, na medida em que o século ia terminando, muitas mulheres, inclusive médiuns, buscaram exercer seu poder em um mundo mais vasto e de forma mais direta, deixando Kate para trás.

Kate é a peça central do mistério das irmãs Fox. Ela foi a primeira, de acordo com Maggie, a produzir as batidas. A primeira médium, como disseram sua mãe, Capron e Leah. A irmã Fox que mais chamou a atenção dos investigadores, como Partridge e Greeley. Charlatã, mágica, médium.

Parte V

A vida no além
De 1888 aos dias de hoje

Dezoito

Poderes incomuns

Os principais jornais chamaram a confissão de Maggie de "golpe mortal", e um livro intitulado *The Death-Blow to Spiritualism: Being the True Story of the Fox Sisters, As Revealed by Authority of Margaret Fox Kane and Catherine Fox Jencken* ["O golpe mortal para o espiritualismo: a verdadeira história das irmãs Fox revelada por Margaret Fox Kane e Catherine Fox Jencken"] foi publicado pouco depois da apresentação de Maggie na Academia de Música, no outono de 1888. De autoria de Reuben Briggs Davenport, escritor profissional com outros livros sem qualquer relação com o espiritualismo, *The Death-Blow to Spiritualism* continha um frontispício assinado por Maggie e Kate que o elevava à condição de "a verdadeira história da origem do espiritualismo". Em essência, o livro repetia e ampliava a confissão de Maggie, acrescentando alguns pontos sensacionalistas. De acordo com Maggie, algumas, para não dizer todas as sessões, tinham evoluído para muito além de seu propósito inicial: elas não eram mais reuniões de natureza religiosa ou científica, mas bacanais em que mulheres nuas, vestindo apenas uma levíssima gaze, fingiam ser aparições, e nas quais supostos espíritos aprovavam orgias sexuais no escuro.

Alguns espiritualistas reagiram à confissão e às acusações de Maggie com compaixão. Várias semanas após sua apresentação na Academia de Música, o espírito de Samuel B. Brittan, antigo editor do *Spiritual Telegraph*, emitiu a sua opinião em uma sessão, supostamente comunicando-a do outro mundo — a Terra do Verão, como os espiritualistas o chamam.

"A vida não tem sido muito ensolarada" para as irmãs Fox, reconheceu o espírito. Embora Maggie seja uma médium autêntica, com maravilhosos poderes, "a hoste de espíritos que participava das sessões de Margaret Fox na fase inicial de sua carreira" não mais a acompanhava. "*Outras* inteligências invisíveis, sem escrúpulos no trato com a humanidade", haviam se tornado seus companheiros traiçoeiros. As irmãs Fox, avisou o espírito de Brittan, tinham se tornado "falsas testemunhas".[294]

Outros espiritualistas mortais contra-atacaram dizendo que Maggie havia trocado de lado apenas por razões financeiras. Como ela parara de ganhar o suficiente como médium, argumentavam, ela resolveu se sustentar como um dos críticos mais ferrenhos do movimento. O *Banner of Light* anunciou que ela estava em turnê com o dr. Richmond, o dentista-mágico, para ganhar dinheiro em cima da demonstração do dedão do pé, mas que, em um das estadas, ela parecia tão mal que o recepcionista do hotel concluiu que ela era "uma vítima de dipsomania".[295]

Uma terceira estratégia adotada pelos espiritualistas foi lembrar, dentro do movimento e para o mundo em geral, que Kate e Maggie eram apenas incidentais à história do espiritualismo. Em uma declaração feita na Sociedade do Templo Espiritual de Boston, a médium R.S. Lillie lembrou à plateia que "essas meninas eram tão fundadoras do espiritualismo quanto as cadeiras, mesas ou rabanetes que foram atirados de um cômodo para o outro da casa [de Hydesville]".[296]

Com medo de que seus ouvintes não captassem direito a mensagem, a sra. Lillie ressaltou que Kate e Maggie "foram tão somente instrumentos nas mãos de inteligências invisíveis

---

[294] *Banner of Light*, 10 de novembro de 1888.

[295] *Banner of Light*, 17 de novembro de 1888.

[296] *Banner of Light*, 24 de novembro de 1888.

que antes obraram por intermédio de Andrew Jackson Davis e outros mesmerizados, tendo ele dado ao público os resultados espirituais de maior relevância".

Leah manteve-se discreta e conseguiu evitar os conflitos e acusações de culpa, ao menos por parte de outros espiritualistas. Ela e o marido, Daniel, deram prosseguimento ao padrão que haviam estabelecido quando se casaram, em 1858, mais de trinta anos antes. Os dois recebiam seu grupo de amigos em sua confortável casa e enchiam o salão com o som de conversas animadas e, talvez, ainda com as eventuais batidas imortais. Um amigo mais tarde recordou que a mesa de Leah, a mesma em que as irmãs Fox haviam realizado suas sessões em Rochester, era grande e "raramente apresentava um lugar vago ao seu redor".[297]

Nos meses que se seguiram imediatamente aos eventos da Academia de Música, Kate andou viajando e dando palestras ocasionais contra o espiritualismo, indo inclusive a Rochester — a cidade onde os nomes dela e de Maggie começaram a construir sua reputação. Um cartaz gritante, ilustrado com um desenho de Kate em uma sessão de batidas com o czar russo, anunciava:

> ESPIRITUALISMO MODERNO
> Nascido em 31 de março de 1848
> Falecido em Rochester em 15 de novembro de 1888
> Aos 40 anos, 7 meses e 15 dias
> Nascido do engodo
> Morto de engodo[298]

Em janeiro de 1889, entretanto, Kate escreveu a uma amiga dizendo que achava que poderia ganhar dinheiro provando

[297] *Banner of Light*, 8 de outubro de 1892.

[298] Joseph Rinn, *Searchlight on Psychical Research: A Record of Sixty Years' Work* (Londres: Rider and Company, 1954), p. 64.

que as batidas *não* eram feitas com os dedos. "Tantas pessoas vêm até mim para perguntar sobre a confissão de Maggie que eu tenho até que me recusar a falar com elas. Estão fazendo uma força enorme para expor a história toda, *se puderem*", reclamou ela, acrescentando em seguida, sem explicação, "mas é claro que não podem".[299]

Um repórter do *Rochester Democrat and Chronicle* comentou que Kate estava "nas mãos de um acusador profissional do espiritualismo" e que ela falava de uma maneira treinada e inautêntica, como quem repete de cor, e não do coração. O repórter não indicou se, além de transmitir sua declaração, ela demonstrou a técnica do estalo de dedos, mas concluiu que Kate não perdera a fé nos espíritos.[300]

A alguns espiritualistas parecia que a guerra de Maggie contra os espíritos também não fora autêntica. Em 6 de novembro de 1889, depois da confissão pública, Maggie se retratou do ataque devastador em uma entrevista conduzida na presença de Henry J. Newton, presidente da Primeira Sociedade de Espiritualistas nova-iorquina e membro da Academia de Ciência de Nova York. Sua esposa e duas outras testemunhas estavam presentes.[301]

"Quem dera Deus pudesse me ajudar a desfazer a injustiça que cometi contra a causa do espiritualismo, sob a forte influência psicológica de pessoas que se opõem a ele", admitiu Maggie. "Exprimi pronunciamentos que não têm fundamento nos fatos e que, na época, podiam expor ao descrédito os fenômenos espirituais."

---

[299] *Journal of the Society for Psychic Research*, janeiro de 1889, p. 15.

[300] *Rochester Democrat and Chronicle*, 4 de julho de 1892.

[301] O documento amarelado e esbeiçado de 16 de novembro de 1888, hoje no Arquivo da Sociedade Norte-americana pela Pesquisa Psíquica, foi entregue a James H. Hyslop pela sra. Henry Newton, de acordo com a declaração assinada por Hyslop e datada de 19 de novembro de 1919. Hyslop não garante a autenticidade do documento, mas diz que não há motivos para duvidar dela. Trechos da declaração também constam em Arthur Conan Doyle, *The History of Spiritualism* (1926; reimpr., Nova York: Arno Press, 1975).

Sua decisão de se retratar, segundo ela, não foi tomada por vontade própria, e, sim, por um impulso vindo de seus guias espirituais. Senão, teria preferido evitar os insultos que já esperava ouvir contra ela de todos os lados — por parte de quem a encorajara na sua primeira confissão e dos espiritualistas que tentavam, agora, apaziguar.

Questionada sobre o motivo de sua retratação, se era para se vingar de quem lhe prometera recompensas financeiras ao expor o espiritualismo, Maggie fez questão de dizer que só queria esclarecer as coisas. Ela atribuiu parte da culpa pela primeira confissão, de maneira um tanto vaga, a poderosos católicos que a haviam pressionado a rejeitar o espiritualismo. É provável que, como ela alegara ter se convertido ao catolicismo, a Igreja, de fato, desaprovasse a sua prática continuada de realizar sessões. Falar com os mortos, para a Igreja Católica, era considerado mais uma questão de exorcismo do que de celebração.

Ela testemunhou que não foi subornada por espiritualistas ricos a fim de se retratar. Porém, admitiu candidamente que esperava ganhar algum provento ao retomar suas viagens e palestras — dessa vez, a favor do espiritualismo.

"Minha grande ambição é reparar o dano que causei", disse, "mas o senhor sabe que até um instrumento mortal nas mãos dos espíritos precisa ganhar a vida".

Acima de tudo, os espíritos continuavam sendo forças poderosas em sua vida, afirmou ela aos ouvintes. Longe de a terem abandonado por sua traição, eles às vezes batiam tão alto que chegavam a acordar os vizinhos.

A notícia da retratação de Maggie se espalhou, e, como ela previra, sua mudança de posição não a protegeu contra as agressões vindas de todos os lados. Um mágico muito conhecido, Joseph Rinn, afirmou que certa noite ele a fez entrar disfarçada, sob o nome falso de sra. Spencer, em um debate sobre o espiritualismo, evento bem-frequentado no Clube Liberal de Manhattan, um dos clubes políticos e sociais para cavalheiros nova-iorquinos. Rinn disse que ela estava tão cansada e acabada que nem seus amigos mais antigos a reconheceram. "A sra. Spencer", quem quer que ela fosse, revelou muitos truques de seu ofício e explicou como os médiuns escreviam mensagens em lousas com os dentes ou os pés.

Leah continuou a ser louvada pelos espiritualistas como uma espécie de rainha-mãe. Numa reunião da Primeira Sociedade de Espiritualistas no Apolo Hall, durante a primavera de 1889, ela teceu "observações comoventes" diante de um retrato de Margaret, sua mãe, o qual cedera à sociedade para aquela ocasião.[302]

No dia 1° de novembro de 1890, Leah morreu em sua residência, na cidade de Nova York. De acordo com o atestado de óbito, ela vinha sofrendo de cardite, uma inflamação do coração que fora exacerbada por uma "excitabilidade nervosa". Sua idade indicada era de juvenis 72 anos, em vez dos mais realísticos 77 ou 78. Leah foi enterrada no jazigo dos Underhill no Cemitério Greenwood, no bairro nova-iorquino do Brooklyn, onde ganhou a companhia de Daniel no verão seguinte.

Poucos meses antes da morte de Leah, Kate visitou seus velhos amigos George e Sarah Taylor, que haviam retornado fazia pouco tempo da Europa. Era a primeira vez que os via em três anos, mas, passados alguns minutos, já pegara papel e lápis para produzir uma mensagem.

"Minha querida Sarah", dizia, "como estamos felizes por conversarmos com você dessa forma. Temos estado ao seu lado com muita, muita frequência, e a ajudamos sempre".[303]

A mensagem foi assinada por "Olin". Frankie e Leila logo encheram a sala com suas típicas travessuras, com risos

[302] *Banner of Light*, 8 de outubro de 1892.

[303] Sarah E.L. Taylor (org.), *Fox-Taylor Automatic Writing, 1869-1892: Unabridged Record* (Minneapolis: Tribune-Great West Printing, 1932), p. 369, nota de 6 de abril de 1890. Nesse dia, eles também tiveram a companhia dos espíritos de William Henry Vanderbilt, a essa altura um velho *habitué*, e de Helen Hunt Jackson, visitante ocasional.

inaudíveis a todos, exceto para os ouvidos da médium, e com uma artilharia de batidas que anunciava a presença das crianças. Em poucas semanas, até o venerável dr. Franklin estava de volta. Porém, depois de fazer visitas esporádicas aos Taylor durante um ano, Kate sumiu por completo em março de 1891. George Taylor tentou encontrá-la, mas ela se mudara sem deixar novo endereço.

Outro ano se passou até que tivessem notícias suas. Em fevereiro de 1892, Kate convidou os Taylor para uma visita à sua nova residência, no número 609 da avenida Columbus, em Nova York. Nos três meses seguintes, Sarah e George iam vê-la com regularidade, recebendo muitas mensagens sobre suas conturbadas finanças. Em 1° de junho de 1892, Benjamin Franklin gentilmente aconselhou Sarah e George a não se preocupar com os fardos de ordem prática.

"Tudo o que vocês precisam fazer é ficar atentos conosco, e assim não haverá perdas", disse ele. "A situação logo vai melhorar. Vejo [...] grandes mudanças para melhor. [...] Deus os abençoe, agora e sempre."[304]

Essa foi a última mensagem que George e Sarah Taylor receberam por meio da mediunidade de Kate Fox. Um mês depois, chegou-lhes um telegrama de Ferdie informando que a mãe morrera no dia 2 de julho e pedindo-lhes que fossem até lá. "E então foi isso!", escreveu Sarah no diário, acrescentando que Kate sofrera sua última recaída no alcoolismo quando faleceu.

Sarah Taylor se encontrara de maneira intermitente com a médium durante um período de quase um quarto de século, reunindo um registro detalhado de mil páginas de suas sessões. As anotações de Sarah foram publicadas mais tarde pelo seu filho William Langworthy Taylor, sob o título *Fox-Taylor Automatic Writing 1869-1892: Unabridged Record* ["Escrita

[304] S. Taylor (org.), *Fox-Taylor Automatic Writing*, p. 400.

automática de Fox-Taylor, 1869-1892: registro integral"] — uma obra que contribuiu de forma incalculável para a história do espiritualismo moderno e das irmãs Fox.

O atestado de óbito de Kate dizia ter ela 53 anos, muito provavelmente dois a menos do que a idade verdadeira, e que sua morte fora causada por "uma nefrite crônica e difusa", uma doença dos rins. Sua profissão foi registrada para a posteridade como a de "dona de casa". O cemitério Greenwood, a princípio, era o local previsto para o seu sepultamento, mas é possível que alguém da família Underhill tenha objetado ou que não houvesse dinheiro para o enterro. O corpo de Kate foi colocado em um túmulo temporário.

O sofrimento de Sarah foi profundo, mas não só por Kate. "A perda desse veículo de comunicação com os meus [entes] amados, com quem não posso falar diretamente, é muito grande, e no presente momento parece irreparável", escreveu ela após a morte de Kate.[305]

Nessa época, Maggie estava sem dinheiro e vivia num apartamento da rua 57 Oeste que lhe fora emprestado por Henry J. Newton, presidente da Primeira Sociedade de Espiritualistas. No dia 4 de março de 1893, o seu velho amigo Titus Merritt, livreiro espiritualista que conhecia a família desde os anos 1860, recebeu um comunicado de que ela estava doente. Dois dias depois, ele conseguiu que Maggie fosse removida para a casa de uma amiga leal, Emily Ruggles, que morava na rua State, no Brooklyn.

Ruggles cuidou de Maggie naquela noite, 6 de março, e Merritt ficou com ela na noite seguinte. Poucas horas antes do amanhecer, às quatro e meia da manhã do dia 8 de março de 1853, Maggie morreu, aos 59 anos. Ela se foi em paz, escreveria Merritt mais tarde, sem agonia. Seu coração se apagou. O corpo de Kate foi removido de seu túmulo temporário,

[305] S. Taylor (org.), *Fox-Taylor Automatic Writing*, p. 400.

e, devido à gentileza de outro velho amigo, Joseph LaFumee, Maggie e sua irmã caçula foram enterradas no cemitério nova-iorquino de Cypress Hills, no Brooklyn, juntas na morte como em vida.[306]

O *Banner of Light* noticiou a transição de Maggie para a Terra do Verão com artigos e cartas. Uma escritora, a sra. Willis, observou que parecia "fazer poucos anos que Margaret e Katie Fox eram requisitadas e entrevistadas, podendo exigir quase qualquer soma em dinheiro pelo simples exercício de poderes incomuns". Elas não conseguiram "manter-se em um alto nível", continuou, "e ambas perderam prestígio e força".[307]

Porém, a sra. Willis avaliou sua ascensão e queda sem a decepção injuriosa que os espiritualistas vinham dirigindo às irmãs Fox nos últimos anos. Pelo contrário, ela alertou que "nós ainda temos de reaprender esta lição: os sensitivos estão sujeitos às circunstâncias.

"Quando as nações de tempos idos convocavam seus médiuns, elas faziam com que eles sentissem sua importância pela consagração, preparando-lhes moradas e templos adequados. [...] Porém, nós, dos tempos modernos, aceitamos a bênção da mediunidade e esquecemos o mediador."

Ela concluiu: "Portanto, nenhuma palavra de censura ou de reprovação pode ser lançada sobre essa carreira mortal [...]."

[306] As informações sobre a morte de Maggie são de seu atestado de óbito e de duas cartas de Titus Merritt para a sra. T. Longly, de 26 de março de 1903 e 31 de março de 1903, Arquivo da Associação Nacional de Igrejas Espiritualistas, Lily Dale, Nova York.

[307] *Banner of Light*, 18 de março de 1893.

Dezenove

Nós, dos tempos modernos

Em 1893, ano da morte de Maggie, espiritualistas formaram a Associação Nacional Espiritualista, instituição ainda existente e conhecida sob o nome de Associação Nacional de Igrejas Espiritualistas. Lily Dale, uma das várias estações de veraneio organizadas pelos espiritualistas nos anos 1870, ainda está em funcionamento depois de mais de um século. Lugarejo pitoresco e vitoriano perto de Buffalo, Nova York, Lily Dale agora é uma comunidade que atua o ano todo. Médiuns não residentes e outros, interessados em assuntos espirituais, vêm de todas as partes do mundo para visitar a comunidade, confraternizar, estudar e assistir a seminários e sessões numa aprazível paisagem à margem de um lago. Com sua reputação de cidade que fala com os mortos, Lily Dale também atrai milhares de turistas curiosos todos os anos.[308]

Apesar de Lily Dale, da Associação Nacional de Igrejas Espiritualistas e de outras organizações espiritualistas, o movimento conhecido como espiritualismo moderno — definido, em parte, pelo preceito de que "a comunicação com os ditos mortos é um fato cientificamente provado pelo fenômeno do espiritualismo" — já estava minguando nos Estados Unidos ao

---

[308] O título do capítulo foi extraído de *Banner of Light*, 18 de março de 1893. Para uma descrição interessante e vivaz do lugarejo de Lily Dale, ontem e hoje, ver Christine Wicker, *Lily Dale: The Time Story of the Town That Talks to the Dead* (São Francisco: HarperSanFrancisco, 2003). Ver também *New York Times*, 25 de agosto de 1997.

final do século XIX. Na celebração do quadragésimo aniversário do movimento, em 1888 — mesmo ano da confissão de Maggie —, um membro lamentou que, "embora haja milhões de espiritualistas que se reconheça como tais nos Estados Unidos, aqueles que trabalham de maneira ativa e fiel contabilizam apenas alguns milhares".[309]

Há muitas razões para o declínio do movimento. Talvez as mais importantes sejam o aumento da expectativa de vida e a queda dos índices de mortalidade infantil depois de 1880, uma mudança radical produzida, em parte, por melhorias na medicina preventiva, na saúde pública e no saneamento. À medida que mais crianças alcançavam a vida adulta, menos mortes trágicas e extemporâneas precisavam ser lamentadas.[310]

Embora a mediunidade permitisse uma maneira interessante e lucrativa de subsistência, até o final do século as mulheres passaram a ter mais oportunidades no ensino superior e na vida profissional. Elas passaram a ser contratadas para postos antes ocupados exclusivamente por homens, como no setor de vendas, e para empregos recém-criados, como o de datilógrafo. Ainda que não se tenha concedido o direito ao voto

---

[309] O número de espiritualistas continua sendo tema de controvérsia e, até certo ponto, depende de estar incluídos apenas os afiliados aos grupos do movimento ou todos os simpatizantes. Emma Hardinge, *Modern American Spiritualism: A Twenty Year's Record of the Communion Between Earth and the World of Spirits* (1869; reimpr., New Hyde Park, NY: University Books, 1970), calculou que na década de 1850 havia quarenta mil espiritualistas apenas da cidade de Nova York (p. 101). O jornal *Banner of Light*, em 1888, registrou um número muito mais elevado, entre oito e 11 milhões de pessoas que acreditavam na comunicação com os espíritos (24 de novembro de 1888). Essas estimativas podem ter incluído não só os espiritualistas assumidos, mas também os investigadores curiosos que, por algum tempo, participaram de sessões. R. Laurence Moore estabelece que o número de espiritualistas que participavam do movimento em uma igreja — ou grupo — organizada girava em torno de 35 mil ao final do século XIX. Porém, ele acrescenta que o número não representa indivíduos que podem ter expressado o pensamento de que "havia alguma verdade" na comunicação com os espíritos; ver *In Search of White Crows: Spiritualism, Parapsychology, and American Culture* (Nova York: Oxford University Press, 1977), pp. 41; 68.

[310] Para informações acerca da expectativa de vida, ver Robert V. Wells, *Facing the "King of Terrors": Death and Society in an American Community, 1750-1990* (Cambridge: Cambridge University Press, 2000), pp. 172-179.

às mulheres até 1920, revistas faziam propaganda da "mulher trabalhadora", que gostava de batalhar por um emprego.

A própria resistência de espiritualistas à organização também contribuiu para o declínio do movimento. Sob o escrutínio do mundo exterior, muitos espiritualistas, nas duas últimas décadas do século XIX, condenaram fenômenos como as batidas e as materializações. Espiritualistas socialmente conservadores criticavam seus colegas mais radicais por suas posições sobre questões como o amor livre e a reforma nas leis do casamento. Diferenças teológicas e debates sobre assuntos como a visão da cristandade acerca dos espíritos também dividiam os adeptos do movimento.

Parte do que parecera mais empolgante no movimento passou a ser considerado menos revolucionário com o decorrer do tempo. Ministros progressistas das principais igrejas adotaram alguns ensinamentos do espiritualismo, não só prometendo a salvação aos que faziam o melhor possível para obtê-la, mas também, em alguns casos, extinguindo totalmente o Inferno. O conflito entre ciência e religião persistiu, mas a diluição da doutrina calvinista e a temporária diminuição do fervor evangélico tornou as contradições menos agudas.

O caso de amor com a tecnologia, que ajudara na ascensão do espiritualismo, também pode ter tido um papel relevante no seu declínio. Embora Thomas Alva Edison tivesse ficado muito intrigado com o movimento, a ponto de desejar a criação de uma máquina que facilitasse a comunicação entre os mundos, a invenção da lâmpada elétrica começou a banir lenta, mas progressivamente, as sombras de muitas salas de sessão. De forma metafórica e literal, ficou mais fácil exilar muitos fantasmas apenas ao iluminar a causa da assombração.[311]

---

[311] Sobre o impacto da eletricidade, ver Alexander Murray, "Revenants from Darkness: Clergy, Community, and a Twelfth-Century 'Invasion of Ghosts'", *Times Literary Supplement*, 4 de junho de 1999, resenha de Jean-Claude Schmitt (Chicago: University of Chicago Press, 1998). Sobre Thomas Edison, ver Moore, *In Search of White Crows*, p. 176.

A Associação Médica Norte-americana, juntamente com jornalistas engajados e burocratas do governo, acabaram restringindo o acesso a drogas outrora legalizadas, como a morfina e o ópio. Independente do papel dessas drogas na criação direta ou indireta de estados alterados de consciência ou de sonhos visionários, a oportunidade de servir-se delas tornou-se menos frequente.[312]

A Sociedade de Pesquisas Psíquicas e a Sociedade Americana para Pesquisa Psíquica tiveram um impacto evidente sobre o destino do espiritualismo. As investigações que esses grupos levaram a cabo tornaram-se mais rigorosas e metódicas, e um número cada vez maior de médiuns foi pego em atos de fraude explícita. Médiuns que ficavam trancados em baús, uma vez desfeitos os nós que os atavam, foram pegos tocando instrumentos musicais com seus próprios dedos mortais; aparições se mostraram pessoas reais vestidas em tecidos diáfanos, saltitando no escuro pelas salas de sessão; mãos de espíritos transformaram-se em membros de carne e osso cobertos de tinta fosforescente; descobriu-se que médiuns usavam os pés para levantar objetos enquanto investigadores não muito astutos seguravam, convictos, sapatos vazios, com quantidades adequadas de chumbo. Os investigadores começaram a fazer, cada vez mais, a distinção entre a mediunidade mental, que inclui feitos de clarividência e de telepatia, e a mediunidade física, que envolve manifestações como batidas, levitação de mesas e aparições. A mediunidade física perdeu seu prestígio entre os espiritualistas, e o público em geral, e até a mediunidade mental, se tornou suspeita.

Quando o espiritualismo começou, com seu mascate assassinado e seus *poltergeists*, alimentava-se de uma fascinação

---

[312] Uma excelente fonte sobre a história da medicina nos Estados Unidos dos séculos XIX e XX, sobretudo quanto à prática médica e terapia medicamentosa relativas à saúde feminina, é Sarah Stage, *Female Complaints: Lydia Pinkham and the Business of Women's Medicine* (Nova York: Norton, 1979).

mais antiga pelos poderes ocultos. Porém, como foi moldado por e em reação às irmãs Fox, surgiu como algo mais luminoso e mais democrático: não se invocava os espíritos manipulando saberes secretos; reuniam-se amigos ou alugava-se um teatro para acolher seres imortais. Mesmo que guias espirituais benévolos não fossem necessariamente desconhecidos em outras partes do mundo, eles desciam como participantes não convidados, mas alegres, na sociedade cristã dos Estados Unidos do século XIX, cujos habitantes em geral acreditavam que os milagres só aconteciam em tempos de outrora e que qualquer espírito que falasse a um mortal tinha que ser ou um demônio ou uma ilusão.

Porém, à medida que o espiritualismo perdia seu poder sobre a imaginação das pessoas, o movimento, inclusive em seu declínio, ajudava a revitalizar o interesse pelo ocultismo. Enquanto as revoluções do século XIX nos transportes e na comunicação diminuíam as distâncias entre continentes, as tradições religiosas de outras culturas adquiriam influência crescente sobre o pensamento norte-americano.

Uma das pessoas responsáveis por criar tanto um ressurgimento do ocultismo quanto uma síntese espiritual cosmopolita foi madame Helena Petrovna Blavatsky. Imigrante russa carismática que fora para os Estados Unidos em 1873, ela alegou ter viajado por todo o mundo e ter estudado com mestres tibetanos. Depois de flertar rapidamente com o espiritualismo — diziam que ela era dotada das artes da mediunidade física e mental —, ela se tornou amiga, em uma amizade que duraria para o resto da vida, de um membro do governo que veio a virar advogado, o coronel Henry Steel Olcott — homem de importância suficiente para ter servido como um dos três investigadores indicados pelo governo para elucidar o assassinato de Lincoln.

Juntos, Blavastky e Olcott fundaram a Sociedade Teosófica em 1875. Diferente das instituições espiritualistas, essa sociedade possuía uma estrutura hierárquica e uma abordagem esotérica. Dizia-se que os mistérios ensinados pelos mestres levavam vários anos para serem aprendidos, e os rituais incluíam um aperto de mão secreto e uma senha. Porém, o aspecto mais importante da organização, que influenciou a orientação da religião popular no século XX, foi sua integração do misticismo oriental com tradições da espiritualidade do Ocidente.[313]

No início do século XX, a classe média educada na Europa e na Inglaterra permanecia profundamente envolvida com a questão das habilidades paranormais. O poeta William Butler Yeats, que foi por um breve período membro da Sociedade Teosófica e, depois, da Sociedade para a Pesquisa Psíquica, pertenceu à Ordem Hermética da Aurora Dourada — organização que atraiu místicos e outros que se dedicavam ao estudo e à prática da magia medieval e renascentista. Yeats e a esposa, Georgie, encheram vários cadernos com escrita automática, a qual alegaram fluir dos espíritos.[314] Outro personagem influente, o psicólogo Carl Jung, participou de sessões quando jovem, acreditando que a consciência — ou o inconsciente — possuía um potencial capaz de poderes extraordinários, como

---

313 Fontes sobre a história mais recente do espiritualismo, da Associação Nacional Espiritualista, da Associação Nacional de Igrejas Espiritualistas, da Sociedade Teosófica e do ocultismo incluem livros já citados: Ruth, *The Spiritualists: The Passion for the Occult in the Nineteenth and Twentieth Centuries* (Buffalo: Prometheus, 1984); Alan Gauld, *The Founders of Psychical Research* (Londres: Routledge & Kegan Paul, 1968); R. Laurence Moore, *In Search of White Crows*; Janet Oppenheim, *The Other World: Spiritualism and Psychical Research in England, 1850-1914* (Cambridge: Cambridge University Press, 1985); Peter Washington, *Madame Blavatsky's Baboon: A History of The Mystics, Mediums, and Mischiefs Who Brought Spiritualism to America*. (Nova York: Schocken, 1993). Além destes, uma formidável biografia de John Patrick Deveney, *Paschal Beverly Randolph: A Nineteenth-Century Black American Spiritualist, Rosicrucian, and Sex Magician* (Albany: State University of New York Press, 1997), examina a jornada espiritual de um único homem. Há, claro, uma vasta literatura sobre madame Blavatsky e Henry Steel Olcott para os leitores que desejarem mergulhar na história e na filosofia da Sociedade Teosófica.

314 Para informações sobre as associações ocultas de Yeats, ver Brenda Maddox, *Yeats' Ghosts: The Secret Life of W.B. Yeats* (Nova York: HarperCollins, 1999).

a telepatia, e que a reivindicação desses poderes não representava, necessariamente, engodo ou doença mental.

Assim como a carnificina da Guerra Civil gerara o interesse pelo espiritualismo nos Estados Unidos, a Primeira Guerra Mundial fez o mesmo na Inglaterra. Mais de setecentos mil soldados — quase um a cada oito — morreram em circunstâncias brutais, alguns completamente despedaçados nos campos de batalha. Eles eram os "corpos ininterráveis", escreveu o poeta Wilfred Owen, que "ficam ao lado das trincheiras dia e noite". Em épocas como essa, funerais elaborados pareciam não só inadequados, mas também insensíveis; já as tentativas de contactar espíritos faziam certo sentido intuitivo para muitos dos que pranteavam suas perdas.[315]

Com o aumento do número de espiritualistas na Inglaterra, o foco da pesquisa sobre a paranormalidade voltou a se concentrar na natureza da mediunidade. Uma batalha de inteligência e de testes aconteceu de forma um tanto pública entre dois famosos adversários no debate espiritualista: o escritor Arthur Conan Doyle, criador do mestre dos detetives Sherlock Holmes, e o mágico Ehrich Weiss, também conhecido como Houdini. O próprio filho de Doyle, Kingsley, fora ferido na Primeira Guerra e morrera de gripe em 1919, pouco tempo depois de declarada a paz. Em setembro do mesmo ano, Doyle ouviu a voz fantasmagórica de Kingsley dizendo "Perdoe-me", num acontecimento que transformou, com absoluta certeza, a fé do escritor na comunicação com os espíritos.[316]

---

[315] As informações sobre a Primeira Guerra Mundial e a citação de Wilfred Owen são de Pat Jalland, *Death in the Victorian Family* (Oxford: Oxford University Press, 1996), pp. 370-374.

[316] Para informações sobre a morte de Kingsley, ver Daniel Stashwoer, *Teller of Tales: The Life of Arthur Conan Doyle* (Nova York: Henry Holt, 1999), pp. 345-346. Sobre a divergência entre Houdini e Doyle acerca das irmãs Fox, ver Houdini, *A Magician among the Spirits* (Nova York: Harper & Bros., 1924), pp. 1-16, e Arthur Conan Doyle, *The History of Spiritualism*, v. 1 (Nova York: George H. Doran, 1926), pp. 61-118.

A fascinação de Houdini pelo espiritualismo se desenvolvera depois da morte da mãe, em 1913, mas as sessões de que participou o convenceram de que os médiuns não eram apenas farsantes, mas algo ainda pior: mágicos inferiores. Já que ele sabia como realizar, com mágica, muitas das manifestações atribuídas aos espíritos, ele expôs alguns dos médiuns proeminentes de seu tempo.

A amizade improvável entre Houdini e Doyle começou em 1920 e evoluiu rapidamente para uma corrida em que cada qual se esforçava para provar o seu ponto de vista. A amizade deles definhou depois que a esposa de Doyle produziu uma mensagem supostamente escrita pela mãe de Houdini. Ninguém duvidava da sinceridade de Doyle; todavia, o mágico protestou que sua mãe, nascida no exterior, sem jamais falar inglês na vida, tivesse produzido em morte um modelo de perfeita prosa inglesa.

Houdini desmascarou muitos médiuns em atos de fraude consciente ou inconsciente, mas obteve menos sucesso em destruir o persistente e antiquado apelo do sobrenatural. Organizações ocultistas mais antigas continuaram existindo depois da Grande Guerra, algumas delas dissidentes da Sociedade Teosófica ou influenciadas por ela, e outras absorvendo ideias da Maçonaria e da Rosacruz. Novos grupos também surgiram. O interesse pela alquimia, astrologia e outros campos do esoterismo mesclou-se, sobretudo na Áustria e na Alemanha, a uma mitologia manipulada para enfatizar a superioridade racial. Grupos como as Sociedades Ariosóficas, que propunham a existência de uma energia psíquica perfeitamente composta pelo que os membros da organização chamavam de "tipo ariano", representaram um pequeno mas importante fator na ascensão da ideologia nazista.[317]

O desejo de encontrar provas científicas para os fenômenos psíquicos, que foi uma das principais preocupações do

[317] Nicholas Goodrick-Clarke, *The Occult Roots of Nazism: Secret Aryan Cults and Their Influence on Nazi Ideology* (Nova York: New York University Press, 1992).

espiritualismo do século XIX, nunca morreu completamente, e em 1930 levou ao surgimento da nova disciplina da parapsicologia — campo que atraiu particular atenção dos Estados Unidos. Os parapsicólogos acreditavam que, se fenômenos como a telepatia existiam, incidentes poderiam ser reproduzidos em laboratório. Pesquisadores se dedicaram a acumular dados específicos sobre a percepção extrassensorial, que Joseph Rhine, o grande pioneiro dessa nova área, dividiu em três categorias: telepatia, clarividência e premonição. Rhine considerava a psicocinesia — movimento de objetos na ausência de qualquer força aparente — um objeto diverso, mas igualmente vital, de investigação. Ele agrupou esses vários poderes paranormais sob a designação genérica de *psi*.[318]

Tanto psicólogos quanto parapsicólogos alimentaram, em diferentes momentos, a tese de que eventos psicocinéticos, como fenômenos semelhantes ao *poltergeist*, pudessem estar relacionados à liberação de energias psíquicas inconscientes, em especial quando produzidas pelas tensões da puberdade. Tem sido sugerido que jovens com as idades de Kate e de Maggie na época das batidas de Hydesville são particularmente sujeitos a fazer com que pratos voem em cozinhas, incêndios misteriosos se desencadeiem em festas de fim de ano ou sapos caiam do céu.

O campo da parapsicologia, até certo ponto, foi desenvolvido ao máximo. Alguns acadêmicos agora questionam se é possível conduzir experiências limitadas e controladas dentro do âmbito de um laboratório. Eles dizem que talvez não haja maneira de testar, de forma confiável, os poderes que indivíduos excepcionais manifestam espontaneamente.

---

[318] Há inúmeros títulos sobre parapsicologia. Richard Broughton, *Parapsychology: The Controversial Science* (Nova York: Ballantine, 1991), fornece uma boa visão geral do assunto. O site da Parapsychology Foundation, acessado em 30 de outubro de 2003, é http://parapsychology.org, e a Sociedade Americana para Pesquisa Psíquica em Nova York são excelentes fontes para outras informações mais detalhadas e atualizadas.

Psicólogos e parapsicólogos continuam tentando encontrar critérios para compreender fenômenos como transes, estados alterados de consciência e visões místicas. Um novo campo de estudo, a neuroteologia, explora a possibilidade de que certas experiências religiosas e visionárias — por exemplo, o sentimento de unidade com o universo ou de união com um poder maior — possam ser originadas em uma parte específica do cérebro humano. Porém, fato curioso, um frenologista chamado Joseph Rhodes Buchanan aventou uma teoria não muito distinta em 1841: ele identificou um ponto específico na cabeça humana que, segundo escreveu, produzia sob estímulos a visão de espíritos.

Hoje, a Associação Nacional de Igrejas Espiritualistas afirma ter menos de quatro mil membros, mas até os espiritualistas do século XIX reconheciam que o status de membro de uma organização não era um indicador confiável do número de pessoas que acreditavam na comunicação com os espíritos.[319] Os espiritualistas do século XXI dizem que sua influência é maior do que jamais foi. Eles podem ter razão, se o seu impacto na ascensão da dita Nova Era nos Estados Unidos for levado em consideração. A Nova Era, nome dado à eflorescência do interesse pela espiritualidade e pelo oculto iniciada nos anos 1960, tem raízes em muitas tradições, tanto ocidentais quanto orientais. O movimento é famoso pela crença, que ajudou amplamente a difundir, na cura pela fé, na reencarnação e na canalização. Porém, na medida em que os guias espirituais benévolos, íntimos e afetuosos constituem sua marca, a Nova Era é uma legítima herdeira do espiritualismo.

Em 1904, alunos de uma escola que brincavam ao redor da casa "mal-assombrada" de Hydesville se aventuraram a entrar no porão escuro. Uma parede que estava ruindo desmoronou:

[319] Sobre a adesão à Associação Nacional de Igrejas Espiritualistas na última década, ver *New York Times*, 25 de agosto de 1997.

Eureca! Um esqueleto foi revelado. De acordo com um artigo do *Boston Journal*, um médico foi consultado e estimou que os ossos tinham cerca de cinquenta anos.[320]

O homem que se mudara para a casa de Hydesville pouco depois que a família Fox foi embora tornou-se um espiritualista devoto, assim como seus filhos. Seu bisneto, um mágico que se apresentava com o nome de Gene Gordon, quebrou a tradição, mas ajudou a manter viva a memória de Kate e de Maggie ao narrar, em seu livro, as histórias sobre o espírito batedor de Hydesville que ouvira na infância. Os espíritos podem obrar por vias misteriosas.[321]

Em 1916, a casa de Hydesville foi desmontada, colocada sobre um barco e levada, ao longo do Canal Erie, até a cidadezinha de Lily Dale. Depois de ser remontada, foi ocupada por uma médium que alegava estar em contato frequente com as irmãs Fox, e alguns dos moradores de Lily Dale ainda conseguem se lembrar de ter ouvido as mensagens batidas pelo espírito das jovens. Então, nos anos 1950, a casa foi totalmente destruída pelo fogo, no que foi chamado de incêndio misterioso. Um baú de mascate, ainda em exposição no Museu de Lily Dale, foi salvo dos escombros, embora os céticos questionem se ele é, de fato, o que pertenceu ao abominável Charles Rosna.

Uma década depois, um ousado canadense comprou o terreno de Hydesville e ergueu uma casa idêntica. Em seguida, porém, ela também foi destruída pelo fogo. Na última década do século XX, a Associação Nacional de Igrejas Espiritualistas adquiriu a propriedade, que voltara a ser um terreno baldio tomado por ervas daninhas, justamente no 150° aniversário do movimento.[322]

---

[320] *Boston Journal*, 23 de novembro de 1904. Outro médico refutou as descobertas por escrito, anos depois, no *ASPR Journal*, março de 1909.

[321] Gene Gordon, *Magical Legacy* (Norcross: David Ginn, 1980), pp. 43-44.

[322] A história subsequente da casa provém de Arthur Myers, *Fox Cottage Burns, September 21, 1955* (Lily Dale: Lily Dale Historical Society); do *Wayne County Star*, 19 de novembro de 1983; e do boletim informativo da Associação Nacional de Igrejas Espiritualistas, http://www.nsac.org/newsletter, 24 de setembro de 1998.

Em homenagem às irmãs Fox, espiritualistas também criaram um memorial em Lily Dale, um aprazível círculo de árvores e flores ao redor de uma pequena fonte. Duas pombas de pedra se equilibram no centro do chafariz, com os bicos se tocando e as asas abertas, como se quisessem alçar voo para os limites de um outro mundo.

Descendentes de John e de Margaret Fox têm procurado manter sua privacidade, mas algumas questões são de domínio público. O segundo filho de Kate, Henry, morreu ainda adolescente, provavelmente no mesmo ano que a mãe. Em 1899, o marido da filha falecida de Leah, Lizzie Fish Blauvelt, processou e venceu o tio, David Fox, em uma disputa de terras.[323] Muito tempo depois, nos anos 1950, a esposa de um dos netos de David escreveu um livro sobre as irmãs Fox. Uma pentaneta das médiuns está envolvida na pesquisa da história de sua famosa família, pensando hoje em escrever um novo livro.

Ferdie Jencken, o filho mais velho de Kate, morreu com pouco mais de trinta anos em 1908, após ter lutado contra a mesma dependência do álcool, e possivelmente das drogas, que acometera sua mãe e sua tia Maggie. Apesar de ter se casado e tido filhos, quando morreu já vivia só, tendo-os perdido, talvez, para a morte ou após divórcio.

As histórias da mediunidade de Ferdie, embora não fossem muito divulgadas, nunca desapareceram por completo. O bondoso Titus Merritt ia visitá-lo às vezes, ajudando-o financeiramente e encorajando-o a permanecer sóbrio.[324]

---

323 *Syracuse Post Standard*, 21 de outubro de 1899, Sociedade Histórica do Condado de Wayne. Mariam Buckner Pond casou-se com um sobrinho-neto das irmãs Fox. W.G. Langworthy Taylor, em *Katie Fox, Epochmaking Medium and the Making of the Fox-Taylor Record* (Nova York: G.P. Putnam's Sons, 1933), fornece as datas de morte de Henry e de Ferdie (p. 158). Entretanto, uma árvore genealógica da família Jencken estabelece a morte de Ferdie em 1914.

324 De Titus Merritt para Mary Longley, 27 de março de 1903, Arquivo da Associação Nacional de Igrejas Espiritualistas.

Durante uma reunião em 1903, Merritt relatou que batidas foram ouvidas e que Ferdie apanhou papel e lápis de imediato. Depois de escrever o alfabeto, ele apontou para letras individuais e soletrou uma mensagem afetuosa da mãe. De acordo com Merritt, não havia nada de especial nela, nada que o próprio médium não pudesse ter inventado. Foi então que Ferdie comunicou uma mensagem extraordinária. O espírito de Maggie perguntou a Merritt se ele se lembrava da vez em que ela havia derrubado o seu chapéu.

O espantado Merritt lembrava-se, de fato, daquele momento. Ele a levara para o Brooklyn dois dias antes de sua morte. Ela estava fraca demais até para caminhar, precisando de ajuda para sair da carruagem, passar pela porta da casa da sra. Ruggle, na rua State, e sentar em uma poltrona. No entanto, por mais fraca que estivesse, Maggie era travessa o bastante para levantar o braço e derrubar, de propósito, o chapéu da cabeça do amigo.

Merritt declarou que jamais comentara sobre aquele momento jocoso e que o havia esquecido inteiramente até ser lembrado por Ferdie, ou pela imortal Maggie.

Posfácio

Não tenho a menor dúvida de que as manifestações produzidas pelas irmãs Fox podem ter sido criadas por truques de mágica. Os fenômenos costumavam ocorrer encobertos pela escuridão, ou quando os olhos de um participante estavam fechados, ou ainda depois de horas de espera paciente — períodos prolongados que podem ter induzido a uma espécie de transe partilhado e vigilante. Aparições visíveis eram frequentemente obra de uma lanterna mágica ou de um cúmplice. Embora ninguém tenha conseguido me convencer a ficar em uma sala onde uma mesa de mogno estivesse flutuando sobre minha cabeça, sei que mágicos e psicólogos têm explicações para levitações de mesas, que vão de fios camuflados à imaginação de um observador pouco confiável — como eu.

A maioria dos espiritualistas do século XIX, claro, conhecia essas explicações tão bem quanto nós. Eles entendiam que os médiuns às vezes trabalhavam com cúmplices; eles sabiam de técnicas como a da leitura fria, isto é, a obtenção de informações a partir da expressão facial ou da linguagem corporal; eles conheciam muito bem a capacidade que o olho humano possui de ver — não o que está visível, mas o que a mente espera ou deseja.

Porém, aqueles que acreditavam — e eventuais cientistas ou filósofos, como William James — continuavam, diante de farsas flagrantes, a fazer perguntas. Se um médium às vezes engana, isso quer dizer que ele o faz sempre? Se a maioria dos médiuns é farsante, será que é lógico pensar que todos o são? Muitos livros sobre fenômenos psíquicos ou espiritualistas — e, agora, também este — citam, a certa altura, a opinião de James sobre a investigação de "fatos incompreensíveis":

"Se quer contrariar a lei de que todos os corvos são negros", escreveu, "você não tem que tentar demonstrar que nenhum corvo é negro; basta provar que um único corvo é branco".[325]

Kate e Maggie realizaram sessões e fizeram aparições públicas durante quarenta anos, às vezes quando estavam doentes, bêbadas ou desesperadas. Em todos esses anos, as irmãs nunca foram flagradas fazendo truques explícitos, ao contrário de tantos de seus colegas. Porém, as duas irmãs Fox mais novas confessaram o logro — Kate à sra. Culver, e Maggie a uma plateia de centenas de pessoas —, e com detalhes pormenorizados. Ainda assim, Kate continuou alardeando as realizações dos espíritos, e a própria Maggie retirou suas duras palavras.

Embora eu possa ser acusada de desconsiderar as explicações dadas pelas médiuns, creio que seja difícil enquadrar todos os aspectos da vida das irmãs Fox dentro de um padrão bem-ordenado. Como os espiritualistas e os céticos bem sabem, suposições sem provas podem levar a diferentes conclusões. Talvez o importante não seja o quanto as irmãs Fox acreditavam, ou não, nos espíritos; que truques possam ter usado para criar as manifestações; se os próprios espíritos apareciam de vez em quando; ou o quanto as irmãs contribuíram para a ascensão de um movimento. O consenso provavelmente permanecerá sempre ilusório. Olhar para a história das irmãs Fox é como espiar dentro de um caleidoscópio: a configuração nunca é a mesma; ela muda dependendo do ângulo do prisma e da maneira como as peças parecem se encaixar.

---

[325] A frase evocadora de James, que Moore usa parcialmente no título de seu livro, encontra-se em "What Psychical Research Has Accomplished", ensaio escrito em 1897 e que pode ser encontrado em muitas antologias de sua obra.

E, talvez, seja a própria mudança que faz com que a história reverbere, ao menos para mim: os artifícios que usamos, ou a fé em que nos baseamos, a fim de reduzir a ansiedade em períodos de grande transição. Todos na saga das irmãs Fox estavam, de uma forma ou de outra, em movimento: progredindo, passando da infância à adolescência; de pecador a santo; da camada social mais baixa à mais elevada; da sociedade rural à comercial e industrial; da vida para a morte e para a eternidade. As jovens Kate e Maggie representavam e encarnavam essas transições muito diferentes e concomitantes, assim como os espíritos em cujos nomes elas alegavam falar.

Eu fico propensa a ver espíritos durante momentos de transição, quando minha própria imaginação foi libertada pela perda ou pela mudança, ou quando, às vezes, devaneio diante de coisas rotineiras, como o lusco-fusco do entardecer. Na primeira década do século XXI, dizem-nos que o ritmo das mudanças cresce de forma exponencial. A comunicação — apenas um exemplo — é hoje vista como milagrosa neste novo século, assim como o era o telégrafo em 1850. Um executivo citado recentemente pelo *New York Times* afirmou que a tecnologia sem fio era "um pouco como Deus. Deus não tem fios. Deus está por toda parte e sabe tudo". Logo, disse ele, todos nós seremos capazes de achar "qualquer coisa, em qualquer lugar, a qualquer hora".[326]

Assim, não é de surpreender que até 40% dos norte-americanos tenham expressado o desejo de acreditar na possibilidade de contatar os mortos.[327]

---

[326] Citado por Thomas L. Friedman, "Is Google God?", *New York Times*, 29 de junho de 2003.

[327] De acordo com o *Fortean Times* de julho de 1998, um artigo do *USA Today* (28 de abril de 1998) mencionara uma pesquisa da Gallup sobre a crença no espiritualismo (definido como "médiuns e fantasmas"), que ascendera de 12% em 1976, para 52% em 1996. O *New York Times* referiu-se à mesma sondagem em um artigo intitulado "A Voice from the Other Side" (29 de outubro de 2000). Segundo a interpretação do *Times*, a pesquisa da Gallup descobriu que 20% dos entrevistados acreditavam na comunicação com os espíritos e que outros 22% acreditavam que a comunicação com eles poderia ser possível.

Não tenho como reivindicar qualquer objetividade quanto às irmãs Fox. Sinto-me envergonhada e meio culpada por admirar três mulheres que, durante boa parte do tempo, estão no mínimo ligadas à farsa. Se elas não passavam de maravilhosas enganadoras ou — e fico particularmente confusa quanto a Kate — se eram outra coisa, gosto demais das médiuns para ser crítica com relação a elas: a sincera Kate, a cativante Maggie, a corajosa Leah.

O fato de que os Estados Unidos do século XIX estavam repletos de mesmeristas, curandeiros e profetas, é claro, não desculpa sua dissimulação. Porém, as irmãs Fox certamente se encaixam na tradição norte-americana de personagens autoinventados, na literatura e na vida. Como Benjamin Franklin, Barnum, Lily Bart, Gatsby e até alguns presidentes velhacos do passado, elas eram, na quinta-essência, espíritos norte-americanos. No início do século XX, o irreprimível Plunkitt, mercenário líder político da cidade de Nova York, cunhou um credo com o qual uma das irmãs Fox poderia ter concordado: "Vi minhas oportunidades", disse o membro da Tammany Hall, "e as agarrei".[328] Dizer que as irmãs Fox agarraram suas oportunidades não é julgar o papel que os espíritos podem ter tido em suas vidas.

Será que a crença na comunicação com os espíritos teria florescido nos Estados Unidos sem Kate e Maggie como seus ícones e sem Leah como empresária? O interesse na comunicação com os espíritos já existia antes de Hydesville, mas a paixão por ela poderia não ter se espalhado tão amplamente sem que alguém telegrafasse o que elas telegrafaram. Esplêndidas, barulhentas, táteis, divertidas, teatrais e enigmáticas, suas reuniões eram cheias de vida, assim como as próprias irmãs. Numa época em que até o som estava em transição, com o barulho das locomotivas ecoando pela paisagem, essas três

---

[328] Citado por William Riordan, *Plunkitt of Tammany Hall: A Series of Very Plain Talks on Very Practical Politics* (1905; reimpr., Nova York: Dutton, 1963), p. 3.

mulheres transformaram ruídos estranhos em um quebra-cabeça provocante, que atraiu multidões de dentro e de fora do país.[329] Sem sombra de dúvida, as inúmeras perguntas de uma sessão, assim como seus longos silêncios e atividades febris, poderiam ser enfadonhas, mas também eram, paradoxalmente, instigantes: a qualquer momento, um espírito poderia falar ou uma fraude poderia ser desmascarada.

As irmãs Fox também tinham talento para a colaboração. Com a ajuda de seus visitantes mortais, e também de alguns imortais, as médiuns construíram histórias acerca do passado, do presente e do futuro; ouviram vozes interiores e exteriores e as teceram em narrativas, em um processo que — para usar uma terminologia que é conhecida hoje — era interativo e diversificado. Foram contadoras de histórias que criaram um fórum instigante e envolvente — a sessão — em que todos os participantes podiam apresentar versões diferentes de um mesmo conto.

E nós também. Se explorar a vida das irmãs Fox é um pouco como olhar para dentro de um caleidoscópio, é também muito como participar de uma sessão. É fácil uma pessoa se pegar tentando ouvir espíritos e descobrir truques, tentando deduzir o que está acontecendo e como. Depois de passar vários anos com Kate e Maggie, ainda imagino diferentes explicações para os estranhos sons que foram ouvidos certa noite, no desconhecido vilarejo de Hydesville, em Arcadia, e que interromperam o sono dos pais de duas jovens, mudando nossa maneira de ver a imortalidade.

---

[329] R. Laurence Moore discute essa questão em *In Search of White Crows: Spiritualism, Parapsychology, and American Culture* (Nova York: Oxford University Press, 1977), p. 5. Uma releitura de última hora da recomendação feita por David Black sobre Leo Marx, *The Machine in the Garden: Techology and the Pastoral Ideal in America* (1964; reimpr., Oxford: Oxford University Press, 2000), fez-me ficar ouvindo o apito do trem quando terminei este livro.

Sons misteriosos

1. *Kate, com 11 anos, e Maggie, com 14, estão deitadas juntas na cama, sob a escuridão fria, sonolentas demais até para cochicharem segredos. Elas ouvem os sons de batidas e se acusam mutuamente de causá-los. Nenhuma das duas faz nada, mas é mais fácil, menos assustador, para cada uma das meninas acreditar que a irmã esperta inventou uma brincadeira.*
2. *Maggie bate levemente na lateral da cama, a fim de irritar Kate e se divertir. Em vez disso, ela a assusta de fato, confessa, cheia de culpa, e para. Justo quando os seus olhos estão se fechando, bang! toc! Sua irmã vingativa a acorda e a assusta. A brincadeira se amplia, abarcando os pais e, em seguida, os amigos, e assim o desafio vai ficando cada vez mais elaborado, de maçãs a aparições.*
3. *Kate tem o hábito nervoso de estalar os dedos. Quase silencioso durante o dia, de noite o movimento oculto das juntas dos ossos soa como um tiro de rifle. A mãe das meninas, que estava se preparando para dormir, dá um pulo de susto; seu pai se distrai da oração noturna. Uma compulsão. Um divertimento.*
4. *Sons, mais parecidos com vibrações murmurantes, seguem Kate e a encobrem como uma enorme colcha de retalhos. Maggie resolve não falar nada. Ela acha que Kate a está enganando de alguma forma e deseja frustrar a pequena travessa. Kate, claro, sabe que não é um truque, mas, por razões que só ela conhece, resolve não falar. Por estar mergulhada em uma competição com a irmã, Maggie pensará em maneiras de simular espíritos pelo resto da*

vida das duas. Ela nunca entenderá que Kate se comunica com eles dia e noite.

5. *No século XIX, duas jovens cujo elo brilha como aço luzente se tornam médiuns para os espíritos, seres invisíveis que desejam anunciar ao mundo que a morte não existe. As meninas fazem o melhor que podem. A maioria dos mortais não está preparada para ouvir a boa-nova, e os espíritos sabiamente se recolhem em sua morada na imortalidade temporal.*

Agradecimentos

Tenho uma dívida de gratidão para com muitas pessoas e instituições. A Sociedade Americana Antiquária financiou minha pesquisa inicial por meio da bolsa Lila Wallace-Readers Digest para Artistas e Escritores Criativos, e foi um prazer trabalhar lá. Ellen Dunlap, John Hench, James David Moran, Georgia Barnhill, Nancy Burkett, Joanne Chaison, Thomas Knoles e Marie Lamoureux foram conselheiros particularmente generosos e criativos. Um subsídio da Fundação de Parapsicologia, o prêmio D. Scott Rogo para a literatura parapsicológica, permitiu que eu completasse o manuscrito e trabalhasse sob a orientação dos dedicados diretores da instituição, Eileen e Lisette Coly. Meus agradecimentos se estendem também a Richard Snow, o seminal editor da revista *American Heritage*, por estimular meu interesse pelas irmãs Fox.

Robert Hoeltzel, historiador de Arcadia, me guiou com alegria pela história mais remota do espiritualismo no estado de Nova York; Ralph e Frances Blauvelt, da Associação de Descendentes de Blauvelt, são detetives genealógicos competentíssimos; Celeste Oliver, descendente de David Fox, partilhou graciosamente anedotas e documentos de família; Neil Robertson, descendente do irmão de Henry Jencken, forneceu-me uma biografia não publicada de sua família; John Catanzariti, da Sociedade Underhill, abasteceu-me com informações sobre o marido de Leah. Alison Blank me revelou seus vastos arquivos sobre as irmãs Fox; Jim Murphy ajudou a me guiar pela Guerra Civil; Veronica Herndon me apresentou as fontes da Fundação de Parapsicologia; Anna Schaetzke conduziu uma pesquisa valorosa; e Joanne McMahon, do Centro Higgins, desempenhou a dupla função de consultora acadêmica e líder de torcida. Mary Huth, da Biblioteca da Universidade de Rochester, não só ajudou neste projeto, mas também me instiga a escrever o próximo.

Tive a oportunidade de passar horas conversando com muitas pessoas sobre as irmãs Fox; falei apenas rapidamente com outras. Algumas delas, que sem qualquer hesitação passaram tempo comigo ao vivo ou ao telefone, podem discordar de muito do que digo neste livro, mas espero que não se arrependam de ter me assistido neste sincero esforço. Do que quer que elas discordem, os pensamentos são meus, não delas. Sou grata às seguintes pessoas por partilharem informações, pensamentos, comentários, documentos, fotografias e sugestões fecundas para futuras pesquisas: Robert S. Cox, da Sociedade Filosófica Americana, historiador cujo recente livro sobre o espiritualismo é esclarecedor sob todos os aspectos; Patrice Keane, da Sociedade Americana para Pesquisa Psíquica; Christopher Densmere, da Biblioteca Histórica Friends, localizada na Faculdade de Swarthmore; Joyce LaJudice, cronista de Lily Dale; os reverendos Cosie Allen e Sharon Snowman, e Sylvia Kincaid, da Associação Nacional de Igrejas Espiritualistas; Wayne Furman e Warren Platt, da Biblioteca Pública de Nova York; Leslie Price, da Sociedade para a Pesquisa Psíquica; Kathy Hunt e Deborah Farrell, da Sociedade Histórica do Condado de Wayne; Simon Pettet, da Fundação de Parapsicologia; Valerie Scott, da Biblioteca Cobourg, Ontario, Canadá; Elsa Dixler; Sarah Stage; Kenneth Silverman; Frank Dailey; Mark Salem; Joseph Gabriel; Richard Dreyfuss; e Michael Peterman.

As seguintes organizações e instituições me permitiram acessar seus arquivos e, em alguns casos, citar suas coleções: a Sociedade Americana Antiquária; a Sociedade

Filosófica Norte-americana; a Sociedade Americana para Pesquisa Psíquica; a Biblioteca Histórica Friends, da Faculdade de Swarthmore; a Biblioteca Eileen J. Garrett, da Fundação de Parapsicologia; a Sociedade Histórica de Nova York; a Biblioteca Pública de Nova York; o Departamento de Livros Raros e Coleções Especiais da Biblioteca da Universidade de Rochester; a Associação Nacional de Igrejas Espiritualistas; a Sociedade Histórica do Condado de Wayne; o Arquivo da Sociedade para a Pesquisa Psíquica da Universidade de Cambridge; as Coleções Especiais Rauner, da Biblioteca da Universidade de Dartmouth; a Sociedade Histórica da Pensilvânia; e a Coleção Houdini da Biblioteca do Congresso.

Como tentei indicar nas notas e na bibliografia, devo muito a escritores de diversos livros, artigos e folhetos sobre a história norte-americana, em geral, e sobre o espiritualismo moderno, em particular. Se meu entendimento ou interpretação desse material estiver equivocado, peço desculpas aos autores.

Meus agradecimentos a Miriam Quen Cheikin, Forrest Church, Judy Collins, Peter Coyote, Tom Gelinne, Lisa Gornick, Douglas Hatschek, Donald Johnson, Richard Lourie e Joan Keiser, por terem paciência para ler e comentar os esboços do manuscrito. Miriam Cheikin me ofereceu sugestões excepcionalmente detalhadas e sempre astutas. Joan, minha irmã, partilha comigo daquelas lembranças da infância, de segredos cochichados no escuro. Sou grata a todos os Keiser, inclusive Richard, Lauren e Matt, por seu apoio nas horas boas e nas horas más.

Devo muito a Leo Ribuffo, ilustre professor de história da Sociedade de Cincinatti, da Universidade George Washington, por suas opiniões e comentários instigantes ao longo deste projeto. Anne Bianchi permaneceu uma crítica incansável e perceptiva; seu exemplo e seu amor foram inspiradores. Joan Erle também contribuiu com sua perspicácia, ajudando-me em cada etapa.

Em meu agente, Mel Berger, encontrei um amigo maravilhoso e um excelente defensor deste projeto, assim como um guia perceptivo para outros ainda por vir. Minha editora, Renee Sedliar, soube exatamente como melhorar este livro, da primeira à última página. Sua criatividade, sua inteligência e sua sabedoria tornaram todos os aspectos do processo de escrever e revisar mais interessantes e divertidos.

Tenho a sorte de viver em uma casa de escritores, sempre dispostos a ler e a contribuir. Meu amor e agradecimento à minha família, David, Tobiah e Susannah Black, com especial carinho por Susannah, que, como o mágico que puxa um interminável lenço de seda de um pequenino chapéu, não parou de produzir maravilhosos livros para a minha pesquisa, saídos de sua rica e eclética biblioteca pessoal.

Bibliografia escolhida

A Searcher After Truth. *The Rappers; or, The Mysteries, Fallacies, and Absurdities of Spirit Rapping, Table-Tipping, and Entrancement*. Nova York: H. Long & Bro., 1854?

An Impartial Examiner. *Mesmeric and Spirit Rapping Manifestations Scriptually Exposed as Neither from Electricity nor Spirits of the Dead but Rather from Infernal Evil Spirits*. Nova York: R.T. Young, 1852.

BARNUM, P.T. *The Humbugs of the World: An Account of Humbugs, Delusions, Impositions, Quackeries, Deceits, and Deceivers Generally, in All Ages*. Nova York: Carleton, 1866.

CAMPBELL, J.B. *Pittsburgh and Allegheny Spirit Rappings, Together with a General History of Spiritual Communications Throughout the United States*. Allegheny: Purviance, 1851.

CAPRON, E.W. *Modern Spiritualism: Its Facts and Fanaticisms, Its Consistencies and Contradictions; With an Appendix*. Boston: Bela Marsh, 1855; reimpr., Nova York: Arno Press, 1976.

______________; BARRON, Henry D. *Singular Revelations: Explanation and History of the Mysterious Communion with Spirits, Comprehending the Rise and Progress of the Mysterious Noises in Western New York*, 2ª ed. Auburn: Capron and Barron, 1850.

COGGSHALL, William T. *The Signs of Times: Comprising a History of the Spirit-Rappings, in Cincinnati and Other Places; With Notes of Clarivoyant Revealments*. Cincinnati: William T. Coggshall, 1851.

DAVENPORT, Reuben Briggs. *The Death-Blow to Spiritualism: Being the True Story of the Fox Sisters, as Revealed by Authority of Margaret Fox Kane and Catherine Fox Jencken*. Nova York: G.W. Dillingham, 1888; reimpr., Nova York: Arno Press, 1976.

DERBY, George H. *Rochester Knockings! Discovery and Explanation of the Source of the Phenomena Generally Known as the Rochester Knockings*. Buffalo, Nova York: George H. Derby, 1851.

DEWEY, D.M. *History of the Strange Sounds or Rappings, Heard in Rochester and Western New York, and Usually Called the Mysterious Noises! Which Are Supposed by Many to Be Communications from the Spirit World, Together with All the Explanation That Can Yet Be Given of the Matter*. Rochester, Nova York: D.M. Dewey, 1850.

DOYLE, Arthur Conan. *The History of Spiritualism*. Nova York: George H. Doran, 1926; reimpr., Nova York: Arno Press, 1975.

EDMONDS, John W.; DEXTER, George T. *Spiritualism*, 2 vols. Nova York: Partridge and Brittan, 1853, 1855.

ELLIOTT, Charles Wyllys. *Mysteries; or, Glimpses of the Supernatural Containing Accounts of the Salem Witchcraft — The Cook-Lane Ghost — The Rochester Rapping — The Stratford Mysteries — Oracles — Astrology — Dreams — Demons — Ghosts — Spectres — Etc. Etc*. Nova York: Harper & Bros., 1852.

HADDOCK, Joseph. *Psychology; or, The Science of the Soul, Considered Physiologically and Philosophically; with an Appendix, Containing Notes of Mesmeric and Psychical Experience*. Nova York: Fowlers and Wells, 1850.

HARDINGE, Emma. *Modern American Spiritualism: A Twenty Year's Record of the Communion Between Earth and the World of Spirits*. 1869; reimpr., New Hyde Park, NY: University Books, 1970.

HOUDINI. *A Magician Among the Spirits*. Nova York: Harper & Bros., 1924.

JAMES, William. *William James on Psychical Research*. Organizado por Gardner Murphy e Robert O. Ballou. Nova York: Viking, 1960.

JUNG, C.G. *Four Archetypes*. Traduzido por R.F.C. Hull. 1957; reimpr., Princeton: Princeton University Press, 1969.

________. *Memories, Dreams, Reflections*. Nova York: Vintage, 1989.

________. "On Synchronicity". *The Portable Jung*. Organizado por Joseph Campbell. Traduzido por R.F.C. Hull. Nova York: Penguin Books, 1971.

KANE, Margaret Fox. *The Love-Life of Dr. Kane*. Nova York: Carleton, 1866.

LEWIS, E.E. *A Report of the Mysterious Noises Heard in the House of Mr. John D. Fox, in Hydesville, Arcadia, Wayne County, Authenticated by the Certificates, and Confirmed by the Statements of the Citizens of That Place and Vicinity*. Canandaigua: E.E. Lewis, 1848.

MATTISON, H. *Spirit Rapping Unveiled!* Nova York: Mason Bros., 1853.

OWEN, Robert Dale. *Footfalls on the Boundary of Another World, with Narrative Illustrations*. Filadélfia: Lippincott, 1860.

________. *The Debatable Land Between This World and the Next with Illustrative Narrations*. Nova York: G.W. Carleton, 1872.

PAGE, Charles G. *Psychomancy: Spirit-Rappings and Table-Tippings Exposed*. Nova York: D. Appleton, 1853.

POND, Enoch. *Familiar Spirits, Spiritual Manifestations: Being a Series of Articles*. Boston: Bela Marsh, 1852.

POST, Isaac. *Voices from the Spirit World: Being Communications from Many Spirits by the Hand of Isaac Post, Medium*. Rochester: Charles H. McDonnell, 1852.

SARGENT, Epes. *Planchette, or The Despair of Science. Being a Full Account of Modern Spiritualism, Its Phenomena, and Various Theories Regarding It. With a Survey of French Spiritism*. Boston: Roberts, 1869.

Spiritualism Shown As It Is! Boston Courier Report of the Proceedings of Professed Spiritual Agents and Mediums, in the Presence of Professors Peirce, Agassiz, Horsford, Dr. B.A. Gould, Committee, and Others, at the Albion Building, Boston, on the 25th, 26th and 27th of June, 1857, Now First Published. Boston: Office of the Boston Courier, 1859.

TAYLOR, Sarah E.L. (org.), *Fox-Taylor Automatic Writing, 1869-1892: Unabridged Record*. Minneapolis: Tribune-Great West Printing, 1932.

TAYLOR, W.G. Langworthy. *Katie Fox, Epochmaking and the Making of the Fox-Taylor Record*. Nova York: G.P. Puttman's Sons, 1933.

UNDERHILL, Leah A. *The Missing Link in Modern Spiritualism*. Nova York: Thomas R. Knox, 1885.

Fontes primárias
Jornais

Banner of Light (Boston), 1857-1893.
Christian Spiritualism (Nova York), 1854-1856.
Heat and Light (Boston), 1851.
New York Herald (Nova York), 1888.
New York Tribune (Nova York), 1849-1855, 1888.
Sacred Circle (Nova York), 1854.
Shekinah (Bridgeport), 1851-1853.
Spirit Messenger (Springfield), 1850-1853.
Spiritual Telegraph (Nova York), 1853-1857.
The New York Times (Nova York), 1888.
Wester Argus (Lyons), 1847-1850.
World (Nova York), 1888.

Fontes secundárias

AHLSTROM, Sydney E. *A Religious History of the American People*. New Haven: Yale University Press, 1972.

AVENI, Anthony. *Behind the Crystal Ball: Magic, Science, and the Occult from Antiquity Through the New Age*. Nova York: Random House, 1996.

BEDNAROWSKI, Mary Farrell. "Nineteenth-Century American Spiritualism: An Attemp at a Scientific Religion". Tese de doutorado, Universidade de Minnesota, 1973.

BLACK, David. *The King of Fifth Avenue: The Fortunes of August Belmont*. Nova York: Dial, 1981.

BLOOM, Harold. *Omens of the Millennium: The Gnosis of Angels, Dreams, and Ressurrection*. Nova York: Riverhead, 1996.

BOLLES, Edmund Blair. *The Ice Finders: How a Poet, a Professor, and a Politician Discovered the Ice Age*. Washington, DC: Counterpoint, 1999.

BRANCH, E. Douglas. *The Sentimental Years 1836-1860: A Social History*. Nova York: D. Appleton–Century, 1934.

BRANDON, Ruth. *The Spiritualists: The Passion for the Occult in the Nineteenth and Twentieth Centuries*. Buffalo, NY: Prometheus Books, 1983.

BRANTLINGER, Patrick (org.). *Energy and Entropy: Science and Culture in Victorian Britain: Essays from Victorian Studies*. Bloomington: Indiana University Press, 1983.

BRAUDE, Ann. *Radical Spirits: Spiritualism and Women's Rights in Nineteenth-Century America*. Boston: Beacon Press, 1989.

BROUGHTON, Richard S. *Parapsychology: The Controversial Science*. Nova York: Ballantine, 1991.

BROWN, Burton Gates Jr. "Spiritualism in Nineteenth--Century America". Tese de doutorado, Universidade de Boston, 1972.

BROWN, Slater. *The Heyday of Spiritualism*. Nova York: Pocket Books, 1970.

BURGER, Eugene. *Spirit Theater*. Washington, DC: Kaufman and Greenberg, 1986.

BUTLER, Jon. *Awash in a Sea of Faith: Christianizing American People*. Cambridge, MA: Harvard University Press, 1990.

BURROWS, Edwin G.; WALLACE, Mike. *Gotham: A History of New York City to 1898*. Nova York: Oxford University Press, 1999.

CADWALLADER, M.E. *Hydesville in History*. Chicago: Progressive Thinker Publishing House, 1917. Distribuído pela Associação Nacional de Igrejas Espiritualistas, 1992.

CARMER, Carl. *Listen for a Lonesome Drum*. Nova York: David McKay, 1936.

CARROLL, Bret E. *Spiritualism in Antebellum America*. Bloomington: Indiana University Press, 1977.

CHAPIN, David. "Exploring Other Worlds: Margaret Fox, Elisha Kent Kane, and the Antebellum Culture of Curiosity". Tese de doutorado, Universidade de New Hampshire, 2000.

________ . "The Fox Sisters and the Performance of Mystery", *New York History*, abril de 2000.

________ . "The Funeral of Elisha Kent Kane", *Pennsylvania Magazine of History and Biography*, outubro de 1999.

CHRISTIANSON, Rupert. *The Victorian Visitors: Culture Shock in the Nineteenth Century*. Nova York: Atlantic Monthly Press, 2000.

CLARK, Franklin W. "The Origins of Spiritualism in America". Dissertação de mestrado, Universidade de Rochester, 1932.

CONNOR, Stephen. "The Machine in the Ghost: Spiritualism, Technology, and the 'Direct Voice'". In: BUSE, Peter; SCOTT, Andrew (org.). *Ghosts: Deconstruction, Psychoanalysis, History*. Nova York: St. Martin's Press, 1999.

CORNER, George Washington. *Dr. Kane of the Arctic Seas*. Filadélfia: Temple University Press, 1972.

COTT, Nancy F. *The Bonds of Womanhood: "Womans's Sphere" in New England, 1780-1835*. New Haven: Yale University Press, 1977.

COX, Robert S. "Without Crucible or Scalpel: A Sympathetic History of American Spiritualism". Tese de doutorado, Universidade de Michigan, 2002.

CROSS, Whitney R. *The Burned-over District: The Social and Intellectual History of Enthusiastic Religion in Western New York, 1800-1850*. Ithaca, NY: Cornell University Press, 1950.

DEVENEY, John Patrick. *Paschal Beverly Randolph: A Nineteeth-Century Black American Spiritualist, Rosicrucian, and Sex Magician*. Albany: State University of New York Press, 1997.

DOUGLAS, Ann. *The Feminization of American Culture*, 1978; reimpr., Nova York: Farrar, Straus, and Giroux, 1998.

EHRENREICH, Barbara; ENGLISH, Deirdre. *For Her Own Good: 150 Years of Advice to Women*. Nova York: Doubleday, 1978.

FAIVRE, Antoine. *Access to Western Esotericism*. Albany: State University of New York Press, 1994.

FORNELL, Earl Wesley. *The Unhappy Medium: Spiritualism and the Life of Margaret Fox*. Austin: University of Texas Press, 1964.

FOSTER, Lawrence. *Women, Family, and Utopia: Communal Experiments of the Shakers, the Oneida Community, and the Mormons*. Syracuse, NY: Syracuse University Press, 1991.

FRASER, Caroline. *God's Perfect Child: Living and Dying in the Christian Science Church*. Nova York: Henry Holt, 1999.

FROHOCK, Fred. *Lives of the Psychics: The Shared Worlds of Science and Mysticism*. Chicago: University of Chicago Press, 1999.

GAULD, Alan. *The Founders of Psychical Research*. Londres: Routledge & Kegan Paul, 1968.

GOLDSMITH, Barbara. *Other Powers: The Age of Suffrage, Spiritualism, and the Scandalous Victoria Woodhull*. Nova York: Knopf, 1998.

GRAFF, Harvey J. (org.). *Growing Up in America: Historical Experiences*. Detroit: Wayne State University Press, 1987.

HALE, William Harlan. *Horace Greeley: Voice of the People*. Nova York: Harper and Bros., 1950.

HALTTUNEN, Karen. *Confidence Men and Painted Women: A Study of Middle-Class Culture in America, 1830-1870*. New Haven, CT: Yale University Press, 1982.

HINE, Thomas. *The Rise and Fall of the American Teenager*. Nova York: Perennial, 1999.

HOELTZEL, Robert. *Hometown History: Village of Newark, Town of Arcadia*. Newark, NY: Gene McClellah for Arcadia Historical Society, 2000.

HYDE, Lewis. *Trickster Makes This World: Mischief, Myth, and Art*. Nova York: Farrar, Straus, and Giroux, 1998.

ISAACS, Ernest Joseph. "A History of Ninteenth-Century American Spiritualism as a Religious and Social Movement". Tese de doutorado, Universidade de Wisconsin, 1975.

JACKSON Jr., Herbert J. *The Spirit Rappers*. Garden City, NY: Doubleday, 1972.

JAY, Ricky. "Introduction", *Many Mysteries Unraveled or Conjuring Literature in America, 1786-1874*. Da coleção da Sociedade Americana Antiquária e da Biblioteca Mulholland de Feitiçaria e Artes Relacionadas. Worcester: American Antiquarian Society, 1990.

JOHNSON, Paul E. *A Shopkeeper's Millennium: Society and Revivals in Rochester, New York, 1815-1837*. Nova York: Hill and Wang, 1978.

________ ; WILENTZ, Sean. *The Kingdom of Mathias: A Story of Sex and Salvation in Nineteenth-Century America*. Nova York: Oxford University Press, 1994.

KAMINER, Wendy. *Sleeping with Extra-Terrestrials: The Rise of Irrationalism and Perils of Piety*. Nova York: Vintage Books, 1999.

KERR, Howard. *Mediums, and Spirit-Rappers, and Roaring Radicals: Spiritualism in American Literature, 1850-1900*. Urbana: University of Illinois Press, 1983.

________ ; CROW, Charles L. (orgs.). *The Occult in America: New Historical Perspectives*. Urbana: University of Illinois Press, 1983.

LANDAY, Lori. *Madcaps, Screwballs, and Con Women: The Female Trickster in American Culture*. Filadélfia: University of Pennsylvania Press, 1998.

LIFTON, Robert Jay. *The Protean Self: Human Resilience in an Age of Fragmentation*. Chicago: University of Chicago Press, 1993.

LYSTRA, Karen. *Searching the Heart: Women, Men, and Romantic Love in Nineteenth-Century America*. Nova York: Oxford University Press, 1989.

MADDOX, Brenda. *Yeats's Ghosts: The Secret Life of W.B. Yeats*. Nova York: HarperCollins, 1999.

MARX, Leo. *The Machine in the Garden: Techology and the Pastoral Ideal in America*. Nova York: Oxford University Press, 1964.

MCDANNELL, Colleen; LANG, Bernhard. *Heaven: A History*. New Haven, CT: Yale University Press, 1988.

MIRSKY, Jeannette. *Elisha Kent Kane and the Seafaring Frontier*. Boston: Little, Brown, 1954.

MOORE, R. Laurence. *In Search of White Crows: Spiritualism, Parapsychology, and American Culture*. Nova York: Oxford University Press, 1977.

MORUS, Iwan Rhys. *Frankenstein's Children: Electricity, Exhibition, and Experiment in Early-Nineteenth-Century London*. Princeton, NJ: Princeton University Press, 1998.

MULHOLLAND, John. *Beware Familiar Spirits*. Nova York: Charles Scribner's Sons, 1938.

NELSON, Geoffrey K. *Spiritualism and Society*. Nova York: Schocken, 1969.

OPPENHEIM, Janet. *The Other World: Spiritualism and Psychical Research in England, 1850-1914*. Cambridge: Cambridge University Press, 1985.

PEARSALL, Ronald. *The Table Rappers*. Londres: Book Club, 1972.

PODMORE, Frank. *Modern Spiritualism: A History and a Criticism*, 2 vols. Londres: Methuen, 1902; reimpr., com o título de *Mediums of the Nineteenth Century*. New Hyde Park, NY: University Books, 1963.

POND, Mariam Buckner. *Time Is Kind: The Story of the Unfortunate Fox Family*. Nova York: Centennial, 1947.

RANDI, James. *Flim-Flam! Psychics ESP, Unicorns, and Other Delusions*. Buffalo, NY: Prometheus, 1986.

RIBUFFO, Leo P. *Right Center Left: Essays in American History*. New Brunswick, NJ: Rutgers University Press, 1992.

RICH, Frank. "American Pseudo", *New York Times Magazine*, 12 de dezembro de 1999.

SAWIN, Mark Horst. "Heroic Ambition: The Early Life of Dr. Elisha Kent Kane". *Bulletin of the American Philosophical Society Library*, outono de 2002.

________. "Raising Kane: The Making of a Hero, the Marketing of a Celebrity". Dissertação de mestrado, Universidade do Texas, 1997.

SAXON, A.H. *P.T. Barnum: The Legend and the Man*. Nova York: Columbia University Press, 1989.

SCHMITT, Jean-Claude. *Ghosts in the Middle Ages: The Living and the Dead in Medieval Society*. Traduzido por Teresa Lavender Fagan. Chicago: University of Chicago Press, 1998.

SILVERMAN, Kenneth. *Houdini! The Career of Ehrich Weiss*. Nova York: HarperCollins, 1996.

SIMON, Linda. *Genuine Reality: A Life of William James*. Nova York: Harcourt Brace, 1998.

SMITH-ROSENBERG, Carroll. *Disorderly Conduct: Visions of Gender in Victorian America*. Nova York: Knopf, 1985.

SOMERLOTT, Robert. *"Here, Mr. Splitfoot": An Informal Exploration into Modern Occultism*. Nova York: Viking, 1971.

STAGE, Sarah. *Female Complaints: Lydia Pinkham and the Business of Women's Medicine*. Nova York: Norton, 1979.

STASHOWER, Daniel. *Teller of Tales: The Life of Arthur Conan Doyle*. Nova York: Henry Holt, 1999.

TAVES, Ann. *Fits, Trances, and Visions: Experiencing Religion and Explaining Experience from Wesley to James*. Princeton, NJ: Princeton University Press, 1999.

THOMAS, Keith. *Religion and the Decline of Magic: Studies in Popular Beliefs in Sixteenth- and Seventeenth-Century England.* 1971. Nova York: Oxford University Press, 1997.

VOORSANGER, Catherine Hoover; HOWAT, John K. (orgs.). *Art and the Empire City: New York, 1825-1861.* New Haven, CT: Yale University Press, 2000.

WASHINGTON, Peter. *Madame Blavatsky's Baboon: A History of the Mystics, Mediums, and Misfits Who Brought Spiritualism to America.* New York: Schocken, 1993.

WELLS, Robert V. *Facing the "King of Terrors": Death and Society in an American Community, 1750-1990.* Cambridge: Cambridge University Press, 2000.

WICKER, Christine. *Lily Dale: The True Story of the Town That Talks to the Dead.* São Francisco: HarperSanFrancisco, 2003.

WILLS, Garry. *Lincoln at Gettysburg: The Words That Remade America.* Nova York: Touchstone, 1992.

WINTER, Alison. *Mesmerized: Powers of Mind in Victorian Britain.* Chicago: University of Chicago Press, 1998.

Editora responsável
Marianna Soares

Produção
Adriana Torres
Ana Carla Sousa

Produção editorial
Flávia Midori

Revisão de tradução
Hugo Langone

Revisão
Luiza Schiavo Magalhães
Rayana Faria
Rodrigo Ferreira
Rosana Alencar

Diagramação
Trio Studio

Este livro foi composto em IowanOldSt BT, corpo 10.5/14.5, e impresso pela Ediouro Gráfica sobre papel avena 70g/m² para a Agir em junho de 2011.